설교의 비전

목회 사역의 심장을 이해하기

© 2015 by Abraham Kuruvilla

Originally published in English as *A Vision for Preaching:*
Understanding the Heart of Pastoral Ministry
by Baker Academic, Grand Rapids, MI., U.S.A.
All right reserved.

This Korean translation edition © 2018 by Bible Baptist Theological
Seminary Press, Icheon-si, Republic of Korea.

This Korean edition is published by arrangement of Baker Academic
through rMaeng2, Seoul, Republic of Korea.

이 한국어판의 저작권은 알맹2 에이전시를 통해 Baker Academic과 독점 계약한 성서침례대학원대학교출판부에 있습니다. 신저작권법에 따라 한국에서 보호받는 저작물이므로, 무단 전재와 무단 복제를 금하며 저작권자와 성서침례대학원대학교출판부의 동의를 얻어야 내용의 전부 또는 일부를 이용할 수 있습니다.

설교의 비전

목회 사역의 심장을 이해하기

아브라함 쿠루빌라 지음

곽철호 · 김석근 옮김

성서침례대학원대학교출판부

설교의 비전: 목회 사역의 심장을 이해하기

초판발행　2018년 3월 26일
2쇄(수정)　2018년 7월 23일
3쇄(수정)　2025년 5월 5일
지 은 이　**아브라함 쿠루빌라**
옮 긴 이　**곽철호 · 김석근**

펴 낸 이　김택수
엮 은 이　김광모
펴 낸 곳　성서침례대학원대학교출판부
등록번호　제2015-4호
등 록 지　경기도 이천시 대월면 대평로 548-123
전화번호　031) 634-1258
누 리 집　bbts.ac.kr

ISBN　979-11-89118-11-2
판　권　성서침례대학원대학교출판부, 2018

※ 파본은 교환해 드립니다.

차례

	추천하는 말	7
	옮긴이 말	9
	감사 말	13
	들어가는 말	15
1	설교는 성경적인 것이다	33
2	설교는 목회적인 것이다	59
3	설교는 교회에서 이뤄지는 것이다	85
4	설교는 소통을 위한 것이다	111
5	설교는 신학적인 것이다	141
6	설교는 적용을 위한 것이다	167
7	설교는 변화를 위한 것이다	193
8	설교는 하나님의 영광을 위한 것이다	219
9	설교는 영적인 것이다	245
	나가는 말	271
	참고 자료	283
	찾아보기	299

도식 목록

4.1 증류 그리고 분산	127
4.2 발견 그리고 재발견	129
5.1 본문에서 적용까지	146
5.2 본문 앞에 펼치는 세계	148
5.3 페리코페 신학	152
6.1 본문에서 적용으로	174
7.1 그리스도의 형상	197
7.2 삼위일체적 설교	208

엮은이 알림.

- 3쇄(수정)에서는 많은 데를 새롭게 엮었어도 쪽은 거의 바뀌지 않습니다.
- 3쇄(수정)에서는 몇 전문어, 예를 들어 'pericope'는 '문단'에서 '페리코페'로, 'pericopal theology'는 '문단 신학'에서 '페리코페 신학'으로, 'doing'은 '수행'에서 '실행'으로, 'thrust'는 '핵심'이나 '요지'에서 '취지'로, 'christiconic'는 '그리스도 형상적'에서 '그리스도 형상 닮기'로 바꿔서, 『설교의 길잡이』(2025)와 짝을 이룹니다.
- 3쇄(수정)에는 '찾아보기'를 덧붙였습니다.
- 3쇄(수정)에서는 표지에 최근 정보도 실었습니다.
- 한글과 영어는 나눔체를 쓰고, 성서 원어는 BibleWorks 폰트를 씁니다.
- 성서 원어, 곧 헬라어와 히브리어의 발음을 한글로 표기합니다.
- 도식 목록을 추가합니다.

추천하는 말

"설교 준비를 위해 그리고 특별히 본문과 씨름하는 설교자의 준비를 위해 쿠루빌라 박사는 체계적이면서도 가독성 있는 비전을 제시한다. 권위 있는 설교의 열쇠는 성경 본문이 원래 의도한 신학적 의미들을 파악하는 일이라고 옳게 주장하면서, 저자는 성경을 중대하게 받아들이라고 그리고 성경을 뒤로 읽지 말고(역사비평적 독해), 앞으로 읽으라(신학적·적용적 독해)고 도전한다."

대니얼 블록_Daniel I. Block, 휘튼대학교 교수, 『하나님의 영광을 위하여』, NICOT 『에스겔서』(2권) 저자

"쿠루빌라 교수는 오늘날 최고 설교학자들 중의 한 분이다. 청중이 그리스도의 모습으로 변화되고 하나님께 영광 돌리도록 돕는 효과적이며 구체적 적용을 하려면, 먼저 설교자가 성서 저자의 신학적 의도를 분별해야 한다고 주장한다. 쿠루빌라 박사는 통찰력 있고, 포괄적이며 흥미진진한 설교의 비전을 제시한다."

도널드 수누키안_Donald R. Sunukjian, 탈봇신학대학원 교수, 『성경적 설교의 초석』 저자

"쿠루빌라 박사는 큰 그림을 본다. 영감받은 성서 말씀에 초점을 맞추면서도 설교 목적의 다양한 스펙트럼을 포용할 정도로 그의 비전은 넓다. 이 책 『설교의 비전』은 마음과 머리, 성령과 진리, 그리고 정통 교리(orthodoxy)와 정당한 실행(orthopraxy)의 균형을 가장 잘 잡고 있다."

허쉘 요크_Hershael W. York, 서던침례신학대학원 교수

"설교학자인 아브라함 쿠루빌라 박사는, 설교가 무엇이며 어때야 하는지에 관한 매력적인 비전을 제공하는데, 성경적 설교자가 됨이 무엇을 의미하는지에 관한 일련의 장들을 통해 그 비전을 자세히 풀어서 설명한다. 저자는 다양한 렌즈로 설교를 분석하면서, 하나님의 말씀을 선포하는 설교자에게 그들 소명과 과업을 해석할 수 있는 유용하고 격려가 되는 비전을 제공한다."

마이클 두두잇_Michael Duduit, 『프리칭(Preaching)』 책임 편집자, 앤더슨대학교의 기독교학 단과대학 및 클램프신학교 교수

"목사들이 교회를 위한 비전 선언문을 흔히 작성하듯이, 설교를 위한 비전을 묘사함도 그 유익이 크다. 지도적 설교학자인 쿠루빌라 박사는 그가 그 과제를 어떻게 이해하느냐를 두고 치밀하게 생각한다. 『설교의 비전』은 잘 연구했고, 사려 깊으며, 때로는 논쟁적이지만, 충분히 읽고 고려할 가치가 있는 책이다."

켄톤 앤더슨_Kenton C. Anderson, 프라버던스대학교·신학대학원 총장

"쿠루빌라 교수는 설교자가 자기 과업을 수행할 때 시야를 더 넓히도록 도전하면서 눈을 뗄 수 없는 비전을 제시한다. 이는 고려할 가치가 있는 도전이다!"

스콧 깁슨_Scott M. Gibson, 트루엣신학대학원 교수, 『구약을 설교하기』, 『주일 강단을 제자훈련의 기회로 활용하라』 저자, 『탁월한 설교에는 무언가 있다』 공저자

옮긴이 말

이 책은 *Preaching Today*의 2016 Book Awards에서 Editor's Choice상을 수상했습니다. 저자는 미국 달라스신학대학원에서 Senior Research Professor of Preaching and Pastoral Ministries로서 가르쳤고, 2021년부터 서던침례신학대학원에서 Carl E. Bates Professor of Christian Preaching로서 가르치면서 피부과 전문의를 겸하는 대단한 인재입니다.

쿠루빌라 박사는 이 책 외에도 자기 철학박사 학위 논문을 개정해 출판한 *Text to Praxis*(2009)와 *Privilege the Text!*(2013) ‖ 『본문의 특권』(2023), *A Manual for Preaching*(2019) ‖ 『설교의 길잡이』(2025), *From Glory to Glory*(2025), Theological Commentary for Preachers 시리즈 여러 권—*Genesis*(2014), *Judges*(2017), *Psalms*(2024), *Mark*(2012) ‖ 『마가복음』(2022), *Ephesians*(2015), *1 and 2 Timothy, Titus*(2021)—을 저술했습니다(밝힘. 엮은이가 3쇄[수정]에 최근 자료를 덧붙임).

지은이는 「들어가는 말」에서 성서적 설교(Biblical Preaching)를 포괄적으로 정의하고, 그 정의를 구성하는 요소 하나하나에 따라 아홉 장에 걸쳐 펼쳐 나갑니다. 한 장 한 장의 내용이 다 체계적이고 속이 꽉 찬 알맹입니다.

지은이는 설교의 단위 본문을 페리코페(pericope)로 부르고, 그 '페리코페'의 고유한 '신학'(pericopal theology)을 추출하고 취지(thrust)로 정리해 청중의 필요를 채울 수 있는 적용(application)으로 이끌어야 한다고 주장합니다. '페리코페 신학'은 단지 문법-어휘-구문론-배경 연구 등 기존 석의 방법에만 의지하지 않고, (그런 방법들도 소중하게 사용하지만, 더 나아가) 언어학의 화용론(pragmatics)을 활용해 본문이 말하는 내용만이 아니라 저자가 본문으로 수행하려는(doing) 효과도 분별하여 문단 신학을 구축해야 한다고 새롭게 주장합니다.

게다가, 과거 전통적인 논리 위주 설교, 곧 주장과 대지 위주 설교만이 아니라(서신서에는 이런 유형의 설교가 적절할 때가 많지만), 이야기체(Narrative)의 수사와 서사 효과를 반영한 설교가 때로 필요하다고 주장합니다. 더 나아가 지은이는 본문 뒤 세계(역사비평적, 배경적, 정보적)만이 아니라, 본문 앞 세계(본문이 그 앞에 투사하는 이상적 세계로서, 교훈과 우선순위와 실천이 야기되는 세계), 곧 본문이 투사하는 이상적 세계의 감동과 꿈과 실천을 설교자가 청중 마음에 심어주어야 한다고 강조합니다. 또한 저자는 설교자가 양 떼와 가까운 관계를 통해 효과적인 적용과 설교가 가능하다는 것, 설교는 그리스도를 닮아가는 변화를 위한 것이라는 것, 설교는 하나님의 영광을 위한 것이라는 것, 설교는 성령님의 능력으로 이뤄지는 것이며 설교자의 영성 훈련이 중요하다는 것 등을 영감 있게 그러면서도 체계적으로 전합니다.

설교에 관한 책이 많지만, 이 책은 단지 개념적이거나 방법적인 정의가 아니라 포괄적이고 균형 잡힌 설교의 '비전'을 그려줍니다. 그것도, 화용론이나 해석학의 최신 연구 결과를 활용해서 말입니다. 또한 매 장 끝에 '숙고하기(Reflection)' 부분을 두어 각 장의 내용을 마가복음의 여러 본문에 실제로 적용한 예를 제시합니다. 이것 또한 본서의 장점이며, 독자는 이 실습으로 실제 큰 유익을 얻을 수 있습니다.

모든 설교자에게 이 책을 권합니다. 이 책을 펼칠 때마다 설교자의 사명과 본분, 설교자의 비전과 큰 그림, 설교자의 가장 기본적이면서도 중요한 본질과 원리를 다시 도전받으며 동시에 신선한 영감을 얻으시길 기대합니다. 게다가, 다양한 본문을 설교하는 데 필요한 실제적 비결의 새로운 통찰력도 얻으시기를 바랍니다.

옮긴이 말

　이 책을 번역·출간하도록 물심양면 도움을 주신 김택수 총장님과 박상복 사무처장님, 그리고 출판 사역을 위해 늘 이바지해 주시는 조성택 대표님(원주백두산약국)께 감사드리며, 기도와 신실한 후원으로 소중한 힘이 되어주시는 많은 후원회원님께도 감사드립니다.

　바쁜 일정에도 공역하시느라 많은 수고를 하신 김석근 교수님, 살인적인 일정에도 최선을 다해 편집하신 편집장 김광모 교수님, 늘 산뜻한 표지디자인을 해주는 김효경 자매님에게도 감사의 말을 전합니다.

　우리에게 생명과 소망을 주는 말씀을 주시고 또한 그 말씀을 귀한 성도들에게 설교하는 중책을 맡기신 하나님께서 본서를 사용하셔서 많은 설교자에게 용기와 꿈과 실제적인 도움을 허락하시길, 그리고 그로 인해 하나님의 나라가 더욱 확장되게 하시길 기도합니다.

"모든 영광을 하나님께!"

2018년 3월, 대명선지동산에서
역자를 대표하여 곽철호 교수

감사 말

거의 한 세기가 지나도 그 문장(seal)에
κήρυξον τὸν λόγον(딤후 4:2)이
새겨있는 달라스신학대학원에
이 책을 헌정합니다.

    달라스신학대학원 목회학부의 과거 그리고 현재 동료들, 특별히 티모시 워렌(Timothy Warren), 빅 앤더슨(Vic Anderson), 라메쉬 리처드(Ramesh Richard), 팀 랠스톤(Tim Ralston), 레지 그랜트(Reg Grant)에게 감사드린다. 나는 그들과 함께 설교의 비전이 어떤 모습일지, 그리고 그것을 어떻게 명쾌히 표현할지를 논의했다.

    내 가족들—내 아버지, 형, 형수, 조카들의 사랑과 기도와 지속적인 지원에 감사드린다.

    내 저작물에 끊임없는 신뢰를 보여준 짐 키니(Jim Kinney)가 내게 준 '메가폰'에 감사드린다.

    하나님 백성의 지역 회중인 노스웨스트성서교회에게 많은 감사를 드린다. 그들은 끊임없이 나를 격려했으며, 특별히 내가 설교할 때마다 용기를 북돋아 주었다.

달라스신학대학원의 고귀한 유산, 곧 이 학교가 90년 동안 설교에 신실하게 이바지하기에 하나님께 감사드린다. 또한 학교에 속한 분들, 이 학교가 그리스도와 그분 교회를 위해 수고할 수 있는 놀라운 장소이게 한 교직원들과 학생들에게 감사드린다. 이 신학교육기관에 이 책을 헌정할 수 있음은 특권이다.

말로 다 표현할 수 없을 만큼 신성한 하나님의 말씀을 설교하는 엄숙한 의무(또한 새로운 세대에게 설교를 가르치는 의무)는 내가 이 책을 저술하려고 애쓰는 동안 나를 밀어준 큰 힘이었다. 하잘것없이 작은 모습이라도, 우주와 그분 교회를 위한 그분 영광스러운 목적에서 하나님과 협동하는 일은 얼마나 큰 영광인가! 하나님의 사역에 참여하는 기회를 맡겨주신 하나님의 은혜에 감사드린다.

> 하나님 앞과 살아 있는 이와 죽은 이를 심판하실 그리스도 예수 앞에서, 그분께서 나타나실 일과 그분 나라를 두고 엄히 명령하니, "너는 말씀을 전파하라!" (딤후 4:1~2)

아브라함 쿠루빌라
달라스, 텍사스주
2014년 오순절

들어가는 말 "주님 말씀을 열면 …"

Introduction "The Entrance of Thy Words …"

"주님 말씀을 열면, 빛이 비치어"

시 119:130

성경적 설교란, 교회 지도자가 예배하려고 모인 그리스도인 모임에서 성경 페리코페(pericope)에서 신학적 석의로 분별한 핵심 취지와 그것을 그 특정한 그리스도인 공동체에게 적용한 내용으로 소통해서, 그들이 그리스도의 형상을 닮아 변화함으로 하나님을 영광스럽게 하는 일인데, 이 모든 과정은 성령의 능력으로 한다.

모든 말(speech)이 응답하는 말(answering speech)임은 사실이다. 우리는 모두, "엄마"든, "아빠"든, "내 거야!"든, 혹은 "안돼!"든 우리 첫 번째 말을 내뱉기 전에 여러 말을 듣는다. 우리는 태어난 이후 언어라는 바다에 푹 잠겨서 오랫동안 옹알거리기도 하고, 어떤 소리를 내기도 하다가, 그리고는 마침내 말하기를 배웠다. 설교도 언제나 응답하는 말인데, 하나님이 기독교 경전인 성경에 이미 말씀하신 바에 반응이기 때문이다. 하나님에게서 온 말이 없었다면 설교도 없었을 것이다. 그렇지만, 설교가 하나님의 말씀에 응답이지만, 그것은 전혀 다른 종류 응답이다. 곧, 그것은 먼저 말씀하셨던 분에게 하는 직접적인 응답이라기보다는 하나님의 백성에게 하나님의 말씀을 전달하는 확장된 반향(amplified echo)이요, 하나님 발언(divine utterance)의 **연장**(extension)이다. 그런 점에서, 설교는 그리스도의 몸에 유익하며 중요한 담화(speech)이다. 곧, 그것은 인간이 하나님과 관계를 맺게 하려고 하나님의 말씀에 기초하여 하나님을 위해 말하는 사역이다. 다른 말로 하면, 설교는 세상이 하나님을 따르도록 이끄는 일이다. "그 어떤 것이 이보다 더 의미 있을 수 있겠는가?—왜냐하면 설교 강단은 늘 이 세상에서 가장 중요한 곳이기 때문이며, 강단은 세상을 이끌기 때문이다. …. 그렇다, 세상은 끝을 향해 가는 배이고, 항해는 끝나지 않았다. 그리고 강단은 그 뱃머리이다."[1] 강단이 뱃머리라면, 인류는 설교에 의해 고유한 세계로 인도되는데, 그 세계는 **하나님의** 말씀이라는 이상적인 세계이며 그곳에서 인류는 그분과 함께 거할 수 있다. 이 점이 설교를 그 어떤 것도 필적할 수 없는 연설로 만드는 것이다.

그렇지만, 결국 연설은 단지 말일 뿐이다, 그렇지 않은가? 엘리자 둘리틀(Eliza Doolittle)이 다음 말로 탄식했듯이 말이다.

> 말들! 말들! 말들! 나는 말들에 넌더리가 난다!
> 나는 온종일 말들을 얻는다
> 먼저 그에게서, 이제는 당신에게서!
> 당신이란 작자들이 할 수 있는 게 그게 다인가?[2]

---

[1] Herman Melville, *Moby-Dick, or The White Whale* (Boston: The St. Botolph Society, 1890), 42.

[2] Alan Jay Lerner and Frederick Lowe, *My Fair Lady: A Musical Play in Two Acts Based on Pygmalion by Bernard Shaw* (New York: Coward-MaCann, 1956), 146.

모든 설교란 것이—그저 말들인가? 그리고 우리 모든 설교자가 할 수 있는 게—그저 말을 내뱉는 것뿐인가? 어떤 사람은 묻는다. 이 말들은 원래 누구 말들인가? (설교는 성경적)? 그 말들은 누구에 의해 말해졌는가 (설교는 목회적)? 어떤 맥락에서 (설교는 교회 맥락적)? 이 말들은 무엇을 전달해야 하는가 (설교는 전달적)? 이 말들은 무엇을 의도하고 있는가 (설교는 적용적)? 그리고 왜 (설교는 변화를 위한 것)? 어떤 궁극적 목적을 위해 (설교는 하나님의 영광을 위해)? 누구의 능력으로 (설교는 영적)?

이 책 남은 부분이 설교의 비전이라는 형식으로 이 질문들에 답하려고 하기 전에, 당신의 여행 안내자인 나와 함께—내게 친숙한 렌즈들을 가지고 내 눈을 통해—교회 역사의 중요한 시기들에 설교가 어떻게 인식되었는지 대략 살펴보자.

시대 흐름에서 설교(Preaching through the Ages)

하나님 백성의 생애 초기부터 설교는 성경이라는 성스러운 본문에 관한 주석 형태를 취했다. 기원전 5세기 중엽, 에스라가 율법을 읽고 레위인이 그것을 설명했는데 그것은 '설교' 행위를 나타낸다.³

> 일곱째 달 초하루에 제사장 에스라가 율법책을 가지고 회중 앞, 곧 남자나 여자나 알아들을 만한 모든 사람 앞에 이르러 … 하나님의 율법책을 낭독하고 그 뜻을 해석하여 백성에게 그 낭독하는 바를 다 깨닫게 했다. (느 8:2, 8)

예수님께서도 스스로 이렇게 성경 본문을 읽고 그것을 해설하는 똑같은 패턴을 취하셨는데(눅 4:16~21), 이는 신약 교회도 마찬가지였다(행 2:42; 13:14~15; 20:7, 11). 그리고, 이어지는 천년 간, 교회는

---

3 이 역사적인 사건에 관한 묘사는 이 책에서 이어지는 장들에서 더 다루겠다. 심지어 에스라 이전, 기원전 9세기 유다의 왕이었던 여호사밧 시대에도 레위인은 '여호와의 율법책'을 가지고 "모든 유다 성읍으로 두루 다니며 백성을 가르쳤다"(대하 17:9).

예수님의 사상이 '이 세대의 끝 날까지' 설교를 통해 전파되어야 한다는 예수님의 명령을 계속 충실히 지켰다.

> "그러므로 너희는 가서 모든 민족을 제자로 삼아 아버지와 아들과 성령의 이름으로 침례(세례)를 베풀고, 내가 너희에게 분부한 모든 것을 가르쳐 지키게 하라. 보라, 내가 세상 끝 날까지 너희와 항상 함께 있겠다."라고 하셨다.

이것이 "고대 세계의 다른 어느 공동체에서도 발견되지 않았던 … 목적의식 있는 공동체 수사법(purposeful corporate rhetoricality)"을 나타내는, "전 세계적 기반으로 지속적인 엄청난 웅변적 효과를 꿈꾸는 무한한 목표"였다.4 그러나 그런데도, 기독교 첫 천 년 동안 출현한 설교에 관해 논한 중요한 책은 4세기 말엽 히포의 아우구스티누스(Augustine)가 쓴 『기독교 교리에 관하여(*On Christian Doctrine*)』뿐이었다.5 아마도 이렇게 설교에 관한 공적 개념이 부족한 이유는, 예수 그리스도의 직접적 증거 시대 직후 교회의 처음 몇백 년 동안 성경 강해는 주로 정통과 이단을 구별하는 데 초점을 맞추었기 때문이었다. 설교는 그 기능에 있어서 주로 변증적이었고 정보 전달적이었다. 예를 들어, 2세기 기독교 변증가의 한 사람이었던 이레나이우스(Irenaeus)는 신조(creed)를 낭송한 직후 바른 교리를 설교하는 일이 중요하다고 다음 말로 주장했다.

> 이 설교와 이 믿음(신조)을 전수한 교회는, 비록 전 세계에 흩어져 있었어도 오직 한 집을 차지하고 있듯, 주의 깊게 그것을 보존한다. 또한 교회는 마치 한 영혼과 같은 마음을 가진 것처럼 [교리의]

---

4 James J. Murphy, *Rhetoric in the Middle Ages: A History of Rhetorical Theory from St. Augustine to the Renaissance* (Berkeley: University of California Press, 1974), 273, 274.

5 설교에 관한 초점은 적은 편이었지만, 우리는 아마도 라틴 교부 그레고리 대제(Gregory the Great)가 쓴 6세기 작품 『목회 규율(*Pastoral Rule*)』을 추가할 수 있다. 그의 관심사는 설교자의 삶과 청중의 다양성에 더 치우쳐 있다. 또 한 권의 책은 9세기 독일의 베네딕트 수사 라바누스 마우루스(Rabanus Maurus)가 쓴 『목회자 훈련(*The Training of the Clergy*)』인데, 주로 아우구스티누스와 그레고리의 책에서 골라 모은 글귀로 구성했다.

이런 점들을 믿고, 마치 한 입을 가졌듯이, 그것들을 설교하고 그것들을 가르치며 그것들을 전달한다. … 태양처럼, 하나님의 창조물인 이 교회는 전 세계에 하나이고 일치하며, 그래서 그 진리에 대한 선포도 모든 곳에서 빛날 뿐 아니라 진리에 대한 지식에 이르기를 바라는 모든 사람을 깨우친다. 그래서 웅변에 있어 아무리 엄청난 재능을 받았다 하더라도, 여러 교회 지도자 중 그 누구도 이것들과 다른 교리를 가르치지는 않는다.[6]

물론, 4~5세기에 로마 제국 쇠퇴와 암흑시대 시작은 설교에 관한 학문의 증진에 도움이 되지 않았다. 그 시대에는 설교를 이론화할 여유가 거의 없었다. 유일하게 눈에 띄는, 아우구스티누스의 책(일부는 397년에, 일부는 426년에 출간)조차도 설교에 이방인의 수사법 차용을 변호하는 데 주로 초점을 맞추고 있다.[7]

수사 기술(the art of rhetoric)이 진리나 거짓을 설득하려고 어느 쪽으로든 사용 가능하다면, 변호자의 인격에 있는 진리가 거짓에 대해 준비되지 않은 채로도 주장될 수 있다고 어느 누가 감히 말하겠는가? … 그러므로 웅변 능력이 양쪽 다 활용 가능할 뿐 아니라 거짓 혹은 진리 어느 쪽이든 설득하는 데 많이 이바지한다면, 왜 선한 사람들이 진리를 수호하려고 그것을 연구하지 않겠는가? 잘못되고 무가치한 목적이 이기게 하려고, 그리고 부정과 오류를 증진하려고 악한 사람들이 그것을 사용하는 이때 말이다.[8]

후에, 13세기에 샐리스버리 대성당(Salisbury Cathedral)의 주임 사제 토마스(Thomas of Chobham)도 "웅변가의 원칙은 설교자의 직무를 위

---

[6] *Against Heresies* 1.10.2, in *The Ante-Nicene Fathers*, ed. Alexander Roberts and James Donaldson (1885~1887; repr. Peabody, MA: Hendrickson, 1994), 1:331 (이후로는 *ANF*로 약칭함).

[7] Murphy, *Rhetoric in the Middle Ages*, 286~92를 보라.

[8] *On Christian Doctrine* 4.2.3.

해 매우 필수적이다."라고 긍정했다.9 12세기에 시크 수도회 수사(Cistercian monk) 릴의 앨런(Alan of Lille)은 "설교는 권위의 근원에서 나와서 이성의 길로 진행하여 인류에게 정보를 제공하면서, 도덕과 믿음을 공적으로 분명하게 설명하는 일이다."라고 가르쳤다.10 이렇게 수사학(rhetoric)의 영향은 계속 커졌지만, 설교 스타일은 주제적이고 교리적이었는데, 그 이유는 설교가 시대의 필요를 다루고 교회의 권위자들이 규정한 교리를 옹호하려 했기 때문이다.

이른바 중세 시대가 흐름에 따라 여러 가지가 흐려지기 시작했다. 곧, 석의(exegesis)는 다소 난해한(esoteric, 소수만 이해하는) 일이었고 성경을 다중 의미로 설명하기 시작했다. 노장(Nogent)의 베네딕트 수도원장 기베르(Guibert, 1053~1124)는 실례로 **예루살렘**이라는 말의 4중적 의미를 설명했는데, 이것은 꽤 유명한 예이다.

> 역사적으로, 그 말은 특정한 도시를 가리킨다. 영해적으로, 거룩한 교회를 상징한다. 비유 어법으로 또는 도덕적으로, 영원한 안식의 비전을 갈망하는 모든 신실한 사람의 영혼이다. 그리고 유비적으로, 그분 영광 중에 시온에 계시된, 신들의 하나님을 이미 보고 있는, 하늘 시민들의 삶을 나타낸다.11

설교 역사가인 휴즈 올리펀트 올드(Hughes Oliphant Old)는 중세에 이러한 명료성 결핍을 다음 말로 설명한다.

---

9 *Summa de arte praedicandi*("설교 기술의 정수"), Corpus Christianorum: Continuatio Mediaevalis 82, ed. Franco Morenzoni (Turnhout, Belgium: Brepols, 1988), 262(78~79줄, 필자의 사역).

10 *De arte praedicatoria*("설교자의 기술에 관하여"), Patrologia Latina 210, ed. J.-P. Migne (Paris, 1855), column 111(필자의 사역).

11 Guibert de Nogent, *A Book about the Way a Sermon Ought to be Given*, in *Readings in Medieval Rhetoric*, ed. Joseph M. Miller, Michael H. Prosser, and Thomas W. Benson (Bloomington: Indiana University Press, 1973), 171.

중세 설교가들은 석의를 진지하게 하려고 열심히 노력했지만, 가공할 만한 문제들에 봉착했다. 500년에 이르러서는 예수와 그분 제자들은 너무 오래전 멀리 떨어진 인물들이 되고 말았다. … 로마 제국 멸망 그리고 야만족들의 침입과 더불어 신약—그리고 사실상 모든 성경—은 이해하기가 매우 어려워졌다. 그것은 더욱더 신비적 명상로만 풀 수 있는 수수께끼 책이 되어 버렸다. … 언어 장벽 또한 성경 이해를 어렵게 하는 데 한몫했다. 아드리아해 서쪽에서 히브리어는 물론이고 헬라어를 이해하는 사람이 거의 없는 상황에서, 어떻게 문법적-역사적 석의를 할 수 있단 말인가? 진정한 강해 설교는 거의 불가능했다. 양심적인 성실한 설교가들이 영해적/우의적(allegorical) 석의를 매력 있게 여김도 놀랄 일이 아니다.12

그러나 곧 16세기에 종교개혁이 일었고, 성경은 다시 한번 주목을 받기 시작해서 히브리어와 헬라어(그리고 라틴어)에서 여러 토착어로 번역해 대중에게 나누어 주려고 인쇄했고, 성경에 기초한 설교가 정기적으로 행해졌다. 이 시기에 설교의 초점은 필연적으로 구원의 진리에 맞췄다. 어떻게 죄가 사해지고 구원이 얻어지는가에 관한 수 세기에 걸친 혼돈 후, 그리스도와 대속에 초점은 신기원이라고 할 수 있었다. 마틴 루터(Martin Luther)가 성경 어디서나 그리스도를 찾으려 함도 이상한 일이 아니었다. "[그리스도는] 구절구절마다 모든 성경이 적용될 수 있는 분이시다."13 이런 독점적 강조점은 설교를 주로 복음 전도 또는 구원의 혜택을 열거하는 일이게 하는 경향으로 이끌었다. "모든 기독교 설교가 그 본문을 그리스도나 그분 구원 사역에 연

---

12 Hughes Oliphant Old, *The Medieval Church*, vol. 3 of *The Reading and Preaching of the Scriptures in the Worship of the Christian Church* (Grand Rapids: Eerdmans, 1999), xv~xvi.

13 "Preface to the Old Testament," in *Word and Sacrament* I, vol. 35 of *Luther's Works*, trans. Charles M. Jacobs, rev. E. Theodore Bachmann (Philadelphia: Muhlenberg, 1960), 247.

관하여 설명해야 한다는 생각은 종교개혁과 그 유산인 개신교 전통에 견고하게 뿌리를 내리고 있다."14 종교개혁이 설교에 끼친 그리스도 중심적 영향은 오늘날까지 지속한다.15

설교자나 설교학자는 분명히 시대 산물이다. 어느 시대이든 환경이나 시대 필요가 설교 형태를 크게 결정한다. 교회 역사에서, 설교가 어떤 것이고 어떤 것이 되어야 하는가에 관한 다양한 많은 개념이 있었는데, 각각은 이런저런 행위의 한 측면을 강조하며, 어떤 것들은 본서에서 필자가 강조한 바이다. 그러나 이와 같이 교회에서 이 가장 중요한 행위의 본질적인 것들을 다루는 통합적 비전은 결핍됐는데, 이 책은 바로 그 결핍을 채우고자 한다. 게다가, 오랫동안 설교 이론에 확연한 틈새(*lacuna*)가 있었는데, 그것은 설교하려고 선택한 어떤 구체적인 본문이 어떻게 그리스도인 삶에 특정한 변화를 좌우하는가에 관한 이론이다. 교회 역사에서 의심의 여지 없이 적용을 중요하게 간주했지만(「6. 설교는 적용을 위한 것이다」을 보라), 성경의 어떤 특정 페리코페의 구체적 면들과 독특한 면들에 어떻게 주의를 기울일 것인가, 그 신학적 강조점을 어떻게 분별할 것인가, 그리고 구체적인 삶의 변화에 관한 그 본문의 요구를 어떻게 발견할 것인가 등에 관한 지침이 설교자에게는 없었다. 이 책은 설교에 관한 통합적 비전을 제공하면서, 설교 이론에서 그러한 틈새를 메울 방법도 제안한다.16

---

14 Dennis E. Johnson, *Him We Proclaim: Preaching Christ from All the Scriptures* (Philipsburg, NJ: P&R, 2007), 49[각주49](이탤릭체 제거함).

15 「7. 설교는 변화를 위한 것이다」에서, 필자는 설교가 기독론이게 할 또 다른 방법을 묘사하겠다. Abraham Kuruvilla, *Privilege the Text! A Theological Hermeneutic for Preaching* (Chicago: Moody, 2013), 238~68도 보라.

16 물론, 필자 또한 시대의 산물이다. 상상컨대, 설교 분야에서 채워져야 할 더 많은 구멍이 있을 것이다.

설교에서 틈새(The Lacuna in Preaching)

교회 시대 2천 년 동안, 설교 구상에서 눈에 띄게 부족한 부분이 있었는데, 그것은 고대 책에 있는 한 특정한 본문에서 어떻게 현대 청중에게 유효한 적용을 끌어낼지에 관한 명료성 결여이다. 설교와 적용을 하나님 백성의 영성 형성과 제자도라는 더 큰 운영 계획에 두는, 본문에서 청중으로 이 이동을 끌어내는 탄탄한 해석학이 심각하게 결핍한 상태이다. "사람이 이 땅에서 얻을 수 있는 가장 고상한 직무는 하나님의 말씀을 설교하는 일"[17]이라는 인식에도, 어떻게 설교자가 본문에서 설교로 나아갈 수 있는가에 관한 이 복잡한—또한 중차대한—이슈는 설명되지 않았고, 교회 역사 내내 그것은 일종의 블랙박스 같은 것으로 남았다. 데이비드 버트릭(David Buttrick)은 이렇게 썼다.

> '성경적 설교'에 관해 많은 책이 저술됐다. 특히 어떻게 설교자가 성경 구절에서 설교로 한 단계 한 단계 나아갈 수 있는가에 관해 구체적으로 말하고 있는 책들 말이다. … 그러나 그런 모든 책에 한 가지 틈새가 있다. 그 틈새에 빠뜨린 어떤 것이 있다. 석의와 설교의 비전 사이에 그 중요한 순간을 묘사하지 않는다. 본문 연구와 설교 구상 사이 이동—아마도 그것은 상상의 찰나에 일어난다—은 전혀 토의되지 않는다. 그러므로 깨어 있는 독자는 우리가 성경에서 현대 설교로 어떤 설명할 수 없는 마법으로 이동한 듯한 이상야릇한 느낌을 계속 갖는다![18]

---

[17] John Wycliffe (1329~84), "On the Seven Deadly Sins," in *Miscellaneous Works*, vol. 3 *of Select English Works of John Wycliffe*, ed. Thomas Arnold (Oxford: Clarendon, 1871), 143.

[18] David Buttrick, *A Captive Voice: The Liberation of Preaching* (Louisville: Westminster John Knox, 1994), 89.

스탠리 포터(Stanley Porter)도 이에 동의한다. "시간에 좌우되는 그 모든 특성을 가진 성경 원문에서 오늘날 삶을 위한 신학적 진리들로 이동은 상상할 수 있는 가장 중요한 지적 과제 중 하나이다."—설교자들이 강단으로 나아갈 때마다 직면하는 힘겨운 투쟁이다.19 토마스 롱(Thomas Long)은 설교자의 고뇌를 예리하게 표현한다.

> 성실한 성경적 설교자들은 고전 본문에서 설교로 가는 석의 방법들이 밀보다 겨를 더 많이 산출한다는 작은 비밀을 오랫동안 공유했다. 만약 어떤 사람이 석의라는 따분한 일을 할 시간과 인내를 가졌다면, 이론적으로 거의 모든 성경 구절에 관해 막대한 배경 지식을 발견해야 하겠지만, 불행하게도 그중 많은 것은 설교에서 어떻게든 활용할 수 있는 용도가 거의 없는 것들이다. 설교자의 책상은 우가릿 병행 본문들과 소아시아 브루기아 지역의 혼합 종교에 대한 세부 사항들로 신속히 뒤덮인다. 비난할 일은 아니다. 모든 자료가 잠재적으로 유용하다고 여길 수 있지만, 어떤 정보가 소중한 것인지 미리 알기가 불가능하다. 그래서 우리는 적은 양의 금을 발견하려고 선광 냄비로 엄청난 양의 흙을 씻어내는 일을 해야 한다고 말하면서 석의의 다음 단계를 대비하는데, 물론 그것은 사실이다. 그러나, 설교자들은 전통적 모델의 석의에 많은 에너지 낭비가 있지 않나 하는, 더 나쁘게 말하면, 석의의 참모습이란 발굴이며 흙을 퍼내는 일이라는, 그리고 그 과정에서 어쩌다 마주치는, 설교에 유용한 그 어떤 금싸라기도 대부분 우연히 얻는 일이 아닌가 하는, 계속되는 의심이다.20

---

[19] Stanley E. Porter, "Hermeneutics, Biblical Interpretation, and Theology: Hunch, Holy Spirit, or Hard Work?," in I. Howard Marshall, *Beyond the Bible: Moving from Scripture to Theology* (Grand Rapids: Baker Academic, 2004), 121.

[20] Thomas G. Long, "The Use of Scripture in Contemporary Preaching," *Interpretation* 44 (1990): 343~44.

필자는 이를 발굴 해석학(hermeneutic of excavation)—엄청난 양의 흙과 잔해들, 바위, 암석, 모래를 석의적으로 자세히 살펴보기, 곧 지나치게 많은 성경적 혹은 성경과 관련된 정보를 산출하는 해석 스타일—이라고 부른다. 불행하게도 그중 많은 내용이 어떤 본문으로부터 적절한 메시지를 설교하려는 사람에게 그 어떤 특별한 도움도 주지 않는다. 그러므로, 설교 준비 과정에서 좌절케 하는 이 지점에서, 둘 중 한 가지, 곧 연금술(alchemy) 또는 증류(distillation)가 일어난다.21

첫 번째 시나리오에서, 설교자는 성경에서 외견상 금이 잘 보이지 않음을 비판하면서 그냥 포기한다. 결국, 역사적, 지리적, 언어적 세부 사항들에 월요일 아침부터 현실 삶을 사는 데 과연 어떤 연관이 있을 수 있겠는가? 그래서 연금술사인 개화된 현대 설교자는 구식이고 외견상 별로 관련 없어 보이는 책에서 돌아선다—"고전적인 '성스러운 수사학(sacred rhetoric)'의 규범들(canons)에서 벗어나 심리학과 개인주의(personalism)로 가는 이동."22 이제 설교자가 의지할 남은 선택이라고는 회중에게 감정적으로 또는 실존적으로 좀 더 연관성(relevance)이 있지만, 성경 본문과는 약간 스칠 정도로만 연결되는 설교를 하는 일 뿐이다. 종종 그런 설교의 추진력은 어제 신문이나 오늘 블로그를 뒤져서 찾아낸 '느끼는 필요(felt need)'인데, 최신 미디어나 기술로 북돋우고 회중의 빠져드는 듯한 집중력을 유지할 구변 좋은 유머나 페이소스(연민을 자아내는 힘)를 곁들인 유려한 전달로 강화해 그 '느끼는 필요'를 다루는 것이다. 결국, 그런 설교자들은 성경 자체에는 실제 삶에 관해 말할 수 있는 바가 별로 많지 않다고 결론 내린다. 그러므로 그들은 멀리 떨어진 장황하고 두서없는 본문이라는 '기초(卑) 금속(base metal)'을 사람들을 즐겁게 하고 감정을 자극하는 설교라는 '귀금

---

21 이 두 시나리오는 의심의 여지 없이 과장이지만, 그것들은 필자가 말하려는 논점을 분명히 하게 한다.

22 Thomas G. Long, "A New Focus for Teaching Preaching," in *Teaching Preaching as a Christian Practice: A New Approach to Homiletical Pedagogy*, ed. Thomas G. Long and Leonora Tubbs Tisdale (Louisville: Westminster John Knox, 2008), 8.

속'으로 바꾸는 일종의 연금술을 시행한다. 성경적 '납'과 설교의 '금'이 실제 서로 관련이 거의 없지만 말이다. 그래서 연금술 아닌가!

두 번째 시나리오에서, 설교자는 여전히 성경에서 금을 찾아내고자 헛되이 노력하면서 본문을 증류해서 개요, 대지, 증거, 논증, 그리고 그 과정 중 어딘가에서 외견상 임의로 끄집어낸 적용을 갖춘, 공식과도 같은 양식으로 명제적 설교를 만들어낸다. 이것은 어떤 것들을 그 구성 요소로 분해하는 일종의 소거성 환원주의로 나아가는 경향을 반영하는데, 보통 조직신학의 다양한 세부 주제들(구성 요소들)인 이 기본적 요소들은 전체보다 더 실제적이고 가치 있는 것으로 여겨지곤 한다.[23] 그래서, 본문들의 찌꺼기 같은 것들은 다 증류되어 제거되고 설교에 사용될 신학적 명제들이라는 가치 있는 잔존물을 남긴다. 또는 프레드 크래독(Fred Craddock)이 말했듯이, "목회자는 모든 수분을 다 끓여 날려 보내고 컵의 밑바닥에 남은 얼룩을 설교한다."[24] 그런 명제들은 본문에서 이미 독립적이며 본문의 모든 구체

---

[23] Michael S. Hogue, *The Promise of Religious Naturalism* (Lanham, MD: Rowman and Littlefield, 2010), 213.

[24] Fred B. Craddock, *Preaching* (Nashville: Abingdon, 1985), 123. 현대 설교에서 명제 사용을 많은 사람에게 알린 일은 1980년에 처음 출판한 『강해 설교(*Biblical Preaching*)』를 통해 설교학 분야에서 수 세대에 걸쳐 많은 설교자의 후견인 역할을 꾸준히 한 로빈슨(Haddon W. Robinson)이다. *Biblical Preaching: The Development and Delivery of Expository Messages*, 3rd ed. (Grand Rapids: Baker Academic, 2014), 5, 20, 21를 보라(엮은이 덧붙임. 이 책 확대4판은 2025년 출판함). 카이저(Walter C. Kaiser)는 "본문을 문단 별로 시간을 초월한 명제들로 **원리화**해서 청중에게서 즉각적 반응을 요구할 것"을 요청했다. *Toward an Exegetical Theology: Biblical Exegesis for Teaching and Preaching* (Grand Rapids: Baker 1998), 236(강조는 필자가 함)를 보라. 본문에서 그런 증류 추출은 설교할 수 있는 "시간을 초월한, 문화를 넘어선 신학적 **명제**"를 산출한다. Timothy S. Warren, "The Theological Process in Sermon Preparation," *Bibliotheca sacra* 156 [1999]: 342(필자의 강조 추가)을 보라. 비슷한 개념을 위해서 또한 Ramesh Richard, *Preparing Expository Sermons: A Seven-Step Method for Biblical Preaching* (Grand Rapids: Baker Books, 2001), 19를 보라.

성을 벗겨낸 자족적인 존재물(옮긴이 설명. 설교 내용)로 귀결되는데, 그것은 불순물이 없는 금, 겉껍질이 없는 알맹이, 포장을 벗겨낸 사탕과도 같은 것이며, 그 과정이 바로 증류이다! 그런데, 연금술이건 증류이건, 어느 것도 본문을 정당하게 취급하지 않으며, 본문의 복잡 미묘함이나 구체성을 존중하지도 않는다.25

현세대가 연금술이나 증류를 선호하는 경향이어도, 공식적 설교 정의에 성령이 처음으로 언급함도 우리 현시대이다. 해돈 로빈슨은 "성령님이 먼저 설교자의 인격과 존재에 적용하고 그다음 그를 통해 청중에게 적용하는," 본문에서 끌어낸 명제를 말한다.26 그래서, 삶을 변화시키는 성령의 사역에 특별한 주의를 기울인, 그리스도인 삶의 실제적 성화 국면이 성경적 설교의 핵심, 곧 하나님 백성이 그리스도의 형상으로 점진적 변화로 돌아왔다.27 물론, 어떤 종류의 삶의 변화가 요구되고 어떻게 그것을 특정 구절에서 구별해내느냐 하는 것은 전혀 설명된 적이 없다. 블랙박스는 어떤 '설명할 수 없는 마법'으로 계속 작동한다.

---

25 이 책은 이 두 접근 방식을 대체할 대안을 제안하겠고, 성경 본문을 전혀 다른 어떤 것으로 바꾸거나(연금술) 또는 본문을 명제적 독립체로 축소(증류)할 필요가 없다고 설명하겠다. 「4. 설교는 소통을 위한 것이다」, 「5. 설교는 신학적인 것이다」, 「6. 설교는 적용을 위한 것이다」를 참고하라.

26 Robinson, *Biblical Preaching*, 5.

27 Tony Merida, *Faithful Preaching: Declaring Scripture with Responsibility, Passion, and Authenticity* (Nashville: Broadman and Holman, 2009), 10을 보라. 리처드의 설교 목표를 보려면, Richard, *Preparing Expository Sermons*, 19에서는 "경건함을 향해서 지성에 정보를 주고, 마음을 교훈하고, 행동에 영향을 주는 것"이라고 하니 참고하라. 그런데도 설교에 관한 현대 다른 정의들은 분명하지 않다. 여전히 많은 사람이 배타적으로 정보를 강조하고 변화는 거의 다루지 않는다. 예를 들어, "강해 설교는 본질상 성경 구절의 의미를 설명하는 행위이다"(Graeme Goldsworthy, *Preaching the Whole Bible as Christian Scripture* [Grand Rapids: Eerdmans, 2000], 120). 그리고 "나는 강해 설교라는 것이 실제로는 메시지의 설교적 형태라기보다는 석의적 설교라고 주장하는 바이다"(John F. MacArthur Jr., "The Mandate of Biblical Inerrancy: Expository Preaching," *The Master's Seminary Journal* 1 [1990]: 12).

이 책에서 제기한 설교의 비전을 위해, 필자는 어떻게 언어가 작동하고 저자가 무엇을 실행하는지를 연구하는 언어 철학(language philosophy)의 영역에서 빌려 이 빈틈을 채우고자 한다. 최근 몇십 년 동안, 이 학문 분야는, 본문의 의사소통을 포함하여 의사소통을 이해하는 데 많은 열매를 맺었다. 후자 발전을 융합함으로써, 필자는 설교에 대한 새로운 강조가 유익하리라 확신하는데, 특별히 어떤 설교를 위해 선택된 성경의 특정 부분의 신학 역할에 관한 철저한 검토, 그리고 그 본문이 하나님의 영광을 위해 하나님 백성의 삶에 일어나야 할 변화에 관해 무엇을 말할 수 있는지에 관한 조사 말이다.

설교의 비전

설교의 비전	장
성경적 설교는	「1. 설교는 성경적인 것이다」
교회 지도자가	「2. 설교는 목회적인 것이다」
예배하려고 모인 그리스도인 모임에서	「3. 설교는 교회에서 이뤄지는 것이다」
성경의 한 페리코페의 요점을 전달하는 사역인데,	「4. 설교는 소통을 위한 것이다」
석의로 신학적 초점을 분별해서	「5. 설교는 신학적인 것이다」
그것을 신자로 이뤄진 특정한 공동체에 적용하여	「6. 설교는 적용을 위한 것이다」
그리스도의 형상을 닮아감으로 변화해	「7. 설교는 변화를 위한 것이다」
하나님을 영광스럽게 하는 사역인데,	「8. 설교는 하나님의 영광을 위한 것이다」
이 모두는 성령의 능력으로 한다.	「9. 설교는 영적인 것이다」

이 책은 이상적 의미에서 설교가 무엇인지 그리고 이 독특한 연설 형태의 특징이 무엇인지를 묘사하려고 한다. 설교를 한 문장으로 정의하고서, 그 각각 요소를 장마다 분석하겠다.[28]

필자는 의도적으로 이 장황한 설명을 '정의'라고 부르지 않고 '비전(vision)'이라고 이름하기를 더 좋아한다. 정의라는 말은 필자가 이 책에서 시도하는 바를 말하기에는 지나치게 범주적이다. 내 목표는 그 안에서 설교가 성립하고 그 바깥에는 그렇지 않은, 정확하게 표시한 어떤 경계선을 제공하는 일이 아니다. 오히려, 필자는 초보자나 전문가들이나 그 중간의 모든 사람이나 우리 모든 설교자가 그것을 향해 일할 수 있는 목표로서 이 비전을 자세히 설명하겠다.29 다른 말로 이 비전은, 여러분이 도달했는지 도달하지 못했는지를 말해주는 GPS 장치를 갖춘, 정확한 목적지를 가리키는 처방이 아니다. 오히려 여행할 길이고 나아갈 방향이며 힘(momentum)이다. 그래서 그 비전은 설교자(와 교회)가 목표로 삼아 가야 할 이상이다. 이 책이 그들을 그 목표로 가게 돕는다면, 이 책으로 의도하는 바는 이뤄진다.

이런 접근 방식은 다양한 행위들이 '설교'라고 불릴 수 있음을 인정한다. 곧, 예배에서 목회적 설교, 초대 강사 설교, 성경 수양회에서 설교, 신학교 채플에서 설교, 남성(혹은 여성, 혹은 청년) 모임에서 설교 등이다. 이 설교들에서 다른 점은 정도 차이다. 곧 각각 설교가 성경적, 목회적, 교회 맥락적, 전달적, 신학적, 적용적, 변혁적, 송영적, 그

---

28 각 장은 각 요소가 이 비전에 왜 포함했는지를 설명하고, 오늘날 설교에 함축하는 의미를 다루며, 설교자가 그들 설교를 이 비전의 그 특별한 국면에 관한 소명과 맞추도록 권면하면서, 설교에 관한 이 비전의 한 측면씩을 다루겠다. 각 장의 '숙고하기(Reflection)' 부분은 마가복음의 한 부분에 기초해서 생각을 자극하도록 의도한, 각 장의 관련 주제를 약간 변형해서 다룬다. 마가복음 연구는 이 책이 제안한 해석학을 예증하겠다. '숙고하기' 부분에서는 또한 묵상, 그 이상 탐구, 기도, 그리고 설교자의 개발을 위한 몇몇 아이디어와 질문을 포함한다. 각 장은 개인적 명상을 위해서, 또는 학생, 목회자, 목사의 교제권에서 그룹 토의를 위해서, 사용될 수 있다. 헬라어와 히브리어 용어들은 본서에서는 최소한으로 사용하는데(밝힘. 헬라어나 히브리어는 엮은이가 덧붙이기도 한다), 사용할 때는 번역하거나 음역하겠다.

29 같은 이유로, 필자는 의도적으로 설교의 비전에 있어서 어떤 용어들의 모호성을 유지했다. 곧, '모임'(얼마나 많이 모일 것이며 얼마나 자주 모일 것인가?), '예배'(무엇이 예배를 구성하는가?), '지도자'(지도자는 교회의 어떤 직무를 수행하는가?) 등이다.

리고 영적인 면에서, 그 비전에 얼마나 가까운가에 정도 차이가 있다. 물론, 한 설교가 **얼마나** 성경적이고, **얼마나** 목회적이며, **얼마나** 교회를 위한 것이고, **얼마나** 의사소통적인지(등등)를 잴 수 있는 어떤 척도(metric)를 제공하는 것은 불가능하고 필자는 그런 것을 제공하려 하지도 않겠다. 설교를 위한 이 비전은, 이 측면들 각각을 독단적으로 수량화하지 않고, 어떤 설교가 성경적, 목회적, 교회 맥락적, 의사소통적, 신학적, 적용적, 변혁적, 송영적, 그리고 영적인 것이 되도록 단지 권면하겠다. 그것은 마치 부모를 위해서 몇 가지 본질적 중요한 요소들로 구성된 어떤 비전을 제공하는 것과 같다. 사랑, 훈련, 보호, 영양 공급, 의복, 교육, 운동, 교제 등 요소이다. 분명, 다양한 모델들이 다양한 정도(그러나 수량화하기 어려운)로 이 요소들의 각각을 성취할 수 있다. 몇몇을 예로 들면, 핵가족에서 육아, 별거 부모의 육아, 홀부모의 육아, 입양 부모의 육아, 수양부모의 육아 등이다. 그러므로 육아 비전은 단지 육아가 사랑에서 비롯하고, 훈련도 하며, 보호를 제공하고, 잘 먹이는 일 등을 고취해야 한다는 격려이다. 설교의 비전도 마찬가지이다. 설교의 비전은 설교자가 정확하게 콕 찍은 목적지('정의')에 도달하게 하는 일이 아니라, 폭넓은 윤곽을 가진 목표('비전')를 향하여 계속 여행하도록 격려하는 일이다.

그래서 어떤 의미에서는, 이 책에서 제기하는 비전은 원리와 의도를 선언하기(설교가 어디로 나아가야 할지에 관한 필자의 입장), 곧 성명서(manifesto)에 가깝다고 할 수 있다.[30] 그렇지만, 그것이 단지 필자의 개인적이거나 색다른 구상이라기보다는, 이 비전은 지난 세월 동안 설

---

[30] 필자의 성경 독해 및 해석, 그리고 지역 교회 및 우주적 교회에 관한 개념과 개인 참여를 반영하기에, 의심의 여지 없이 설교를 위한 이 비전에 개신교 복음주의적 경향(Protestant evangelical bia)이 드러난다. 그러나 이러한 관점은 설교란 무엇인가를 설명하려는 시도를 무효로 만들지는 않는다. 관점 묘사는 단지 그것이 어떤 특정한 관점에서부터 비롯했다고 해서 반드시 실행 불가능하거나 부정확하다고 여길 필요는 없다. 희망하건대, 필자의 특정한 준거 틀(frame of reference)을 인정함이, 오히려 이 관찰들이 다양한 전통을 배경으로 가진 이들의 관찰을 보충하도록 돕는다.

교학 분야에서 신실하게 씨를 뿌려온 많은 사람의 작업을 융합하고자 한다. 필자가 여러 앞서간 사람의 넓고 강한 어깨 위에 서 있으므로, 교회 역사를 발굴하고 연결점들을 알아내며 신학을 추려냄으로써, 필자는 이전에 표현한 바를 다시 분명히 설명하겠고, 잊힌 내용을 다시 찾아내겠고, 시야에서 사라진 내용을 다시 떠오르게 하겠다.31 게다가, 필자는 합당한 적용을 어떻게 성경의 특정 본문에서부터 끌어낼지를 설명하려고 새로운 영역, 특히 언어 철학의 영역을 정찰했다. 신구 요소들, 역사적이고 탐사적인 관찰들, 신학적이고 세속적인 발견들, 이 모든 것을 통합해서 설교에 관한 누적적 비전으로 만드는 일은 교회의 삶에서 이 탁월한 형식을 갖춘 공적 연설이 하는 역할을 유지하고 발전하게 하도록 돕는다.

더 핵심에 가까운 말을 한다면, 내 목표는 설교하는 사역이 무엇인지에 관해 더 나은 이해/구상, 설교라는 신적으로 수여된 특권에 대한 고양된 의식, 설교 사역에 관한 더 큰 열정 등을 목회하려고 전쟁터 최전방에 나갈 수 있도록 훈련을 받는 미래의 목회자들에게 제공함이다. 설교자들이 최신 기술과 극치의 미디어와 경쟁해야 할 뿐 아니라 문화의 경향과 변덕, 그리고 새로운 세대의 무관심과 부주의와 경쟁해야 하는 이때, 목회 사역의 심장인 설교를 다시 새롭게 바라보는 일은 중요하다. 하나님의 백성에게 하나님의 말씀을 전하겠다는 신성한 약속인 이 책임을 여러분이 진지하면서도 신실하게 이행할 때, 희망컨대 이 책의 발상들은 정기적으로 설교하면서 이미 최전방에 서 있는 사람들에게 지속하라는 격려와 추구해야 할 목표로서 이바지할 것이다.

필자는 이 책을 설교 과제를 묘사하는 큰 그림으로 제공한다. 성경과 성령의 역사 가운데서 그리스도 왕국의 전진과 하나님 이름의 높아짐을 위해, 어떻게 설교가 목회 사역의 나머지 부분들과 맞아들어가는지, 어떻게 설교가 성서신학과 조직신학과 일치하는지, 어떻게

---

31 여기에서 논의한 설교에 관한 다양한 개념에 관하여 이 책에서 활용하는 역사적이며 현대적인 폭넓은 자료들과 개념들은 기독교계에서 상당한 공감대를 반영한다.

설교가 의사 소통, 수사학, 언어 철학의 측면을 통합하는지, 또 어떻게 설교가 하나님 백성의 영성 형성에 있어서 열쇠 역할을 하는지를 보이려고 말이다.

설교는 성경적인 것이다   1
Preaching Is Biblical

주님 말씀의 강령은 진리이오니,
주님의 의로운 모든 규례는 영원합니다.
시 119:160

성경적 설교란, 교회 지도자가 예배하려고 모인 그리스도인 모임에서 성경 페리코페(pericope)에서 신학적 석의로 분별한 핵심 취지와 그것을 그 특정한 그리스도인 공동체에게 적용한 내용으로 소통해서, 그들이 그리스도의 형상을 닮아 변화함으로 하나님을 영광스럽게 하는 일인데, 이 모든 과정은 성령의 능력으로 한다.

1986년 1월 28일, 수많은 사람이 TV를 보고 있을 때, 우주선 챌린저호(*Challenger*)의 중요 임무는 이륙 73초 후 일곱 명 모두 죽음으로 귀결된 폭발로 끝나고 말았다. 그 사건에 반응으로, 의회 위원회와 대통령 위원회 양쪽 다 그 재난을 조사할 책임을 부여받았다. 명백하게, 모톤 티오콜(Morton Thiokol)이 제작한 O-링에 결함이 있었다. 의회 과학기술조사위원회 진술에서, 모톤 티오콜의 회장이자

CEO인 찰스 로크(Charles S. Locke)는 다음 내용을 말했다.

뒤돌아보아서 알 수 있었지만, 1월 27일에 내렸던 어떤 결정들은 분명히 잘못됐다―실수했다. 날씨가 이전 어떤 발사 때보다도 춥겠다는 보고를 접하고서, 우리 우주 프로그램 전문가는 가용한 자료들을 살펴보았고, 처음에는 화씨 53도 이하의 O-링 온도에서는 발사가 이뤄져서는 안 된다고 결론을 내렸다.1

발사일, 플로리다의 케네디 우주 센터의 날씨는 화씨 16도 정도로 추웠지만, NASA 직원들은 티오코 엔지니어들의 반대를 무시했다. TV로 중계된 대통령 위원회 청문회에서, 위원회 멤버이자 노벨상 수상자인 물리학자 리처드 파인만(Richard Feynman)은 O-링 하나를 얼음물이 담긴 스티로폴 컵에 담금으로써 놀랍게도 낮은 온도에서는 O-링이 탄력을 잃는다고 설명했다. 기억할 만큼의 절제된 표현으로 그는 선언했다 "나는 그것이 우리 문제에 어떤 큰 영향을 끼쳤다고 생각합니다."2 물론이다!

우리가 제조사의 설명이나 지시를 무시하면, 스스로 위험을 떠안는다. 이것이 왜 설교가 항상 하나님 공동체의 성서인 하나님의 말씀으

---

1 "Statement of Charles S. Locke, Chairman and Chief Executive Officer, Morton Thiokol, Inc., Before the Science and Technology Committee, United States House of Representatives (June 17, 1986)," in *Investigation of the Challenger Accident (Volume 1, Part 2): Hearings before the Committee on Science and Technology, House of Representatives, Ninety-Ninth Congress, Second Session (June 10, 11, 12, 17, 18, 25, 1986)* (Washington, DC: Committee on Science and Technology, 1986), 331.

2 Richard P. Feynman, "Testimony of Lawrence B. Mulloy, Project Manager, Solid Rocket Boosters, Marshall Space Flight Center, NASA," in *Report to the President, by the Presidential Commission on the Space Shuttle Challenger Accident, June 6th, 1986, Washington, DC, Volume 4: February 11, 1986 Session*, 679. Available at http://history.nasa.gov/rogersrep/genindex.htm.

로부터 우러난, 성경적이어야 하는지 이유이다. 왜냐하면 그 안에 피조 세계에 관한, 창조자의 말씀이 담겨 있기 때문이다. 그분 지시 사항을 무시할 때는 재앙적인 결과가 일어난다. 그래서 지난 2천 년 동안, 기독교 설교는 지속적으로 교회의 성서에 기초를 뒀다. 곧 설교는 성경적인 것이다. "신학적으로만이 아니라 수사적으로도, 기독교 설교의 가장 주목할 만한 특성은, 성경 본문에 의존함이다."[3] 하나님의 백성이라는 공동체는 기독교 정경을 구성하는 이 신적 담론(divine discourse)이 그리스도인들의 믿음과 실행을 위한 규범으로 설교 돼야 한다고 믿는다. 사실, 성경 자체가 이렇게 읽혀야 함을 요구한다. 구약에서 여호수아는 선언했다.

> "이 율법책을 네 입에서 떠나지 말게 하며 주야로 그것을 묵상하여 거기에 기록한 대로 다 지켜 행하라. 그리하면 네 길이 평탄하겠으며 너는 형통한다." (수 1:8)

그리고 신약에서 예수님은 주장하셨다(신명기 8:3을 인용하면서).

> 예수께서 대답하시길, "기록하기를, '사람이 떡으로만 사는 게 아니라, 하나님의 입에서 나오는 모든 말씀으로 살아야 한다.'라고 하였느니라"라고 하셨다. (마 4:4)

왜 성경은 특별한가? 교회의 이 정경 텍스트의 독특한 성격은 무엇인가? 오래전 성 빅토르의 휴(Hugh of St. Victor)가 말했듯이, 결국, 모든 종류의 책(books)이 존재한다.

> 책들과 책들이 있다. … 사람들이 쓰는 책들은 죽은 동물의 가죽이나 다른 어떤 부패하는 재료로 만들어지며, 그래서 조금만 시간이 흘러도 그 책들 자체가 낡아지며 결국에는 그것들 뒤에 아무것도 남기지 않은 채 사라진다. 그리고 그 책들을 읽는 모든 사람도 어

---

[3] Jaroslav Pelikan, *Divine Rhetoric: The Sermon on the Mount as Message and as Model in Augustine, Chrysostom and Luther* (Crestwood, NY: St. Vladimir's Seminary Press, 2001), 32.

느 날 죽겠고, 아무도 영원히 살 수가 없다. 그러므로, 죽어가고 있는, 죽을 존재에 의해 죽은 재료로 만들어진 이 책들은 그것들을 읽고 사랑하는 사람들에게 영속하는 생명을 부여할 수 없다. 그것들은 분명 생명의 책들이라고 불릴 가치가 없으며, 죽음의 책, 또는 죽은 자나 죽어가는 자의 책이라고 하는 말함이 더 적절한 이름 붙이기이다.[4]

휴보다 약 2천 년 전에, 성경의 한 현인은 "많은 책을 짓는 일은 끝이 없다."라고 경고했다(전 12:12). 그리고 그 수많은 책은 모두 읽힐 가치가 있지는 않다. 구글은 2010년 8월 기준으로 역사상 총 129,864,880권의 책이 출간되었다고 산출했다.[5] 그러나 이 책들의 아주 일부만이 세월을 넘어 살아남았다. 그 강인한 생존자들 중에서도 뛰어난 것들이 있다—바로 '고전(classics)'인데, 이것들은 오랜 시간에 걸쳐 평가받은바, 상상할 수 있는 한의 미래를 위하여 인지되고 확립된 가치를 지닌 질적으로 탁월한 책들이다.

성경의 고전적 본성(The Classic Nature of the Bible)

학자들이 말하듯, 고전에는 철학적 성격과 독창적 내용이 있고, 사건들에 영향을 끼치며, 사상의 어떤 범주에 가장 중요한 본보기일 뿐 아니라, 출판 연대를 훨씬 넘어서는 지속적 적절성(relevance)이 있다.[6] 성

---

[4] Hugh of St. Victor, *Selected Spiritual Writings* (New York: Harper and Row, 1962), 88.

[5] Leonid Taycher, "Books of the World, Stand Up and Be Counted! All 129,864,880 of You," *Google Books Search* (blog), August 5, 2010, http://booksearch.blogspot.com/2010/08/books-of-world-stand-up-and-be-counted.html를 보라. The Electronic Frontier Foundation의 보고서, 특히 Fred von Lohmann, "Google Book Search Settlement: Updating the Numbers, Part 2," February 23, 2010, https://www.eff.org/deeplinks/2010/02/google-book-search-settlement-updating-numbers-0를 보라.

경은 이 기준들 하나하나 모두를 만족시킨다. 그러나, 이 경건한 책의 특별한 속성들은 플라톤이든 셰익스피어이든 그 어떤 고전도 능가한다. 이 성경이라는 고전을 독특하면서도 기독교 설교에 적절하게끔 만드는 것은 그것이 영속적이고, 중대하며, 법적 구속력이 있다는 점이다.

성경은 영속적이다(The Bible Is Abiding)

그 어떤 본문도 그 내용은 보통 저술 사건 다음에 읽기 사건으로 소비된다(consumed). 그러나 본문으로 전달하는 정보(information)는 시간과 공간상 멀리 떨어진 독자에게 반드시 적절하지는 않다. 그것은 마치 인쇄된 지 십 년이 지난 지역 신문을 다른 도시에서 읽기와 같다. 다른 말로, 지식만을 전달하는 '지식 문헌(literature of knowledge)'은 쓰는 사건과 읽는 사건 사이에 존재하는 시간과 공간의 거리에 직접 비례하여 일반적으로 시대에 뒤처진다. 그래서 보통 고대 본문은 현대 독자에게는 시대에 뒤처진다. 마찬가지로, 오늘날 상품 구매 목록, 은행 계좌 자료, 무의미한 블로그 꼭지 글, 트위터 피드, 이-메일, 그리고 단지 지역주의 관심, 편협한 중요성, 개인적 가치를 수반한 수많은 다른 출판물은 얼마 있으면 단지 특정 역사학자 외에는 아무에게도 흥미도 유발하지 못한다. 정보만으로는 시간과 공간을 뛰어넘어 미래 적용과 행동을 위한 방향을 거의 제공하지 못한다. 그런 정보적 본문들(지식 문헌)은 단지 우리에게 사물(상황)이 **어떠했고 어떠한지를** 말할 뿐이지, 어떤 것들이 **어떠할 수 있고** 또는 **어떠해야 하는지를** 반드시 말하지는 않는다. 하지만 '영향력 있는 문헌(literature of power)'은 절대로 구식으로만 남지 않는다.[7] 이 범주의 본문(곧, 고전)은, **모든 때를 위한 권고를 하면서 시대를 넘어서 무언가를 말하는 능력을 소유하고 있다.** 곧 영속하는 가치가 있다. 어떤 것들이 **어떠할 수 있고**

---

[6] Michael Levin, "What Makes a Classic in Political Theory?," *Political Science Quarterly* 88 (1973): 463.

[7] E. D. Hirsch, "Past Intentions and Present Meanings," *Essays in Criticism* 33 (1983): 88.

혹은 **어떠해야 하는지**를 주장하는, 미래 가치가 있는 그런 영속적인 본문은 영향력 있는 문헌의 표본인 '고전'으로 올바로 분류될 수 있다.

보통, 고전 저자는 그들 작품의 미래-지향성을 의식하고 있으며 저술하는 때와 장소에서 다룬 내용을 초월하는 의미를 의도한다. 그러므로 그런 고전 본문의 효과는 시공간적으로 '항상' 그리고 '어디서나'로까지 끝없이 확장된다. 시편 102:18은 성서가 모든 시대에 의미가 있도록 기록했다고 명백히 말한다. "이 일은 장래 세대를 위하여 기록한다." 그래서 고전의 내재적 속성인 이 영속적 특성이 성경을 또한 특징짓는다. 성경이라는 책은 지난 수천 년 동안 그 영속적 특성을 충분히 입증했는데, 성경이 모든 세대의, 하나님 백성 모든 이에게 계속 설교 돼 유익을 주었고, 그 유익이 많은 사람, 심지어 원래의 사건이나 기록 장소에서 멀리 떨어져 있는 사람에게까지도 영향을 끼쳤기 때문이다.8 바울서신을 읽는 독자보다 천 년 이상 이전에 기록된 것들이 그들에게도 적절한 의미를 지녔을 뿐 아니라 심지어 현재 독자에게도 그렇다.

> 무엇이든지 전에 기록된 바는 우리 교훈을 위하여 기록됐다. (롬 15:4; 또한 고전 10:11을 보라)

성경이 영속적인 고전이라고 말함은 단지 연역적 추정이 아니다. 오히려, 성경은 스스로 영속적임을 드러내는데, 곧 모든 시대와 상황을 직접 긴급하게 다룸으로써 모든 새로운 세대에 그것의 적절하고 중요함을 나타낸다는 말이다. 성경이 시간의 경계를 벗어나 있다는 말이 아니라, **모든** 시간의 주변에 있다는 말이다.9

---

8 예를 들어, 베드로전서 1:25(사 50:8)를 보라. 특별히 예수님 말씀에 관한 언급이지만, 마태복음 24:35(막 13:31; 눅 21:33)은 신성한 말씀에 같은 소감—그 영속적 특성에 관한 소감이다. 미래를 위한 성경의 인도—어떤 것들이 **어떠할 수 있고** 혹은 **어떠해야 하는지**—가 설교를 위해서 어떻게 식별될 수 있는지는 「5. 설교는 신학적인 것이다」에서 다루겠다.

9 Hans-Georg Gadamer, *Truth and Method*, 2nd rev. ed., trans. Joel Weinsheimer and Donald G. Marshall (London: Continuum, 2004), 288,

여호와여, 주님 말씀은 영원히 하늘에 굳게 섰사오며 시 119:89

왜 성경이 그토록 변함없이 영속적인가? 그 영구성 근거는 고유한 **중대성**에 있다. 곧, 성경은 모든 시대의 인류에게 가장 중요한 문제들을 다루며, 그래서 시간의 모든 영역을 가로질러 필수적이고 강력하게 남아있다.

성경은 중대하다(The Bible Is Weighty)

성경이 그 주인공인 하나님에 관한 사안들과 그분이 인류와 가진 관계를 다루기에, 사실상 성경은 엄청난 중요성을 가진 쟁점들을 다룬다. 그것은 중대하며, 내용에 있어서 엄청나게 중요하다. 성경은 하나님과 관계로 들어가는 지침을 제공하며(히 2:3; 딤후 3:15), 또한 하나님의 자녀에게 '의로 교육하는 내용'을 제공하면서 창조주와 관계를 지속하도록 이끈다. 오로지 성경에서만 사람은 어떻게 '온전해지며 모든 선한 일을 행할 능력을 갖추게' 되는지 그 길을 발견할 수 있다. 진정 중차대한 문제 아닌가.

> 모든 성경은 하나님의 감동으로 됐기에 교훈과 책망과 바르게 함과 의로 교육하기에 유익하니, 이는 하나님의 사람으로 온전하게 하며 모든 선한 일을 행할 능력을 갖추게 하려 함이다. (딤후 3:16~17)

그러므로, 기원후 4세기에 알렉산드라의 아타나시우스(Athanasius of Alexandria)는 이렇게 선언할 수 있었다.

> 목마른 자들은 성경이 담고 있는 살아 있는 말씀들로 만족할 수 있다. 그 안에서만 경건한 가르침이 선언된다. 그 누구도 이것들에 더하지 못하게 하며, 누구도 이것들에서 빼지 못하게 하라.[10]

290을 보라.

10 *Festal Letters* 39.6, in *The Nicene and Post-Nicene Fathers*, series 1, ed. Philip Schaff (1886~1889; repr., Peabody, MA: Hendrickson,

바울이 디모데에게 항상 "말씀을 전파하라"(딤후 4:1~2)라는 신성한 사명을 주면서 영감받은 성경에 관한 자기 묘사를 끝맺음도 이상하지 않다. 철학자 폴 리꾀르(Paul Ricoeur)는 장담하기를, 성경에서 발견하는 종류의 담론(discourse)은 공부할 가치가 있는데, "다른 종류 담론에서는 언급하지 않는 어떤 것을 언급하기 때문"이라고 했다.11 성경은 고유하게 중요하며, 그 내용—하나님, 그리고 그분과 인간들과 관계—의 중대성 때문에 그리스도인의 삶을 위해서 최고 우선권을 가진다. 그래서 설교는 필연적으로 성경적인 것이다.

하나님의 백성이 성서에 부여하는 경외심과 존경, 오랫동안 설교할 때 수반한 결과적 책임감이 성경의 중대성(gravity)을 증거한다. 셀 수 없을 만큼 많은 주석, 설교, 소책자 등과 같은 성경 해설서가 놀랍게 늘어남은 성경의 이러한 탁월함을 아주 잘 반영한다. 예를 들어, 기원후 3세기 초기 기독교 신학자 오리게네스(Origen)의 엄청난 저술은 거의 모든 성경에 대한 설교(200개 이상이 현존)를 포함하여 무려 6,000편 작품에 이른다.12 3세기 말 교부 크리소스토무스(John Chrysostom)는 (현존하는 것만) 900개가 넘는 설교를 남겼다.13 성경의 중대성을 증거하는 데 똑같이 중요한 것은, 과거에 만들어졌고 지금까지도 계속 생산되는 성경 번역들과 버전들은 물론, 현재까지 남아있는 엄청난 양의 사본들이다. 예를 들면, 신약의 여러 부분이

1994), 4:552 (앞으로는 약자로 *NPNF*[1]).

11 Paul Ricoeur, "Philosophy and Religious Language," *Journal of Religion* 54 (1974): 71.

12 이 말은 4세기 키프러스(Cyprus)의 주교였던 에피파니우스(Epiphanius)에 의해 기록되었다. 그의 *Refutation of All Heresies* 64.63.8를 보라. 또한 Henri Crouzel, *Origen*, trans. A. S. Worrall (Edinburgh: T&T Clark, 1989), 37~39를 보라.

13 Wendy Mayer and Pauline Allen, *John Chrysostom* (London: Routledge, 2000), 7; and J. N. D. Kelly, *Golden Mouth: The Story of John Chrysostom—Ascetic, Preacher, Bishop* (London: Duckworth, 1995), 132~33을 보라.

그 어떤 고대의 저술보다 더 많은 사본으로 보존되었는데, 헬라어로는 6,000개, 라틴어로는 10,000개, 아르메니아어, 이디오피아어, 콥틱어, 시리아어, 그리고 다른 언어로 10,000개 사본이 남아있다. 역설적으로, 교회가 존재한 이래 계속해서 교회를 괴롭혔던 성경 해석에 관한 무수한 논쟁이 성경의 중차대한 내용을 증거한다. 이 책과 그 해석은 너무 중요해서 열렬하게, 때로는 심지어 폭력적으로까지, 변호해야 했다.

성경 전체만이 아니라 성서를 구성하는 개개 본문(texts)과 페리코페(pericopes) 또한 중요하다.14 성경의 그 어떤 부분도 사소하지 않다. 예를 들면, 고린도전서 9:9에서 바울은 구약에서 상대적으로 덜 중요한 본문인 신명기 25:4를 신자 공동체의 현재 관습상 중요하게 여긴다. 사실, 페리코페들이 설교에 이바지할 가능성을 촉진함은 바로 성경 각 부분의 중대성이다. 중요한 문제들로 가득 찬 정경 본문의 밀도는, 성경을 매주 교회를 위해 사용할 때 좀 더 작게 (한입 크기의) 한 부분 또는 조각씩 다룸을 더 바람직하게 만든다. 여기에 페리코페의 효용성이 있다.

성경은 진정 엄청난 중요성을 가진 본문이다. 그러므로 이 영속적이며 중대한 책은 어느 부분이라고 무시해서는 안 되며, 오히려 설교하고 적용해야 한다. 성경의 진가(substantiality)는 독자와 청자가 본문 중대성과 그것이 표현하는 하나님의 뜻에 굴복—자기를 하나님 요구에 맞추려는 기꺼운 의지—을 명령한다. 그래서 성경은 단지 영속적(abiding)이며 중차대할(weighty) 뿐만 아니라, 또한 교회의 믿음과 실천에 **구속력**(binding)이 있기도 하다.

---

14 전문어 '페리코페'가 '복음서에서 구별되는 부분'을 뜻하지만, 이 책에서 필자는 '장르나 길이를 불문하고 단순하게 설교 본문(preaching text, irrespective of genre or length)'을 나타내는 데 이 용어를 쓴다(「5. 설교는 신학적인 것이다」라는 장을 보라).

성경은 구속력이 있다(The Bible Is Binding)

고전은 이런저런 정도 차이가 있어도, 일반적으로 규범(prescriptive)이라고 여긴다. 철학자 한스 가다머(Hans-Georg Gadamer)는 "고전 개념에 가장 중요한 점은 … 그 규범적 의미(normative sense)"라고 말했다.15 그러나 그 규범성이 복종을 요구할 정도로 권위를 갖고 있느냐는 별도 문제다. 그렇지만 성경에 관해, 하나님의 공동체는 이 본문이 다른 어떤 고전에도 없으며 앞으로도 없을 그런 구속력이 있다고 주장하는데, 그 이유는 성경이 신적 담화(divine discourse)이기 때문이다. 다른 말로 하면, 성경의 구속력은 신적 성명(divine communiqué)으로 스스로를 보는 해석 결과로, 그것이 교회의 믿음과 실천에 권위를 가지게 한다. 신적 담론인 하나님의 말씀은 하나님의 백성에게 구속력이 있게끔 설교해야 하고 그들이 그것을 듣고 적용하도록 해야 한다. 곧, 성경은 그 속성상 규범적이다.

성서가 구속력이 있다고 주장함은 신적 담화(divine discourse)로 인정함이다. 교회 역사에서, 교회는 성서가 하나님의 말씀이라고 단언했다. 디모데후서 3:16은 "모든 성경은 하나님의 영감으로 기록됐다"라고 단언한다. 요한복음 10:35은 "성서"와 "하나님의 말씀"을 병행적으로 사용한다. 마가복음 7:9~13에서 "하나님의 명령"과 "모세가 말한 것"과 "하나님의 말씀"이라는 표현들이 쓰이는데, 이것은 신적 담론으로서 성경의 속성을 증거한다. 곧, 성경의 인간 저자는 신적 저자인 성령님의 인도를 받아서 하나님의 말씀을 기록했다(벧후 1:21).16 1세기 교부 클레멘스(Clement of Rome)는 성서를 "성령의 진

---

15 Gadamer, *Truth and Method*, 288.

16 Nicholas Wolterstorff, *Divine Discourse: Philosophical Reflections on the Claim That God Speaks* (Cambridge: Cambridge University Press, 1995), 53. 또한 William Lane Craig, "'Men Moved by the Holy Spirit Spoke from God' (2 Peter 1:21): A Middle Knowledge Perspective on

정한 언설(utterances)" 그리고 "하나님의 신탁(oracles of God)"이라고 지칭했다.17 오리게네스(Origen) 또한 "성서는 인간이 작문한 것이 아니라 성령의 감동으로 쓰인 것"이라고 주장했다.18 아우구스티누스(Augustine of Hippo)는 인간 저자들을 통해 일하는 이 신적 대행자(divine agency)를 설명했다.

> 그분[하나님]은 당신 행하심과 말씀하심에 관해 우리가 정독하도록 우리에게 주시기로 의도하신 모든 것을 당신 제자들에게 기록하라고 명령하셨는데, 그분은 그 제자들을 당신 손이듯이 쓰셨다.19

그 어떤 고대의 신조(creed)도 영감(또는 성경 무오) 사상을 포함하지 않는다는 사실은, 단지 영감이 초기 교회에서 받아들여진 사실이었고 전혀 도전받지 않았기 때문이었다. 그것은 판정받아야 할 논쟁이었거나 반박해야 할 이단이 전혀 아니었다. 브루스 보터(Bruce Vawter)가 요약한 것처럼, "동방과 서방 양쪽 교부들의 성경에 대한 관습적인 다룸은 물론 그들의 언어를 볼 때, 물론 대다수는 아니었을지 몰라도 많은 사람에게 하나님이 … 성경이라는 **글의 저자**였다는 점은 의심의 여지가 없다."20

Biblical Inspiration," in *Providence, Scripture, and Resurrection*, vol. 2 of *Readings in Philosophical Theology*, ed. Michael Rea (Oxford: Oxford University Press, 2009), 157~91을 보라. 이 책에서 필자는 성서를 인간 저자와 신적 저자 양쪽(양자를 구별하지 않고)의 공동 생산물로 여긴다.

17 *1 Clement* 45, 53 (*ANF* 1:39, 44~45). 그는 예레미야 9:23을 인용하면서 "성령님이 말씀하시길"이라고 했다(*1 Clement* 13 [*ANF* 1:16, 41]). 마찬가지로, 클레멘스는 바울이 쓴 것들도 성령님에 의해 영감을 받았다고 주장했다(*1 Clement* 13, 47).

18 *First Principles* 4.9 (*ANF* 4:357).

19 *Harmony of the Gospels* 1.35.54 (*NPNF*¹ 6:101).

20 Bruce Vawter, *Biblical Inspiration* (Louisville: Westminster, 1972), 96.

교부 시대 이후에까지, 교회는 성서가 신적 담화라는 교리를 고수했다. 도미니칸 신학자 아퀴나스(Thomas Aquinas, 1225~74)는 "성서의 저자는 하나님"이라고 선언했다.21 종교개혁 시대에 루터는 명백히 말했다. "당신은 이렇게 성서를 다뤄야 한다. 곧, 그것을 하나님 그분이 말씀하시는 것으로 간주하라."22 성서를 구속력 있는 것으로 여기게 교회를 이끎은 성서를 신적 담화로 여기는 이런 개념이었다.

> 내가 절대적 복종을 해야 하는 것은 그 정경적 성서뿐이다. 성서에는 우리를 잘못 이끌도록 의도한 그 어떤 실수나 말도 있을 수 없다는 데 일말의 의심도 용납하지 않은 채 그 가르침을 따른다.23

성서가 신적 담화라는 사실은 기독교 정경(cannon)이 스스로 고유한 방식으로 구속력이 있게끔 만든다. 다른 그 어떤 고전도 그런 특성을 공유하지 못한다. 믿는 자들을 위한 성경의 구속력 있고 규범적인 이런 지위를 고려하면, 설교는 무엇보다도 성경적이라야 한다.

설교에 적실성을 갖는, 정경의 구속력의 또 하나의 결과는, '성서'로 용납될 수 있는 것과 그렇지 않은 것의 구별이다. 사실상, 정경이라는 것은 성경 전체를 왜곡이나 변형하지 못하도록 보호하는 '저작권(copyright)'의 고대적 형태다.24 그래서 설교 목적상, 정경은 또한 어떤 본문들이 교회 교화(edification)에 쓰이는 윤곽을 그린다. 정경은 이 특정한 본문에 구속하는 권위(binding authority)를 부여한다(그리고

---

21 *Summa Theologica* 1.1.10.

22 *Predigten über das erste Buch Mosis und Auslegungen über die folgenden biblischen Bücher bis zu den Psalmen*, vol. 3 of *D. Martin Luthers sämtliche Schriften*, trans. (from the original Latin to German) Johann Georg Walch (St. Louis: Concordia, 1894), 21 (영어 번역은 필자의 것).

23 Augustine, *Epistle to Jerome* 82.3.24 (*NPNF*[1] 1:358).

24 George Aichele, *The Control of Biblical Meaning: Canon as Semiotic Mechanism* (Harrisburg, PA: Trinity, 2001), 20.

그래서 제한한다). 단지 이 정경적 본문들로부터만, 공동체의 집합적 삶과 그 공동체를 구성하는 개인들의 삶을 하나님의 뜻에 맞추는 설교가 나올 수 있다.25

어느 본문이 성서 정경에 포함해 설교할 수 있는지를 제한함에는 합당한 이유가 있다. 2세기 교회는, 구속력 있는 **기록된** 기준(written norm) 없이는 시간상 교회의 위치가 사도 시대와 너무 떨어져 있어서 **구전으로** 전달받은(orally handed) 것의 순수성을 지킬 수 없음을 깨달았다. 예수님도 사도들도 상의가 필요한 때 가까이 계실 수 없었으니까. 게다가, 온갖 종류의 미심쩍은 문헌들이 주위에 떠다니고 하나님의 백성을 위해 규범적인 권위를 갖고 있다고 옹호되고 있었다. 분명한 구분, 선(line), 일종의 '자(rule)'가 필요했는데, 그게 바로 κανών[카논]이라는 용어가 뜻하는 바, 곧 자/캐논이다. 정경의 이 원리는, 앞으로는 모든 설교를, 성서의 정경으로 본문적으로 고정된 권위 있는 사도적 전통의 통제에 굴복하게 하겠다는 하나님 백성 공동체의 인정이다.

정경(the canon)이 어떤 본문으로 설교할지를 설정할 뿐 아니라 이 원리는 또 하나의 함축된 의미를 가지는데, 그것은 바로 성경의 어느 한 본문/구절을 "다른 본문/구절과 모순이 되도록" 설교하거나 설명할 수 없음이다(영국 성공회의 교리를 정의하며 해설하는, 「39개 조항 신조」[1563년에 작성한 Thirty-Nine Articles of Religion]의 제20항). 다른 말로 하면, 정경 구속력은 성경의 한 본문 해석이 다른 본문 해석과 모순을 금지함인데, 그들 모두는 함께 하나님의 한 책을 구성하기 때문이다.26 2세기에 이레나이우스(Irenaeus)는 지혜롭게 말했다.

---

25 필자는 여기서 정경의 특정한 구성에 관한 논쟁을 피하고 있다. 특정한 기독교 전통의 믿음과 행습은 의심의 여지 없이 그 전통이 따르는 정경의 범위들에 의존한다.

26 5세기 교부였던 알렉산드리아의 시릴(Cyril of Alexandria)은 선언했다. "전체 성서는 한 책이며 한 성령님에 의해 말해졌다"(*Commentary on Isaiah*, on 29:11~12 [필자가 번역함]).

> 하나님께서 우리에게 주신 모든 성서는 모순이 없이 온전히 일관성 있고(consistent) 조화를 이루며 드러난다. … 그리고 [성서의] 많은 다양한 언술(utterances)을 통해, 모든 것을 창조하신 그 하나님을 찬양하는, 우리 안에 울려 퍼지는 조화로운 하나의 멜로디를 들을 수 있으리라.27

그래서 정경은 그 모든 부분에 있어서 성경을 응집하게 하고 조화를 이루게 한다. 이 확립되고 안정된 기록된 본문들의 모음집은 구속력이 있는 것으로 간주하고, 그래서 그것은 교회에서 설교를 규정짓는 권위 있는 규범이 됐다.28 다른 그 어떤 것도 성경 정경만큼 설교를 위한 권위를 지니고 있지 못한다.29 그러므로, 이 구속력 있는 본문 외에는 다른 어떤 것도 설교 되어서는 안 된다.

요약하면, 영속적이고 중대하며 구속력 있는, 성경이라는 정경 고

---

27 *Against Heresies* 2.28.3 (*ANF* 1:400). 또한 이레나이우스와 동시대 인물인 순교자 유스티누스(Justin Martyr)도 이렇게 말했다. "그 어떤 성경 구절도 서로 모순되지 않는다고 나는 전적으로 확신한다"(*Dialogue with Trypho* 65.2, [*ANF* 2:177]). Abraham Kuruvilla, *Privilege the Text! A Theological Hermeneutic for Preaching* (Chicago: Moody, 2013), 71~76을 보라.

28 Oscar Cullman, *The Early Church* (London: SCM, 1956), 90~91.

29 성경의 정경적 텍스트들을 공적으로 받아들이는 일은 교회의 삶 초기에 일어났다. 예를 들어, 바울은 데살로니가 성도들이 자신의 말을 하나님의 말씀으로 받아들였다고 믿었다(살전 2:13). 누가의 복음을 '성경'이라고 지칭한 것은 초기부터 교회에 의해 그것이 정경으로 받아들여졌음을 인정하는 것이다(그리고 디모데전서 5:18은 누가복음 10:7을 인용하면서 누가의 복음을 성경으로 명백하게 지칭한다. 또한 베드로후서 3:15~16을 보라). 또한, 받아들여진 이 성경 문서들은 하나님 백성의 공동체에 적실한 것으로 널리 인정되었다. 진정, 골로새 성도는 그들이 받은 편지를 다른 기독교 회중들에게 전달하라는 요청을 받았다(골 4:16). 그래서, 2세기 기독교 변증가인 테르툴리아누스(Tertullian)는 수사적으로 이렇게 요청할 수 있었다. "그 사도가 어떤 교회에 서신을 쓸 때는 사실상 모두에게 쓴 것이기에, [서신들의] 제목들이 무슨 중요성이 있겠는가?"(*Against Marcion* 5.17 [*ANF* 3:465]). 또한 계시록 1:3은 요한이 써서 보냈던 일곱 교회보다 더 폭넓은 독자층을 가정한다.

전을 설교하고 적용해야 한다. 어떤 사람은 성서의 영속하고 중대하며 구속력 있는 요구들에 복종하려는 의지는 하나님 공동체의 일원임을 나타내는 표징이라고까지 말할 테다. 성경이 영속하고 중대하며 구속력 있으므로 그것을 설교해야 하는데, 성경만이 개인과 공동체를 하나님의 뜻에 맞도록 조정하는 데에 효과를 내기 때문이다. 모든 성경은 적용함으로 유익하게 하고, 하나님 백성을 온전하고 유능하게 하며, 모든 선한 일을 행할 수 있게 한다(딤후 3:16~17). 그러므로, 설교자의 책무(obligation)는 똑같이 중대한데, 성경이 영속적이고 중대하며 구속력 있기 때문이다. 곧, 설교는 완전히 그리고 전적으로 성경적이어야만 한다.

성경대로 설교하기, 연속 읽기
(Preaching Biblically, Reading Continuously)

성경의 영속적이고 중대하며 구속력 있는 속성을 존중한다는 의미로 설교를 성경대로 하려면, 성경의 모든 부분을 가치 있다고 여겨야 하며 성경 모든 본문을 설교해야 한다. 어떻게 우리는 이 일을 시작할 수 있는가?

회당에서 예전(liturgical) 관습에 관한 증거 대부분은 기원후 2세기 이후에 나오지만, 훨씬 이전부터 신중하게 선정한 분량으로 성서를 공동체적으로 활용한 패턴은, 어떤 주어진 날에 성경의 어떤 구절(passage)을 읽어 설교해야 하는지를 규정한 유대 성구집 안내를 받았음이 분명하다. 본문을 적절하게 나눈 페리코페(pericopes)를 매주 연속적으로 읽었는데(*lectio continua*, '연속 읽기'), 후속하는 독서물은 앞선 독서물이 끝난 데서 시작해 이어갔다. 이것은 성서 강해에 가장 오래된 접근법이고, 유대 회당에서 비축제적 안식일들에 행한 표준 관행이었다.30 연속 읽기에 관한 이 계획서(protocol)는 교회에서 이어

---

30 바빌로니아 탈무드 소책자 *Megillah 4*는 축제일이나 특별한 날들을 위한 '정규 순서'의 독서의 중단/단절과 정해진 패턴으로 돌아가는 것을 언급한다. 또한 이 랍비 문헌은 *lectio continua*를 실천하여 "모세 오경을 3년

졌고, 성경 연속 읽기, 곧 *lectio continua*는 초기 교회사 대부분 기간 정상적 규범이었을 수 있다.

그러나 5세기에 이르러, 교회력에 축일(feasts)과 특별한 날들이 너무 많아지고 각 날에 성경 구절 할당이 너무 많아지자, 성경 읽기는 거의 전적으로 *lectio selecta*('선별 읽기')가 되었다. 곧, 이 날들에 본문을 할당하는 일은 경축하는 특정한 성인이나 그 특별한 날의 중요성을 좌우했다. 성경 본문들을 그렇게 선택하는 데는 연속 읽기가 거의 없었고, 그래서 *lectio continua*는 사라져 갔다. 머지않아 축제력(festal calendar)이 복잡해져서 특정한 축일들에 할당한 본문을 공식적으로 목록화할 수밖에 없었고, 이런 목적으로 고안한 기독교 성구집(lectionaries)이 나타났다.31 교회사 대부분 기간과는 달리, 중세에는 *lectio continua* 설교를 맛볼 수가 없었다. 종교개혁 시대에 이르러서야 이러한 행습이 교회에서 다시 인기를 얻었다. 루터는 충고했다 "그 책들 중 한 권을 선택해 그 책이 끝날 때까지 한두 장 또는 반 장을 읽어야 한다. 그리고서 다른 책을 선택해야 하고, 그렇게 해서 성경 전체를 읽어야 한다."32 스위스의 개혁자 츠빙글리(Huldrych Zwingli)는 자기가 *lectio continua*를 따른다고 설명했다. 한 해 동안 마태복음, 그리고 사도행전, 그리고 디모데전후서, 베드로 서신서, 그리고 히브리

에 완독한 팔레스타인 사람들"을 말한다. Jacob Neusner, *The Comparative Hermeneutics of Rabbinic Judaism*, vol. 1, *Introduction and the Hermeneutics of Berakhot and Seder Mo'ed* (Binghamton, NY: Academic Studies in the History of Judaism, 2000), 544에 언급된 것과 같다. 토라의 어떤 구절들을 건너뜀을 좋게 보지 않았다.

31 Hughes Oliphant Old, T*he Medieval Church*, vol. 3 of *The Reading and Preaching of the Scriptures in the Worship of the Christian Church* (Grand Rapids: Eerdmans, 1999), 85, 289; and John Reumann, "A History of Lectionaries: From the Synagogue at Nazareth to Post-Vatican II," *Interpretation* 31 (1977): 124를 보라.

32 Martin Luther, "Concerning the Order of Public Worship (1523)," in *Liturgy and Hymns*, vol. 53 of *Luther's Works*, trans. Paul Zeller Strodach, rev. Ulrich S. Leupold (Philadelphia: Fortress, 1965), 12.

서.33 그래서 위대한 개혁자 장 칼뱅(John Calvin)도 이렇게 말했다.

> 목사들이 가르칠 때 어떤 순서를 따라야 하는가? 먼저, 어떤 유익한 것을 선포하고 어떤 것을 생략할지를 제멋대로 판단하지 말고, 하나님의 마음대로 순서가 정해지도록 그분께 맡겨라. … 죽을 수밖에 없는 인간은 말씀을 훼손하여 산산조각으로 만들 만큼, 그래서 이것저것을 약하게 만들고 어떤 것을 흐리게 하고 많은 것을 억제할 만큼 대담해서는 안 되며, 성서에 계시된 어떤 것이든 전해야 한다. 하나님의 신실하고 진실한 해석이 되어감에 따라, 사람들의 건덕(edification)을 위해 지혜롭고도 적절하게, 그러면서도 평이하고도 가식 없이 해야 하지만 말이다.34

몇 가지 중요한 가정이 연속 읽기 관습에서 작동한다. 먼저, 영속적이고 중대하며 구속력 있는 성서 본문의 모든 부분이 가치 있고 설교할 값어치가 있다. 설교자의 공상, 사건의 중요성, 또는 설교 강해 용이함에 근거해서 본문을 선택하려는 경향은 강하게 거부해야 한다. 둘째, 개개 페리코페(pericope)는 그 책 나머지 부분의 맥락에서만 적절하게 해석되는데, 부분과 전체의 이러한 관계를 강조함은 바로 연속 독서와 설교이다. 페리코페가 하나님 백성의 어떤 회중에서 다뤄지는 본문의 가장 작은 단위이지만, 연속 읽기로 설교는 그 본문 이웃(textual neighborhood)과 그 본문의 불가분 통일성(unity)을 긍정한다.35 그렇게 함으로, 전체 한 책의 온전성이 비연속적 페리코페

---

33 Gottfried Locher, *Zwingli's Thought: New Perspectives* (Leiden: Brill, 1981), 27.

34 John Calvin, *Commentary upon the Acts of the Apostles*, vol. 2, trans. Henry Beveridge (Edinburgh: Calvin Translation Society, 1844), 251~52.

35 다시 한번 말하는데, '페리코페(pericope)'라는 용어는 설교할 수 있는, 성경의 적은 한 부분을 뜻한다. 설교할 수 있는 부분은, 설교자에게 크게 좌우된다. 페리코페를 너무 잘게 나누면, 주마다 설교에서 신학적 요점이 크게 다르지 않을 수 있다. 그러나 페리코페를 너무 크게 나누면, 특정한 신학적 요점은 놓칠 수가 있다.

들을 설교함으로 깨지는 일은 하지 않는다.

그러면, 한 설교에서 필연적으로 성서의 여러 본문을 다루는 주제 설교(topical preaching)의 역할은 무엇인가? 그 범위에 있어서 그것이 전국적이든(전쟁, 테러, 특별한 날들을 다룸), 또는 지역적이든(경축할 일들, 유고나 결혼을 다룸), 또는 신학적이든(교리적 약점들, 영적 쟁점들, 교회력의 축일들을 다룸), 특별한 상황들이나 환경들의 필요를 채우려는 (속성상 주제별인) 임시 특별 설교(ad hoc sermons)를 해야 하는 때가 교회 생활에 분명코 있다. 그런 설교는 그 사상들을 성경에서 끌어냈다는 점에서 성경적이다. 그러나, 성경적으로 하려면, 단지 사상들이 성경에서 나와야 할 뿐만 아니라, 또한 성경 사상들의 순차적 발전(곧, 어떤 특정한 책의 궤적이 페리코페마다 조금씩 발전하는 것)을 존중해야 한다. 그래서 어떤 주어진 책의 순차적 페리코페들을 설교하는 일이 필수적이고 설교자의 주된 (그리고 안정된) 습관이 되어야 한다. 그렇게 해야만, 사람들이 한 본문의 취지, 곧 저자의 의제(agenda)를 충분히 파악할 수 있다. 마가복음 8장과 10장에서 예수님이 시각장애인을 고치신 사건은 종종 예수님의 신성과 전능성을 증명하려고 별개로 설교하곤 한다(예수님께서 시각 기관을 통제하심을 설명하고, 청자가 위대한 의사를 신뢰하도록 권면하는 조직신학적 주제 설교들로서). 그러나 이 본문 각각에서 마가의 취지는 다르고, 우리가 한 페리코페 한 페리코페 책을 따라 읽어갈 때만 파악할 수 있다.36 경우에 따른 주제 설교의 가치를 폄하하지 않으면서도, 회중을 정기적으로 말씀으로 먹이는 일은 성경의 각 책 전체를 연속 설교—*lectio continua*—함으로 이루어지기를 나는 강력하게 추천한다. 주제 설교를 특히 싫어하는 한 학자는

---

36 이 구절들 해석에 관해서는, 「4. 설교는 소통을 위한 것이다」의 숙고하기(Reflection) 부분을 보라. Abraham Kuruvilla, *Mark: A Theological Commentary for Preachers* (Eugene, OR: Cascade, 2012), 155~68, 226~37도 보라. 두 치유 사건 각각은 특정한 의도가 있으며, 마가의 전체적 제자도 주제의 별개 국면을 설명하려는 것이다. 마가복음 6장과 8장에서 군중을 먹인 사건 각각도 그 신학적 요점들에 있어서 서로 구별된다(Kuruvilla, *Mark*, 129~41, 155~68를 보라).

1. 설교는 성경적인 것이다   51

"주제 설교를 5년마다 한 번씩만 하고, 즉각 회개하면서 하나님의 용서를 구하라!"라고 그의 학생들에게 충고했다.37 이 권면에는 어떤 가치가 분명히 있다.

짧게 말해서, 책들을 따라 연속적으로 페리코페마다 설교하기는 성경적으로 설교하는 중요한 한 부분이다.38 연속 읽기는 해석자가 매주 페리코페마다, 정경의 모든 부분을 적용하라고, 또한 주어진 한 책에서 사상이 어떻게 연속해서 발전하는지를 파악하라고 한다.39

요약

설교가 성경적이라고 긍정함은 무엇을 의미하는가? 성경이 영속적이고 중대하며 믿음과 실천에 하나님의 백성에게 구속력이 있으므로, 신적 담화인 성서가 교회에서 설교하는 데 원재료라고 살폈다. 그러므로 성서적 설교는 성서의 모든 부분이 일정한 기간 설교 돼야 함을 분명히 하는데(이상적으로는 연속 읽기로, *lectio continua*), '모든 성경'이 그리스도의 몸을 세우는 데 유익하기 때문이다(딤후 3:16). 연속 읽기로 성경적 설교는, 각 페리코페의 음성이 들리게 하되, 연속 설교들이 전체 책의 궤적을 점진적으로 그리고 전개하면서 연속적으로 들리게 한다. 두말할 필요 없이, 성경적 설교는 "성경의 한 본문이 설교의 모양새와 내용과 목적을 형상화하는 데 주도적인 역할을

---

37 Walter C. Kaiser, *Toward an Exegetical Theology: Biblical Exegesis for Preaching and Teaching* (Grand Rapids: Baker, 1981), 19.

38 물론, 성경의 어떤 책에서 설교할지를 결정하는 것은 많은 요소에 의존한다. 예를 들어, 설교자의 목회적 비전과 목표들, 그리고 회중의 영적 상태와 성숙도 등. 한 책의 각 장을 따라 설교하는 것은 노래들과 언명들의 집합체인 성서의 어떤 부분들—예를 들어, 시편과 잠언—과 잘 안 맞을 수도 있다. 이것들은 한 구절 한 구절, 한 장 한 장, 더 넓은 의미 활(arc of meaning)과 해석적 궤적을 따라 반드시 구성한 것이 아니기 때문이다.

39 연속 읽기의 유익한 점은 「5. 설교는 신학적인 것이다」에서, '본문 앞에 펼치는 세계(world in front of the text)'이라는 개념 도입과 함께 더 자세히 설명하겠다.

하게 한다."40 다른 말로 하면, 다뤄지는 성경 본문의 "힘"−설교를 위한 이 비전 스스로 가지고 있는 바(「4. 설교는 소통을 위한 것이다」), 곧 **취지**(thrust)−이 설교 돼야 한다. 설교자들이 그 위에 전체 설교를 쌓는, 눈길을 확 끄는 예화나 혹은 본문에서 이삭을 주운 조직신학이 아니라. 다른 말로 하면, 성경만이 신적 담론이고, 영속하며, 무게감이 크고, 구속력이 있으므로, 하나님의 백성에게 전파되는 것은 성경 자체이다. 설교는 성서적인 것이다!

숙고하기(Reflection)

마가복음 7:1~30—제자도 그리고 하나님의 말씀41

> "사람의 계명으로 교훈을 삼아 가르치니 나를 헛되이 경배하는도다."라고 하였느니라. "너희가 하나님의 계명은 버리고 사람의 전통을 지키느니라." (마가복음 7:7~8)

이 페리코페, 곧 마가복음 7:1~30의 주제는 순결함 그리고 하나님 앞에 받아들여짐, 곧 깨끗함 대 더러움의 쟁점이다. 이 페리코페의 첫째 사건(7:1~23)은 쟁점을 무대에 올리고는 자기가 하나님께 받아들여지지 못하게 하는, 마음에서 나오는 죄악 목록으로 그 정점을 찍는다. 둘째 사건(7:24~30)은 하나님께서 받아들이실만하고 예수님께 칭찬받을 만한 것들을 예시한다. 간단히 말해, 하나님께 중요한 일은 사람이 만든 규율에 외적으로 순응이 아니라, 마음을 다한 내적 헌신에서 비롯하는, 그분 계명에 순종(obedience)이다. 그래서 하나님의 계명에 마음을 다한 내적 순응은 없는 채 인간 규율을 단지 외적으로 지킨다고 해서 그분께서 우리를 받아들이시지는 않는다.

---

40 Thomas G. Long, *The Witness of Preaching*, 2nd ed. (Louisville: Westminster John Knox, 2005), 52.

41 이 페리코페에 관한 더 자세한 설명은 Kuruvilla, *Mark*, 142~55를 보라. 각 장의 숙고하기(Reflection) 부분에 있는 마가복음에 관한 공부 내용은 생각을 자극하려고, 그리고 이 책에서 제안하는 해석학 실례를 제시하려 함이다.

이 페리코페는 제자들이 손을 씻지 않고 음식을 먹는 상황으로 시작한다. 이 일이 바리새인을 분노케 했는데, 그들은 예수의 제자들이 전통을 지키는지에 의구심을 품고 있었다. 손 씻기 명령은 구약에서 오로지 제사장에게만 주어졌는데(출 30:17~21; 40:30~32), 기도 맥락에서 의례적(ritual) 씻음은 몇몇 비정경 유대 문서에서 언급됐다. 후자에 속하는 이 '장로들의 유전(traditions of the elders)'(막 7:5)은 시내 산에서 하나님에게서 모세에게 전해졌다고 한다. 마가가 "그 외에도 여러 가지"(7:4)와 "이 같은 일을 많이"라고 지적하기에, 인간이 고안한 규칙들을 의무적으로 지키라고 강요는 손을 씻는 의식 말고도 더 많은 규칙이 있음을 암시한다. 요점은 인간의 전통 규율들이 어디에서 왔든 하나님의 말씀이 아닌 그런 것들은 도덕을 위한 신적 기준이 아니라는 점이다.

한편, 예수님의 관심사는 사람이 만든 법들에 외적으로 자기-의(self-righteous) 중심으로 집착함이 아니라, 마음에서 우러나온 내적 도덕에서 솟아난, 하나님의 계명에 순종(7:6, 19, 21)이 더 우선이라는 점이었다. 세 세트의 대조가 이 논쟁을 앞으로 끌어낸다(7:8, 9, 13).

대조 1(막 7:8)	하나님의	계명을	소홀히 함(버림)
	인간의	전통을	지킴
대조 2(막 7:9)	하나님의	계명을	저버림
	너희의	전통을	지킴
대조 3(막 7:13)	하나님의	말씀을	폐함
	너희의	전통을	전함

쟁점은 제자들이 구약의 법들을 순종해야 하느냐가 아니라, 그들이 바리새파 유대교가 개발한 그런 비성경적 규율을 지켜야 하느냐였다. 바리새인이 '장로들의 유전'이라고 부른 것들(7:5에서 그들이 예수님에게 던진 질문에서)에, 예수님은 '**사람의 계명**', '**사람의 전통**', 그

리고 '**너희** 전통'(7:7, 8, 9, 13)이라는 딱지를 붙이셨다. 다른 말로 하면, 예수님은 그 인간적 전통에 있는 가정된 권위에 도전하셨다. 그래서 이 사건에서 근본적 대조는 위 대조표 마지막 열에 있는 대조, 곧, '하나님의' 대 '인간의/너희의' 대조이다. 어느 것이 상위인지는 뚜렷했다. 불행하게도, 바리새인이 전통을 채택함은 하나님의 계명을 무시하는 결과를 낳았다. 그들은 하나님의 말씀을 점진적으로, 곧 '소홀히 함'(7:8)에서 '저버림'(7:9) 그리고 '폐함'(7:13)으로 버렸다. 예수님의 엄중한 고소는 그분 말씀에 있는 하나님의 계명을 전통 아래로 끌어내리는 짓이었다. 성경이 그들에게 더는 첫째가 아니었다!

7:10~11에서 예수님은 "모세는 말하길"과 "너희는 말한다" 사이에 있는 대조 실례를 제공하신다. 그것은 하나님의 말씀과 인간의 전통 대조였다. 예수님이 어기면 사형을 유발하는, 십계명의 어떤 특정한 조항—"네 부모를 공경하라"(출 20:12; 신 5:16)—을 인용하심으로써 판돈이 커졌다. 여기서, 부모가 공양을 기대할 수 있는 아들의 물질/재물이 (명백히 바리새인들의 승인을 받아) '코르반(κορβᾶν)'으로 선언되는데, 그 용어의 의미는 '신적 소유물'로 독점적으로 하나님께 '드려진 것'이다. 영악하게도, 그 맹세는 자기 재물을 그대로 간직하려고 부모님에 대한 의무를 회피하는 데 쓰이고 있었다. 자식은 이렇게 **인간의** 전통 행습으로 도피함으로써 자기 부모를 공경하라는 **하나님이** 부여하신 책임을 계획적으로 (그리고 무정하게) 회피하고 있었다.42 이것은 사람이 만든 규칙들에 매달리면서 하나님의 계명을 거절하는 행위인데, 그 모든 것은 이기적인 유익을 위해서였다. 곧, 하나님의 말씀에 헌신하기보다는 인간의 전통에 매달리기였다.

하나님의 계명을 '버리는 것(ἀφίημι[아피에미])'에 자유로웠던 바리새인이 아들이 어떤 모습으로든 자기 부모를 공경하는 것을 '허락하지'(역시

---

42 Adela Yarbro Collins, *Mark: A Commentary*, Hermeneia (Minneapolis: Fortress, 2007), 352; R. T. France, *The Gospel of Mark: A Commentary on the Greek Text*, New International Greek Testament Commentary (Grand Rapids: Eerdmans, 2002), 286.

ἀφίημι[아피에미]) 않아야 한다고 여김(7:12)이 흥미롭다. 다른 말로 하면, 그들에게는 하나님의 말씀을 거부함은 용납할 수 있어도 자기 부모 봉양은 용납할 수 없었다! 같은 헬라어 동사를 사용이 바리새인의 위선을 더욱 생생하게 표현한다. 모세 율법으로 본다면 사형 죄에 해당하는 것이, 그냥 단지 허용된 정도가 아니라 이 전통에 매인 종교적 관료들이 대놓고 요구하는 정도가 됐다.43 이것은 사람이 만든 규칙이 하나님이 제정하신 규칙을 이기는, 사람의 말이 하나님의 말씀을 능가하는, 잘못된 우선순위의 예였다. 그러나 하나님 말씀의 명령에 복종 없이는, 인간의 법규들을 얼마나 많이 꼼꼼히 지키든 그것은 하나님께 받아들여지지 못한다. 하나님께 받아들여짐은 하나님 계명에 내적 헌신의 태도로 시작한다(7:19, 21). 그것은 인간의 규율에 대한 자기-의에 기반해서 외적으로 고수(adherence)한 결과가 아니다.

이야기들을 인상적으로 배열하면서, 마가는 7:24~30에서 한 여인 예를 든다. 바리새인들이 정결하다고 꿈에도 생각지 않을, 더러운 귀신 들린 어린 딸을 둔 이방 여인(7:25~26)이다. 그러나 그녀 딸이 나을 때, 이 예상 밖의 여인은 그녀 '대답(λόγος[로고스], 7:29)'때문에 예수님께 받아들여졌는데, 이것은 전통에 매인 바리새인이 '소홀히 하거나', '저버리거나', '폐지했던' 것, 곧 하나님의 '말씀'(또한 λόγος[로고스], 7:13; 또한 7:8, 9)의 언어유희였다. 중요한 것은, 어떤 불결한 것들이 그녀에게로 들어감도 아니고, 그녀의 '더러운' 유전자적 배경도 아니며, 더러운 귀신들이 그녀의 거처에 얼씬거리는가도 아니고, 그녀 내적 태도를 반영하는, 이 경우에는 λόγος[로고스]였지만, 그녀에게서 어떤 깨끗한 것들이 나오느냐 하는 것이었다. 이것이 이 여인의 하나님과 그분 λόγος[로고스]에 헌신을 강조하는 마가의 방식이었다. 그녀가 말한 유일한 말에서 그녀 자신이 λόγος[로고스]를 산출했는데, 그것이 바로 정확히 바리새인들이 저버렸던 것이었다. 응답으로 예수님은 그녀의 딸이 나았음을 선포하시는데, 그녀는 예수님

---

43 Robert H. Stein, *Mark*, Baker Exegetical Commentary on the New Testament (Grand Rapids: Baker Academic, 2008), 342.

을 믿는 태도로 곧바로 순종하여 그녀 집으로 출발한다(7:28~30). 예수님이 명령하신 대로 가면서, 그녀는 복음서에 나오는 예수님의 유일한 원거리 치료를 신뢰한다(7:29). 자기 마음을 다한 내적 헌신을 순종으로 표현하면서, 이 여인은 하나님께 받아들여진 사람이 되었다. 하나님의 말씀을 준수하는 그녀가 진정 제자다!

분명, 전통이 아니라 인간 규율이 아니라 또는 문화 규정이 아니라, 성경을 설교하고 적용하고 마음에 두고서 순종해야 한다. 하나님은 그분 말씀을 전복하거나 저평가하려는 그 어떤 시도를 비판적으로 바라보신다. 그러므로, 무엇보다 먼저, **설교는 성경적이어야 한다.** 하나님 공동체의 삶에서 성경이 차지하는 중심적 역할은 아무리 강조해도 지나치지 않다. 공동체 믿음의 모든 국면과 그 행습 모든 것은 성경적이어야 한다. 설교자에게는 그들의 모든 목회 활동의 최전방에 성경을 놓는 중대한 책임이 있다. 설교 강단은, 설교자 책임의 가장 공적인, 이것을 위한 현장이다. 말씀을 펴서 읽고 강해하며 청중의 삶에 적용은 바로 여기에서이다. 그리고 그 행동은 전적으로 성경적이어야 한다.

- 우리는 본문을 공부하는 훈련에 열심을 내야 한다. 물론 이것은 **시간을 의미한다!** 우리는 이렇게 노력하려고 충분한 시간을 배정하는가? 우리 설교를 계획하고 준비하는 데 성실하고 세심한가? 설교 준비를 마지막 주 마지막 순간까지 연기한다면, 온갖 종류의 긴급한 일이 설교자를 궤도에서 탈선하게 한다. 본문을 하나님의 말씀으로 존중하면서, 설교라는 과제를 심각하게 받아들이자.
- 우리는 성경의 모든 페리코페를 설교하는 데 얼마나 성실한가? 시간의 필요(또는 설교자의 위로)라고 느끼는 바를 채우느라, 주제 설교하는 습관에 빠지기 쉽다. 설교는 성경적이어야 함을 긍정함이 뜻하는 일부는, 각 페리코페와 그것이 속한 책의 힘을 존중하면서 '연속 읽기(*lectio continua*)'이다.

❏ 외부인에게 질문받는다면, 우리 청중은 그들 설교자인 우리가 설교에서 성경을 앞세우며 중심으로 삼는다고 말하는가? 그것이 우리 설교를 듣는 모든 사람에게 분명한가? 아마도, 강단에서 성경 사용 그리고 설교, 기도, 대화에 성경의 효력에 관한 명백한 진술 양쪽에서, 우리는 그것을 더 분명하게 하려고 노력해야 한다.

❏ 성경 강조는 설교에 쏟는 노력 이상으로 뻗어 나가야 한다. 설교자요 회중 지도자로서, 우리는 교회에서 진행하는 다른 모든 사역—어린이 사역, 주중 성경 공부, 선교 사역 등등—에 그런 풍조를 확립해야 한다. 단지 설교만이 아니라 목회 사역의 모든 일이 성경적이어야 한다.

설교는 성경적인 것이다!

설교는 목회적인 것이다 2
Preaching Is Pastoral

> 주님을 경외하는 이들이 내게 돌아오게 하셔서,
> 그들이 당신 증거들을 알게 하소서
>
> 시 119:79

성경적 설교란, **교회 지도자**가 예배하려고 모인 그리스도인 모임에서 성경 페리코페(pericope)에서 신학적 석의로 분별한 핵심 취지와 그것을 그 특정한 그리스도인 공동체에게 적용한 내용으로 소통해서, 그들이 그리스도의 형상을 닮아 변화함으로 하나님을 영광스럽게 하는 일인데, 이 모든 과정은 성령의 능력으로 한다.

이 책을 집필할 때, 아이폰 최신 제품들은 애플의 지문 인식 보안 시스템인 터치 아이디(Touch ID)를 탑재하고 있다. 여러분 휴대전화 암호를 푸는 데 비밀번호를 사용하던 시대는 갔다. 이제는 손가락 하나를 감지기에 댐으로—자, 보라!— 여러분 기기는 곧바로 사용할 수 있다. 시스템이 해킹당할 수 있다는 두려움이 있긴 하나, 그것이 휴대전화의 보안을 증진했음을 인정할 수밖에 없다. 설정할 때 등록한 지문을 가진 사람만이 그 기기를 사용할 수 있다. 다른 말로 하면, 휴대전화를 사용할 권리를 가진 적법한 사람이 있다는 말이다. 다른 누구도 사용할 수 없다. 사용해서도 안 된다.

지문 인식만 있지 않고, 음성 인식도 있다. 영국에 있는 바클레이 은행(Barclays Bank)은 누가 전화를 할 때 계좌 번호나 다른 신원 증명 방법에 만족하지 않는다. 이제 그들에게는 여러분 음성을 분석하는 프로그램이 있어서, 만약 여러분 음성이 저장된 성문(voiceprint)과 일치하지 않으면 로그인할 수가 없다. 일본에 있는 어떤 단말기에서는 정맥 인식(vein-prints)이 인기를 얻고 있다. 카드나 비밀번호로는 충분치 않다. 기계가 여러분 손바닥의 정맥 패턴을 스캔한 후에야 현금을 찾을 수 있다. 적법한 사람만이 여러분이 힘들게 번 돈을 출금할 수 있다. 다른 누구도 할 수 없다. 해서도 안 된다.

이 장에서 필자는 설교에도 비슷한 제약이 있다고 주장한다. 모든 사람이 설교할 수 있는 것은 아니다. 모든 사람이 설교해서도 안 된다. 성경적으로나 역사적으로, 설교는 늘 목회적이었다. 곧, 설교하려는 이상적 비전은 양 떼의 목자인 목사가 공적이며 공동체적인 말씀 사역에 몰두함이다. 달리 말하면, 이 중요한 과업에 합당한 권리를 가진 사람이 있다.[1] 모든 사람이 설교할 수는 없다. 그리고 모든 사람이 설교해서도 안 된다.

설교자 과업의 목회적 특성(Pastoral Nature of the Preacher's Task)

기원전 5세기에 포로에서 돌아온 이스라엘 사람이 하나님의 율법을 읽고 그 설명을 들으려고 모인 사건을 묘사하는 느헤미야 7:73하~8:18을 보면, 이 노력 최전방에 서 있었던 사람은 바로 회중의 지도자였다. 호명된 지도자 13명이 에스라가 사역할 때 주인공 에스라의 좌우에 선다. 이 지도자들이 하나님 백성을 위해 하나님 말씀 읽기의

---

[1] 설교의 행위를 위한 적절한 **맥락**이 있다. 「3. 설교는 교회에서 이뤄지는 것이다」를 보라.

주된 촉진자들이었다. 이어서, 또 다른 13명의 호명된 지도자는 읽은 율법 내용을 백성에게 설명한다. 그렇게 성경을 설교한다.

> 그때 학사 에스라가 특별히 지은 나무 강단에 서고, 그의 곁 오른쪽에 선 자는 맛디댜와 스마와 아나야와 우리야와 힐기야와 마아세야요, 그의 왼쪽에 선자는 브다야와 미사엘과 말기야와 하숨과 하스밧다나와 스가랴와 므술람이라. … 예수아와 바니와 세레뱌와 야민과 악굽과 사브대와 호디야와 마아세야와 그리다와 아사랴와 요사밧과 하난과 블라야와 레위 사람들은 백성이 제자리에 서 있는 동안 그들에게 율법을 깨닫게 했는데, 하나님의 율법책을 낭독하고 그 뜻을 해석하여 백성에게 그 낭독하는 것을 다 깨닫게 했다. (느 8:4, 7~8)

이는 공동체 삶에서 중요한 사건이었는데, 설교란 늘 하나님의 백성을 위해 하나님의 말씀을 강해하는 일이기 때문이다.[2] 우리가 들은 헤르만 멜빌(Herman Melville)의 말처럼, 세상은 "항해하는 배이고 … 강단은 그 뱃머리이다."[3] 모든 배에는 선장이 있어야 하며, 모든 강단에는 목사가 있어야 한다. 선장 역할이나 목사 역할은 아무나 할 수 있지 않고, 또한 아무나 해서도 안 된다.

어째서 목회 지도자의 과업이 설교하는 일일까? 성경을 정규적으로 강해(exposition)하는 사역이 목양 과업의 한 부분이기에, 설교 사역은 회중을 목양하는 임무를 받은 사람이 맡는다. 설교와 목양, 곧 하나님 말씀 강해와 하나님 백성 목양은 나뉠 수가 없다. 이 두 가지는 온전한 하나라 나뉠 수 없기에, 설교해야 하는 주체는 다름 아닌 교회 지도자이다. 설교는 목회 지도력에서 가장 두드러지는 구현인데, 적어도 어느 정도로 지도자는 설교 사역에서 권위를 끌어내고,

---

[2] 느헤미야 8장에서 하나님의 율법을 읽고 해설한 사건과 상황들은 설교와 그에 연관된 다양한 측면들을 반추하는 데 유익하다. 그러므로, 거의 설교의 패러다임으로 기능하는 구약의 이 사건은 이 책의 이어지는 장들에 다시 언급한다.

[3] Herman Melville, *Moby-Dick or The White Whale* (Boston: The St. Botolph Society, 1890), 42.

비전을 빚어내며, 교회의 신앙과 행습을 안내하는 일을 한다. 설교는 그 본질상, 강단에서부터 영성을 형성하는 사역인데, 이게 바로 목회 사역이다.

설교의 이 목회적 본질은 교회 역사에서 아주 초기 문헌에 나타난다. 3세기에 순교자 유스티누스(Justin Martyr)는 지도자가 설교 책임을 감당하는, 전형적 예배에 관해 기록했다.

> 그리고 일요일이라고 불리는 날에, 도시나 시골에 사는 모든 사람이 같은 장소에 다 모였고, 시간이 허락하는 사도들의 기억들이나 선지자들의 기록들이 읽혔으며, 낭독자가 읽기를 그치면, 지도자가4 말로 가르치고 이 좋은 내용을 본받으라고 권면한다.5

그리고 또한 바울도 에베소 교회의 목사-설교자인 디모데에게 권하기를 성경 강해에 초점을 두라고 했다.

> "너는 이것들을 명하고 가르치라. … 내가 이를 때까지 읽는 것과 권하는 것과 가르치는 것에 전념하라." (딤전 4:11, 13)

예배하려고 모인 그리스도의 몸을 향한 연설의 주된 방식으로서, 설교라는 공적 담화(public discourse)는 교회 삶에서 특별한 중요성을 가지며 주요한 역할을 한다. "많은 목회적 만남과 활동을 통해 분산된 문제들의 무게를 가늠하고, 신학적 검증을 하며, 통합하고, 분명히 해서 표현한다는 점에서, 설교는 목회 사역의 핵심 부분이다. 이런 의미에서, 설교는 아차 하면 단편화되고 안달복달한 채로 남아있을 수도 있는 문제들을 완결하며 종결할 수 있다.6 장기적으로 볼 때 지

---

4 또는 모임에서 사회를 보는 '사회자'이다. 이 동사는 또한 데살로니가전서 5:12에도 있으며—"주 안에서 너희를 다스리며 권하는 자들", 목회/가르침의 권위를 지칭한다.

5 *First Apology* 67.

6 Fred B. Craddock, *Preaching* (Nashville: Abingdon, 1985), 40.

역 회중을 위해 비전(곧, 그리스도의 형상, the image of Christ), 움직여 나갈 방향(곧, 그리스도 닮기로, toward Christlikeness), 이뤄야 할 모습(곧, 그리스도의 형상 따름, conformity to that image of Christ)을 설정하는 일이 설교이다.7 설교는 단지 세상의 뱃머리가 아니라, 특별히 하나님의 배인 교회의 뱃머리이다! 그리고 목사-설교자는 기수(bow)에 서서 하나님 백성의 덕을 세우는 짐을 감당한다. 분별력과 민감성으로 어떤 특정 본문이 하나님의 자녀들 삶을 위해 무엇을 의미하는지, 그리고 그들이 어떻게 그 본문에 있는 신적 소명인 하나님의 뜻에 맞춰 자기들 삶을 조정할 수 있는지를 전달하는 일은, 하나님의 말씀과 하나님의 일에 전념하는 이들의 책임이다. 물론 기저에는 자기 양 떼를 위한 목회적 애정과 관심이 있는데, 이것이 설교자의 열정을 이끄는 발전기이다. 칼 바르트(Karl Barth)가 이런 말을 한 적이 있다 "설교자는 자기 회중을 사랑해야만 한다. … 이 사랑이 없다면, 사람이나 천사의 혀로 하는 말은 도움이 되지 않는다."8 설교라는 중요한 책무를 필연적으로 감당해야 할 사람은 회중을 사랑하는 사람이다.

설교자 직무에 목회적 약속(Pastoral Appointment to the Preacher's Office)

수십 년 전, 미국 성공회 설교자였던 필립스 브룩스(Phillips Brooks)는 "인격을 통한 진리는 진정한 설교에 관한 우리 묘사이다."라고 선언했는데, 곧 인간 품성을 통해 흘러가는 신적 진리가 설교라는 뜻이다.9 하나님은 당신의 불변한 지혜로 신적 음성을 전달할 인간이라

---

7 「7. 설교는 변화를 위한 것이다」를 보라.

8 Karl Barth, *Homiletics* (Louisville: Westminster John Knox, 1991), 84. William Perkins, *The Arte of Prophecying; or, A Treatise concerning the Sacred and Onely True Manner and Methode of Preaching*, trans. Thomas Tuke [London: Felix Kyngston, 1607], 141에서도 설교자 자질의 하나는 "사람들을 사랑함"이라고 단언했다.

9 Phillips Brooks, *Lectures on Preaching: Delivered before the Divinity School of Yale College in January and February 1877* (New York: E. P. Dutton, 1877), 8.

는 그릇을 선택하셨다(고후 4:7). 그 그릇인 설교자의 인격과 인품은 설교 사역에서 필수 불가결이다.

누가 설교자일 수 있는가? 분명코 누구라도 아니며 모두도 아니다. 성령의 은사들은 단조로운 획일성으로 누구에게나 보편적으로 분배되지 않으며, "각 사람에게 성령을 나타내심은 유익하게 하려 함"이다(고전 12:7).

> 너희는 그리스도의 몸이요, 지체의 각 부분이라. 하나님이 교회 중에 몇을 세우셨으니, 첫째는 사도요, 둘째는 선지자요, 셋째는 교사요, 그다음은 능력을 행하는 자요, 그다음은 병 고치는 은사와 서로 돕는 것과 다스리는 것과 각종 방언을 말하는 것이다. 다 사도이겠느냐, 다 선지자이겠느냐, 다 교사이겠느냐, 다 능력을 행하는 자이겠느냐, 다 병 고치는 은사를 가진 자이겠느냐, 다 방언을 말하는 자이겠느냐, 다 통역하는 자이겠느냐? (고전 12:27~30)

아니다, 모든 사람이 같은 은사를 받지 않았다. 그러므로, '모두' 이 일들을 하지 않는다. 설교도 마찬가지이다(롬 12:7; 고전 12:28; 엡 4:11; 벧전 4:10~11).[10] 신약 성경은 교회에서 성경을 가르치는 사람은 '장로'라고 분명하게 단언한다.

> 잘 다스리는 장로들은 배나 존경할 자로 여기되, 말씀과 가르침에 수고하는 이들에게는 더욱 그리해야 한다. (딤전 5:17)

이 책에서 필자는 '지도자/리더(leader)'라는 말을 매우 의도적으로 사용한다. "성경적 설교란, 교회 **지도자가** … 소통해"—목사이든 가르치는 장로이든 또는 다른 호칭을 가진 사람이든. 명칭이 무엇이든, 설교자는 양 떼를 목양하는 사람이자 지속해서 사람들과 그들 삶에 연관된 사람이어야 한다.[11]

---

10 그리고, 그 점을 생각하면, 병원에서 일하는 모든 사람이 간호사는 아니며, 미식축구장에서 뛰는 모든 사람이 라인배커(linebacker)가 아니다.

11 이 점만 분명히 한 채, 적어도 이 책은 설교자의 성별 차별이 있어야 하는가를 논의하지 않는다. 필자는 이 문제를 독자의 교회론 체계에 맡긴다. 만약 그들 성경 해석이 여성이 교회에서 장로가 됨을 허용한다면, 그럴

또한 설교자는 성서 지식, 건전한 교리, 공적 연설 능력이 있어야 하는데, 이 모든 것은 말씀을 공적으로 선포하는 데 필수다. 앞에서 언급했듯이, 에스라가 율법을 읽음은 "야웨의 손"이 함께했던, 위대한 과업의 순간이었다. 게다가 에스라는 "모세의 율법에 익숙"(스 7:6, 10)했고, "네 하나님의 율법"을 가르치는 "네 하나님의 지혜"를 가진 자(스 7:25~26)로서 페르시아 아르타크세르크세스 1세(아닥사스다, Artaxerxes, 기원전 465~424년 통치)에게서 의미심장한 임무를 부여받았다. 분명, 하나님의 말씀을 설교하거나 가르치도록 세움을 받은 사람들에게는 설교할 수 있는 능력이 전제됐다. 그래서, 1세기 유대 철학자 필론은 안식일에 회당에서 가르침을 이렇게 말했다.

> 경험이 풍부한 어떤 사람이 회중에게 선하고 유익한 내용을 가르치겠고, 그것으로 그들 모든 삶이 고결함에 헌신할 수 있었다.[12]

교사에 관한 필론의 "경험이 풍부한 자들"이라는 묘사는 "지각을 사용하므로 연단을 받아 선악을 분별하는 … 성숙한 사람들"(히 5:14)을 가리킨다. 하나님의 말씀을 효과적으로 가르칠 수 있는 능력은 교회 지도자에게 매우 중요한 성경적 기준이다(딤전 3:2; 5:17; 딤후 2:24; 딛 1:9). 이 모든 것을 볼 때, 은사, 능력, 품성 등과 관련해 설교할 수 있도록 구분된 사람의 표지로서 어떤 근본적 자질이 있다.[13] 모든 사람이 설교할 수 없고, 모든 사람이 설교해서도 안 된다.

안수(Ordination)

은사, 능력, 그리고 품성에 관련된 기준은, 설교자로서 공동체 모임에서 공적 역할을 감당하도록 반드시 공적으로 인정해야 함을 함

때 여성은 설교할 수 있을 테다.

12 *On the Special Laws* 2.15.62.

13 설교자의 품성 자질에 관해서, 아래 내용과 또한 「9. 설교는 영적인 것이다」를 보라.

축한다. 안수 개념은 그런 의례적 일(formality)도 포함한다. 칼뱅은 안수를 "어떤 기능을 위한 특별한 의식"이라고 불렀다.14 안수에 관한 영적 언급이 애매하고 다양하며 적다는 사실이 이 일을 위한 정확한 과정을 특정하기 어렵게 만들지만, 그런데도 구약과 신약에서 '안수'의 몇 가지 예를 생각하면 도움을 받을 수 있다.

공동체 지도자의 안수 과정인 듯한 가장 초기 서술의 하나는 모세가 자기 지도력/재판 역할 일부를 넘길 대리자를 임명한 일이다. 이 위임은 모세의 장인 이드로의 조언에 따라 했는데, 이 일에 관해서는 출애굽기 18:13~27에서 상세하게 말한다. 신명기 1:5~15에서, 같은 사건에 관한 후대의 설명은 출애굽기 묘사와 더불어 그 복잡한 과정에 관한 유익한 정보를 제공한다.15 출애굽기 18:21에서, 모세는 모든 백성 가운데서 자질이 있는 사람을 "살펴서"(곧, "선택해서") 그들을 지도자로 "세우라"는 조언을 받는다. 이드로는 이 일을 하도록 "하나님이 너에게 명하셨다"(18:23)라고 말함으로써, 모세에게 이것이 단지 인간의 노력이 아니라고 안심시킨다. 모세는 적절한 사람들을 "선택"해서 그들을 백성 위에 우두머리로 "세운다"(18:25). 여기 출애굽기에서 백성은 이 일에 관여하지 않는 것으로 나타난다. 그러나 신명기 1:5~15에서는, 분명 모세는 백성이 그의 대리역들을 "택하라"라고 먼저 요구했고, 그리하고 자기가 그들을 직무의 위치에 "세웠다"(1:13). 그들은 회중의 우두머리와 지도자로 모세에 의해 "취해지고" "세워진" 것이다(1:15). 그러나 여기서 하나님의 명령은 언급되지 않는다. 어쨌든, 이 병행 기사들에서 사용된 동사들의 다양성—살피다, 선택하다, 세우다, 선별하다, 취하다, 두다—과 이 과정에 연관된 주어들의 수—하나님, 모세, 백성—모두가 이 일이 하나님, 지도자, 후보자, 그리고

---

14 *Institutes of the Christian Religion*, 4.19.28, trans. Henry Beveridge (Edinburgh: Calvin Translation Society, 1845), 3:509. 비록 설교가 이 책의 초점이지만, 교회가 다른 지도력 역할과 기능을 위해서 어떤 사람을 안수하는 것을 그 어떤 것도 막을 수 없다.

15 구약에서, 세습되는 직무였던 제사장직 안수는 여기에서 고려하지 않는다.

회중의 협력 작업임을 나타낸다. 두 기사에서 모세의 대리자로 임명된 사람의 특성을 자세하게 언급한다. "능력 있는 사람들 곧 하나님을 두려워하며 진실하며 불의한 이익을 미워하는 자"(출 18:21), 그리고 "지혜와 지식이 있는 경험 많은 사람들"(신 1:13, 15)이다.

사도행전 6장도 비슷한 상황인데, 거기서 사도들은 자기들 역할 일부를 집사들(deacons)에게 위임한다. 여기서 또한 백성은 적합한 사람들("성령과 지혜가 충만하여 칭찬받는 사람")을 "택하도록" 요청받는데, 선택받은 그들에게 사도들은 직무를 행하도록 "맡긴다"(6:3, 5; 일을 위임하는 이 두 동사는 칠십인역, 출애굽기 18:21과 신명기 1:13, 15에 사용된다). 따라서, 사도행전 6:5~6에서 사람들은 그들 지도자를 "택하고" 이 집사 후보자들은 사도들 앞에 "세워지는데", 사도들은 기도하고 안수함으로 그들을 임명한다. 안수함으로 공적으로 임명함은 또한 사도행전 13:3; 디모데전서 4:14; 5:22; 그리고 디모데후서 1:6에 나오는데, 이 구절들은 안수받는 사람들 위에 신적 능력을 기원할 뿐 아니라 권위와 정통성의 전이를 나타내는 듯하다.[16]

이것의 많은 것이 인간의 임명을 가리키지만, 고대인은 안수에서 신적 주도권을 분명히 확신했다. 예를 들어, 크리소스토무스(Chrysostom)는 이렇게 선언했다.

> 사람이 손을 얹어도, 하나님이 모든 것을 행하신다. 그리고 그가 진정 안수받는다면, 하나님의 손이 안수받는 사람의 머리를 만지신다.[17]

3세기 『사도 전통』(히폴리투스[Hippolytus]가 썼다고 함)은 주교 안수 때 드리는 기도를 추천한다. 아래는 그 내용 일부이다.

---

[16] 그런 패턴은 또한 여호수아를 모세의 후계자로 임명하는 데에서도 나타난다(민 27:15~23; 신 31:7~8, 14~15, 23; 34:9). 이 본문들은 여호수아의 "임명", 성령 충만한 사람으로 선택, 그리고 그에게 안수함 등을 묘사한다.

[17] *Homilies on Acts* 14 (*NPNF*[1] 11:90).

> 세상 시초부터 당신이 선택하신 사람들로 영광 받기를 기뻐하시는 … 우리 주 예수 그리스도의 아버지 하나님, 당신께서 당신의 사랑하는 아들 예수 그리스도께 주셨던, 그리고 당신 이름의 영광과 끝없는 찬양을 위해 모든 곳에 당신 성소로 교회를 세웠던 당신의 거룩한 사도들에게 그분이 주셨던, 당신에게서 능력, 왕의 성령을 그 사람[안수받는 후보자]에게 부어 주소서. 마음을 아시는 아버지, 당신께서 그 직무를 위해 선택하신 당신 종이 당신의 거룩한 양 떼를 먹일 수 있게 하시고 그가 책망받지 않고 밤낮으로 섬기면서 당신의 대제사장직을 수행하게 하소서.[18]

이 기도는 안수 전체 과정과 안수받는 사람의 계속되는 사역에서 하나님의 손길을 명백하게 인지한다.[19]

16세기에 루터파 개혁자 마틴 헴니츠(Martin Chemnitz)는 말했다.

> 부름을 받은 사람은, 말하자면 안수를 통해서 하나님 앞에 세워지는데, 그 결과 그 부르심이 단지 인간의 일이 아니라 하나님이 친히 사역을 위해서 그 사람을 부르시고, 보내시고, 임명하신다는 공적이고 외적인 간증이다. 규칙적이고 합법적 방법으로 말이다.[20]

그래서, 안수는 이 의식에서 기능하는 두 가지 주된 실체를 대표하는 두 가지 국면, 곧 신적 임명(divine appointment)과 그 신적 임명을 인간적 확인(human appointment)을 갖는다. 그러므로 설교자로 안수는 하나님 말씀의 공적 사역을 위해 은사를 받고 자격을 갖춘 (그들의) 사람들을 그리스도의 몸을 통해 승인하는 의식이다. 안수는, (안수 이

---

[18] *Apostolic Tradition* 3 (*ANF* 7:482).

[19] 마찬가지로, 4세기의 *Apostolic Constitutions* 8.5를 보라. "모든 원하는 사람이 안수받지 않는다. … 오로지 하나님의 부름을 받은 사람만이" (*ANF* 7:499).

[20] Martin Chemnitz, *Ministry of Word and Sacrament: An Enchiridion* (St. Louis: Concordia, 1981), 36~37.

전에) 안수 후보자가 회중을 대상으로 사역하고, 회중은 그 사람이 하나님의 영광과 그 백성의 건덕(edification)을 위해 교회를 비이기적으로 섬길 기회를 얻으려고 열망하는지, 신적 은사를 받았으며 능력이 있는지를 인정할, 긴 과정을 포함한다. 실제 안수식은 이 긴 승인 과정에서 절정인데, 그때 후보자는 공적으로 그 직무에 임명된다. 그런 적법성이 신자 공동체의 안정, 연속성, 그리고 정통성을 증진한다.

말할 필요도 없이, 우선권은 하나님의 활동에 있다. 곧, 하나님은 교회에 주시는 그 설교자에게 은사를 주시는 분이다.[21] 종종 안수 과정의 많은 부분을 두루 살피는 일은 그 몸의 대표자들이지만, "지역 교회 자체가 … 그 안수에 항상 함께하는 것"이 중요한데, 신적 은사를 받은 그 사람을 긍정하고 힘을 실어주는 "**지역 교회가** 안수의 인간적 주체이기 때문이다."[22] 침례교 창시자로 여기는, 16세기 침례교인 존 스마이스(John Smyth)는 이렇게 결론 내렸다. "그들은 하나님께서 설교하라고 보내신 사람들이고, 교회는 그들을 보냈다."[23]

안수는 어떤 중요한 결과들을 함축한다. 그 직무의 책임을 충성스럽게 이행하라는 공동체의 위임에 응답하여, 안수받는 자는 이 책임을 감당하는 데 자기를 헌신하며, 또한 교회의 지도자요 하나님 말씀의 사역자로서 소명에 걸맞은 생활 방식에 자기를 헌신해야 한다. 안수가 함축하는 또 다른 의미는, 안수받은 지도자들을 향한 회중의 계속되는 책임이다. 회중은 그들에게 순복하도록 부름을 받았고(히 13:17; 벧전 2:13), 또한 성령님께서 그들에게 계속 은사를 주시도록, 그들에게 능력을 주시고 그들의 사역을 축복하시도록 그들을 위해

---

[21] 에베소서 4:11은 그런 은사를 받은 지도자들이 그리스도에 의해 그들 스스로 교회의 은사가 된다는 점을 분명히 한다. "그가 어떤 사람은… 목사와 교사로 주셨으니."

[22] Miroslav Volf, *After Our Likeness: The Church as the Image of the Trinity* (Grand Rapids: Eerdmans, 1998), 249.

[23] John Smyth, *The Works of John Smyth*, 2 vols., ed. W. T. Whitley (Cambridge: Cambridge University Press, 1915), 1:256.

계속 기도해야 한다(살전 5:25; 살후 3:1; 히 13:18).24

안수받은 사역(Ordained Ministry) 대 평신도 사역(Lay Ministry)

게르하르트 포르데(Gerhard Forde)는 안수받은 사람의 모든 역할 중 대부분을 어느 그리스도인이나 행할 수 있다고 보는 일반적 경향을 탄식했다.

> 국가가 (이 경향을 거부하는) 최후 보루라는 점이 역설적이다. 공적 직무의 아직 남아있는 잔재를 고수하면서, 국가는 그냥 아무 평신도나 결혼을 주례하고 세금 면제를 받으며 군목/목회자로 봉사하거나 기관을 심방하는 등 일을 하도록 허락하지 않는다. 국가는 이런 좀 더 '공적' 역할을 위해 안수라는 확증을 원한다. 적어도 국가는 안수받은 사람을 볼 때 공적 직무를 인지한다.25

모든 신자 제사장직이 종교개혁 이후 교회들이 핵심으로 믿고 행하는 바인데, 왜 어떤 신자만 사역을 위해 안수를 받아야 하느냐 하는 질문이 종종 제기됐다. 안수는 두 종류의 제사장직이나, 두 종류의 은사를 구분하지 않는다. 결국, 모든 은사는 그 종류에 관계없이 성령 하나님에게서 오지 않았는가. 그리고 그런 의미에서 모든 신자는 교회를 섬기려고 이런저런 방식으로 은사를 받은 '전문가'가 아닌

---

24 Thomas C. Oden, *Pastoral Theology: Essentials of Ministry* (San Francisco: Harper-SanFrancisco, 1983), 30. 안수받은 사람에 대한 회중의 헌신과 그 역의 경우 외에도, 안수는 일정 정도의 영속성(그리고 아마도 보수?)을 제공하며, 또한 교회의 대표자로서 외부인들을 향해 갖는 법적 지위는 물론이고 품위, 명예, 그리고 권위로 구분되는 신분을 제공한다. Bengt Holmberg, *Paul and Power: The Structure of Authority in the Primitive Church as Reflected in the Pauline Epistles* (Philadelphia: Fortress, 1978), 108을 보라.

25 Gerhard O. Forde, "The Ordained Ministry," in *Called and Ordained: Lutheran Perspectives on the Office of the Ministry*, ed. Todd Nichol and Mark Kolden (Minneapolis: Fortress, 1990), 126~27.

가. 미로슬라브 볼프(Miroslav Volf)는, 안수받은 사람 사역의 공적 차원이 지역 교회 전체와 연관된다는 사실에서 안수의 중요성을 주목한다. 안수받은 사람은 회중 전체를 대표하고, 회중 전체를 섬기며, 회중 전체의 유익을 위해 하나님을 향해 행하고, 회중 전체를 향하여 그리스도의 이름으로 행한다.26 안수라는 공적 행위를 요구하는 것은 바로 그 사역의 공적 본질이다. 루터는 풍자적으로 표현했다.

> 모든 그리스도인은 교황이나 주교나 사제가 가진 것과 똑같은 능력을 갖춘다. [어떤 사람은 말할 테다] "아, 그러면 이제 나도 고해성사를 하고, 침례(세례)를 베풀며, 설교하고, 주의 만찬을 집행할 수 있다는 말인가?" 그게 아니다! 바울 사도는 말한다. "모든 것을 질서 있게 하라"[고전 14:40]. 만약 누구나 고해를 들어주고 성찬의 떡을 나눠준다면, 그것이 어떻게 될 것인가? 만약 모든 사람이 설교하려 든다면, 누가 들을 것인가? 만약 그들이 동시에 설교한다면, 그것은 마치 개구리들이 내는 소음이고 말 테다. "개골개골 … 개골개골!" 그게 아니라, 이래야 한다. 회중은 설교하고 성찬의 잔을 나눌 수 있을 만한 어떤 사람을 그 직무를 위해 세워야 한다. 우리는 모두 능력을 갖추고 있지만, 회중에 의해 선택받은 사람 외에는 누구도, 공적으로 그것을 행사할 수 있다고 주제넘게 나서지 말아야 한다. 그러나 개인적으로 나는 아마도 내가 할 수 있는 능력과 권리를 행사할 수 있을 것이다. 예를 들어, 내 이웃이 와서 "내 친구여, 내 양심이 부담이 크니, 나에게 면죄 선언[사죄의 기도]을 말하시오."라고 말한다면, 나는 자유롭게 그렇게 하겠다. 단, 그것은 개인적으로 해야만 한다.27

---

26 Volf, *After Our Likeness*, 246~47, 249.

27 Martin Luther, "Sermon for the First Sunday after Easter, John 20:21-29," in *Sermons on the Gospel of St. John Chapters 17-20, vol. 69 of Luther's Works*, ed. Christopher Boyd Brown, trans. Kenneth E. F. Howes (St. Louis: Concordia, 2009), 330~31.

이것은 아마도 안수받은 사역과 안수받지 않은 사역의 중요한 차이점인데, 이런 행위들의 공적 특성 대 사적 특성이다. 그래서, 마찬가지로 하나님 말씀의 사역을 위해 안수받음은 은사와 공적 상황에서 하나님의 더 큰 회중에서 그 은사를 사용할 권위의 차이이다. 다른 사람들은 은사를 가졌을 수도 있지만, 모든 사람이 교회 전체를 위해서 그 은사를 행사하도록 적법한 권위를 가지는 않는다.28 그러한 적법성은 그리스도의 몸이 머리를 대신하여 행사하는 안수를 통해 온다. 그러므로 안수는 설교라는 공적 사역에 본래 있어야 한다.

요약하면, 토마스 오덴(Thomas Oden)이 말했듯이, "안수받은 사역과 신실한 평신도 사이에는, 머리카락만큼이나 가늘지만, 다이아몬드만큼이나 강고한 선이 있다."29 설교자를 안수하는 공동체의 행위가 필요한 이유는 성서를 강해하는 설교자의 근엄한 역할에 상응한다. 루터는 선언했다. "나는 그로 인해 하나님의 신비들이 알려지는 말씀의 공적 사역은 거룩한 안수로 확립되어야 한다고 주장한다." 그런 사역에 교회가 의존하기 때문인데, "왜냐하면 교회는 말씀 없이는 아무것도 아니며, 교회에 존재하는 모든 것이 말씀 자체만의 힘으로 존재하기 때문이다."30 토마스 롱(Thomas Long)은 동의한다.

> 교회는 그 생명이 성서를 통한 하나님의 약속과 주장, 곧 진리를 듣기에 달려있음을 알며, 그래서 교회는 설교자를 따로 세우는데 그것은 성서로 가서 그 진리를 경청하는 너무도 중요한 일을 하려

---

28 Volf, *After Our Likeness*, 248. 목회 직무를 갖지 않은 은사 받은 개인은 다른 맥락—성경 공부, 주일 학교, 성인 성경 친교회, 가정 그룹 등—에서 그들 가르치는 은사들을 합법적으로 사용할 수 있을 테다. 이 책에서 쟁점은 예배하려고 모인 교회 공동체에서 공적으로 설교하는 일이다(「3. 설교는 교회에서 이뤄지는 것이다」를 보라).

29 Oden, *Pastoral Theology*, 88.

30 Martin Luther, "Concerning the Ministry," in *Church and Ministry II*, vol. 40 of *Luther's Works*, trans. Conrad Bergendoff, ed. Helmut Lehmann and Jaroslav Pelikan (Philadelphia: Muhlenberg, 1958), 11.

함이다. 그래서, 설교자의 권위는 안수의 권위이며, 설교하도록 부름을 받은 사람, 곧 설교 사역을 하도록 기도로 따로 세움을 받은 사람으로서 신실한 공동체에 의해 인정된 권위, 다시 말해 증인으로서 "취임 선서한" 권위이다.31

그래서 목사-설교자를 임명하는 일은 신성한 위임이며, 디모데에게 한 명령이 강조하듯이, 설교자 책무는 그에게 있어 막중한 일이다.

> 디모데야, 네게 부탁한 것을 지키라. … (딤전 6:20)
> 하나님 앞과 … 그리스도 예수 앞에서 … 엄히 명령하니 "너는 말씀을 전파하라." (딤후 4:1~2)

그리고 이 엄위한 명령을 생각할 때, 설교하도록 신성하게 부름을 받고 은사를 받은 사람으로 그리스도의 몸에 의해 인정되고 승인된 사람에게서 근면과 부지런함이 기대된다.

> 우리가 그를 전파하여 각 사람을 권하고 모든 지혜로 각 사람을 가르침은 각 사람을 그리스도 안에서 완전한 자로 세우려 함이니, 이를 위하여 나도 내 속에서 **능력으로 역사**하시는 이의 **역사**를 따라 **힘을 다하여 수고**한다. (골 1:28~29)

'힘을 다함', '수고', '역사', '능력으로 역사' 등 모든 표현은, 하나님에 의해 능력을 힘입어도, 이 사역이 고통스러울 정도로 수고롭고 몹시 힘들다는 속성을 말한다. 그것은 그들 하나님과 그들 회중에 의해 그들에게 위임된, 설교자가 감당해야 할 엄중한 책임이다. 그래서 설교자는 안수받을 때 교구민들이 암묵적으로 다음과 같이 호소한 대상이다.

> 우리는 당신을 이 사역을 위해 안수하려 합니다. 그리고 우리는 당신이 어려움을 참고 이 사역을 끝까지 지속하겠다는 맹세를 하길 원합

---

31 Thomas G. Long, *The Witness of Preaching*, 2nd ed. (Louisville: Westminster John Knox, 2005), 48. '증인'으로서 설교자 개념은 「4. 설교는 소통을 위한 것이다」를 보라.

니다. 이것은 일시적인 업무 위촉이 아니라, 우리 공동체에서 우리가 살아내야 하는 삶의 방식입니다. 우리는 당신이 우리가 똑같이 속한 이 위험한 세상에서 똑같이 어려운 믿음의 모험을 시작함을 잘 압니다. 우리는 당신 감정이 우리 감정처럼 변덕스럽다는 점을 알며, 당신 마음이 우리 마음처럼 당신에게 속임수를 쓸 것도 압니다. 그것이 바로 우리가 당신을 **안수**하려는 이유이고, 우리가 당신에게서 **맹세**를 받고자 하는 이유입니다. 우리는 우리가 아무것도 믿지 않는 것 같고 아무것도 당신에게서 듣고 싶어 하지 않을 그런 날들과 달들과 심지어 해들이 있음을 압니다. 그리고 우리는 당신이 아무것도 말하고 싶지 않을 그런 날들과 주들, 심지어 해들이 있음을 압니다. 그건 중요하지 않습니다. 이제 시행합시다. 당신은 맹세한 바 이 사역을 위해 안수받습니다. 우리가 위원회 위원으로서 대표자로서 당신에게 와서 우리가 지금 당신에게 말하고 있는 것과 다른 어떤 것을 말하도록 당신에게 요구할 때가 있을 수 있습니다. 우리가 당신에게 요구하는 것에 당신이 굴복하지 않겠다고 지금 약속하시기를 바랍니다. 당신은 우리의 변하는 요구들이나, 우리 시간에 제약받는, 우리 필요에 대한 이해나, 더 좋은 어떤 것을 바라는 우리 세속화된 희망을 섬기는 사역자가 아닙니다. 이 안수 맹세로, 우리는 당신을 말씀과 성찬의 돛대에 단단히 묶는데, 이렇게 함으로써 당신이 (여자의 모습을 하고 바다에 살면서 아름다운 노랫소리로 선원들을 유혹하여 위험에 빠뜨렸다는 신화 속 존재인) 사이렌 소리에 반응하지 못하게 하려 함입니다.32

진정, 우리가 앞에서 논의한바, 느헤미야 8장의 패러다임이 될 만한 기사에서조차, 에스라에게 "여호와께서 이스라엘에게 명령하신 모세의 율법 책을 가져오기를"(느 8:1) 구체적으로 요청한 일은 바로 **백성**이 했다. 공적 낭독 및 선포를 위해서 공적으로 인정받은 중개자와 함께,

---

32 Eugene H. Peterson, *Working the Angles: The Shape of Pastoral Integrity* (Grand Rapids: Eerdmans, 1987), 24~25.

하나님의 백성을 위한 하나님의 말씀을 요청한 일이었다. "성경으로 가는 주체는 설교자가 아니라, 바로 교회가 설교자에게 도움을 받아 성서에 간다. 설교자는, 회중을 대신해서 성경으로 보냄을 받아서 찾고 연구하고 순종하는 마음으로 듣도록 공동체에 의해 구별된, 공동체의 한 일원이다."33 이것이 안수하는 기능적이며 실제적인 결과이다.

설교자 삶에 목양 성품(Pastoral Character of the Preacher's Life)

기원전 4세기에, 아리스토텔레스(Aristotle)는 공적 연설에는 설득에 이바지하는 세 가지 요소가 있다고 주장했다. 곧 사건의 **로고스**(λόγος, 발설한 말들과 제공한 내용), 화자의 **파토스**(πάθος, 연사와 자극받은 청중 모두의 감정과 격정), 그리고 화자의 **에토스**(ἦθος, 청자 앞에서 연사의 품성과 신뢰성) 등이다. 그런데, 아리스토텔레스는 더 나아가서 그 셋 중에서 **에토스**가 가장 효과적이라고 말했다.

> 어떤 수사학 저자들이 그들 '기술'에서 규정한바, 화자의 선함이 그의 설득력에는 아무런 이바지하지 못한다는 주장은 전혀 사실이 아니다. 정반대로, 품성(에토스)은 설득의 가장 강력한 수단으로 명시할 수 있다.34

그는 전달자 품성은 "지식, 미덕, 선의"로 이뤄져야 한다고 말했다.35 두 세기 후, 수사학자들은 화자의 미덕이라는 쟁점을 여전히 다루곤 했다. 그들 중 가장 저명한 한 사람인 로마 철학자 키케로(Cicero, 기원전 106~43년)는 "웅변술(eloquence)이 결여한 지혜는 [도시] 국가의 유익에 조금밖에 이바지하지 못하지만, 지혜가 결여한 유창함은 일반적으로 아주 유해하며 전혀 도움이 되지 않는다."라고 주장했다.36 1세기에 로마의 또 다른 수사학자 퀸틸리아누스(Quintilian, 기원

---

33 Long, *Witness of Preaching*, 49.

34 *Rhetoric* 1.2.135.

35 *Rhetoric* 2.1.1378a.

후 35~100년쯤)은 비슷한 의견을 채택하면서 "완벽한 연사(orator)"는 "좋은 사람"이라고 선언했다.37 그래서 수사학이란 올바른 의미에서 단지 설득 기술이 아니라, **선을 이루는** 설득 기술로, 이는 도덕적으로 **선한** 사람만이 이룬다. 4세기에 아우구스티누스는 아리스토텔레스와 다른 사람들과 의견을 같이했다. "[설교의] 스타일이 얼마나 웅장하든, 청자가 순종하게 하려면 화자의 삶이 그 어떤 것보다 더 큰 영향력을 가진다."38 화자의 도덕적 기반인 에토스 없이는, 설교를 포함한 모든 수사적 교류는 그것이 강력한 의사 전달이어도 민중 선동에 지나지 않는다. 저명한 수사학자 웨인 부스(Wayne Booth)는 그런 행위에 '수사적 기만(rhetrickery)'이라는 딱지를 붙였는데, 곧 "선하지" 않으면서 사악한 목적을 이루려고 "오해를 생산하는 기술"에 익숙한, 그리고 도덕적 한계가 없는, 부도덕한 화자의 행위이다.39 하물며 하나님의 신성한 말씀을 다루는 그리스도인 설교자가 도덕적으로 올바름은 얼마나 중요한 것인가!

19세기 초, 하버드대학교 수사학과 웅변술 석좌 교수였던 존 퀸시 아담스(John Quincy Adams)는 선언했다. "원숙하고 조예 깊은 웅변가, 그런 기술의 완벽한 대가의 이상적 모델을 형성함에서 … 그에게 있어야 할 첫 번째 자질은 마음의 고결함이다. … 우리는 웅변적 영향력과 도덕적 특성을 분리할 수 없다." 아리스토텔레스처럼 아담스도 웅변가의 "순수한 덕의 평판"을 "가장 효과적인 설득 수단"의 하나로 여겼다. 이것은 설교자들에게 특별히 그렇다고 그는 말했다. "이런 천직을 가진 사람은 퀸틸리아누스의 금언을 최대한 적용해야 한

---

36 *On Invention* 1.1, in *On Invention, Best Kind of Orator, Topics*, trans. H. M. Hubbell, Loeb Classical Library 386 (Cambridge: Harvard University Press, 1970), 4.

37 Quintilian, *Institutes of Oratory* 1.1.9. 그는 "좋은 사람이 되지 않으면 아무도 좋은 화자가 될 수 없다."라고 덧붙였다(12.1.3).

38 *On Christian Doctrine* 4.27.59.

39 Wayne C. Booth, *The Rhetoric of Rhetoric: The Quest for Effective Communication* (Malden, MA: Blackwell, 2004), x, 11.

다. 하늘 웅변가는 땅에서 덕이 높은 사람이라야 한다."40 바울이 같은 사상들을 반향 한 것이 놀랄 일이 아니다.

> 이는 우리 복음이 너희에게 말(곧, 로고스)로만 이르지 않았고, 오히려 능력과 성령과 큰 확신(곧, 파토스)으로 됐다. 우리가 너희 가운데서 너희를 위하여 어떤 사람이 됨[곧, 에토스]은 너희가 아는 바와 같다. (살전 1:5)

그 선포 결과는 바울에게 들은 사람들 삶에서 일어난 극적 변화였다. 그들은 바울과 예수 그리스도를 본받는 사람이 됐으며, 참된 제자의 본보기가 됐다.

> 또 너희는 많은 환난 가운데서 성령의 기쁨으로 말씀을 받아 우리와 주를 본받은 자가 됐으니, 그러므로 너희가 마게도냐와 아가야에 있는 모든 믿는 자의 본이 됐다. (살전 1:6, 7)

그러므로, 의심의 여지 없이, 설교하도록 안수받은 사람의 인격은 그 효과와 영향력에서 말씀 사역에 결정적이다. 다시 한번, 바울은 에베소 교회의 설교자-목사인 디모데에게 말한다.

> 누구든지 네 연소함을 업신여기지 못하게 하고 오직 말과 행실과 사랑과 믿음과 정절에 있어서 믿는 자에게 본이 돼라. (딤전 4:12)

목사이자 설교자는, 하나님과 동행하면서, 설교 사역을 기도하며 전능자에게 의탁하면서, 설교 준비와 전달 그리고 진정 삶의 모든 면에서 성령님을 의지하면서, 영성의 모범이 되어야 한다. 그는 삶 가운데 지속적이며 인지 가능한 영성 형성, 성령에 의지해 육신을 굴복시키기, 인격의 계속적 성숙, 그리스도를 닮아가며 꾸준히 성장하는 신자라야 한다. 비록 설교가 목사의 가장 공적이며 두드러진 활동이긴 하지만, 목회에 의한 영성 형성은 강단에서 발설한 말을 넘

---

40 John Quincy Adams, *Lectures on Rhetoric and Oratory* (Cambridge, MA: Hilliard and Metcalf, 1810), 345, 352, 355. 아담스는 미국 6대 대통령이었다.

어선다. 아리스토텔레스식 **에토스**(ethos)는 설교자의 삶이 또한 그들 말에 반영하기를 요구한다. 충성스럽게 순종함을 말로 표현할 때, 설교자는 자기 능력껏 그리고 성령의 영향력으로 모범을 보여야 한다.41 그레고리 대제(Gregory the Great)는 목사들을 위한 권위 있는 지침서에서 다음 말로 권면했다.

> 삶의 방식으로 자기 백성에게 삶/생명의 길을 보여줄 수 있도록, 목자의 가르침과 행실에 따르면서 양들이 말이 아니라 본을 통해 더 나은 삶으로 나아갈 수 있도록, 통치자[곧, 지도자]는 그 행실에 본이 돼야 한다. 자기 직위 요건으로 최고 이상들을 제안해야 하는 사람은, 같은 요건으로 그 이상을 보여주어야 한다. 그 삶의 방식이 자기가 말하는 바를 입증한다면, 그의 음성은 듣는 자의 마음을 좀 더 쉽게 파고든다.42

발설한 말소리와 삶의 '소리'는 목사-설교자 안에서 나란히 협력해 작용해야 한다. 리처드 백스터(Richard Baxter)는 이렇게 잘 표현했다.

> 설교와 삶 사이에 그런 불균형은 그 성직자의 명백한 오류인데, 그것은 정확하게 설교하려고 그토록 열심히 공부하지만, 정확하게 사는 법은 거의 혹은 전혀 공부하지 않기 때문이다. … 나는 어떤 이들이 설교하는 것을 대단히 호기심 있게 [곧, 주의 깊게] 들어왔지만, 그들이 어떻게 사는지에는 얼마나 관심을 기울이지 않았던가! … 실제 문제가 됐을 때 그리고 그들이 교회 밖으로 나오면, 그들은 얼마나 무관심하고 자기들이 말했거나 행하는 일을 얼마나 하찮게 여겼던가. 그래서 그것은 명백히 저속한 것이라기보다는 그들을 불명예스럽게 하는 것이다! 정확하게 설교했던 사람들이 정확하게 살지 않았

---

41 또한 「9. 설교는 영적인 것이다」를 보라.

42 *The Pastoral Rule* 2.3, in St. Gregory the Great, *Pastoral Care*, trans. Henry Davis, Ancient Christian Writers 11 (Westminister, MD: Newman, 1950), 48.

다! … 우리는 얼마나 잘 설교하는가에 관한 만큼이나 얼마나 잘 사는가에 관해서도 열심히 공부해야 한다. 우리는 우리 설교만큼이나, 또 많은 사람이 사람들의 구원에 신경을 쓰는 만큼이나, 우리 삶을 어떻게 구성할 것인지를 다시 생각하고 생각해야 한다.43

다른 말로 하면, 성서 본문은 그 사역을 성령의 능력으로 설교자 안에서 해야 하며, 이 사역은 설교자의 삶과 인격에 나타나야 한다.

요약(Summary)

설교가 목회적이라는 말은 구체적으로 무엇을 의미하는가? 구약 시대 이후로, 성서를 설교하는 책임은 하나님 백성 공동체의 지도자에게 주로 부여됐다. 하나님 말씀을 강해하는 사명, 곧 하나님 백성의 삶을 하나님의 요구에 맞도록 조정하게끔 안내하는 사명은 양 떼의 목자가 받았다. 그래서, 성서 강해는 목양 사역에 필수이고, 목양 과업은 설교 책무와 나뉠 수 없는데, 그것들이 함께 작용하기 때문이다. 곧 말씀으로 그리고 모범으로 변화한 삶, 공적 선포로 그리고 개인적 상담으로 변화한 삶으로 작용한다. 이 의무와 관련이 있는 사람은 필연적으로 목회하고 가르치고 설교하도록 하나님이 은사를 주신 사람이다. 그런 사람이 안수받아야 하는데, 안수는 말하자면 설교 과업을 행할 수 있도록 하나님에게서 은사를 받고 자격을 갖춰 지역 교회에서 승인받는 의식이다. 목사이든 장로이든 사역자이든 그 직무에 공적 임명은 교회에서 설교하는 과업의 공적 속성을 인지함이다. 몸의 지도자로서 그리고 그 목자로서 설교자는 그리스도와 같은 인격과 영성을 나타내면서 이 위엄 있는 소명에 합당한 방식으로 살아야 한다. 그렇지 않고는 설교의 모든 노력이 헛된데, 사람들 삶은 설교자가 한 말은 물론이고 설교자가 사는 삶에 따라서 변화하기 때문이다. 이 모든 것은 이렇게 말하는 듯하다. 모든 사람이 설교할

---

43 Richard Baxter, *The Reformed Pastor*, vol. 14 *of The Practical Works of the Rev. Richard Baxter* (London: James Duncan, 1830), 59~60.

수 있는 것이 아니며, 모든 사람이 설교해서도 안 된다. **설교는 목회적인 것이다!**

숙고하기(Reflection)

마가복음 9:30~42—가장 큰 자와 가장 작은 자?[44]

> "누구든지 첫째가 되고자 하면, 뭇사람의 끝이 되며 뭇사람을 섬기는 자가 되어야 한다." (막 9:35)

예수님이 당신 수난을 두 번째 예고하신 사건이 이 부분에 있다(막 9:31). 첫 번째 경우처럼(8:31), 제자들은 왕국 가치들에 눈먼 것을 드러냈는데(9:33~34), 예수님은 그 결함을 교정하려 하셨다(9:35~37). 전체 섹션은 하나님의 경륜에 따라 지도자가 될 사람들을 위한 필수적 제자도의 한 측면을 드러낸다—그것은 다른 사람들을 섬기는 겸손이다.

사람들 손에 넘겨지는 인자의 아이러니(9:31)를 놓쳐서는 안 된다. 모든 권세를 받은 분(단 7:13~14)이 이제 사람들 권세에 넘겨진다. 이것은 위대함에 대한 모든 세상의 가치들을 뒤집어 버린다. 예수님은 παραδίδομι(파라디도미, '배반하다', 문자적으로는 '넘겨주다', 막 9:31)라는 동사를 사용했는데, 그것은 현재 시제로 쓰여('미래적' 현재) 일어날 일의 확실성을 가리키며, 또한 신적 수동태 형태라 그 모든 일 가운데 하나님의 절대 주권 의지를 강조한다. 똑같은 동사가 이미 침례(세례)자 요한의 운명을 가리켰고(1:14) 유다의 배반을 예기했으며(3:19), 다음 수난 예고에서 유다가 예수님을 배신할 것을 암시한다(10:33, 2회). 그 동사는 또한 마가복음에서 예수님의 수난 기사에 많이 쓰인다 (14:10, 11, 18, 21, 41, 42, 44; 15:1, 10, 15). 이런 명백한 힌트가 많아도, 제자들은 예수님의 고난 사명을 받아들이는 데 실패했다. '고난'

---

[44] 이 페리코페에 관한 훨씬 더 상세 설명은 Abraham Kuruvilla, *Mark: A Theological Commentary for Preachers* (Eugene, OR: Cascade, 2012), 188~201를 보라.

은 그들 생각에는 전혀 없었다. 마가복음 초반 장들에 묘사된 그들 분별력 결여는 이제 예수님 죽음의 사명을 완전히 거절함으로 이어진다. 고난으로 가는 고통스러운 길이 그들 길일 리 없었다.

대신, 그들은 자기 이익만 생각하고 있었고 누가 제일 크냐는 문제로 논쟁하고 있었다(9:33~34). 우리 나머지 사람들처럼, 그들은 영광만을 누리려고 했는데, 그것은 하나님의 공동체 지도자들 사이에 퍼진 전염병 같은 불행(의 원인)이다. 여기 마가복음 9장에서, 누가 제일 크냐는 이 문제는, 변화를 직접 볼 수 있도록 베드로, 야고보, 요한이 예수님을 수행하도록 선택함(9:2)으로 아마도 촉발됐을 것이다. 산 아래에 머물러 있던 사람들에게 인지된 이 무시당한 느낌은 귀신을 쫓아내지 못한 그들 연약함과 무능력, 그래서 대중 앞에서 당한 창피(9:18~19, 28~29)로 더 가중됐을 것이다. 그래서 이제 그들은 누가 가장 크냐는 문제로 논쟁을 벌인다(9:34). 믿기 힘들게도, 심지어 예수님이 순교를 예상하는 그때에도 지위를 염두에 둔 이 질문은 제자들 마음을 사로잡고 있었다. 모든 제자, 특별히 교회 지도자들은 그런 오만에 빠지지 않게 경계해야 한다. 안수의 특권과 성경을 공적으로 다루는 특권, 그리고 그 직무에 내재하는 권위 등은 사람이 쉽게 자만에 빠지게 할 수 있다. 지도자는 하나님의 종이며 또한 하나님 백성의 종임을 절대로 잊어서는 안 된다.

예수님은 제자들의 자기 망상과 야망에 응답해, 심오한 말씀을 하셨다(9:35~37). 하나님의 왕국에서 가장 높은 자리는 모든 사람을 섬기는 종들에게 지정됐다. 사회 계층으로 보면, 다른 사람의 권위와 돌봄 아래 있으며 자기 결정 권한이 없는 아이들이 가장 마지막, 가장 낮은 계층이었다. 그렇지만 큰 사람이 되려는 제자는 한 걸음 더 나아가야 하는데, 곧 예수님이 품에 안아주셨던 아이들처럼 맨 마지막이며 가장 낮은 사람들을 **섬김**으로써 낮은 자 중에서도 더 낮은 자가 된다(9:35). 이는 전통적 가치관 체계를 과감히 뒤집는 자세이며, 위대해지려는 제자들의 교만한 추구를 완전히 뒤집어엎는 자세이다. 가장 끝의 가장 작은 자들을 영접하고 섬기는 일은 제자들이

"주님 이름으로" 행해야 하는 일이었는데, 사실 예수님은 당신 자신을 가장 끝자리의 가장 작은 자로 말씀하신다. 그러므로 아이들을 영접함은 곧 예수님을 영접함이었으며, 예수님이 하나님을 대신했기에 예수님을 영접함은 곧 하나님을 영접함이었다(9:37). 다른 말로 해서, 가장 끝 가장 작은 이들의 종이 된다는 말은 아마도 제자가 선택할 수 있는 가장 중요한 태도일 텐데, 이는 특권과 영예를 추구하는 뻔뻔함과 극명한 대조를 이룬다. 아우구스티누스의 소견이 매우 적절하다.

> 나무를 생각해 보라. 나무는 먼저 아래로 향하는데, 그래야 나중에 위로 자랄 수 있다. 나무는 그 뿌리를 땅 아래로 고정하는데, 그러면 줄기를 하늘로 뻗을 수 있다. 위로 오르려고 애씀은 겸손으로부터가 아닌가? 그런데도 그대는 뿌리도 없이 하늘로 뻗으려 하겠는가? 그것은 성장이 아니라 파멸이다.[45]

요한의 가장 흥미로운 언급이 9:38에 뒤따른다. 그 말은 앞에서 예수님 말씀과는 전혀 관계없는 말처럼 들린다. 그렇지만 예수님이 어린이를 두고 하신 실물 교훈 이후, 요한이 드러낸 배타주의는 그가 예수님이 말씀하시는 바를 이해하지 못하고 있음을 강조해 표현한다. 축귀(exorcism)는 제자들에게 부여한 특별 사명의 하나였던 바(3:14~15; 6:7, 13), 다른 사람들이 그런 치유를 하는 일을 발견했을 때 그것은 그들 자존심을 건드렸는데, 특별히 이 에피소드 바로 앞 에피소드에서 그들 자신이 축귀를 행하지 못했기에 더욱 그랬다. 요한은 그의 '특별한' 지위를 포기하지 않으려 하는데, 그의 1인칭 복수형 사용은 동료 제자들 또한 이 외교 의례 위반(breach of protocol)에 동의했음을 암시한다. **"우리가 보고," "우리가** 금하였나이다"(9:38). 그러나 더 놀라운 점은 알려지지 않은 그 무명의 축귀사가 **"우리를** 따르지 않는다"라고

---

[45] *Sermons on Selected Lessons of the New Testament* 67.17 (*NPNF*[1] 6:464~65).

요한이 비난함이다. 제자들이 열두 사도가 아니라 **예수님을** 따른다는 것을 이때쯤이면 그(와 나머지 제자들)가 이해했을 것이라고 우리는 생각할 것인데, 왜냐하면 마가복음 다른 곳들에서 "따르다"라는 동사는 거의 항상 예수님을 따르는 데 사용되었기 때문이다.46 "우리가 금하였나이다"라는 요한의 말은 예수님의 "금하지 **말라**"는 말씀으로 명확히 반박되었다. 주제넘음과 거만함이 제자들을 사로잡았는데, 그들은 이제 그들 자신이 추종받을 만큼 왕족 특권이 있다고 생각한 것이다! 이런 우쭐대는 태도야말로 예수님이 그들에게서 바로잡아주고자 했던 바로 그 대상이었다. 위계질서, 지위, 자리 애착은 이 제자들 안에 깊이 뿌리내린 문제였을 텐데, 감히 말하건대, 이는 또한 많은 교회 지도자의 문제—우리가 경계해야 할 위험—이기도 하다. 하나님이 주신, 제자들 혹은 특별히 교회 지도자의 지위나 권위는 그 어떤 개인에게도 고유하거나 당연하지 않으며, 또한 그것이 영적 우월을 가리키지도 않는다. 오히려, 소명과 은사 주심 그리고 지속적인 사역의 원천은 하나님 당신이시기에, 어떤 사람 자신에게 근거한 우월성이나 높아진 지위는 있을 수도 없다.

겸손한 마음을 가지지 **않으면**, 그 결과는 심각하다. 예수님은 제자들이 가장 끝 가장 마지막의 "작은 자들"을 주도적으로 돌보고 엄중하게 명령하셨다. 만약 이 "작은 자들"을 영접하지 않아 그들이 길을 잃고 헤매게 된다거나 "실족하면"(9:42), 징벌적 파생 결과들이 상당할 것이다. 다른 사람이 실족하게 하는 자는 사실상 다른 사람의 제자도를 가로막는 것이다. 다른 사람을 넘어지게 하는 것은 예수님이 볼 때 매우 심각한 범죄인데, 그것은 바로 다름 아닌 위험한 자만심이다.

요약하면, 전반적 논의는, 나중에 마가복음 10:45에서 예수님이 섬김을 받으러 온 자가 아니라, "섬기고 자기 목숨을 많은 사람의 대속물로 주기 위하여" 온 분으로 자기 정체성 규정을 하는 것을 향해 나아가는 궤도를 설정한다. 이렇게, 마가복음의 이 부분은 예수님 자신

---

46 마가복음 14:13은 예외이다.

을 본받는 겸손의 교훈으로 판명이 난다. 겸손한 제자는 오만하거나 자기 자신을 크다고 여기지 않고 가장 작은 자들을 섬긴다. 계속 종처럼 섬기는 과업은 제자도에 결정적으로 중요한데, 특별히 그런 종의 도의 길을 막는 모든 것을 제거하면서 부지런히 그리고 양심적으로 이런 태도를 개발해야 하는, 교회 모든 지도자에게 필수이다.

- 우리는 자기를 하나님과 하나님 백성의 종으로 진짜로 여기는가? 종의 도 테스트는 다른 사람들이 실제로 우리를 종으로 취급할 때, 우리 반응이다. 우리는 어떻게 반응하는가? 분노, 좌절감, 자기 의로 반응하는가, 아니면 겸손, 온유, 자기희생으로 반응하는가?
- 지도자가 그런 자만심을 경계하는 한 가지 방법은 필요할 때마다 우리에게 잔인할 정도로 정직하게 말할 수 있는 권한을 우리에게 가까운 사람들에게 주는 것이다. 종종 그런 상호 책임감의 결여는 몹시 자만함으로 비롯하는 재앙을 향해 나아가는 첫걸음이다. 아마 그런 상호 책임감의 파트너는 충성스러운 친구, 멘토, 동료 목회자, 물론 배우자나 가족, 그 외 동료 장로들이나 교회 위원회일 수 있다.
- 우리가 지도자로 섬기는, 그리스도의 지역적 몸/교회에서 가장 끝의 가장 작은 사람에게 보이는 우리 태도는 어떤 것인가? 예를 들어, 지체 장애인, 정신 장애인, 가난한 사람들, 난민들, 어린아이들, 노인들을 대하는 우리 태도 말이다. 우리는 그들과 시간을 보내는가? 예수님이 권면하신 것처럼, 우리 설교는 이런 사람들을 위한 우리의 관심과 돌봄을 반영하는가? 우리는 개인적으로나 공적으로 그들을 위해서 정기적으로 기도하는가?
- 하나님 백성에게 하나님 말씀으로 사역하려고 안수받는 것은 (권리가 아니라) 특권이다. 우리 설교자들에게 부여된 그 신성한 위임에 감사하자. 그리고 경외심과 두려움으로 그 책무를 감당하도록 하자.

설교는 목회적인 것이다!

설교는 교회에서 이뤄지는 것이다
Preaching Is Ecclesial

3

> 나는 주님을 경외하는 모든 이와
> 주님의 법도들을 지키는 이의 친구라
>
> 시 119:63

성경적 설교란, 교회 지도자가 **예배하려고 모인 그리스도인 모임에서** 성경 페리코페(pericope)에서 신학적 석의로 분별한 핵심 취지와 그것을 그 특정한 그리스도인 공동체에게 적용한 내용으로 소통해서, 그들이 그리스도의 형상을 닮아 변화함으로 하나님을 영광스럽게 하는 일인데, 이 모든 과정은 성령의 능력으로 한다.

필자가 가르치는 학교 일지에는 학위수여식 예행연습 때 반바지를 입기로 한 졸업생의 (실제) 이야기가 있다. 그는 졸업장을 받으려고 무대로 "걸어 나오다" 저지됐다(그래도 졸업했다). 관계 당국에서는 어떤 복장은 그런 엄숙한 시간에 어울리지 않는다고 결정이 적합하다고 여겨 조치했다. 그 졸업생은 조용히 졸업장을 받아서, 의심의 여지 없이 자기가 입은 온 옷 속에 품고 갔다. 하지만 졸업식 같은 공적 예식에서는 격식을 갖춘 바지가 적합하다. 마찬가지로 사람들은 양복과 넥타이 또는 화려한 가운을 입고 수영장에 뛰어들지 않는다. 모든 일마다 적절한 장소가 있다. 또 어떤 활동마다 그에 맞는 장소가 있다. 예배드리는 동안 누구도 거수도약 운동(jumping jacks)을 하지 않는다. 나는 내 피부과 병원에서 환자를 진료하면서 발레하지 않는다. 여러분은 운전하면서 메시지를 보내지 않는다.

설교도 마찬가지다. 설교하기에 적합한 자리가 있다. 그 적합한 자리에서 설교를 빼내어 다른 아무 데서나 그것을 수행하여 그것이 속한 성경적, 역사적, 목회적 상황에서 분리하면, 그 설교는 중요성과 잠재력을 상당히 잃는다.

설교를 논할 때 자주 등장하지 않는 한 가지 질문은 **어디에서 (또는 어떤 상황에서) 설교해야 하는가**이다. 하나님의 백성이 예배하려고 모이던 초창기에는 설교를 배타적으로 그런 '교회' 집회에서만 하는 것을 당연하게 받아들였다. 그러나 공식적으로든 비공식적으로든 그리스도인이 모이는 여러 모임과 집회가 있는 오늘날에는 이런 질문이 유효하다. 사경회 때 내 연설(이런 모임에서는 보통 한 주에 네 번 혹은 다섯 번)은 '설교'인가? 엊그제 학교 채플 시간에 한 내 설교는 어떤가? 의예과 학생들을 위한 점심 성경 공부 시간에 내가 한 긴 이야기는 무엇이라고 해야 할까? 혹은 교회 싱글들 모임에서 한 토론은 어떤가? 이런 담화가 설교를 구성하는가? 설교를 어디에서 할 수 있는가/해야 마땅한가/해야 하는가? 설교에 관한 규범적 정의(내가 서론에서 제시한 것을 포함하여)에 근거한다면, 당신은 아마 커피숍에서 동료 신자와 일대일로 나눈 대화—성경으로부터 진리를 말하고 적용을 권하는 등—도 '설교'라는 범주에 넣을 수 있다.

이번 장에서 필자는 설교는 교회에서 이뤄지는 사역이라는 의견을 제시하겠다. 달리 말하면, 설교를 위한 비전은 이 활동이 예배하려고 정기적으로 모인 지역적 그리스도의 몸에서 이상적으로 이루어진다고 본다. 칼 바르트(Karl Barth)는 "설교는 교회라는 영역에서, 곧 교회의 존재와 사명과 관련하여 시행해야만 한다. … 계시에 따라 우리가 세워진 이곳에서만 합법적 설교가 가능하다."[1] 하나님 말씀에서 정한 대로 교회는 성경을 강해하기에 적합한 장소다. 성경은 의심할 바 없이 교회의 책이며, 따라서 그것을 강해하는 무대는 하나님 백성의 모임이자 '진리의 기둥과 터'인 교회이다(딤전 3:15). 이처럼 성경을 설교하는 주된 장소는 교회, 곧 하나님 백성의 회합인데, 이 배경은 성경을 해석하는 방향과 논지를 제공한다.

물론 이런 주장은 하나님의 백성이 얼마나 많든 적든, 어떤 목적으로 모였든, 언제 어디에서 모였든 하나님의 백성이 있는 곳에서 설교해야 한다는 뜻으로 받아들여질 수 있다. 그렇지만 필자는 이상적 의미에서 '설교'라는 명칭은 신실한 자들이 예배하려고 정기적으로 모인 상황에서만 시행하는 활동으로 제한해야 한다고 주장한다. 설교가 예배 사건과 경험에서 분리되어서는 안 되는 이유는, 필자가 여기서 탐구하듯, 하나님의 백성은 그런 상황에서 그분이 가장 크고 분명하게 말씀하심을 들으며, 그리스도는 그런 집회 가운데, 특별히 주의 만찬과 관련하여 특별한 방식으로 임재하시기 때문이다. 교회의 이런 형식적 예배 모임은 교회 의식을 시행하고, 찬양을 부르며, 헌금을 드리고, 설교를 전달하는 예전적(liturgical) 장소다. 결국, 예배는 전체적으로 볼 때 하나님의 음성에 대한 하나님 백성의 적절하고도 주된 응답이다.

개념에 관한 여담(A Definitional Aside)

설교 목적은 사람들이 그리스도의 형상을 본받게 하는 일이며(롬 8:29, 「7. 설교는 변화를 위한 것이다」을 보라), 그 변화의 첫 단계는 예수 그리스도를 유일한 하나님과 구주로 믿음이므로, 구원의 기쁜 소식 선포를 일반적으로 (그리고 신약에서 번역하듯이) '설교'(κηρύσσω

---

[1] Karl Barth, *Homiletics* (Louisville: Westminster John Knox, 1991), 56, 57.

[케뤼소])로 여긴다.2 그렇지만 성경에서 복음 전도 '설교'(evangelical preaching)란 결코 특정한 성경 본문을 격식에 맞춰서 강해하기, 곧 저자의 의도를 문맥에 따라 해석하고 하나님의 명령을 분별하며 적절한 적용을 끌어내기가 아니다. 또한 κηρύσσω 자체도 거의 본문에 근거를 두지 않는다. 신약성서에서 그 동사는 더 자주 총칭적 의미로, 예를 들면 계시록 5:2처럼, '알린다/선포한다'는 뜻으로 쓰인다.3

> 또 보매 힘 있는 천사가 큰 음성으로 외치기를(κηρύσσω[케뤼소]), "누가 그 두루마리를 펴며 그 인을 떼기에 합당하냐?"라고 하나

정경 확정과 교회 제도화로 신자들이 어떻게 살아야 하는가를 지도해야 할 필요가 생겨서, 복음 전도 설교(좋은 소식 알리기)와 교화 설교(edifying preaching, 특정한 성경 본문에 기초하여 그리스도인의 삶을 안내하기)로 나뉜 사실을 쉽게 알 수 있다. 전자는 완성된 행위—그리스도의 속죄 사역(아마도 성경에서 증거를 찾아)—을 불신자들에게 선포하는 설교를 말한다. 따라서 그러한 복음 선포 설교의 메시지와 적용은 모든 설교에서 동일한데, 곧 **당신의 유일한 하나님이자 구원자인 예수 그리스도를 믿으라**는 것이다! 하지만 교화하려는 설교는 특정한 성경 본문을 강해하고 그 본문이 그리스도인의 삶에서 구체적으로 요구하는 바를 다룬다. 이러한 교화 설교의 메시지와 적용은 사용하는 본문에 따라 설교마다 다르다. 그래서 전체적으로 "(선교적) 복음 전도 설교는 그리스도인 예배에서 설교와 혼동해서는 안 되는데, 그 둘은 목적이 다르고 청중이 다르기 때문이다."4 다른 말로 하면, 복음 선포와 설교는 방법과 강조점 그리고 성경을 사용하는 목표 등이 서

---

2 신약에서 복음을 선포하는 데 쓰는 다른 동사는 εὐαγγελίζω[유앙겔리조], '좋은 소식을 전파하다'이다(고전 9:16; 갈 1:16 등).

3 κηρύσσω[케뤼소]가 본문을 강해하는 의미로 쓰이는 몇 가지 예외 경우가 있는데, 예를 들면 로마서 2:21~22이다. 거기에서 '설교'는 십계명을 다루는데, 모세 율법의 특정한 본문이다. 또한 디모데후서 4:2(3:16과 관련하여)을 보라. 거기에서 κηρύσσω는 본문을 강해하는 것으로서 합당하게 '설교'로 불릴 수 있다.

로 확연히 다르다.

그러므로 이 책에서 '설교'는 그리스도의 삶에 관해 하나님의 뜻을 분별하려고 특정한 본문을 강해해서 전달하는 설교를 말한다. 그런 제한은 설교 기초로 성경의 특정한 부분을 사용함을 반영할 뿐 아니라 또 다른 구별을 가능하게 한다. '설교'는 하나님 백성의 일부가 **이미** 된 사람에게 말씀으로 사역함을 의미한다. 복음 선포—매번 본질적으로 같은 메시지를 전하기(성육신하신 하나님이신 예수 그리스도의 구속 사역)—는, 교회 지경 밖에 있는 사람을 믿음으로 초대하기이다. 따라서 복음 전도 설교는 다른 범주 설교라서, 이 책에서는 다루지 않겠다.[5]

성경 역사에서 설교(Preaching in Biblical History)

성경 역사에서 설교를 간략하게 살피면, 설교는 하나님 백성의 교회적·공동체적 예배를 구성하는 예전 사건(liturgical events)의 필수 부분임을 인정한다.

설교—구약에서 예전적 사건(a Liturgical Event)

예배 때 하나님의 백성 가운데 시행된 역사적 행습으로서 설교는 구약성서에 그 기원을 두고 있다. 이것에 관한 주요 본문은 느헤미야 7:73b~8:12인데, 예전을 위한 집회 상황에서 토라 읽기와 해석을 기록하고 있다.

---

[4] Alistair Stewart-Sykes, *From Prophecy to Preaching: A Search for the Origins of the Christian Homily*, Supplement to *Vigiliae christianae* 59 (Leiden, Brill, 2001), 24.

[5] 이는 설교할 때 복음을 전해서는 안 된다는 말이 아니다. 필자도 종종 복음 전도 설교를 하지만, 내가 설교하는 본문이 그것을 반드시 요구하기 때문이 아니다—선택된 본문이 설교자에게 해석학적으로 강제하기 때문이 아니다. 그보다 나는 내 청중 전부가 신자인지 확신할 수 없으므로, 종종 복음을 전한다—내가 받아들이기로 한 실용적 필요성 때문이다. 「7. 설교는 변화를 위한 것이다」를 보라.

일곱째 달 초하루에 제사장 에스라가 율법책을 가지고 회중(קָהָל[카할]; LXX: ἐκκλησία[에클레시아]) 앞 곧 남자나 여자나 알아들을 만한 모든 사람 앞에 이르러 … 에스라가 위대하신 하나님 여호와를 송축하매, 모든 백성이 손을 들고 "아멘, 아멘"이라고 응답하고 몸을 굽혀 얼굴을 땅에 대고 여호와께 경배하니라. … 하나님의 율법책을 낭독하고 그 뜻을 해석하여 백성에게 그 낭독하는 내용을 다 깨닫게 했다. (느 8:2, 6, 8)

에스라와 그의 조력자들이 성경을 설명했는데, 하나님의 백성 모임에서 했다. '모임(assembly)'은 구약에서 이스라엘 회중이 하나님 존전에 모임을 묘사할 때 가장 흔히 쓰인 단어다. 하나님의 백성이 한 곳에 모임은 느헤미야 7:72b~8:12에 15번 언급하며 다른 용어로는: '이스라엘 자녀들'(7:73), '모든 사람'(8:1, 3, 5[2번], 6. 9, 11, 12)', '한 사람처럼'(8:1), '모임'(8:2), '남자와 여자들, 그리고 이해하며 알아들을 수 있는 모든 사람'(8:3), 그리고 '사람들'(8:7[2번], 12) 등이 있다. 사실상 이 본문은 두 끝이 '모든 사람'(8:1, 12)의 모임으로 묶여있다. 하나님 백성의 연대적 연합에 초점을 맞춤은 놀라운 일이다. 그런 모임이 하나님의 말씀 사역에 우선적인 상황으로 작용한다. 그리고 율법을 읽고 설명한 이 사건은 정확하게 예배 행위—성경 강해에 적절한 동반행위—라고 불린다(8:6). 하나님의 말씀, 하나님 백성의 책을 설교하는 일은 교회에서 이뤄지는 사역이라고 여김이 올바르다. 그렇게 성경을 읽고 해석하는 행습은 1세기와 그 이후 글들에서 분명한 것처럼, 후대 유대인 관습으로 법제화되었다. 예를 들어, 필론은 쓴다.

그[모세]는 무엇을 했는가? 이 일곱째 날[안식일]에, 그는 그들[백성들]에게 같은 곳에 모여 앉아 예의 바르고 단정한 태도로 율법을 들어서 누구도 … 무지하지 않게 하라고 명령했다. 그러면 참석한 제사장이나 장로 중 하나가 거의 오후 늦게까지 그들에게 신성한 법을 읽어주고 그 하나하나를 해석해서 전달했다. 그러면 그들은 신성한 법을 알고 경건에 큰 진전을 이루고 자리를 뜬다.[6]

나중에 그 행습은 초대 교회로 흡수되었다.

설교—신약과 초대 교회에서 예전적 사건(a Liturgical Event)

다음 구절이 보여주듯, 신약성서에서는 성경 '읽기'가 거의 항상 그것을 해석하기(곧, 설교)와 연계되어 하나님의 백성이 예배하려고 공식적으로 모인 자리에서 일어났다는 증거가 있다.7

> 그들은 페르게에서 더 나아가 피시디아 안티오키아에 이르러 안식일에 회당에 들어가 앉았다. 율법과 선지자의 글을 읽은 후에 회당장들이 사람을 보내어 물어 이르되, "형제들아, 만일 백성을 권할 말이 있거든 말하라"라고 했다. (행 13:14~15)

설교의 예전적 성격은 주의 만찬, 기도, 초대 교회 예배의 다른 핵심 요소들과 함께 언급되는 데서도 명확하다.

> 그 주간 첫날에 우리가 떡을 떼려고 모였더니, 바울이 이튿날 떠나고자 하여 그들에게 강론할새 말을 밤중까지 계속 하매 .... 올라가 떡을 떼어 먹고 오랫동안, 곧 날이 새기까지 이야기하고(ὁμιλέω[호밀레오]8) 떠났다. (행 20:7, 11).

> 그들이 사도의 가르침을 받아 서로 교제하고 떡을 떼며 오로지 기도하기를 힘쓰니라. (행 2:42)

심지어, 바울서신에서 하나님의 백성이 한 곳에 모임을 전제하는 본문을 읽으면, 예전 상황에서 공적으로 선포할 때 쓰는 예전 용어와

---

6 *Hypothetica* 7.12~13.

7 또한 사도행전 15:21을 보라. 예수님 자신이 안식일에 회당에서 하신 일은 누가복음 4:16~21에 묘사되어 있다. 예수님은 성경을 읽으시고 해설(설교)하셨다. 사실상 '읽기'라는 용어 자체는 읽기 + 해설을 포함하는 강해의 전체 과정을 말하는 제유법(특정 요소를 언급하지만, 그 요소를 일부분으로 하는 전체를 의미하는 수사법)으로 여겨야 한다. 그것은 고린도후서 3:14, 골로새서 4:16, 데살로니가전서 5:27에도 적용된다.

8 이 단어에서 '설교(homily)'라는 용어가 나왔다.

행동이 울려 퍼지곤 했다—"아멘!"(롬 16:27; 고전 16:24; 갈 6:18), "마라나다!"(고전 16:22), 거룩한 입맞춤(고전 16:20; 고후 13:12; 살전 5:26), 많은 축도(고전 16:23; 고후 13:14; 갈 6:18; 엡 6:23~24; 빌 4:23; 살전 5:23, 28; 살후 3:18), 그리고 이 몇 서신들의 서두에 있는 기도 공식들(롬 1:8; 고전 1:4; 고후 1:3~4; 갈 1:3~5; 엡 1:3~14; 빌 1:3~5; 골 1:3 등).[9] 간단히 말해, 오늘날에도 여전히 교회 예배의 중요한 측면들인 기도, 찬양, 헌금, 주의 만찬 등 예전 요소들과 함께 성경 강해는 하나님 백성의 공식 예배 모임에서 필수 부분이었다. 2세기 몇몇 기독교 문서는 설교가 이런 예배 활동에서 필수 부분이었다고 증거한다.

> 일요일이라고 불리는 날에 도시나 시골에 사는 사람들 모두가 같은 장소에 모여 시간이 허락하는 한 사도들의 기록이나 선지자의 글을 읽는다. 그리고 읽는 자가 낭독을 그치면 지도자는[10] 이런 훌륭한 일을 본받도록 교훈하고 권면한다. 그러면 우리는 모두 함께 일어나 기도하는데, 이미 말했듯이, 우리 기도가 끝나면 빵과 포도주와 물을 가져오고 지도자는 할 수 있는 대로 기도와 감사를 드리며 사람들은 "아멘!"하며 동의한다.[11]

테르툴리아누스는 예배에 '성경 봉독', '시편 독송', '설교', '기도 봉헌' 등을 포함한다.[12] 이 모든 것으로 보아, 설교는 초대 교회의 예배 요소였다.

교회에서 설교가 일차적으로 그에 상응하는 유대인 회당의 예전 관습에서 나왔음에는 반론의 여지가 없지만, 신약 교회는 눈에 띄게 성전 행습에서 빌려온 은유, 특히 희생 제사 용어를 자주 사용하는

---

[9] Gordon Lathrop, *Holy Things: A Liturgical Theology* (Minneapolis: Fortress, 1993), 44n19.

[10] 또는 '사회자', 곧 모임에서 사회를 맡은 사람.

[11] Justin Martyr, *First Apology* 67.

[12] *The Soul* 9 (*ANF* 3:188).

3. 설교는 교회에서 이뤄지는 것이다   93

경향이 있다. 그 공동체는 자기들을 하나님께 '산 제물'로 드려야 했다(롬 12:1). 개인의 삶도 희생제물이 되어야 했다(빌 2:17; 4:18; 고후 2:14~17; 4:10~11). 하나님의 백성은 '왕 같은 제사장'(벧전 2:9; 계 1:6; 5:10)으로서 그리스도의 육체/피를 통해 성소, 곧 휘장으로 들어간다(히 10:19~20). 물론 그리스도는 그들의 대제사장이다(히 2:17; 4:14~5:10; 8:1; 9:11). 사실상 교회 예전(liturgy)의 개인적 요소들은 희생의 은유로 묘사된다: 기도와 찬양(히 13:14~15; 벧전 2:5, 9; 계 8:3~5), 봉헌(빌 4:8; 히 13:16), 그리고 주의 만찬. 놀라울 필요가 없는 것—여기에 우리 관심이 쏠리는데—은 말씀 사역 역시 희생 제사를 암시한다는 점이다.

> 하나님의 말씀은 살아 있고 활력이 있어 좌우에 날선 어떤 검보다도 예리하여, 혼과 영과 및 관절과 골수를 찔러 쪼개기까지 하며 또 마음의 생각과 뜻을 판단한다. (히 4:12)

"양날 가진 칼에 뼈와 골수가 쪼개진다는 언급은 우리를 희생 제사 이미지 영역으로 데려간다. 말씀은 쪼개는 칼로서 우리를 해부하여 우리가 희생물로서 찬양과 감사와 기도를 통해 자신을 드리게 한다."13 성경 기능이 희생 제사 용어로 묘사됨은 놀랍다. 실제로 히브리서 기자는 예전적 유비를 유지하면서 4:14~15에서 대제사장 이미지로 되돌아간다. 크리소스토무스 역시 말씀 사역에 이 비유를 강조하면서 바울이 다음과 같이 선언하는 것을 상상했다. "나에게 설교하고 선포하는 이것은 제사장 직분이다. 이것은 내가 드리는 희생 제사이다. … 내 칼은 다름 아닌 복음 … 설교의 말씀이다."14 이렇게 설교는

---

13 Peter J. Leinthart, "Synogogue or Temple? Models for the Christian Worship," *Westminster Theological Journal* 64 (2002): 132. 성경을 칼과 동일시하는 다른 구절들도 주목하라: 에베소서 6:17; 계시록 1:16; 2:12.

14 John Chrysostom, *Homilies on Romans* 29 (*NPNF*[1] 11:543). 또한 바울이 자기 사역을 묘사하면서 예전 용어를 사용함에 관해서는, 로마서 15:15~16; 고린도후서 4:7~12; 갈라디아서 6:17; 빌립보서 2:17; 디모데후서 4:6 등을 보라.

그 용어에서조차 예전과 실제로 관련되며 하나님 백성의 예배 활동에 확고하게 자리 잡고 있다.

설교가 예배의 필수 부분이라면, 또한 이것이 자주 다른 예전 요소들, 특히 주의 만찬과 함께 나란히 놓여 있다면, 하나님의 말씀 강해도 그 의식처럼 성례적(sacramental)인가?

설교—성례적 행위(A Sacramental Act)

'성례전(sacrament)'이란 말은 라틴어 *sacrāre*('거룩하게 하다, 신성한 것으로 따로 떼어 놓다, 신에게 바치다')에서 나왔다. 어근 *sacer* 역시 영어 단어 'sacred'에 나타난다. 성경 강해는 의심할 여지 없이 '거룩하게 바쳐진' 활동인데, 왜냐하면 그것이 하나님의 성도들 곧 거룩하게 구별된 백성들이 예배를 위해 모인 거룩한 사건 현장에서 거룩하게 바쳐진 말씀과 연결되고 거룩하게 바쳐진 개인에 의해 수행되기 때문이다(「2. 설교는 목회적인 것이다」를 보라). 만약 우리가 '성례전'을 사람들을 감화하고 감동을 주며 변화시키는 '보이지 않는 은혜의 [가시적] 형태'라는 단도직입적인 정의로 시작한다면,15 말씀에 대한 '가시적' 강해가 은혜의 '비가시적' 분여(impartation)라는데 동의할 수밖에 없다. 벤 위더링턴(Ben Witherington)이 같은 생각을 한다.

> 침례(세례)와 주의 만찬이 '적법하게(de jure)' 개신교의 성례전이지만, 거기에는 항상 '실질적으로' 다른 것이 있었는데, 그것은 훨씬 더 정규적이고 지속적 효력을 발생한다고 믿어진 것, 곧 하나님의 말씀이다. … 성례전이 한 사람의 삶에 신적 영향을 끼치고 변화하게 하는 은혜의 수단이라면, 하나님의 말씀과 그 선포, 읽기, 듣기, 배우기, 암송하기 등은 확실히 성례전이다.16

---

15 "적절하게 성례전이라고 불리는 행위는 은혜의 표징이며 보이지 않는 은혜의 [가시적] 형태다"(Peter Lombard, *Book of Sentences* 4.1 [12세기]).

16 "Word as Sacrament," *Ben Witherington* (blog), November 9, 2007, http://benwitherington.blogspot.com/2007/11/word-as-sacrament.html.

주의 만찬과 설교의 유사성에 주목하자. 고린도전서 11:26과 골로새서 1:28이 수긍하듯이, 둘 다 그리스도를 선포하는 일에 같은 동사를 쓴다.17

> 너희가 이 떡을 먹으며 이 잔을 마실 때마다 주의 죽으심을 그가 오실 때까지 **전한다**. (고전 11:26)
>
> 우리가 그[곧, 그리스도]를 **전파하여** 각 사람을 권하고 모든 지혜로 각 사람을 가르침은 각 사람을 그리스도 안에서 완전한 자로 세우려 함이다. (골 1:28)

그 외에도 둘 다 효력을 발휘하는 데 하나님의 중재 활동이 필요하다. 칼뱅이 주목했듯이,

> 말씀을 설교할 때나 성례전[주의 만찬]을 사용할 때, 사역자가 두 명인데, 그들은 모두 구별된 직분자이다. 외적 [인간] 사역자는 말씀을 베풀며, 외적이고, 지상적이며, 오류 가능한 음성으로 된 신성한 표징들[주의 만찬의 요소들]을 시행한다. 그러나 내적 [신성한] 사역자인 성령은 내적으로 자유롭게 일하며 그의 비밀한 덕으로서 누구든 그가 원하는 자의 마음에 역사하여 한 믿음을 통해 그리스도와 연합하도록 역사한다(고전 3:5~7; 행 16:14).18

'성례전'은 일반적으로 하나님의 행위가 포함되는데, 그것은 주의 만찬과 침례(세례)에 참여하는 자들에게 은혜를 제공하는 것이다. 그 경우에 성경 강해 역시 성례적이다. 하나님이 성경을 통해 인류에게 은혜를 주실 때의 성경의 '활동'에 주목하라: 데살로니가전서 2:13(이것은 '역사한다'); 사도행전 6:7; 12:24(이것은 '성장한다'); 골로새서 3:16(이것은 '거한다'). 더 일반적 개신교 용어는 '의식(ordinance)'으로, 이것은 이런 사건들에서 신자들의 행동—그들의 빵과 잔에 참여하고 침례를 받음—에 초점을 맞춘다.

17 설교가 어떻게 그리스도를 선포하는가는 「7. 설교는 변화를 위한 것이다」에서 논의하겠다.

18 John Calvin, *Summary of Doctrine concerning the Ministry of the Word and the Sacraments*, article 5, in *Theological Treatises*, ed. J. K. Reid, Library of Christian Classics 22 (Philadelphia: Westminster, 1954), 173.

다른 말로 하면, 설교는 의식들 못지않게 성례적이며 전자를 행하는 주된 장소는 후자를 시행하는 곳—예배를 위해 모인 그리스도의 몸—과 같다. 주의 만찬과 침례(세례) 둘 다 이상적으로 그런 모임 상황에서 시행하듯이, 설교도 그렇다.

말씀과 성례전(Word and Sacrament)

고대와 현대에 '말씀과 성례전'은 나란히 존재했다. 그런 경향은 구약성서에서도 볼 수 있는데, 물론 하나님의 말씀 해석에 병행하는 것은 주의 만찬이 아니라, 희생 제사와 보통 그에 이어지는 공동 식사였다.[19] 하나님의 말씀이 모세에게 주어진 법으로 처음 확립되던 바로 그때, 말씀과 희생 제사는 예배 맥락에서 동시에 발생했다. 출애굽기 3:12에서 모세와 백성들은 하나님으로부터 "이 산에서 하나님을 예배하라"라는 명령을 받았다. 그 예배가 출애굽기 24장에서 드려진다(3:12을 회상하는 24:1을 보라). 다시 말해, 24:1~11에서 일어난 일은 야웨가 3:12에서 의도한 것이었다. 하나님께서 명하신 예배의 내용인 24:1~11의 세심한 구조에 주목하라.

　　　A 올라가 예배하도록 지시를 받은 모세와 장로들(24:1~2)
　　　　B 야웨 말씀과 백성의 긍정(24:3)
　　　　　C 모세가 기록한 말씀들(24:4a)
　　　　　　D 희생과 피 예식(24:4b~6)
　　　　　C′ 모세가 읽은 책(24:7a)
　　　　B′ 야웨 말씀과 백성의 긍정(24:7b~8)
　　　A′ 모세와 장로들이 올라가 예배함(24:9~11)

예전 요소들이 명확하다. 곧, 구조의 상당 부분(B, C, D, C', B')이 하나님의 말씀과 희생 제사를 다룬다.[20] 따라서 희생 제사와 결합한 예배 모임은 하나님 말씀의 성례적 강해를 위한 주된 맥락이라는 성

---

19 구약 제사의 절정은, 후에 주의 만찬에 반영되었듯이, 종종 참여자들에게 나눠준 신성한 식사였다(출 24:8; 렘 31:31; 레 1~7; 고전 10:16~18).

경 선례가 있다. 물론 예수 그리스도의 구속 사역 이후 이것은 더는 옛 세대의 희생 제사가 아니다. 이제는 그리스도의 완성된 궁극적 제사가 주의 만찬에 반영된다.

따라서, 성경 역사와 그 이후 계속, 설교(하나님 말씀의 사역)는 예배 예전에 확고하게 뿌리박고 있으며 다른 의식들과 함께 성례적으로 여겼다고 할 수 있다.21 그러므로 칼뱅은 설교와 주의 만찬은 진정한 교회의 표지들 일부라고 선언한다. "하나님의 말씀이 신실하게 설교 되고 들려 성례전들이 그리스도께서 설립하신 대로 시행되는 곳 어디에나 우리는 하나님의 교회가 존재함을 의심할 수 없다."22 마찬가지로 영국 교회의 「39개 조항 신조」 19항은 교회를 신실한 자들의 회중으로 정의하면서 "하나님의 말씀이 선포되고 성례전이 적절하게 시행되는 곳"이라고 말한다.23

따라서 설교는 성례적·예전적 행위이다. 그것을 위한 이상적인

---

20 John W. Hilber, "Theology of Worship in Exodus 24," *Journal of the Evangelical Theological Society* 39 (1996): 178~79. 하나님 말씀 읽기가 희생 제사(또는 제단에서 희생을 언급)와 짝을 이루는 경우들은 신명기 27:1~10과 여호수아 8:30~35에서 볼 수 있다. 느헤미야 7:73b~8:18에서는 앞에서 논의했듯이, 공동 식사는 희생과 더불어 진행한다(8:10, 12, 18).

21 설교를 '성례전(sarament)'이라고 이름 붙이기보다 내가 설교를 **성례적으로**(sacramental) 여김은 "인간이라는 도구를 통해, 또는 인간 노동을 통한 하나님의 활동을 통해 하나님의 임재의 실재를 표현하려 함이다." '성례적'이라는 말을 그렇게 사용으로, **하나님께서** 당신 백성이라는 대리자를 통해 그 의식들(과 설교)에서와 그것들과 함께 일하심을 긍정한다. 하나님께서 그의 목적을 성취하시고 은혜를 제공하시려고 흠 있는 인간의 양태를 사용하시기를 바람은 그 자체로 경이롭다(고후 4:7). J. Mark Beach, "The Real Presence of Christ in the Preaching of the Gospel: Luther and Calvin on the Nature of Preaching," *Mid-America Journal of Theology* 10 (1999): 81, 92n38.

22 *Institution of Christian Religion*, 4.1.9, trans. Henry Beveridge (Edinburgh: Calvin Translation Society, 1845), 3.21.

23 W. H. Griffith Thomas, *The Principles of Theology: An Introduction to the Thirty-Nine Articles*, 6th rev. ed. (London: Vine, 1978), 265.

장소는 하나님의 백성이 예배하려고 모인 곳이며, 거기서 하나님의 음성은 가장 강력하게 들린다. 다시 말해 하나님은 설교에서 단지 논의의 주제가 아니다. 그분은 살아 있는 목소리이며 논의를 도입하시는 분이며 그의 백성에게 자신과의 언약 관계에서 어떻게 살아야 하는가에 관해 은혜롭게 말씀하시는 분이시다(또한 「5. 설교는 신학적인 것이다」를 보라).24 사실, 예수님은 자기 제자들의 말을 곧 당신 말이라고 동일시하셨다.

> "너희 말을 듣는 자는 곧 내 말을 듣는 것이요. 너희를 저버리는 자는 곧 나를 저버리는 것이요. 나를 저버리는 자는 나 보내신 이를 저버리는 것이라."라고 하셨다. (눅 10:16)

이것은 설교라는 성례적이며 예전적인 행위에 있는 하나님의 임재라는 쟁점을 불러일으킨다.

설교와 주의 만찬에서 그리스도의 임재(Presence of Christ)25

출애굽기 24장에서 하나님의 임재가 말씀 + 이스라엘의 희생 예배에 특별한 방식으로 드러남이 분명하다. 곧, (야웨를 위해 세운) 제단과 (열두 지파를 위해 세운, 24:4) 열두 기둥은 언약 앞에 있는 양자를 의미한다. 서명하는 양편 모두 피뿌림을 받았다(제단 24:6; 사람들, 24:8). 그리고 사람들은 공동 식사로(24:11), 하나님께서는 제물을 불로 삼키심으로(24:5) 양편 모두 희생 제사에 참여하는데(24:5), 이는 예배자와 하나님의 언약 교제를 상징한다. "출애굽기 24장에서 예배는 언약 관계에 응답인데, 후자는 하나님의 임재[24:16~17]로 특

---

24 Thomas H. Keir, *The Word in Worship: Preaching and Its Setting in Common Worship* (Oxford: Oxford University Press, 1962), 3.

25 "설교(Sermon)와 저녁 애찬(Supper)이 함께 간다."라고 휴즈 올리펀트 올드(Hughes Oliphant Old)는 말했다(*Worship: Reformed according to Scripture* [Louisville: Westminster John Knox, 2002], 128). 다른 의식을 첨가하여 나는 차라리 "성경(Bible), 빵(Bread), 그리고 씻음(Bath)이 함께한다."라고 말하고 싶다.

징되며, 그분 말씀으로 정의되고[24:3~4a, 7~8], 희생 제사로 중재된다[24:4b~6]."26 이 모든 것, 곧 예배, 말씀과 희생, **그리고** 신적 임재가 한 묶음이라는 인상에서 벗어날 수 없다.

현대에 와서 잊힌, 설교와 주의 만찬이라는 성례적 행위들 사이 유사성의 한 측면은 양편 모두에 그리스도의 임재이다.27 칼뱅은 "그러므로 성례전 직무는 하나님 말씀 직무와 다르지 않음을 못 박아두자. 이는 그리스도를 붙들어 우리에게 주심인데, 그 안에서 하늘에 속한 은혜의 보화가 주어진다."라고 선언했다.28 다시 말해, 주의 만찬과 설교라는 두 예전 행위 모두 특별한 의미에서 성자 하나님의 임재를 불러일으킨다. 주의 만찬이 "첫 부활절로부터 시간적으로 단절된 모든 신자가 다시 사신 주님의 임재를 확신하는" 사건이라면, 하나님 말씀 강해는 그리스도의 임재가 신자에게 다시 한번 하나님의 음성으로 들리는 사건으로서 첫 부활절에서 동떨어진 신자가 소리로 경험할 수 없는 현상이다.29 의식들이 그러하다면, 말씀도 똑같다. 두 행위는 모두 그리스도의 임재와 밀접하게 연관된다. 주의 만찬을 설교와 비교하면서 도널드 코건(Donald Coggan)은 "'(빵과 포도주 같은) 성찬식의 요소들(에 해당하는 것)'은 말, 평범한 말, 우리가 매일 일상에서 교류할 때 계속해서 사용하는 말이다. 그러나 설교에서 생명을 주시는 영은 이 말들을 취하여 그의 은혜를 전달하는 수

---

26 Hilber, "Theology of Worship," 182, 184.

27 나는 주의 만찬에서 그리스도의 '임재'에 관한 종교개혁 논쟁—츠빙글리(Zwingli)의 '기념설', 불링거(Bullinger)의 '병행설', 그리고 칼뱅의 '도구설'—에 들어가지 않겠다. 어느 경우건 이 모든 주장은 주의 만찬에서 일종의 그리스도의 임재를 인정하는데, 바로 그 점이 말하려는 논점이기 때문이다. 16세기 논의를 더 알려면 Leane Van Dyk, "The Reformed View," in the *The Lord's Supper: Five Views*, ed. *Gordon T. Smith* (Downers Grove: InterVarsity, 2008), 66~82를 보라.

28 *Institutes* 4.14.17 (3:315).

29 Hans-Josef Klauck, "Lord's Supper," *Anchor Bible Dictionary* (New York: Doubleday, 1992), 4:366.

단으로 삼으신다. 그는 말로 말씀을 만드신다. 그런 설교가 이루어질 때 누가 그리스도의 실제적 임재를 의심할 수 있겠는가?"라고 썼다.30 이것은 성령께서 주의 만찬의 요소들(평범한 것들 [역주. 곧, 빵과 포도주])을 취하여 그리스도의 임재 안에서 (비범한) 은혜를 나누어 주시는 데 쓰시는 것에 상응한다. 다시 말해 설교와 주의 만찬 모두 강력한 방법으로 우리를 구주의 실제 임재로 데려간다.31

첫째, 주의 만찬에 관해 "기억하라"(고전 11:24~25)라는 권면은 인지적 회상만을 의미하지 않는다. 셈족이 이해하는 바로, 기억은 기억하는 바를 '재현'하는 것으로, '어떤 사람에게 현재적이며 유효한 실재로 살아나게 하는 것'이자, '기본적인 사건의 결과를 현존하며 실재하는 것으로 재경험'하는 뜻이다.32 따라서 그리스도를 기억함은 단지 인지적 연습이 아니라, 실제로 그리스도를 경험하는 일이다. 칼뱅은 말한다. "빵을 쪼갬으로, 주께서 당신 몸을 함께 먹음을 참으로 재현한다면, 그분이 진실로 나타내시고 시행하시는 바는 무엇이든지 의심할 바 없이 존재해야 한다. 경건한 사람이 항상 준수해야 하는 법칙은, 주께서 제정하신 상징을 볼 때마다, 상징하는 바의 진리도 현존함을 생각하고 확신해야 한다."33 존 제퍼슨 데이비스(John Jefferson Davis)는 고린도전서 10:16~20의 주의 만찬 문맥에서 이런 살아 있고, 역동적이며, 실재하는 '기억'이라는 생생한 개념을 강조하면서

---

30 Donald Coggan, *A New Day for Preaching: The Sacrament of the Word* (London: SPCK, 1996), 16.

31 토마스 롱(Thomas G. Long)이, "그리스도는 우리가 설교하기에 임재하시는 게 아니라, 그리스도께서 임재하시기에 우리가 설교한다."라고 말함을 잊지 말아야 한다(*The Witness of Preaching*, 2nd ed. [Louisville: Westminster John Knox, 2005], 17).

32 Jerome Kodell, *The Eucharist in the New Testament* (Collegeville: Liturgical Press, 1991), 80; Helmer Ringgren, *Sacrifice in the Bible*, World Christian Books 2:42 (London: United Society for Christian Literature, 1962), 50.

33 *Institutes* 4.17.10 (3:399).

3. 설교는 교회에서 이뤄지는 것이다   **101**

κοινωνία(코이노니아, '참여')가 네 번 등장함을 우리에게 환기하게 한다. 그런 "참여는 살아 있는 의사소통과 실제적이고 친밀한 개인적 접촉을 암시한다. … 그리스도의 몸과 피에 참여함은 그러기에 그리스도와의 개인-대-개인, 영-대-영의 실시간 접촉을 포함한다."34 H. C. G. 무울(Moule)은 아주 잘 말했다.

> 내가 믿기로 우리 눈이 … 보이지 않는 세계에 열린다면, 우리는 참으로 우리 성찬[주의 만찬]에 우리 주께서 임재하심을 보아야 한다. … 그런 특별한 임재, 곧 약속된 회중적 임재는 그 양상에 있어서 완전히 신비롭지만, 실상은 완전한 사실이다. 그것은 우리 상상이나 감정의 창조물이 아니라, 우리 믿음의 대상이다. 성찬 테이블 위(on)가 아니라 그것에(at) 현존하시는 우리 주님은 우리가 모인 가운데 자신을 보이시며 빵과 포도주가 거룩하게 사용되도록 축복하시고 그것들을 그의 제자들에게 분배하신다고 믿는다. … 우리는 말할 수 없는 경외심과 감사와 기쁨과 사랑으로 그분 살아계신 은혜 안에서 우리 가운데 그렇게 임재하시는 그분을 예배해야 한다.35

둘째, 기독교 저술가들은 성경에 관해 언제나 하나님 음성의 직접성(immediacy)에 동일하게 강렬한 지각을 인정했다—하나님은 당신 말씀으로 말씀하신다. 하나님의 모든 말씀은 성경을 여는 모든 이에게 인격적으로 전달된다. 크리소스토무스는 성경에 기록된 바는 "우리를 위해 기록"되었으므로, 부지런히 주목할 가치가 있다고 선언했

---

34 John Jefferson Davis, *Worship and the Reality of God: An Evangelical Theology of Real Presence* (Downers Grove: InterVarsity, 2010), 139~40, 142.

35 H. C. G. Moule, "Statement by Professor Moule," in *The Doctrine of Holy Communion and Its Expression in Ritual: Report of a Conference Held at Fulham Palace in October 1900*, ed. Henry Wace (London: Longmans, Green, 1900), 91.

다. 그레고리 대제는 수사적으로 물었다. "거룩한 문서는 전능하신 하나님께서 당신 피조물에게 보내시는 일종의 서신이 아니면 무엇인가?"36 당신 백성에게 말씀하시는 하나님의 음성은 그리스도의 몸이 교회로 모일 때 그분 말씀을 강해하는 곳에서 성자 하나님의 임재로 더욱더 강력해진다. 설교와 주의 만찬의 목적(그리고 결과)은 그리스도와 교회의 교제(communion)이다. "그리스도—그분 활동이나 능력만이 아니라, 그리스도의 임재는 항상 인격적이므로 그리스도 자신의 인격(person)—는 정말로 말씀 사역과 신실한 사람들의 예전 모임에 실제로 임하신다."37 그런 견해는 그리스도의 임재를 그리스도와 신자의 존재론적(즉 단지 형이상학적이거나 상징적으로가 아니라, 실제적으로 또한 본질적으로) 연합의 일부로 여긴다. 또한 이런 그리스도의 임재가 특별한 방식으로 향유되는 시간은 설교와 주의 만찬이 교회의 예배 상황에서 시행될 때다.

교회 역사에서, 주의 만찬 사건의 기계적 과정에 너무도 자주 초점을 맞췄다. 빵과 잔은 무엇을 의미하는가? 그것들은 나눠서 먹어야 하는가, 아니면 하나를 다른 하나에 담글 수 있는가? 그 의식은 얼마나 자주 시행해야 하는가? 그에 따라 설교에서도 역사적으로 기계적 측면에 초점이 맞춰졌다. 설교는 어떻게 구조를 잡아야 하는

---

36 Chrysostom, *Homilies on Genesis* 2:2; Gregory the Great, *Letter to Theodore the Physician*, in *The Nicene and Post-Nicene Fathers*, series 2, ed. Philip Schaff and Henry Wace (1886~89; repr., Peabody: Hendrickson, 1994), 12:156 (지금부터 *NPNF*^{2}). 성경 자체가, 거룩한 말씀이 모든 미래 세대에게 직접 말씀하고 있음을 계속 인정한다. 신명기 6:6~25; 31:9~13; 열왕기하 22~23장; 느헤미야 7:73b~8:18; 시편 78:5~6; 마태복음 28:19; 로마서 15:4; 고린도전서 9:10; 10:6, 11; 디모데후서 3:16~17 등을 보라.

37 Edward Schillebeeckx, *The Eucharist*, trans. N. D. Smith (New York: Sheed and Ward, 1968), 103. 로마 가톨릭 신학자 관점에서 나온, 설교에 관한 이런 성례적 관념은 기독교 세계에서 말씀 사역 이해가 상당히 일치함을 반영한다. 그것은 이상적으로 교회적이며, 적어도 기능적으로는 성례적이다.

가? 어떤 예화가 효과적인가? 어떤 종류의 서론이 필요한가? 아마도 지금은 그 사건에서, 그것이 주의 만찬이든 설교든, 정확히 무엇이 일어나는지 주의를 기울일 때다. 이 두 가지 성례전에서 일어나고 있는 것은 그리스도께서 거기 계신다는 것이다—그분이 정말로 현존하신다! 반면에 기계적 과정으로 시야를 좁힘은 이런 행위들의 성례성(sacramentality)을 방해하는 경향이 있다. 결과적으로, 예배 때 구속하신 사람들과 함께하시는 그리스도의 임재는 기껏해야 축소되거나 최악의 경우 무시당한다.

승천하시고 하늘 보좌의 우편에 앉으신 그리스도의 위치가 어떻게 신자들의 지상적 모임에서 그분 '임재'와 어울리는가?

> 그리스도께서 승천하신 후 재림하실 때까지 하나님의 우편에 계시므로 교회에서는 육체적으로나 가시적으로 그분 **부재**가 완전히 사실이지만, 이것이 전부는 아니다. 그분은 여전히 … 비가시적이고 영적이며 아주 실제적인 의미에서 … 교회와 함께 계신다[마 18:20; 28:20; 고전 5:4; 14:25]. 신약 신학의 기본 존재론적 공리가 여기에 적용된다. 천상은 실재하며 지상보다 더 실재적이다. 영적이고 비가시적인 것은 물질적이며 가시적인 것만큼, 혹은 그 이상으로 실재적이다. 우리는 감각을 통해서만이 아니라 믿음의 눈을 통해 완전한 실재(full reality)를 봐야 한다.38

필자는 이런 관계를 살피며 J. K. 롤링(J. K. Rowling)의 호그와츠(Hogwarts)의 허구적 영웅담을 다루는 마지막 권에서 거반 죽은 해리 포터(Harry Porter)와 이미 죽은 앨버스 덤블도어 교수(Professor Albus Dumbledore)가 이야기의 결정적인 순간에 만나 나눈 대화가 생각난다.

> 해리는 "내게 마지막 하나를 말해줘요."라고 말했다. "이게 실재인가요, 아니면 이것은 내 머리에서 일어난 일인가요?"

---

38 Davis, *Worship*, 161.

덤블도어는 그에게 미소를 지었고 밝은 안개가 다시 내려 그의 형체를 가렸지만, 그의 목소리는 해리의 귀에 더욱 강하고 분명하게 울렸다.

"물론 이것은 네 머리에서 일어나고 있지, 해리, 그렇지만 도대체 왜 이것이 실재가 아니란 뜻이지?"[39]

실재에는 시각, 청각, 미각, 후각, 촉각으로 감지할 수 있는 것 이상이 있다. 그리스도께서 당신 백성 가운데 실제로 임재하심—특히 말씀의 선포와 주의 만찬 경축이라는 상황에서—은, 믿음으로만 감지하는 신비한 실재다. 칼뱅은 현명하게 말했다. "이것은 내 머리로 이해하거나 말로 표현하기에 너무 높은 신비라고 고백하기를 부끄러워하지 않겠다. … 나는 이것을 이해하기보다 차라리 느낀다."[40] 아마 그리스도인은 신앙의 이 핵심적 실재를 다시 한번 경험하는 일에 관심을 둬야 한다. 그리스도께서 당신을 내어주신 사람들이 예배하려고 모이는 모든 상황에서, 그리스도의 임재는 하나님의 자녀 하나하나를 지지하고, 초청하며, 은혜롭게 살아계신 구주와 더 가까운 관계로 이끄신다. 또한 이 임재는 주의 만찬을 경축하고 하나님의 말씀을 설교하는 예배 상황에서 선명하게 경험한다.

---

[39] J. K. Rowling, *Harry Potter and the Deathly Harrows* (New York: Scholastic, 2007), 723.

[40] *Institutes* 4.17.32 (3:431). 그런데도 어떻게 정확히 하나님의 임재가 작용하는가에 대답으로 데이비스는 사이버 공간에서 유익한 유비를 끌어낸다. 예를 들어, 구글 홈페이지는 비록 물리적으로 그 홈페이지의 코드가 구글의 광대한 네트워크망을 구성하는 어떤 서버 저장소에 있는 어떤 서버 어딘가에 묻혀 있겠지만, 세상 수백만 사람의 컴퓨터에만 아니라 누군가의 노트북 컴퓨터에도 존재한다. 이 코드의 비트기 이것의 나양한 현현들('나타남들'?)과 이것이 표현되는 물질적 상황(노트북, 데스크탑, 태블릿과 여러 가지 다른 기기들)과 가지는 존재론적 관계는 승천하신 그리스도가 그의 편재, 특히 신실한 자들의 전지구적, 다양한 모임들과 가지는 관계에 대한 좋은 유비로 작용한다. 그러나 이 유비를 확장해 각 지역 모임에서의 그리스도의 임재를 '가상적'이라고 이름 짓는 것은 심한 왜곡이다. 그게 아니라, 이것은 '실제적'이다. *Worship*, 162~63을 보라.

요약

설교, 곧 하나님 말씀 사역은 구약성서와 신약성서 역사에서 모두 중요한 예전적 역할을 감당했다. 초대 교회는 이 전통을 이어가면서 가끔 이 사역에 희생 제사를 암시하기도 했다. 주의 만찬처럼, 성경과 그 강해는 (비가시적인) 하나님의 은혜를 분여하는 (가시적) 방식으로 기능했다. 그러므로 설교 사역을 '성례적'이라고 부름은 정당하다. 역사적으로 교회 행습에서 말씀과 성례(곧, 주의 만찬)는 불가분 짝지어져 왔다. 필자는 주의 만찬처럼, 성경 설교 사역도 하나님의 음성을 들음으로 주 예수 그리스도의 실재적 임재로 특징지어진다고 제안한다. 말하자면 그리스도인은 하나님의 **기록된** 말씀으로 하나님의 **살아계신** 말씀을 만난다. 그러므로 이러한 만남의 이상적인 자리는 그리스도의 몸으로 모인 예배며, 거기에서 구주의 임재는 가장 예리하게 느껴진다. 바르트는 다음 말로 결론짓는다. "설교 자리는 … 단지 우리가 상상하는 어떤 장소가 아니다. 그것은 침례(세례)와 주의 만찬, 그리고 성경에 의해, 그리고 하나님께서 이 영역에서 행하시는 바에 따라 규정된다. 설교는 이 장소로, 그리고 이 장소로만 향해야 한다. 그럴 때만 우리는 이것이 교회에 들어맞는다고 말할 수 있다."[41] 따라서 성경을 설교하는 주된 자리는 교회, 곧 하나님 백성의 집회이며, 이 배경이 교회의 머리이신 주 예수 그리스도의 임재에서 성경을 해석하는 방향과 논지를 제공한다. 프레드 크래독(Fred Craddock)이 인정하듯이, "법칙"은 "예배 상황에서 설교하기"이다. 다른 어떤 것도 이 이상(ideal)에 이르지 못한다.[42] **설교는 교회에서 이뤄지는 것이다!**

---

[41] Barth, *Homiletics*, 87.

[42] Fred B. Craddock, *Preaching* (Nashville: Abingdon, 1985), 41.

숙고하기(Reflection)

마가복음 3:7~35—그리스도의 '가족'[43]

"누구든지 하나님의 뜻대로 행하는 이가 내 형제요 자매요 어머니이다."
(막 3:35)

하나님의 백성에 관한 다소 놀라운 묘사—예수의 **가족**—가 이 페리코페 마가복음 3:7~35에 있다. 신자는 예수 그리스도 가족의 일원이다! 이 명칭은 그리스도의 몸을 한데 묶어줄 뿐 아니라 이 몸과 그 머리이신 주 예수 그리스도와 친밀한 교제를 상징한다. 그리고 그것은 그리스도의 백성—그의 "형제, 자매, 그리고 어머니"(3:35)—안에 그리고 그들과 함께하는 그분의 교회적 임재를 더욱 심오하고 강렬하게 한다. 하나님의 자녀에게 얼마나 큰 특권인가!

열둘을 산꼭대기로 부르심(3:13)은 모세의 시내산 등정과 함께 이스라엘이 하나님과 맺은 언약을 생각하게 한다(출 19). 마가복음 3장에 있는 이 사건은 거의 그 이전 사건의 재현이다. 하나님의 새로운 백성이 부름을 받아 세워진다(3:13~19). 흥미로운 역설(paradox)로, 제자들은 예수님과 "함께 있고" **또한** 그분께 "파송 받으려고" 임명됐다(3:14). 실로, 어떤 이는 누군가 예수와 **함께** 있을 때만 그분**으로부터**/그분에 **의해** 파송 받을 수 있다고 말할지 모른다. 전자는 후자를 위한 선결 조건이다. 예수 그리스도의 임재는 효과적인 사역의 핵심이다.

이어지는 '샌드위치' 에피소드에서 누가 '내부인(insiders)'을 구성하는가에 관한 대답이 결론적으로 주어진다. 그는 제자, 예수를 위한 사람, 그와 함께하며 그에게서 파송 받는 자다. 그 단락 전체를 통해 '내부인'과 '외부인' 유희에 주목하라.[44]

---

43 이 페리코페에 관해 보다 더 상세한 내용은 Abraham Kuruvilla, *Mark: A Theological Commentary for Preachers* (Eugene: Cascade, 2012), 62~74를 보라.

44 '샌드위치' 구조 이야기는 마가복음에서 적어도 여섯 차례이다. 저자는

이야기 요약: 많은 군중; 배(3:7~12)	
A 예수와 "함께" 하는 자들―제자들(3:13~20) [ποιέω, 포이에오, '지명하다', 3:14]	내부인, 열둘
이야기 포일: 군중(3:20)	
B 예수를 미쳤다고 고발하는 자들―가족(3:21)	외부인, 가족
C 예수가 귀신들렸다고 고발하는 자들 ―서기관들(3:22~30)	외부인, 서기관
B´ 예수를 찾아 부르는 자들―가족(3:31)	외부인, 가족
이야기 포일: 군중(3:32)	
A´ 예수 "주위에" 있는 자들―'측근들'(3:33~35) [ποιέω, 포이에오, '하다', 3:35]	내부인, 누구나
이야기 요약: 많은 군중, 배(4:1)	

제자들은 집 안에서 예수님과 함께 있다(복수형에 의해 파악된다: "그들은 먹을 수조차 없었다," 3:20). 그들은 **물리적으로** 집 안에 있다. 그들은 또 예수님과 함께 있으므로(3:14), **도덕적으로** 내부자들이다.

예수님의 가족(3:21)은 그를 붙잡으려고 '나간다'―그래서 유전적인 가족은 **물리적으로** 외부에 있다. 그리고 그들은 예수님이 정신이 '나갔다'고 고발한다―예수님은 **도덕적으로** '외부에' 있다고 고발당한다. **유전적으로** '내부에' 있는 사람들이 **물리적으로** 외부에 있다는 표현은 반어법(irony)이다. 또한 예수가 외부에 있다고 고발하면서도 자신들은 **도덕적으로** '외부에' 있다. 나중에 예수의 가족은 '바깥에 서 있다'라고 언급된다―또다시 그들은 **물리적으로** 외부에 있다(3:32). 그들은 예수님과 '함께' 있지 않으며 확실히 제자들이 아니다. 그들은 예수 그리스도의 임재를 즐기지 않는다.

바깥쪽 이야기로 시작하여(여기서는 3:20~21) 중간에서 이야기가 중단되고 안쪽 이야기가 진행되고 결론 맺으면(3:22~30), 그 후 그는 바깥쪽 이야기를 끝맺으려고 돌아온다(여기서는 3:31~35). 따라서 '샌드위치'는 안쪽 이야기를 둘러싸는 바깥쪽 이야기 두 부분으로 구성된다.

그러고서 겉보기에는 내부인들인 서기관들이 (예루살렘에서, 3:22) 온다—**교회적으로** '내부'에 있다.45 그들은 예수와 논쟁하며 집에 있는 것 같다—따라서 그들은 **물리적으로** 내부에 있다. 그러나, 예수님을 사탄과 동류이며 사탄에 의해 귀신을 '내쫓는다'라고 하면서 고발하는 것을 보면 그들 역시 예수가 **도덕적으로** '외부에' 있다고 암시한다. 예수님은 그들이 하나님의 일을 거절하기 때문에 용서받을 수 없다고 반박한다. 그래서 그들은 **도덕적으로** '외부에' 있는—쫓겨난—자들이다. 제자들일 수가 없다! 그들 역시 예수의 임재를 경험하지 못한다.

마침내 우리는 무엇이 '내부인 됨'을 구성하는가—예수와 **함께** 있으려면 무엇이 필요한가? 예수와 함께 있는 자는 누구인가—에 관한 질문에 도달했다. 예수님은 당신에게 진짜/새로운 가족은 하나님의 뜻을 행하는 이들로 이뤄진다고 대답하신다(3:35). 이들이 **도덕적으로** 예수와 함께하는 내부인들이다—예수님 "주위" 측근들이다(3:34). 예수님의 인격을 알아보지 못하고 그의 권위와 주권을 무시한 외부자들과 대조적으로 내부자들—하나님의 뜻을 행하는 자들—은 진정한 제자들로서 예수님과 함께 있고 이 세상에 예수님 자신의 사명을 확장하도록 보냄을 받기 위해 임명받았다. 그리고 이런 자들이 예수 그리스도의 "가족 구성원들"이다!

목사/설교자는 그리스도의 지역적 '가족'의 지도자이다. 이 장이 그런 권위의 자리에 있는 모든 사람에게, 그리스도께서 친밀하게 그의 백성과 교제하며 그들과 함께하기를 바라신다—아니, **함께 하신다**—는 것을 상기시켜 주기를 소망한다. 이것은 특별히 그분 임재를 느끼고, 그분을 찬양하며, 그의 말씀을 선포하고, 주의 만찬을 경축하는 예배 모임에서 이루어진다. 하나님의 말씀을 신실하게 강해할 때, 그런 집회는 그분 음성을 듣기에 최상 장소다.

❑ 우리 가운데 그리스도의 임재는 경외심/두려움을 일으키지만(필자는 계시록 1:17에 있는 사도 요한의 반응을 생각한다), 마가복음

---

45 시대착오적 명칭임을 인정한다.

3:7~35는 그리스도의 임재가 '가족 구성원'의 임재임을 확신하게 한다! 그분 가족인 그분 몸 안에서 그리스도의 임재를 인식함은 모든 신자에게, 특히 설교자에게, 큰 위로와 격려이다. 설교하는 우리에 관해 말한다면, 성경에 있는 하나님의 음성은 우리가 성경을 강해할 때 우리 부족한 언어를 강화하고, 지지하며, 견고하게 하면서 그분 **실재적** 임재를 수반한다는 사실을 확신하며 우리는 마음을 놓을 수 있다.

❑ 우리 삶에서 예수님의 **실재하시는** 임재를 인식하고 있는가? 사역자는 '그분과 함께' 있지 않고서는 '그분에 의해' 파송 받을 수 없다. 아마도 우리는 우리 주님의 임재가 우리와 함께한다는 사실을 날마다 묵상하는 데 중점을 둬야 한다.

❑ 그리스도의 몸이 예배하려고 모일 때 그분 특별한 임재를 어떻게 인식하는가? 그것은 우리를 강타하는 진리인가? 그것은 우리가 예배 때 다른 동료 지도자들—음악가, 성경 봉독자, 드라마 팀, 안내자—에게 알려야 할 어떤 것인가? 이것은 예배 계획을 짜는 모임에서 논의되어야 할 중요한 것인가?

❑ 우리의 목회적 기도는 공동체 모임에서 그리스도의 임재를 반영하는가? 또한 우리는 그분께서 구속하신 사람들의 예배를 인도할 때 그리스도의 임재를 언급하는가?

❑ 특히 주의 만찬 때, 그리고 이 장에서 결론 내렸듯이 하나님의 말씀을 설교할 때, 우리의 회중은 그리스도의 임재를 얼마나 인식하는가? 그들은 그들에게 말씀하시는 분이 그곳에서 그들과 함께하신다는 것을 의식하는가? 우리는 그의 음성에 귀를 기울이는가?

설교는 교회에서 이뤄지는 것이다!

설교는 소통을 위한 것이다
Preaching Is Communicational
4

주님 모든 계명이 의로우므로,
내 혀가 주님 말씀을 노래합니다.
시 119:172

성경적 설교란, 교회 지도자가 예배하려고 모인 그리스도인 모임에서 **성경 페리코페**(pericope)에서 신학적 석의로 분별한 **핵심 취지**와 그것을 그 특정한 그리스도인 공동체에게 적용한 내용으로 **소통해서**, 그들이 그리스도의 형상을 닮아 변화함으로 하나님을 영광스럽게 하는 일인데, 이 모든 과정은 성령의 능력으로 한다.

아래에 있는 글을 한 번 읽어보라. 당신은 이를 이해하는가?

> തന്റെ ഏകജാതനായ പുത്രനിൽ വിശ്വസിക്കുന്ന ഏവനും
> നശിച്ചുപോകാതെ നിത്യജീവൻ പ്രാപിക്കേണ്ടതിന്
> ദൈവം അവനെ നല്ലവാൻ തക്കവണ്ണം
> അത്രമാത്രം ലോകത്തെ സ്നേഹിച്ചു.

당신은 이 글—무작위로 쓴 낙서가 아니라, 하나의 글로 인식한다고 가정한다면—을 어떻게 읽을 것인가? 또한 이것이 글이라고 설령 당신이 동의한다고 할지라도, 어떻게 당신은 이 글에 의미가 있는지 없는지를 알 수 있는가? 설령 이 글을 이해할 수 있더라도, 그것은 우리가 집중하고 주의해야 할 필요가 있는 글이라고 할 수 있는가? 그것은 어떤 이에게 어떤 주장을 하고 있는가? 그리고 만약 그러하다면, 그 요구는 정확히 무엇인가? 이 모든 질문은 본문을 해석하는 자들이 저자와 독자(들) 사이의 의사소통에 존재하는 간격을 메우려고 할 때 그들 머리에 맴돈다.[1]

설교—성경을 소통하기(Communication of Scripture)

위에 있는 글이 많은 독자에게 이해하기 난해한 정도만큼 히브리어로 쓴 토라가 고대 이스라엘의 청중에게 비의적(cryptic)이지는 않았을지 몰라도, 느헤미야 8장에 나오는 성경 읽기는 고대의 글과 포로 후기 독자들 사이에 유사한 의사소통 간격을 이어주는 다리가 필요했다.

> 예수아와 바니와 세레뱌와 야민과 악굽과 사브대와 호디야와 마아세야와 그리다와 아사랴와 요사밧과 하난과 블라야와 레위 사람들은 백성이 제자리에 서 있는 동안 그들에게 율법을 **깨닫게 했는데[설명했는데]** 하나님의 율법책을 낭독하고 그 뜻을 해석하여 백성에게 그 낭독하는 것을 다 **깨닫게** 했다. (느 8:7~8)

---

[1] 한편, 이 휘갈겨 쓴 글—만약 당신이 필자 모국어이자 드라비디안 어족의 전통 언어이며 인도의 남서쪽 해안 출신의 약 사천만 명이 사용하는 언어인 말라얄람어를 읽을 줄 모른다면 해독 불가능하겠지만—은 신약성경 요한복음 3:16을 번역한 것이다.

느헤미야 7:73하~8:12에 나오는 율법 낭독은 하나님의 백성이 모였을 때—기원전 5세기 중반 어느 시기에 발생하였던 사건, 공식적이고 예전적으로 성경을 사용했던 가장 오래된 묘사의 하나로 여긴다. 이 사건은 에스라-느헤미야서의 절정을 형성하는데, 에스라와 느헤미야라는 두 명의 지도자의 사명이 이 일 안에서 정확하게 수렴한다. 이 단락에서 처음으로 그들은 함께 언급된다(8:9). 느헤미야 7:73하~8:12에 묘사된 전체 사건—성경 낭독, 이어지는 주해, 그리고 회중들의 응답—은 예전적 맥락에 위치함으로써, 설교에 관한 통찰을 주는 데 유용한 도구 역할을 한다.2

여기에 묘사된 레위인 활동은 설교자에게 특별한 관심의 대상이다. 이 직무자의 업무는, 하나님이 당신 말씀에서 요구하시는 바를 그 공동체가 좀 더 잘 이해하게 하는 일이었다. 성경적 정경의 내용이 인간에게 굉장히 중요하다는 사실을 그리스도인은 인식하고 있다. 곧, 그것은 영구적이며 중대하며 구속력이 있는데, 하나님과 인간 사이의 관계에서 위대한 순간에 관한 문제이다. 그러므로 과거 레위인처럼, 현대 설교자는 하나님의 백성이 그 중요한 내용을 이해했는지 확실히 점검해야 한다. 느헤미야 8장에서 레위인이 낭독한 내용의 의미를 제공하는 일은 **해석**—히브리어 동사 בִּין[빈]에서 나온—과 연관돼 있었으며, 그 결과는 **이해**—이 또한 같은 동사 בִּין[빈]에서 나왔다—였다. 이 단어의 어근이 이 본문에서 여섯 번이나 나타나는데(8:2, 3, 7, 8, 9, 12), 하나님의 말씀 이해를 하나님의 백성에게 전달하는 레위인 활동의 중요성을 강조한다. 만약에 이해하지 못한다면, 어떻게 순종할 수 있겠는가?

> 내가 깨닫게(בִּין[빈]에서 파생한 단어) 하여 주소서, 내가 주의 법을 준행하며 전심으로 지키겠습니다 (시 119:34)

---

2 성경의 이러한 부분에 관해서는 이 책의 앞선 장들에서 이미 언급했다.

그러므로 설교는 그 근본에서부터 **소통을 위한 것**이어야 한다. '의사소통(communication)'은 라틴어 *communicare*에서 나왔는데, 이는 *communis*, 곧 '공통적(common)'에서 유래하였다. 그러므로 의사소통은 화자와 청자 사이에, 그리고 저자와 독자 사이에 **공통으로 의미**를 가지는 것을 가리킨다. 만약 설교가 의사소통적이어야 한다면, 설교자의 머릿속에 있는 것이 회중의 머릿속에도 복제되어야(duplicate)—신호 대 잡음비(signal-to-noise ratio)가 있으므로, 가능한 한 최대로—한다. 그러나 이번 장에서 우리는 설교자가 **어떻게** 청중과 의사소통해야 하는지에 관한 문제로 뛰어들지는 않겠다. 수사학적 기술들과 의사소통 전략들—**"어떻게"** (왜냐하면, 이에 관한 자원들은 거룩한 것과 세속적인 것 양자 다 끝없이 많으므로)—을 논하기보다는, 여기서 필자는 설교자들이 청중과 **무엇을** 소통해야 하는지에 우선 집중하고자 한다.3

이 모든 것은 하나의 본문, 곧 성경과 함께 시작한다. 설교는 성경적이다. 성경이 다른 어떤 것과도 같지 않은 본문일지라도, 이 또한 여전히 하나의 본문(a text)으로 남아있으며, 그러므로 해석자들은 이것을 단일한 본문으로 다루도록 요청받는다. 진실로, 설교가 하나의 본문 위에 기초를 둔 연설이라는 바로 이 사실이 그것을 유일무이한 종류의 의사소통—사실상, 새로운 형태의 수사(rhetoric)—으로 만든다.

새로운 형태의 수사(rhetoric)

거룩한 본문을 주해한 것이 구약 역사에 있지만, 이 활동이 탁월해지고 의사소통의 새로운 장르로 발전한 것은 바로 회당과 초대 교회

---

3 물론, 의사소통이 **무엇인가**와 **어떻게** 해야 하는가는 서로 완전히 나뉠 수 없다. 이 장에서 논의하는 내용의 일부는 후자를 다룬다. 그러나 지면 제약으로 설교의 구성과 전달—양자 모두 설교학에서 중요한 측면이다—을 논증하기는 불가능하다. 이러한 종류의 수사적 쟁점에 관하여 다루고 있는 많은 자료 중에 Chip Heath and Dan Heath, *Made to Stick: Why Some Ideas Survive and Others Die* (New York: Random House, 2007)를 추천한다.

에서였다. 사도행전 13:15~41에 있는 바울의 설교—"권할 말(λόγος παρακλήσεως[로고스 파라클레세오스], 13:15)"이라는—에 관한 묘사 가운데서, 우리는 하나의 패턴, 곧 결론적 행동을 권면이 뒤따르는 성경 인용들/언급들을 감지할 수 있다.4 적용을 끌어내려고 본문—**영감받은 본문**—을 이런 방식으로 사용함은 의사소통에서 평범하지 않은 형태이다. "공식적인 도입부, 성경 인용, 주해 또는 주제별 강론, 그리고 적용이라는 패턴을 드러내는 글[또는 설교]에, 우리는 '설교(homily)'나 '강화(sermon)'라는 현대 용어를 사용할 수 있다." 진실로, 기원전 1세기경에 수사학에 대한 전통적인 아리스토텔레스적 분류법—모든 공적 연설을 법정적/재판적, 정책적/심의적, 그리고 칭찬-애도적/의식적 수사로 나누었던 오래된 구분—이 "너무 오래되어 그 유용함을 잃어버리고, 효과적인 새로운 수사법이 발생할 수 있는 새로운 사회적 배경을 헬레니즘적인 회당이 제공하였던 것"도 당연한 일이었다. 그 새로운 수사는 "특정한 종류의 구술적 수행을 위한 기술적이고 문학적인 고안"인 파라클레시스이다.5 본문에 기초한 의사소통이라는 이 새로운 형태에서 수사 원칙들이 분명하게 준수되었지만, "아리스토텔레스적인 구분이 무너지고 있었다는 데에는 의문의 여지가 없다."6

---

4 이 패턴은 초기 기독교 문서뿐 아니라, 또한 히브리서에도 반영되어 있다. 히브리서 13:22은 전체 서신을 λόγος τῆς παρακλήσις([로고스 테스 파라클레시스], 곧 '권고의 말')라고 언급한다. Alistair Stewart-Sykes, *From Prophecy to Preaching: A Search for the Origins of the Christian Homily*, Supplement to *Vigiliae christianae* 59 (Leiden: Brill, 2001), 31~33을 보라.

5 Harold W. Attridge, "Paraenesis in a Homily(λόγος παρακλήσεως: The Possible Location of, and Socialization in, the 'Epistle to the Hebrews,'" in *Paraenesis: Act and Form*, Semeia 50, ed. Leo G. Perdue and John G. Gammie (Atlanta: Scholars Press, 1990), 216~17. **법정 연설**(forensic oratory)은 법정이라는 영역에서 과거 사건들에 대하여 배심원을 확신시키려고 수행되었다. 반면에, 심의적 **정책 연설**(deliberative oratory)은 사람들에게 미래 행동의 적절성을 설득하려고 입법 의회에서 이루어졌다. **칭찬-애도 연설**(epideictic oratory)은 현재 가치나 축하받는 사람의 성격을 칭찬하려고 또는 개인을 애도하려고 공식적인 축제 절기나 애도 자리에서 이루어졌다. Aristotle, *Rhetoric* 1.3.1을 보라.

경외하는 본문과 매주 만나는 일은 새로운 수사 기술—헬레니즘 도시 국가라는 사회적 세계에 있는, 그러면서도 완전히 속하지는 않은, 한 공동체에게 신성하면서도 종종 낯선 문학인 이 본문의 중요성을 활성화해야 한다는 필요성으로 규정한—을 위한 터를 제공했다. 파라클레시스는 … 전통적이지 않은 환경에 있는 공동체를 위하여 전통적인 성경을 활성화하는 새롭게 만들어진 수사적 형태이다. 분명 그것은 고전적인 형태의 웅변술과 유사성을 가지고 있었으며, 이를 정규적으로 실행하는 사람들은 아마도 수사학적 기술을 어느 정도 훈련했을 것이다. 그러나 파라클레시스는 고대 수사학의 진화적 여정 가운데 사실상 돌연변이였다.[7]

세 가지로 분류되는 아리스토텔레스적 방식에 의해 범주화되는, 거의 모든 다른 종류의 공식적 연설은 본질적으로 주제 중심적(topical)이었으며, 특정한 주제가 가지는 중요성과 적절성을 다루었다. 그리고 이 모든 것들은 어떠한 본문에 호소하는 방식으로 이루어지지 않았다. 이러한 점에서 오직 설교만이 독특성을 가지고 있다. 설교의 기초를 다지려고 어떠한 본문을 규범적으로 사용함은 이러한 형태의 구술적 의사소통을 다른 모든 장르의 연설들과 구분한다. 또한 새로운 형태의 거룩한 수사학은 설교학에 새로운 접근을 요청한다.

연설들과 달리, 본문의 저자가 그 독자들로부터 시간적 공간적으로 멀리 떨어져 있으므로, 그 해석은 혼란을 일으킬 가능성이 있다. 의미의 신호는 저술 사건과 독해 사건 사이에 놓인 거리에 비례하여 증가하는 잡음(noise) 때문에 사라져가는 경향이 있다. 편지 형태로 된 유대 민간 전승 하나를 예로 들어, 이러한 혼란이 늘 있는 위험을 묘사해 보자.[8]

---

6 Stewart-Sykes, *From Prophecy to Preaching*, 37.

7 Attridge, "Paraenesis in a Homily," 217.

8 Marina Yaguello, *Language through the Looking Glass: Exploring Language*

친애하는 리우케(Riwke)에게,

나에게 네 실내화를 보내주기만 하면 돼. 물론, 나는 "내 실내화"를 말하는 것이지, "네 것"을 말하고 있는 것이 아니야. 그런데 만약 네가 "내 실내화"라고 쓴 표현을 읽는다면, 너는 아마도 내가 네 실내화를 말한다고 생각할 거잖아. 반대로, 내가 "네 실내화를 나에게 보내줘"라고 쓴다면, 너는 아마 이것을 네 실내화라고 읽어서 내가 지금 내 실내화를 원하고 있다고 이해하겠지. 그러니까 나에게 네 실내화를 보내줘.

여기서 지금 요청하고 있는 것은 누구의 실내화인가? 저자와 미래의 독자—여기서는 리우케—사이의 시공간적 거리는 해석이라는 모험적 작업(enterprise)을 반드시 해야 한다. 이 의사소통은 도대체 무엇에 관한 것인가? 어디서, 언제, 그리고 무슨 목적으로 저자는 무엇을 언급하는가? 다시 말해서, 만약 리우케가 합당한 적용으로 저자에게 반응하려 한다면, 그녀는 이 편지의 핵심 취지, 다시 말해서, 저자가 무엇을 하려고 하였는지—여기서는, 저자가 누구의 실내화를 말하고 있는 것인지—를 밝혀내야 한다.

동일한 쟁점이 성경 해석의 표면에 떠오른다. 인간 저자는 더는 생존하지 않으며, 독자들은 해당 본문이 만들어진 때에서부터 멀리 떨어져 있다. 그런데도 성경은 고유한 담화이기에, 그 저작의 환경에서부터 시공간적으로 멀리 떨어져 있는 새로운 장소들에서도 그 스스로 적용을 요구한다.9 그러므로 새로운 독해 환경에서 성경을 사용한다면, 해당 본문의 핵심—그것에 대한 모든 것—을 반드시 발견해 전달해야 한다. 이것이 하나님의 말씀과 그분의 백성 사이의 중재자인 설교자의 역할이다. 곧, 본문의 핵심을 이해하기, 그리고 그 핵심

---

and Linguistics (New York: Oxford University Press, 1998), 8에서 인용.

9 신명기 4:10; 6:6~7, 20~25; 29:14~15; 마태복음 28:19~20; 로마서 15:4; 고린도전서 10:6, 11; 디모데후서 3:16~17 등을 보라.

을 청중에게 전해기이다.10 그러나 기독교 역사 대부분에서, 설교자 과업을 인식한 방식은 이렇지 않았다.

되돌아보기—논증과 대지(Looking Back: Arguments and Points)

기원후 14세기경으로 거슬러 올라가면, 베이스본의 로베르토(Robert de Basevorn)는 '삼대지 설교(three-point sermon)'를 두고 놀림조로 말한 바 있다.

> 오직 세 가지 요지문, 또는 그에 상응하는 것들이 이 주제[곧, 주해]에서 쓰이는데, 이는 아마도 삼위일체를 존중하기 때문이거나, 아니면 세 겹줄이 쉽게 끊어지지 않기 때문이거나(전 4:12), 이 방식을 버나드(12세기 수도원장 Bernard of Clairvaux)가 가장 즐겨 사용하였기 때문이거나, 아니면 내 생각에는 이것이 가장 그럴듯한데, 이것이 설교 시간을 정하기 더욱 편리하기 때문이다.11

대지들(그리고 근거들이나 명제들) 사용은 설교를 무엇보다도 논증으로 이해하는 경향을 반영하는데, 이는 아마도 청중에게 교리의 올바름과 이단의 문제점을 확증하는 일을 자기 과업으로 여겼던 초대 교회의 설교가 남긴 흔적일 수 있다.12 그러나 논증으로서 설교가 관례(rule)로 자리를 잡은 것은 종교개혁 기간인데, 이것이 로마 가톨릭교회에

---

10 이 책 전체에서, 설교자의 주된 의사소통 역할은 청중을 위해서 설교에서 다루는 성경 본문의 **핵심**을 펼쳐 보여주는 일이라는 논지를 전개하겠다. 이에 더하여서, 이차적인 의사소통 역할은 청중에게 타당한 **적용**을 제공하는 일이다. 이에 관해서는 「6. 설교는 적용을 위한 것이다」에서 다루겠다.

11 Robert of Basevorn, *The Form of Preaching*, trans. Leopold Krul, in James J. Murphy, ed., *Three Medieval Rhetorical Arts* (Berkeley: University of California Press, 1971), 138.

12 이러한 스타일은 중세와 스콜라주의 시대(1100~1700)까지 계속 쓰였다. 곧, 점증하는 다원주의의 세계에서 논증과 논박을 주로 사용해 교회 교리를 방어하기, 곧 논증으로서 설교이다.

대항하는 개혁가들의 논박에 완벽하게 적절했기 때문이었다. 그 이후로 논쟁술(polemic)은 수그러들었지만, 대지들로 구획한 설교의 사용은 16세기 이래 개신교에서 규범이 됐다. 17세기 후반과 18세기에 있었던 계몽주의의 과학적 진보는 설교를 이 경로를 따라 더욱 전진시켰다. "합리적인 설교학(rational homiletics)은, 연구를 위해 하나의 대상을 따로 나누는 과학적 절차를 그대로 흉내 낸 듯하다."13 설교 본문은, 마치 생물학에서 표본처럼, 정보를 위해서 분석한다. 그것은 설교를 위한 명제들과 대지들을 만들어내려고 해부하고 잘린다(dissected and diced). 마치 법정에 있는 것처럼 논증과 증거들에 의존하면서, 설교가 논증과 동의어가 될 때까지. 영향력 있는 미국의 설교 학자인 브로더스(John A. Broadus, 1827~95)는 이 전통을 영구화시켰다. "설교와 모든 공적 연설은 대부분 논증으로 구성되어야 한다."14 그리고 법정적 논증이라는 이 원칙—'옛' 설교학—은 계속해서 설교라는 분야에 짐을 지웠다.15

어떻게 이러한 접근이 대부분 내러티브와 시로 구성한 성경 본문에 작동할 수 있었을까? 이야기나 시, 또는 심지어 격언이나 예언에서 어떤 종류한 핵심이나 명제가 나올 수 있을까?16 그것이 성경의

---

13 David G. Buttrick, "Preaching the Christian Faith," *Liturgy* 2 (1983): 54.

14 "Author's Preface to the First Edition," in *A Treatise on the Preparation and Delivery of Sermons*, rev. ed., ed. Edwin Charles Dargan (New York: Harper and Brothers, 1926), vii. 또한 Lucy Lind Hogan and Robert Reid, *Connecting with the Congregation: Rhetoric and the Art of Preaching* (Nashville: Abingdon, 1999), 37~39를 보라.

15 '옛'과 '새로운' 설교라는 용어에 관해서는 Richard L. Eslinger, *A New Hearing: Living Options in Homiletical Method* (Nashville: Abingdon, 1987), 11; and Lucy Atkinson Rose, *Sharing the Word: Preaching in the Roundtable Church* (Louisville: Westminster John Knox, 1996), 31을 보라.

16 필자는 이러한 법정적 기술들(courtroom techniques)이 심지어 성경에 있는 교훈적 본문에서조차 잘 작동하지 않는다고 문제를 제기한다.

저자가 의사소통하는 방식인가? 또한, 그것이 설교자가 청중에게 의사소통해야 하는 방식인가? '옛' 설교의 작동 방식(*modus operandi*)은 본문을 분쇄기에 넣은 다음, 그 기계에서 나온 가루 형태인 명제화라는 결과물을 설교하는 방식이다. 그러나 20세기 후반 언어 철학(language philosophy)이 꽃피면서, 언어가 작동하는 방식 이해가 상당히 발전했다. 그 결과, 성경 계시를 본질적으로 명제적 의사소통―텍스트는 명제적 핵심들을 둘러싸고 있는 껍질로서만 기능한다고 보았던―으로 여겼던 메마른 모델은 물러갔다. 그 대신, 특정 의사소통―거룩하든 세속적이든, 구술적이든 서술적이든(scripted)―은 의사소통되는 내용과 함께 어떠한 것을 **실행**하는(*doing*) 의사소통 행위자로서 점점 인식된다. 저자들―성경의 저자들을 포함해서―은 그들의 말과 함께 무언가를 **실행**한다. "본문은 더는 그 안에 신학적 사상들을 담고 있는 정적인 그릇이나 항아리로 인식되지 않으며, 오히려 수사적이고 문학적인 예술성을 드러내는 시적 표현으로서 이해"되는데, 이는 무언가를 **실행**하는, 다시 말해서 독자들 안에서 어떠한 효과가 일어나기를 의도하는 것을 의미한다.17

사무엘상 15장의 내러티브를 그 예로 들어보자. 여기서 선지자 사무엘은 사울 왕에게 그가 아말렉 족속을 진멸해야 한다는, 하나님의 말씀을 전한다. שְׁמַע לְקוֹל דִּבְרֵי יְהוָה[쉐마 르콜 디브레이 아도나이], 곧 "이제 왕은 여호와의 **목소리**(the *voice*, 역주. 『개역개정』은 '말씀'으로 번역함)를 들으소서."(15:1)18 그러나 사울은 순종하지 않는다. 모든 가축과 사람들을 진멸하는 대신, 그는 동물 중에서 좋은 것들과 사람 중에 왕을 살려 두었다. 그 직후에, 사무엘은 사울을 대면하였다. 왕은 하나

---

17 Thomas G. Long, "The Use of Scripture in Contemporary Preaching," *Interpretation* 44 (1990): 350.

18 놀랍게도, 히브리어에 대한 문자적 번역('목소리')은 오직 KJV과 NKJV에만 있다. '목소리'라는 말이 자주 나오기 때문에 이것들은 주요 영어 번역본 대부분에서 사라졌으며, 영어 성경 대부분은 "여호와의 말을 들어라"라는 표현으로 대체했다. 그러나 이 내러티브에서 '목소리'가 가지는 중요성에 관해서는 이어지는 글을 읽어보라.

님께서 자신에게 하라고 말씀하신 모든 것을 자신이 했다고 선언했는데, 이에 대하여 사무엘은 이렇게 말했다. "그러면 내 귀에 들려오는 이 양의 **소리**와 내게 들리는 소의 **소리**는 어찌 됨이니이까"(15:14).[19] 여러분은 이 본문의 핵심을 파악했는가? 여기서 본문의 저자는 무언가를 **실행**하는데, 그것은 바로 **하나님의 자녀들은 세상 유혹의 소리가 아니라, 하나님의 음성을 듣는다**는 사실을 독자들에게 말함이다.[20] 명제들을 추출하려고 본문을 분해하고, 쪼개고, 자르고, 원자화하여 인종 학살(genocide)에 관한 설교나 아말렉족속이 지은 엄청난 죄들에 대한 역사적 기록을 설교하는 대신, 설교자는 본문의 핵심으로 의사소통해야 하는데, 이는 명백하게 하나님께 청종/순종 문제이다. שָׁמַע(쉐마)는 '청종하다' 또는 '순종하다'로 번역할 수 있다(15:1, 4, 14, 19, 20, 22, 24). 이것이 바로 저자가, 여기서 자신이 말하는 내용과 함께, **실행**하는 바이다. 이러한 핵심이 바로 설교자가 본문에서 찾아야 할 해석적 목표이어야 하며, 이것이야말로 설교자가 어떠한 설교에서 지향해야 할 의사소통 목표이어야 한다. 자신들이 말하는 내용과 함께 저자들이 어떠한 것을 **실행**한다는 이 개념은, 화용론(pragmatics)이라고 불리는 언어 철학 분야에 해당한다.

앞을 보기—화용론과 저자가 하려는 실행(Pragmatics and Authors' Doings)

의사소통을 사건으로 연구하는 화용론은 저자/화자가 자기가 저술/발화하는 것과 함께 **실행**하는 것을 다룬다. 의사소통 사건에서, 저자에 의하여 전달되는 것이 발화(utterance)의 화용론인데, 이는 그들이 저술하

---

[19] 다시 한번, 불행하게도, 대부분 영어 번역본은 각 경우에서 '목소리'를 각각 '(짐승이) 매에 하고 운다'와 '음매 하고 운다'로 바꾸고, 15:1의 번역에서 '목소리'를 빼버림으로써, 본문의 취지는 거의 완전하게 무효가 됐다! 이러한 번역 과실은 성경 번역자들과 연구자들이 성경의 저자들이, 말하는 내용과 함께, **실행**하려는 바를 고려하지 못한다는 명백한 증거이다. 더 자세한 내용은 아래를 참고하라.

[20] 이 이야기에서 중요한 다른 **목소리**들에 관해서는, 15:19, 20, 22, 24을 보라(감사하게도, 이것들은 영어로 정확히 번역됐다).

는 **핵심**이며, 자기들이 말하는 내용과 함께 그들이 **실행**하는 것이다. 의사소통 행위자들이 수행하고 있는 바를 파악함은, 단지 발화가 가지고 있는 언어적, 문법적, 구문론적인 측면들을 분석하는 것, 곧 **의미론**(semantics) 작업 그 이상의 것을 필요로 한다. 그것이 해석에 있어서 필수적인 기초일지라도, 의미론은 그 자체로는 본문의 핵심 취지(thrust)를 산출하지 않는데, 핵심 취지 산출은 **화용론**의 기능이기 때문이다.

우리는 이러한 사실을 심지어 민담(folktales)에서도 발견할 수 있다. 오래된 이솝 우화에서 「뼈다귀를 발견한 개」라는 이야기를 하겠다. 그 개는 자신이 얻은 것을 가지고 집으로 돌아가는 길에 냇가를 가로지르는 다리를 건너고 있었다. 우연히 물속을 들여다보았을 때, 그는 뼈다귀를 가지고 있는 '다른 개'를 발견했다. 결국, 욕심이 앞선 나머지, 물에 비친 자기 모습에 대고 짖다가 자기가 가지고 있던 뼈마저 잃었다. 물론 이 이야기는 개와 뼈다귀, 그리고 다리와 냇가도 다루지만, 그 핵심은 만족하기―다른 한편으로는 스스로 초래한 손실―이다. 이것이 본문이 의미하는 모든 것, 곧 핵심―본문이 가지는 화용론―이다. 이것이 자신이 말하는 내용과 함께 이솝이 **실행**하는 것이며, 그가 독자들에게 파악하여 반응하기를 바라는 것이다. 곧, **덧없는 것에 탐욕을 부리기보다는 만족이라는 분별력을 지녀야 한다.** 진실로, 이렇게 본문의 핵심을 파악한 다음에라야 비로소 저자의 목적에 들어맞는 타당한 적용으로 넘어갈 수 있다. 다시 말해, 저자가 말하는 바(담화의 의미론)를 이해하는 것만으로는 충분하지 않다. 우리는 또한 저자가 말하는 내용과 함께 수행하는 것(담화의 화용론)에 도달해야만 한다. 이것이 본문의 핵심이다. 이솝 우화에서, 의미론은 특정한 사건에 관한 묘사―개와 뼈다귀라는 장면―를 다룬다. 화용론, 또는 본문의 핵심은 만족에 대한 승인이다. 이것이 바로 전체 이야기가 말하려고 하는 바이다.

구어로 된 것이든 기술된 것이든지 간에, 담화를 화용론으로 결정하지 않고는, 적절한 반응(예를 들어, 타당한 적용)은 불가능하다. 예를 들어, 만약 A가 B에게 "문이 열려 있다."라고 말할 때, A가 B에게 바라는 반응 방식은 철저하게 B가 A의 담화가 지닌 화용론을 파악하느냐에 달려있다. 의사소통은 한 사건이며, 그 의미론—네 단어로 이루어진 A의 담화에 대한 언어적-문법적-구문적 분석—은, 설령 그것이 본질(essence)이더라도 불충분하며, 적용의 측면에서 말하면 B가 그 어떠한 일도 실행하게 할 수 없다.21 적절한 반응을 끌어내려면, 담론의 화용론(본문의 핵심)을 파악해야 한다. 만약 두 사람이 A의 집에서 조금 전에 다퉜다면, 이 말은 B에게 여기에서 나가는 행동을 바란다. 만약 두 사람이 B의 집을 떠나서 함께 나들이하고 있다면, A는 B에게 문단속 잘하기를 바란다. 만약 B가 A의 사무실에 잠깐 들러서 자신이 방금 들은 흥미진진한 회사에서 소문을 말하려고 한다면, B는 지금 문이 열려 있던 상황을 확인하여 안전을 확보하기 전까지는 그 어떤 말도 해서는 안 된다는 충고를 들은 셈이다. 이러한 예는 무수히 많다. A가 말하는 내용과 함께 그가 지금 **실행**하려는 것이야말로 B가 A에게 적절하게 반응하려는 데 반드시 파악해야 하는 핵심이다.22 결국, 의사소통은 한 사건이지, 단지 공기를 지나서 고막에 부딪치는 소리의 파동이나 망막에 맺히려고 종이 위에 그려진 검은 표시가 아니다. 발화자(그리고 저자들)는 자신이 말하는 내용과 함께 무언가를 **실행**하고 있다.

또한, 설교하려고 해석할 때, 성경 본문의 핵심—저자가 말하는 내용과 그것으로 하려는 **실행**(화용론)—을 파악해야 한다. 오직 본문에

---

21 의미론적 분석—발화에 관한 언어적이고 문법적이고 구문론적인 요소들에 관한 연구—의 중요성은 명백하다. 만약 해석자가 '문'과 '열려 있는'이란 말이 의미하는 것, 정관사 'the'와 더불어 이러한 단어들이 어떻게 결합해 있는지, 또 동사 'is'가 주어와 서술어를 어떻게 연결하고 있는지 등을 이해하지 못한다면, 저자가 본문의 내용과 함께 **실행하는** 것을 이해할 수 없다. 다시 말해, 의미론 없는 화용론은 존재할 수 없다. 다만, 의미론만으로는 발화의 핵심을 파악하고 그에 적절하게 응답하는 것에 불충분하다.

22 이렇게 열려 있는 문에 관한 '대화들'은 Thomas G. Long, "The Preacher and the Beast: From Apocalyptic Text to Sermon," in *Intersections: Post-Critical Studies in Preaching*, ed. Richard L. Eslinger (Grand Rapids: Eerdmans, 2004), 7의 내용을 수정한 것이다.

서, 그리고 저자가 본문으로 하려는 **실행**을 파악해야만 하나님의 백성은 타당한 적용을 발견할 수 있다. 사무엘상 15장을 사용한 앞 예에서, 만약 '목소리'를 사용한 언어유희를 통하여 저자가 **실행**하려는 바를 파악하지 못하면, 해당 본문이 요구하는 바에 적절하게 반응할 수가 없다. (아말렉 족속에 대한 하나님의 가혹한 심판을 생각하며) **의심하지 말고 하나님의 공평하심을 신뢰하라** 또는 (죄를 지은 사람들이 맞이하게 된 운명을 생각하며) **죄의 심각한 결과들에 주의하라**를 본문이 권면하는 것이 전혀 아니다. 오히려, ('목소리'를 다루고 있는 본문의 실마리에서) **다른 어떤 사람이나 다른 어떤 것의 목소리가 아니라, 하나님의 음성을 들으라**와 같은 것이어야 한다.[23] 저자는 자기가 말하는 내용으로 무언가를 **실행한다**. 그러므로 설교자는 본문에서 말해지는 내용과 함께 **실행**하는 바를 분별해 내어 그 취지를 청중에게 전해야 할 의무가 있다. 데이비드 버트릭(David Buttrick)에 따르면, 이는 설교에서 '핵심적'이며, '당연히 설교적 순종(homiletical obedience)의 시작을 표시한다."[24]

요약하면, 본문의 타당한 적용은 오직 본문의 핵심—저자가 말하는 내용과 함께 **실행**하려는 바, 곧 그 화용론—을 파악함으로써만 가능하다. 이것은 특히 설교 목적을 이루려고 해석할 때 그렇다. 설교에서 사용되는 성경 본문 분량에 있어서, 우리가 사무엘상 15장의 내러티브를 통하여 보았듯이, 본문 그 자체는 저자가 말하는 내용과 함께 **실행**하려는 바에 관하여 적절한 실마리를 제공한다. 그러므로 본문의 취지는 성경 본문의 통일된 힘이며 본문에 있는 여러 요소의 총합이고, 모든 파토스와 영향력의 종합이며, 한 묶음인 그 모든 것—독자와 청중의 삶을 변화하게 하려고 조정되어 있는—이다.[25]

---

[23] 설교적 비전이 가지는 적용 측면에 관해서는 「6. 설교는 적용을 위한 것이다」에서 더 자세하게 다룬다.

[24] David G. Buttrick, "Interpretation and Preaching," *Interpretation* 35 (1981): 58.

[25] 필자는 나중에 본문의 **취지**를 본문의 '신학'이라고 부른다. 「5. 설교는

'옛' 그리고 '새로운' 설교학—설교 모양새 갖추기(Shaping Sermon)

저자가 말하는 내용과 그것으로 하려는 '실행'에 관한 이해는 설교자가 설교를 작성하는 방식에 어떻게 영향을 끼쳐야 하는가? '옛' 설교학과 '새로운' 설교학을 비교함으로써 이것을 보여주겠다.

'옛' 설교학—설교 구성하기(Sermon Constructing)

'옛' 설교학에서 논증(argumentation)이 가지는 특징적인 성격은 '대지(point)'였다. "수년 동안, 설교자는 설교에서 '대지들'을 구성하는 것을 말했다. '대지'라는 단어는 독특하다. "그것은 어떤 종류의 합리적인 객관화를 암시하는데, 이는 어떠한 것을 조금 멀리 떨어져서 가리키는 것(at-a-distance pointing at things)이라고 할 수 있다."26 설교 준비는 성경에서 증류한 이러한 대지들(또는 명제들)을 구분한 것에 잘 들어맞아야 한다고 가르쳤다(그리고 지금도 이렇게 가르치고 있다). 이러한 점에 관한 (앞서 언급한) 크래독이 한 냉소적 언급을 다시 한번 인용한다. "사역자는 모든 물을 다 끓여 없앤 다음에 컵 바닥에 남아있는 얼룩을 설교한다."27 여기에서 설교는 "교훈적 도구들"이라는 사실이 판명되었는데, 이는 본문들과 이 본문들(또는 이 본문들의 저자들)이 하려는 '실행'에 관한 것이라기보다는, 청중이 이 명제들을 믿도록 설득하려는 논증에 관한 것이다.28 이 모든 것들은 심지

신학적인 것이다」를 보라. 이 책의 각 장에 있는 숙고하기(Reflection) 부분들―마가복음 일부분을 다루는―은 또한 본문의 이러한 핵심들이 어떻게 분별할 수 있는지 예이다.

26 David G. Buttrick, *Homiletic: Moves and Structures* (Philadelphia: Fortress, 1987), 23.

27 Fred B. Craddock, *Preaching* (Nashville: Abingdon, 1985), 123. 아래에서 보는 것처럼, 전형적인 '옛' 설교를 전하는 설교자는 '증류가'이다. 그러나 '연금술사'(이러한 이름들에 관해서는 「들어가는 말」을 보라)와는 달리, 이러한 사람은 설교가 성경적이어야 함에 동의한다.

28 Thomas G. Long, *The Witness of Preaching*, 2nd ed. (Louisville:

어 일단 본문에서 증류한 것—다시 말해서, 본문을 하나 또는 몇 가지 명제들로 환원한 것—을 얻기만 하면, 그다음에 본문 그 자체를 버릴 수도 있다는 사실을 암시하기도 한다. 이러한 종류의 설교는 "실제로 본문을 듣고 있다기보다는, 차라리 그러하다고 믿는 환상"을 제공할 뿐이다.29

게다가, 설교 수업에서 이러한 방식은 설교 '구조'를 크게 강조한다. 이 건축 은유는 종이 위에 여러 명제와 대지로 조직한 자연스러운 결과인데, "정적이고 합리적이며 논증적인" 공간 모델이다.30 설교자는 본문 세부 사항에서부터 주요 대지/명제를 증류해 내고, 그다음에 주요 대지를 진단하는 질문들("그것은 무엇을 의미하는가?" "그것은 사실인가?" "그래서 어쩌라는 것인가?")에 대답하는 하위 대지들(subpoints)로 쪼개거나, 문제-해결책-적용 뼈대를 만들거나, 그때-항상-지금도 개요를 제공하거나 함으로써, 설교는 구조화/구성화/세공화 된다. 들여쓰기로 깔끔하게 정렬된, 로마 숫자와 아라비아 숫자로 이루어진 하위 대지들과 세부 대지들(sub-sub-points)로 구성된 진짜 군대(역자 주. 한 그룹의 설교 대지와 소지들을 말함)는 이제 청중들에게로 보냄을 받아 흩어져나간다(dispersed). 다시 말해서, 증류와 분산(도식

Westminster John Knox, 2005), 102.

29 Craddock, *Preaching*, 100. 이러한 '물을 끓여 증발시키는' 접근법에서, 성경의 다양한 장르가 하나님 편에서는 실수였다는 암묵적 가정도 있다. 차라리, 그분은 자기 백성에게 명제 목록들을 주셨어야—그것들이 잘 작동되게 하려고—했다. 어떤 사람들은 실제로 성경에 이러한 추가를 시도하기도 했다. 이러한 흐름에 있는 최근 한 작품의 발행인은, "성경 66권이 쓰였을 당시만큼이나 오늘날에도 적실성을 가지는, 성경에서 추출한 1,500개 원리를 힘들여 뽑아 놓음으로써" 자신들의 작품이 영어 성경 본문을 "보충한다"라고 주장한다. "이러한 진리들을 원리들로 증류하는 것은… 독자들이 성경적 진리를 더 쉽게 기억하고 매일의 삶에 효과적으로 적용하도록 하는 데 도움을 준다."라고 하였다. "Life Essentials Study Bible," http://www.bhpublishinggroup.com/books/products.asp?p=9781586400453을 보라.

30 Eslinger, *New Hearing*, 64.

4.1을 보라)이다.31

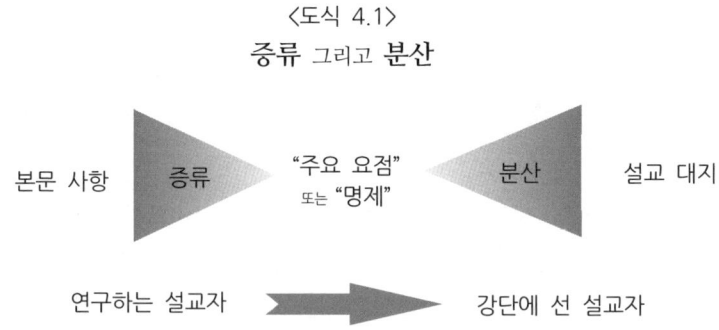

<도식 4.1>
증류 그리고 **분산**

본문 사항 → 증류 → "주요 요점" 또는 "명제" ← 분산 ← 설교 대지

연구하는 설교자 → 강단에 선 설교자

이러한 명제들과 대지들—신학교 학생들에게 작성하라고 가르치는—은 그 본성상 활기가 없으며(stagnant), 결과적으로 "정적이고 복잡하여 따분한(static and turgid)" 설교를 만든다. 대지들 사이에 전환은 빈약하여(tenuous), 삼대지(three-point) 설교는 "서로 하나로 잘 붙지 않는 세 개의 짧은 설교들"을 만들며, 시작에서부터 끝날 때까지 본문의 핵심을 놓지 않으며 설교의 기세를 유지하면서 청중들의 흥미를 계속해서 이끄는 단 하나의 실질적 움직임(movement)도 없다.32

이 설교 접근은 매우 단조롭고 매우 일방적인데, 그들 스스로 그 어떠한 발견도 하지 못하는 불우한 청중에게 설교자가 억지로 끼워

---

31 Fred B. Craddock, *As One without Authority* (St. Louis: Chalice, 2001), 45~47.

32 Craddock, *As One without Authority*, 56; Long, *Witness of Preaching*, 123. 진취적 설교자는 이런 메마르고 질서정연한 설교가 청중의 흥미를 끌지 못한다고 의심하기에, 여러 일화와 영화 장면 삽입, 짤막한 음악들과 드라마 일부를 편집한 것과 흥미를 끄는 다른 요소들로 설교에 양념을 친다. **만약** 그것들이 저자가 하려는 **실행**, 곧 본문의 취지를 전하는 데 이바지한다면, ⋯ 필자는 이러한 것들을 사용함에 전혀 반대하지 않겠다.

맞춘 결론들을 제시할 뿐이다. 다시 말해, 전통적 설교 형태는 청중을 침묵하는 배심원으로 축소하는데, 그들 동의(votes)는 설교자가 만든 명제들과 논증들, 그리고 대지들에 (속아서?) 대가를 치르고 얻어질 뿐이다. 그러므로 청중들이 본문에 전혀 참여하지(involved) 못하는 강한 분위기가 존재하며, 설교를 통해 그들에게 전달된 모든 것은 마치 잘려서 건조된 꽃과 같아서, 불행하게도 그러한 마른 꽃들만큼이나 생명력이 없다.

그러므로 설교는 오랫동안 법정적 논증으로 이뤄졌는데, 이는 청중에게 본문의 명제라고 추정하는 바를 입증하는 형태로, 해당 명제들을 이성적으로 확증하려고 일종의 논증 행위, 정보 전달(parceling), 그리고 청중의 인지적 능력에 호소했다. 이렇게 자연스럽지 않은 작업은 오히려 본문에서 그 힘을 앗아갔는데, 그 이유는 전달되는 것이 저자의 핵심 주장(본문의 핵심/화용론)이 아니라, **설교자**의 주장—만약 본문의 핵심/화용론과 연관되어 있더라도, 그 연관성이 매우 희박한—이기 때문이다. 게다가, 그리스도인의 삶에서 영적 발전을 위해서는 논증들에 대한 인식적 이해 그 이상의 것이 필요하다. 정보(information)보다는 변화(transformation)가 설교의 종착점이어야 한다. 그리고 "만약 설교가 전인격에 호소해야 하는 것이라면, 그것은 의식과 무의식 양자 모두에, 그리고 이성뿐 아니라 감정과 직관에도 호소해야 한다."[33] 이를 위해서, 우리는 본문의 핵심이 가진 모든 힘과 영향력(potency), 그리고 파토스를 분별해야 한다. 이성과 감정 양자 모두에, 그리고 지성과 가슴 모두에 호소하지 않으면, 삶의 변화는 있을 수 없다. 이것이 바로 20세기 후반에 '새로운' 설교학이 시도하는 개혁(reformation)이다.

'새로운' 설교학—설교 플롯 짜기(Sermon plotting)

'새로운' 설교는 '옛' 설교가 지지한, 사상들에 대한 **공간적 구조**

---

[33] Eslinger, *New Hearing*, 40.

계획(개요)에 연관되기보다는, 오히려 **시간**(플롯[plot])에 더 많이 연관되어야 한다고 유진 로우리(Eugene Lowry)는 주장한다. 그러므로 움직임과 방향이 있는 설교는 이러한 방식으로 한 편의 이야기—'서사 예술 양식(a narrative art form)'—이다.[34] "설교는 논증이라기보다는 예술로, 정적인 회화보다는 역동적인 이야기로 이해해야 한다. 설교에 플롯이 있어야, 이야기체나 이야기와 같은 형태가 되어, 공간에서 질서정연한 구조(공학적 현상)로 굳어지기보다는 시간에서 유기적 발전(생물학적 현상)을 진행한다. 설교 그 자체가 이야기한다는 의미가 아니라, 그것이 성경의 페리코페가 가지고 있는 '플롯'(예를 들어, 핵심)—저자가 하려는 **실행**—을 설명한다는 의미이다. 설교자 목표는 설교하는 본문의 핵심을 이해하게 촉진하는 일이어야 하는데, 왜냐하면 오직 이렇게 할 때 비로소 합당하게 적용할 수 있기 때문이다.

그래서 크래독은 (성경) 연구에서 일어난 과정을 강단에서 재생해야 한다고 설교자에게 도전한다. 설교자가 기도하는 마음으로, 과거와 현재의 학자들과 협력하여 본문과 그 세부 사항을 숙고하였을 때 일어났었던 "아하!"라고 외쳤던 순간을 매우 자세하게 재현해야 한다. 연구에서 발견한 것은 강단에서 창조적으로 재발견해야 하는데, 이는 청중의 유익을 위한 것이다(도식 4.2를 보라).

<도식 4.2>
발견 그리고 **재발견**

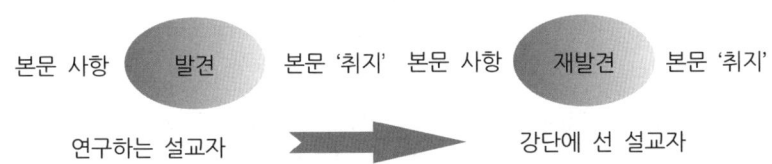

---

34 Eugene L. Lowry, *The Homiletical Plot: The Sermon as Narrative Art Form*, rev. ed. (Louisville: Westminster John Knox, 2001), 5~6.

설교자 자신이 미리 씹어서 소화를 돕게 만든 음식을 제공하기보다는, 본문을 연구하며 느낀 동일한 결정적 순간과 환희를 청중이 경험하도록 인도하는 것, 그래서 그들이 설교자가 그러했던 것과 동일한 방식으로 본문을 보게 하고, 그래서 그들이 스스로 본문의 **취지**를 파악하도록 돕는 일이 목표이다. "만약 **그들이** 여행하고 왔다면, 그 결론은 **그들 것**이며, 그들 자신의 상황에 함의가 분명해질 뿐 아니라 개인적으로 외면할 수 없게 된다."35 그리고 이제 청중은 본문의 무게를 느끼고, 본문에서 나온 적용 또한 그들의 것이 된다.

하나님의 말씀은 하나님의 백성을 위한 것이다. 이들은 하나님의 영광을 위하여 자신들 삶을 변화하도록 본문의 핵심으로 강권 받는 사람이다. 설교자는 단지 청중이 그 취지—특정한 페리코페에서 저자가 말하는 내용으로 하려는 **실행**—을 파악하게 하는 촉매자이자 중재자(a facilitating intermediary)일 뿐이다. 설교자는 설교로 누군가의 삶의 방식을 논증하기보다는, 오히려 본문의 핵심을 발전시키고 드러내 보여주는, 창의적이고 귀납적인 석의를 수행한다.36 "그러면, 설교는 에세이, 법률가의 영장, 토론자의 논박, 종교적 수사가 아니라, 하나의 여정이다. … 설교자의 연구에 한 번 있었고, 이제는 설교자가 회중을 안내하는 여정."37 여기에서, 논문의 단조로움은 발견의 기쁨으로 바뀐다. "아하! 그래서 이 본문이 우리에게 말하고 있는 것—본문의 핵심—은 바로 이것이구나!"38

---

35 Craddock, *As One without Authority*, 48~49 (저자 강조).

36 이것이 신학적 석의라는 사실은, 「5. 설교는 신학적인 것이다」에서 분명하게 다루겠다.

37 Thomas G. Long, "The Distance We Have Traveled: Changing Trends in Preaching," in *A Reader on Preaching: Making Connections*, ed. David Day, Je! Astley, and Leslie J. Francis (Aldershot, UK: Ashgate, 2005), 16.

38 Long, *Witness of Preaching*, 103. 물론, 회중과 관계에서 영적 감독자이자 안내자로서 설교자가 있다면, 본문에 대한 하나 혹은 그 이상의 구체적 적용을 제공하는 일은 이러한 사람에게 기대한다. 설교에 있어서 이러한 의사소

여기에서 본문을 환원하는 일은 일어나지 않는다. 본문의 취지는 본문을 대지들과 명제들로 증류한 것이 아니다(그러므로 위에서 '새로운' 설교를 묘사한 모습은 각이 없는 원(circle)이지, '옛' 방식이 가진 대지들로 이루어진 삼각형이 아니다). 대신, 설교자는 환원할 수 없는 전체로서 본문(text-as-a-whole, *in toto*)이 가지는 취지—본문의 모든 부분이 빠짐없이 이바지하는 힘과 영향력, 그리고 파토스를 가진—을 발견하기를(그리고 청중들이 재발견하길) 추구한다. "설교는 본문의 힘이 미치는 모든 범위에 충실해야 하며, 오직 중심 개념들(main ideas)만을 전달하는 설교자는⋯ 지나치게 가볍게 지나친다."39

데이비드 버트릭(Buttrick)은 '새로운' 설교학에서 설교를 이야기체 형식으로 만들려는 시도로, 일련의 '이동(move)'('옛' 설교의 '대지'에 반대)으로 설교 구성을 요청한다. 곧 '사상 진술(a statement of idea)'로 시작하는 단락은 그 발전으로 나아가 '사상 재진술'로 끝마친다.40 그러나 이 방식은 설교학을 다시 '옛' 스타일로 되돌리는 것처럼 보이는데, 거기서 각각 증류된 '대지'는 다음 '대지'로 전환되기 전까지, 진술되고, 발전되는(설명되고, 입증되고, 적용되는 등의) 하나의 주제(a topic)가 된다. 토마스 롱(Thomas Long)은 이러한 방식으로 '새로운' 설교학을 설명하면서 이에 동의한다. "설교자는 본문을 가로질러 달리면서, 바위 아래를 내려다보고, 석의적 숨바꼭질을 자극하는 숨겨진 동굴을 자세히 들여다본다. 그러나 결국 이러한 활력과 흥분과 함께 발견하는 것은 본문에서 나온 중심 사상[다른 말로 하면, '명제']이다."41 다시 말해, 심지어 '새로운' 설교가 제안하는 설교도, 본문에서 나와서 설교자를 통해 청중에게 전달하는 것은 어떠한 종류의

통의 이차적 요소에 관해서는 「2. 설교는 목회적인 것이다」를 보라.

39 Long, *Witness of Preaching*, 101.

40 Buttrick, *Homiletic*, 35, 37.

41 Long, *Witness of Preaching*, 104. 크래독에게도, 목표는 "저자가 만들려고 한 **대지**"가 됐는데, 이는 불행하게도 '옛' 스타일로 되돌아간다(*As One Without Authority*, 85).

중심 사상—분명 위장하고 있어서, 설교에서 '이동'으로 분산되지만, 궁극적으로는 본문을 증류한 것—인 것처럼 보인다. 그러므로 마지막 분석으로, 비록 '새로운' 설교학자들이 훌륭한 진단 전문가들이며 '옛' 설교의 병폐를 잘 지적했어도, 그들이 자기들 치료학으로 '대지/포인트'라는 쓴 약—그것들을 '움직임'이라고 부름으로써 다소 달콤하게 된—을 계속해서 처방한다.42

'새로운' 설교학—큐레이터 그리고 증인(Curator and Witness)

설교에서, 화용론 분야 개념과 '새로운' 설교 이해를 통합하면서도, '옛' 스타일로 되돌아가지 않으려면 무엇을 해야 할까? 초심자들을 위하여, 우리는 설교자 역할을 새롭게 인식해야 한다. 필자는 많은 그림을 전시하는 미술관에 온 방문객들을 안내하는 큐레이터나 도슨트(docent, 안내자) 유비를 제시하고자 한다.43 각각 본문은 하나의 그림이며, 설교자는 큐레이터이다. 그리고 설교는 회중, 곧 미술관 방문객에게 본문-그림과 그 핵심을 안내한다(curating).44 그러므로 설교는 명제를 정당화하는 논증이라기보다는, 본문 취지를 시연(demonstration)한다. 본문의 창의적 석의는, 저자가 하려는 **실행**을 청중에게 묘사한다는 관점을 견지하면서 강단에서 이루어진다. 설교는 저자의 논지(agenda)를 드러낸다. 여기에서 본문을 대지들이나 명제들로 증류하는

---

42 반면에, 이 작업은 본문 그 자체를 면밀하게 읽음—**신학적** 석의—으로 본문의 취지를 파악하는 해석학을 제안한다(「5. 설교는 신학적인 것이다」를 보라). 이 해석학에 관한 공식적인 진술은 Abraham Kuruvilla, *Privilege the Text! A Theological Hermeneutic for Preaching* (Chicago: Moody, 2013)에 있다.

43 충분히 흥미롭게도(그리고 적절하게도), '큐레이터'(curator, 미술관 직무)와 '목사(curate, 교회 직무)'는 모두 라틴어 *cura*에서 비롯했는데, 이는 '돌봄(care)'을 의미한다. 곧 어떤 큐레이터는 그림을, 설교자는 영혼을 돌본다.

44 언급한 대로, 본문의 의미를 결정하는 방식은 「5. 설교는 신학적인 것이다」에서 더욱 자세하게 논의하겠다. 그것은 또한 이 책 장마다 있는 '숙고하기(Reflection)' 부분—독자를 위하여 마가복음에 있는 몇 가지 본문-그림들을 안내하려는(curate) 필자의 노력—에서 암시적으로 설명한다.

일은 사전에 예방한다. 그 대신, 롱(Long)이 설명한 대로, 설교자는 본문의 '목격자'이자 본문에 대한 '증언자'(a witness of the text, to the text)이다. 이는 필자가 설교자를 본문-그림을 안내하는 큐레이터에 빗댄 것과 같다.

증인-설교자는 "봤으며 경험했으며 목도하고 경험한 진리를 말하는 사람"이다.45 설교자는 신뢰할 만한데, 이는 그 지위나 직책 또는 위상 때문이 아니라, 이 사람이 "사람들을 대신하여 기도하는 마음으로 성경이 말하는 바를 들으려고 나아가서, 그녀 또는 그가 거기서 들은 바를 그리스도를 대신하여 말할 때, 그녀 또는 그가 보고 듣고 연구하고 경험한 바로 그것 때문이다."46 동사 '증언하다(to witness)'는 설교자의 이중 책임에 상응하는 두 가지 의미를 뜻한다. 첫째, '증언하다'는 보는 것/경험하는 것—무언가를 안으로 집어넣는 것(to take something in)—을 의미한다. 둘째, '증언하다'는 본 것/경험한 것을 말하는 것—무언가를 바깥으로 내보내는 것(to give something out)—을 의미한다. 그러므로 설교자는 본문과 그것이 **실행**하는 바를 개인적으로 목격한 자(a personal witness of)이자, 그후 본문과 그것이 **실행**하는 바를 공적으로 증언하는 이(a public witness to)이다. 첫째 역할은 둘째 역할에 반드시 있어야 한다. "본문에서 설교로 이동은 목격한 것에서 증언하는 것으로, 보는 것에서 말하는 것으로, 듣는 것에서 들려주는 것으로, 지각하는 것에서 증언하는 것으로, 그리고 목격자가 되는 것(being a witness)에서 증언을 하는 것(bearing witness)으로 이동이다."47 그렇게 증언함으로, 본문의 **취지**는 처음에는 설교자가, 그다음에는 선포되는 설교를 듣는 사람이 이해한다.

---

45 Long, "Distance We Have Traveled," 16.

46 Long, *Witness of Preaching*, 47, 52.

47 Long, *Witness of Preaching*, 100.

요약

이 장은 설교자가 전달해야 하는 성경 본문의 내용—본문이 지닌 **무언가**—을 집중해서 살폈다. 성경의 본문성(textuality)은 하나님의 백성에게 전달할 것이 바로 본문의 **핵심 취지**(thrust)임을 강조한다. 교회의 장구한 역사에서, 설교는 본문에서 명제들을 증류하고 그것들을 대지들로 만들어서 청중들에게 전하는 '옛' 설교에 지배됐는데, 이는 저자들이 본문에서 말하는 내용과 함께 그들이 '**실행**'하는 것—본문의 '취지'—를 충분히 통합하거나 평가하지 못했다. 이러한 고려 사항들이 이제 우리를 화용론이라는 분야—그것이 말해진 것이든 쓰인 것이든, 거룩한 것이든 세속적인 것이든 상관없이, 모든 종류의 의사소통 부분들을 통합하는—로 접어들게 했다. 명제식 '옛' 접근이 가졌던 부족한 부분들을 인식한 '새로운' 설교에 발맞추어, 이제는 본문의 화용론을 발견하고 그것을 창의적으로 강단에서 청중에게 유익하도록 다시 발견해야 한다. 설교자는 본문-그림에 대한 큐레이터 또는 본문에 대한 증인이며, 그 핵심적 역할은 본문으로 하려는 **실행**을 확인하고 그 핵심 취지가 모든 힘과 영향력, 그리고 파토스를 가진 채로 청중에게 영향을 끼치게 하는 일이다. **설교는 소통을 위한 것이다!**

숙고하기(Reflection)

마가복음 8:22~26과 10:46~52. 두 시각장애인 치유[48]

> "아직도 알지 못하며 깨닫지 못하느냐, 너희 마음이 둔하냐, 너희가 눈이 있어도 보지 못하며 귀가 있어도 듣지 못하느냐, 또 기억하지 못하느냐?" (마가복음 8:17~18)

---

[48] 이 부분에 관한 더 자세한 내용은, Abraham Kuruvilla, *Mark: A Theological Commentary for Preachers* (Eugene, OR: Cascade, 2012), 155~68, 226~37을 보라.

예수께서 "가라! 네 믿음이 너를 구원하였느니라."라고 말씀하시니, 그가 곧바로 보고서 예수를 길에서 따른다. (마가복음 10:52)

마가복음은 본질적으로 예수님과 그분 제자들의 기행문으로서, 갈릴리(1:1~8:21)에서, '길에서'(8:22~10:52), 예루살렘에서(11:1~16:8)라는 세 막(three acts)으로 구성이다. 이 복음서에는 많은 흥미로운 특성이 있는데, 그 하나가 시각장애인을 치료하는 두 사건이 2막(Act II)을 앞과 뒤에서 감싸는 구조이다. 한 시각장애인이 8:22~26에서 치유되고, 또 다른 이, 곧 바디매오가 10:46~52에서 치유를 받는다. 마가가 이 두 시각장애인 치유 사건으로 하려는 **실행**은 무엇인가?49 이것들은 단지 안구와 시신경, 그리고 후두부의 대뇌피질에 대한 예수님의 능력에 관한 것인가? 만약 그러하다면, 우리는 이러한 본문들에서 동일한 설교를 하는 것, 곧 인간의 시력에 대한 예수님의 능력으로 끝마칠 가능성이 크다. 이 능력에 대한 묘사를 왜 반복할 이유가 있었을까? 마가가 여기에서 하려는 **실행**은 정확히 무엇인가?

1막에서 시각장애인 치유(막 8장)

예수님의 제자들이 그분이 어떤 분인지 제대로 이해하지 못하는 문제는 1막(1:1~8:21)에서부터 이어지는 주제이다. 그들은 마가복음 1:21~45에서 예수님에 대한 자기들 접근 방식이 군중만큼이나 몰이해 상태라는 사실을 보였다. 또한 그들은 4:1~34에서 예수님의 비유들을 이해하지 못해서 그분께 꾸지람을 들었다. 6:45~56에서 그들은 두려워하며 믿음 없는 모습을 보였다. 그리고 6:32~44에서 그들은 회의적이었으며, 6:45~56에서 다시 한번 믿음 없음을 보였다. 그리고 그들은 7:1~23에서 계속해서 몰이해 상태이다. 그들이 예수님과 계속 함께 있었고(3:14), 하나님 나라의 비밀에 다가갔으며(4:11), 예

---

49 그리고 이 문제에 관해서, 마가가 두 차례 먹이시는 기적들(막 6장과 8장)을 통하여 무엇을 **실행**하는가? 이것들은 단지 예수님께서 물질들에 대하여 능력을 갖추고 계시다는 사실을 보여주는 반복된 주장들일 뿐인가? 절대 그렇지 않다. Kuruvilla, *Mark*, 129~41과 155~68을 보라.

수님에게 개인적으로 가르침을 받고(4:10~20; 7:17~23), 그들 스스로 귀신을 내쫓고 치유하며 설교할 수 있는 권능을 받았어도(6:7, 12, 13), 제자들은 '여전히' 여기 이 페리코페(8:1~21)에서도 분별력이 부족한 상태다(8:21). 심지어 5천 명을 먹이신 기적 이후에도 그들은 예수님께서 자기들 매일의 일용할 양식을 공급해 주실 만한 능력을 갖추고 계신다는 사실을 제대로 이해하지도 못했다. 군중은 예수님의 이 모든 행동을 환호하며 긍정적으로 반응했으나, 제자들은 **보지도 못하고 이해하지도** 못하였다. 그러고서, 시각장애인 치유 이야기가 이어진다.

시각장애인 치유 이야기(8:22~26)에, 서로 다른 동사 다섯 개가 환자의 시력 회복을 서술하는 데 쓰인다(8:24~25). 곧 ἀναβλέπω[아나브레포]('올려다보다'), βλέπω[블레포]('보다'), ὁράω[호라오]('보다'), διαβλέπω[디아블레포]('꿰뚫어보다'), ἐμβλέπω([엠블레포], '보다') 등이다. 이 사람이 시각장애인이었다는 분명한 언급(8:22, 23)과 함께, 당연히 이 사건은 사실이겠지만, 이 이야기는 신학적으로 이해해야 한다. 마가는 이 이야기로 무언가를 **실행하고자** 한다.

시각장애인 치유 사건은 눈을 가지고 있으나 보지 못하는 제자들(8:17~18, 21)과 대조하려는 전략으로 1막 마지막에 배치함으로, 예수님의 정체를 분별하지 못하는 제자들에 대한 유감을 강하게 나타낸다. 눈이 있으나 보지 못한다―제자들의 우둔함―는 특별한 언급은, 8:1~21의 에피소드를 정확히 시각장애 치유(8:22~26)와 연결한다. 이 기적은 예수님 **정체**(person)에 관한 제자들의 분별력 부족(1막의 취지)을 나타낸다. 그러나 또한 두 단계의 치유 과정을 통하여, 만약 제자들이 예수님을 분명하게 보려면, 그 이상의 어떤 것이 필요했다는 사실을 넌지시 알려준다. 2막(8:22~10:52)은 제자들이 예수님의 정체를 알아차려야 할 뿐 아니라, 그분 고난이라는 **사명**―예수님의 수난은 2막에서 세 번이나 예견된다―또한 받아들여야 함을 강조한다. 그리고 2막의 결론 부분에서 우리는 또 다른 시각장애인에 대한 치유(10:46~52, 이것들은 마가복음에서 단 두 차례 시각장애인 치유 사건이다)를 발견한다. 그러나 이번에는 시력 회복이 즉각적이다. 앞 사건에서는 점진적 이해였지만, 이 사건에서는 즉각적 인식이다.

2막에서 시각장애인 치유(막 10장)

주목할 만하게, 세 차례 수난 예고(막 8:31; 9:31; 10:33~34)가 2막, 곧 마가복음의 '(예루살렘으로 가는) 길에' 부분(8:22~10:52)에 있다. 제자도의 '길에' 있음은 예수님을 따르고 있음이며, 이는 그분 정체를 알아차리고 그분 사명까지도 받아들인 상태이다.

10:46~52에 나오는 바디매오에 관한 이야기는 예수님의 정체를 분별하고 그분 사명을 받아들이는—그분을 따라 예루살렘으로 갈 준비가 되어있는—참된 제자의 모습을 묘사한다. 이 이야기는 2막의 마지막과 3막(11:1~16:8)에서 예수님의 예루살렘 입성 직전에 위치함으로써, 이 사람이 예수님의 사명을 받아들이고 기꺼이 자기 주인(Master)을 따라 고난의 길을 따라간다는 사실을 상징적으로 보여준다. 곧, 바디매오는 이미 제자이다.

이 이야기는 마가복음에 나오는 마지막 치유 기적이다. 그것은 또한 치유 받은 사람의 이름을 언급하는 유일한 이야기이다. 이러한 점에서, 이 이야기는 제자로 부르심인데('부르심'이라는 단어가 10:49에서 세 번이나 쓰였다), 왜냐하면 이 복음서에서 이와 유사한 다른 부르심에서 부름을 받은 모든 인물의 이름을 세세하게 언급하기 때문이다(1:16, 19; 2:14; 3:13~19). 그리고 놀라운 사실은 마가복음의 오직 여기에서만 예수님이 사람에 의해서 다윗의 자손이라고 불린다는 점이다. 그러므로 이 시각장애인이야말로 예수님을 메시아적 구주로 처음으로 '본', 그래서 두 번이나 예수님께 고백(10:47, 48)한 사람이 되었다! 또한 바디매오는 주저함 없이 예수님께 응답하며—예수님을 따르기 위해서 자기 (유일한?) 소유물인 겉옷(10:50)을 뒤로 한 채, 자신의 **시력/통찰력**(insight)으로 보며 철저히 따랐다. 겉옷을 버린 것은 어쩌면 그 자체로 상징적 가치를 지닌 모티프일 수도 있다. 곧, 이 복음서에서 따르기로 부름을 받은 모든 사람은 그것이 그물이든, 배든, 아버지든, 생계 수단이든 상관없이 버려야만 했다(1:18, 20; 2:14; 10:28). 이 시각장애인은 진정으로 예수님을 봤다!

시각장애인 치유 두 사건은 2막(막 8:22~10:52)을 양 끝에서 묶어 주면서, 효과적으로 이 막의 도입부와 결론부를 형성한다. 두 기적 사이의 언어적 유사성은 효과를 증가시킨다. 두 내러티브 모두 예수님과 그분 제자들이 특정한 장소에 '온다'(8:22; 10:46), 그리고 모두 ἀναβλέπω[아나블레포]('올려다보다/다시 쳐다보다, 8:24; 10:51, 52)를 사용한다. 2막의 양쪽 끝에 있는 이 지지대(bookends)—하나는 두 단계 치유이고, 다른 하나는 즉각적 치유—의 중요성은 이것들이 두 가지 에피소드 사이에서 일어났던 것—'길에서'—을 상징함이다. 제자들은 예수님의 사명이 무엇인지 완전하고 분명하게('드러내 놓고', 8:32) 가르침을 받았다. 이제 예수님의 사명을 받아들임은 그분을 따르는 모든 사람에게 가능하게 됐다.

제자들은 눈이 있어도 보지 못한다. 하지만 극명하게 대조를 이루는 상황인데, 시각장애인 바디매오는 본다. 이 이야기는 바디매오가 '길가에(by)' 앉아 있는 것으로 시작하고(10:46), 그가 예수님을 따라 '길에(on)' 있는 것—그는 치유를 받은 '직후에' 그렇게 한다(10:52)—으로 끝마친다. 바디매오는 예수님의 정체를 알아차리고 그분 사명을 받아들이는 제자들을 대표한다. 그들은 보았고 이해했으며, 이제 예수님을 따라 제자도를 실천할 준비가 됐다. 다른 말로 하면, 마가가 하려는 **실행**은 예수님의 정체를 파악하고서 그분 사명을 받아들이기—흐릿하게 보다가 뚜렷이 봄—, 그리고 예수님을 따라 예루살렘으로 가서(10:52), … 죽음(8:34)이 가지는 중요성을 자기 독자에게 가르침이다. 이것이 이 본문의 취지이다.

❏ 제자는 예수님의 정체와 사명을 알아간다. 보지 못한 상태에서 볼 수 있는 상태로 변화는 성장 모티프이다. 우리 (믿음의) 시력은 자라는가? 이 장의 문맥에서, 성경의 저자가 하려는 **실행**

을 보는 우리 '시력'(sight)과 통찰력(insight)은 좋아지는가? 우리가 해석 작업할 때, 우리는 본문의 **취지**(그 화용론)를 제대로 파악하는가?
- ❏ 우리 자신의 해석학적 '시력'이 좋아지면서, 우리 설교자는 청중의 시력과 이해력을 활성화하고 풍성하게 만드는가? 큐레이터이자 증인으로서, 우리는 그들에게 성경의 경이로운 것들—신적 저자와 인간 저자가 본문으로 하려는 **실행**—을 열어서 보여주는가?
- ❏ 해석자 편에서는 고된 수고를 조건으로 하지만, 하나님 말씀의 조명(enlightenment)은 의심할 여지 없이 하나님께서 주도하신다. 우리는 조명을 위해 기도하면서 성경 연구를 여는가? 성령님의 눈을 열어주시는 사역에 기도하는 마음으로 순종할 태도를 가지고서 본문 연구를 수행하는가?
- ❏ 우리 설교를 듣는 사람들을 조명하시기를 기도하는 일에, 우리는 어떠한가? 우리는 설교자를 위하여 개인적이고 정기적으로 기도하는가? 우리—그리고 예배를 인도하는 다른 이들—는 이러한 조명을 위하여 공적으로 기도하는가?

설교는 소통을 위한 것이다!

설교는 신학적인 것이다 5
Preaching Is Theological

> 제 눈을 열어서 주님 율법에서
> 놀라운 것을 보게 하소서.
>
> 시편 119:18

성경적 설교란, 교회 지도자가 예배하려고 모인 그리스도인 모임에서 성경 페리코페(pericope)에서 **신학적 석의로 분별한** 핵심 취지와 그것을 그 특정한 그리스도인 공동체에게 적용한 내용으로 소통해서, 그들이 그리스도의 형상을 닮아 변화함으로 하나님을 영광스럽게 하는 일인데, 이 모든 과정은 성령의 능력으로 한다.

몇 달 전, 장대비가 쏟아지던 어느 날 저녁, 나는 차고에 주차할 준비를 하며 집 뒷골목 쪽으로 회전하고 있었다. 그런데 설비 트럭 한 대가 내 차고 바로 앞에 정차한 상태였다. 전조등을 깜박이고, 경적을 울리고, 손을 흔들고, 손가락으로 신호했지만, 소용이 없었다. 폭우인 데다, 트럭 운전자는 내 필사적 몸짓에도 아무런 반응도 하지 않았다. 전조등 불빛과 경적에, 그는 "이 뒷골목에 또 다른 차가

지나갈 충분한 간격이 있는데 왜 내가 움직여야 하지? 이 작자는 조심해서 잘 지나갈 수 있을 것 같은데" 이렇게 생각했던 게 분명하다.

나는 곤경에 빠졌다. 우산도 없었고, 차에서 내려 트럭으로 가는 몇 초 사이에 온통 비에 젖고 싶은 생각도 없었다. 나는 정말 곤경에 빠졌다.

그때, 나는 묘책을 생각했다. 나는 차고 문을 원격으로 작동하는 단추를 눌렀다. 차고 문이 열렸다. 그제야 트럭 운전자가 고개를 끄떡였다. 트럭이 후진했다. 그리고 내가 운전해 들어갔다. 안전하게, 비에 젖지 않은 채.

"내가 어떤 일을 했는가?"라고 묻는다면, 여러분은 여러 가지 방식으로 대답할 테다. 내 뇌 운동 피질이 보낸 신호가 척수를 타고 내려가 C4-C8과 T1 레벨의 척수 앞 뿔 세포에 이르렀으며, 그 신호에 반응하여 내 어깨, 팔, 손의 근육이 수축했다고 말할 수 있다. 또는 단순하게 내가 차고 문이 열리게 했다고 말할 수 있다. 그 외에도 여러분은 내가 트럭 운전사에게 그가 정차하고 있는 곳 바로 앞 차고로 운전해 들어가겠다는 의사를 전달했다고 말할 수 있다.

내가 한 일은 무엇인가? 적절한 적용을 성취했다는 관점에서 분명 그것은 앞 세 가지 선택지 중 셋째이다. 그것은 내가 암암리에 트럭 운전사에게서 기대한 반응을 함축했으며, 내가 의도한 반응을 유도하는 일에 성공했다. 내가 한 기본적 행위(일부 근육 수축을 포함하여)와 함께 전달된 것은 그 설비 트럭 운전사가 트럭을 옮기도록 그에게 보낸 신호였다. 물론 내가 차고 문을 연 것은 맞지만, 내가 의도한 청중인 트럭 운전사에게 기대한 주된 목표는 그가 내 차고 입구에서 자기 차를 옮기게 하는 일이었다. 그것은 내가 실행하려던 유효한 적용이었다. '독자'인 트럭 운전자의 관점에서 이것은 ㄱ 의사소통의 '저자'인 내가 **하려는 실행**이다.

같은 특성이 성경 본문을 분석하는 데도 작용한다. 우리는 성경을 다양한 목적을 이루려고 여러 방식으로 해석할 수 있다. 하지만 **설교하려고 본문을 해석할 때**(필자는 여기서 다루는 것이 다른 합법적인 성경 사용이 아니라 설교임을 강조한다), 우리는 독자에게서 특별한(그리고 유효한) 반응을 유도하려고 그 특정 본문에서 저자 자신이 말하는 내용으로 하려는 **실행**(곧, 본문의 취지, 화용론[pragmatics])에 초점을 맞춰야 한다. 앞 장에서 소개한, 저자가 하려는 **실행** 개념을 이제 자세히 살피겠다.

페리코페와 본문 앞에 펼치는 세계(the World in Front of the Text)

첫째, 다시 페리코페 또는 설교 본문을 설명한다. '페리코페(pericope, περικοπή = 글자 뜻으로는 '주위를 자르기' 또는 '나누기', 따라서 경계를 정한 본문 부분)'은 설교할 목적으로 다룰 수 있는 분량, 성경 본문의 한 부분(segment)을 가리킨다. 이 용어는 일반적으로 복음서 부분(portions)에 적용되지만, 이 책에서는 기독교 예배 설교에서 쓰는 모든 장르의 본문 단편(a slice of text)을 가리키는 데 쓴다. 다른 말로 하면, '페리코페'는 장르나 크기와 상관없는 설교 한 편 본문이다. 성경의 기본 단위로서, 회중 가운데 읽히고 설명되는 페리코페를 통해 하나님의 백성은 연대하여 하나님의 말씀을 만난다.

한 번에 한 페리코페씩 검토함으로써 그 본문의 취지(thrust)를 더 집중적으로 조사할 수 있으며, 매주 회중에 영향을 미칠 수 있는 독특성(particularity)과 효능(potency)을 얻을 수 있다. 결국, 설교 목표는 선택된 본문에 포함된 지식적 내용을 단순히 설명하는 일이 아니라, 그것이 가진, 삶을 변화시키는 함축된 의미를 청중이 절실히 깨닫도록 설명하는 일이다.[1] 물론 삶의 변화는 순간적으로 이뤄지는 단 차례 현상이 아니다. 그것은 성경이 말하는 하나님의 뜻에 단계적으로, 점진적으로 맞추어가는 일생의 과정을 포함한다. 하나님의 백성을 교화하는, 그러한 점점 나아지는 접근에는 설교에서 작은 분량의 성경 본문—페리코페—을 연속해서 사용해야 한다.[2]

---

[1] 「6. 설교는 적용을 위한 것이다」를 보라.

[2] 페리코페 경계는 설교자가 설정하는 실용적 결정이다. 앞에서 언급한 대로, 너무 작은 분량 선택은 주마다 별로 다르지 않은 주제를 설교하는 결과를

우리는 선택한 페리코페에서 하나님의 뜻을 어떻게 발견하여 자기를 그것에 맞출 수 있는가? 여기가 바로, 저자가 하려는 **실행—화용론**(pragmatics)—이 유익한 데다. 「4. 설교는 소통을 위한 것이다」에서, 우리는 저자가 자신이 말하는 내용(본문의 요지)으로 하려는 **실행**을 살폈다. 여기서는 그러한 생각을 더 발전시키려는데, 저자가 하려는 **실행**이 **본문 앞에 펼치는 세계**를 투사(project)한다는 개념이다.

본문은 그 자체가 목적이 아니라, 목적을 위한 수단, 곧 초월적 비전을 투사하는 저자의 행위를 위한 문학적 도구이다. 폴 리꾀르(Paul Ricoeur)는 이 초월적인 비전을 **본문 앞에 펼치는 세계**라고 부른다.[3] 예를 들면, 이렇다. 앞 장에서 욕심쟁이 개 이야기를 활용했다. 이 민간 설화는 독자에게 이상적 세계를 투사한다(또는 '그린다'). 거주자가 그 안에서 만족을 연습하는 세계이다. 이것이 이솝이 우리가 깨닫기를 바라는 바이다. 혹은 앞에서 논의한 사무엘상 15장 내러티브에서 성경 저자는 거주자가 다른 모든 유혹의 목소리들을 멀리하고 하나님의 음성을 듣고 그것에 복종하는 이상적 세계를 투사한다. 본질적으로 이 세계는 그 본문의 취지이며, 이것은 그 저자 자신이 말하는 내용으로 하려는 **실행**이다. 참으로 저자는 독자가 그것에 반응하길 바란다. 그리고 두 경우 모두 독자는 그러한 세계의 요구에 따름으로써 그러한 이상적 세계에 거주하도록 초청받는다. 이솝은 말한다. "와서, 만족하기를 연습함으로써, 이 이상적 세계에 사시오." 그리고 사무엘상 저자는 말한다. "오라, 하나님의 음성에만 순종함으로써, 이 이상적 세계에 거주하라." 투사된 이들 각각의 세계에 거함은 그러한 세계의 가치를 따름이다. 하나는 만족하기를 연습함이며, 다른 하나는 하나님께 순종하기이다.

낳을 수 있다. 너무 큰 부분 선택은 더 적은 부분이 가진 구체적 취지를 무시할 가능성이 있다. 개인적으로는 매주 계속 별개 개념을 전할 수 있는 가장 작은 본문의 크기를 사용한다. 또한 설교에 배정한 시간 제약이 적절하게 강해할 수 있는 페리코페 크기를 제한할 수 있음은 의심의 여지가 없다.

3 Paul Ricoeur, "Naming God," *Union Seminary Quarterly Review* 34 (1979): 217.

따라서 본문은 독자에게 본문 **뒤에 있는** 세계, 곧 실제로 일어난 일(욕심쟁이 개 이야기, 혹은 선지자, 왕, 몇몇 악한 사람들, 많은 동물 이야기)뿐 아니라, 또한 본문 **앞에 펼치는** 이상적 세계를 투사한다. 독자가 그 안에 거주하도록 명령하는 세계이며, 특정 교훈과 우선순위와 실천이 그 특징인 세계이다. 여기서 든 예(이솝 우화/사무엘상 15장)와 관련하여 그것들이 투사하는 세계의 중요한 **교훈**은 만족/하나님께 복종이 손실을 막는다는 것이며, 그 핵심 **우선순위**는 만족/하나님 음성에 순종하기이며, 그곳 기준은 만족/하나님 음성에 순종의 **실천**이다. 따라서 본문에서는 본문의 경계를 넘어서는 세계를 독자에게 투사하는 가운데 삶의 관점이 묘사된다. 한 세계를 묘사해, 독자를 그 세계로 초청하고, 독자가 그 세계에 살며 그 교훈, 우선순위, 실천에 따라 사는 반응에 따라 삶이 변한다.4

모든 문학 본문에는 이런 방식으로 그것들 앞에 펼치는 세계를 투사하는 기능이 있다. 본문은 세계를 투사하는 행위 도구나 대리자 역할을 한다. 다시 말해, 본문이 투사하는 세계는 미래 적용을 가능하게 한다. 성경은 하나님의 백성이 미래에 적용하길 바라기에, 그것을 해석하는 일은 그 언어학적, 문법적, 구문론적 요소(그 의미론)를 밝히는 것으로 끝나지 않으며, 그 **본문 앞에 펼치는 세계**—본문의 취지, 그 화용론(pragmatics), 곧 저자가 하려는 **실행**—을 분별하려고 더 진행해야 한다. 이 투사된 세계는 본문과 적용 사이에서 매개를 형성하며, 사람이 그 본문에 효과적으로 반응할 수 있게 한다(도식 5.1을 보라). 본문을 바르게 적용할 때, 독자는 그것이 투사하는 세계에 효과적으로 거주한다.5

---

4 말할 필요도 없이, 이솝 우화에는 어느 곳에서도 영감된 성서가 가진 권위나 변화시키는 능력과 가까운 것이 없다.

5 모든 실용적인 목적을 위해 이들 요소—**본문 앞에 펼치는 세계**, 본문의 취지, 본문의 화용론(곧, 저자가 하려는 실행)—는 그림에서 가리키는 대로 동등한 것으로 생각될 수 있다. 후에 필자는 이 실체에 페리코페 '신학'이라는 이름을 붙인다.

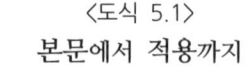
<도식 5.1>
본문에서 적용까지

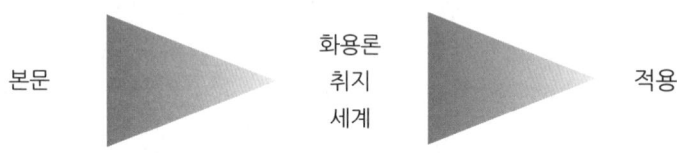

실제로, **모든** 의사소통은 이 방식으로 작동한다. 예를 들어, 「4. 설교는 소통을 위한 것이다」에서 우리가 만난 같은 주인공들로 되돌아가서, 만일 A가 B에게 "이봐요, 당신은 내 발 위에 서 있어요(Hey, you are standing on my foot)!"라고 말한다면, 그 **의미론**(semantic) 의미(저자가 말하는 바)는 A 몸의 아랫부분 위에 서 있는 B의 공간적 위치를 말하지만, **화용론**(pragmatic) 의미(저자가 말하는 바로 하려는 **실행**—말하는 취지)는 B가 A의 발 위에 서 있는 대단히 충격적 상태에서 B를 옮기려 함이다. 실제로 A는 자기가 한 말로 하려는 **실행**은 A 몸 아랫부분을 고통스럽게 하는 사람이 없는 세계를 투사함이다. A가 바라는 바는 B가 그러한 이상적 세계, 곧 "누구도 A 발을 밟지 않게 해서 고통을 겪지 않게 하는" 종류의 세계에 거주하는 것이다. 그러한 거주는 오직 그 세계의 요구에 순응함으로 이룰 수 있다. 그것은 B가 A의 발에서 하중을 제거하는 것, 그리하여 A의 고통을 덜어주는 것이다. 그 투사된 세계에는 누구도 A의 발 위에 서 있지 않아, A에게 고통을 주지 않는다.6

안타깝게도, '옛' 설교학에서는 이 방식으로 본문을 이해하지 않았다. 예를 들어, A가 B에게 한 말("이봐요, 당신은 내 발 위에 서 있어

---

6 마찬가지로 나는 차고 문을 열어 누구도 내 차고 입구를 막고 있지 않은 세계를 투사하고 있었다. 그 설비 트럭 운전자에 대한 내 의도는 그가 그 세계의 취지 요구사항을 따름으로써, 이 이상적인 세계에 거하는 것이었다. 곧, 그는 자기 차를 내 차고 문 앞에서 옮겨야 했다.

요!")이 성경에서 영감으로 한 말이라면, 생각건대 그 '본문'을 주일 아침에 강해하는 전통적 진영에 속한 설교자는 '발'이라는 단어가 헬라어 πούς[푸스]와 관련된 라틴어 *pes*에서 유래한 고어체 영어 *fot*에서 파생했다고 설명할 테다. 설교자는 발의 신체 운동학(26개 뼈, 33개 관절, 100개가 넘는 근육, 힘줄, 인대), 그 혈액학(혈관), 그 신경학(신경 지배)을 자세하게 강연할 수 있다. 이 설교자는 틀림없이 하지 병리학(만곡증, 평발, 무좀, 내반족, 류머티즘에 걸린 발 등 다양한 병) 등을 생생하게 표현할 것이며, 모든 '~론'에 집중할 테지만, 그 말의 취지와 그것이 의도하는 유효한 적용—"당신 발을 내 발에서 좀 치워주세요!"—을 완전히 놓친다. 다른 말로 하면, 우리가 A가 자신이 말하는 내용으로 하려는 **실행**(그 화용론과 취지, 본문 앞에 펼치는 세계)을 깨닫지 못하는 한, A의 말에 반응으로 나오는 유효한 적용은 불가능하다. 화용론을 이해하지 못하면, **본문 앞에 펼치는 이상 세계**(A의 발 위에 서서 A에게 고통을 주는 사람이 아무도 없는 세계)를 이해하지 못하면, 이 모든 신체 운동학, 혈액학, 신경학, 병리학의 반복—또는 기독론, 교회론, 또는 우리가 좋아하는 오늘날 '~론'—은 우리를 유효한 적용으로 안내하지 못한다.

성경 본문도 마찬가지이니, 이런 식으로 살피자. 성경 정경은 전체로서 **본문 앞에 펼치는 세계**, 하나님의 이상적 세계, 그 개별 부분을 페리코페로 묘사하는 세계를 투사한다. 모두 모으면, 그 모든 부분을 통합한 구성물은 하나님의 이상적, **본문 앞에 펼치는 세계**, 곧 완전한 정경적 세계에 관한 정경적 투사를 완성한다(도식 5.2를 보라).

따라서 특정 페리코페마다 설교는 인간이 그 페리코페 취지—그 페리코페 세계 부분에서 요구하는 바, 하나님의 이상적 세계의 요구(또는 하나님의 요구)—를 따름으로써 그분의 이상적 세계에 살도록 하시는 하나님의 초청이다.[7] 그리고 주마다 그리고 페리코페마다 하나

---

[7] 비슷한 방식으로, 내가 차고 문을 열었던 것은 내가 투사한 그 세계—내 차고의 문 앞이 항상 방해를 받지 않은 채로 남아 있는—에 들어와서 살라고 하는, 그 트럭 운전사에게 주는 암시적인 초청이었다.

님의 초청을 받아들임으로, 하나님의 백성은 점진적으로, 점차로 그분 이상적 세계에 거하며 그 교훈, 우선순위, 실천을 따른다. 한 번에 한 페리코페씩, 그리스도인의 개인적이며 연합적인 삶의 다양한 측면이 점차로 하나님을 영화롭게 하는 하나님의 뜻과 일치한다. 그래서 하나님의 세계는 현실 세계가 된다. 이것이 설교 목표이다.

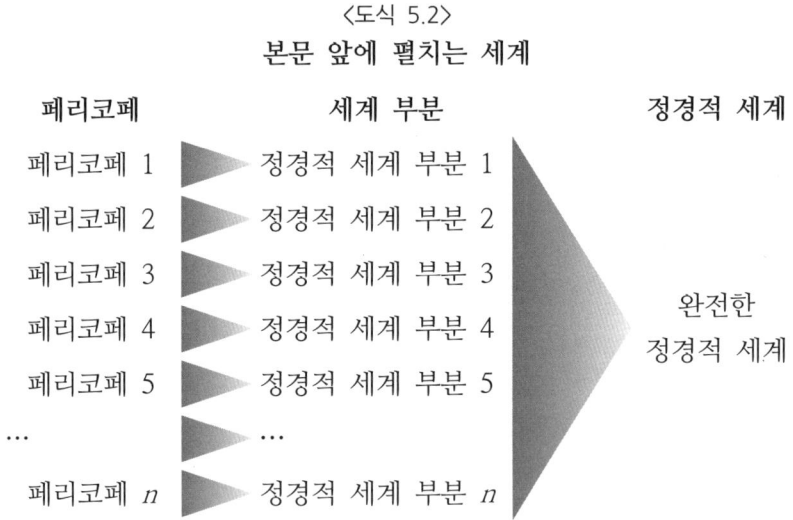

〈도식 5.2〉
본문 앞에 펼치는 세계

페리코페 신학(pericopal theology)

그렇다면, 페리코페마다, 그 특별한(상세한) 세계 부분은 저자가 우리가 이해하기를 바라는 바이다. 이는 그가 우리가 반응하기를 바라는 바이다. 이것이 그 본문 취지이다. 본문 취지는 하나님의 이상적 세계에서 사물이 어떠해야 하는지 우리에게 말한다. 그것은 그분 교훈이 삶을 통제하고, 그분 우선순위가 삶을 지배하며, 그분 실천이 삶에서 작동하는 세계이다(교훈은 **본문 앞에 펼치는 세계**에서 왜 어떤 일이 일어나는지 말하며, 우선순위는 **본문 앞에 펼치는 세계**에서 어떤 일이 중요한지 말하고, 실천은 **본문 앞에 펼치는 세계**에서 사물이 어떻게 작용하는지 말한다). 사무엘상 15장 내러티브에서 그것이 투사하는 세계의 교훈

(왜 어떤 일이 일어나는가)은 순종이 복을 낳는다는 것이다.8 따라서 그 이상적 세계의 주된 우선순위(어떤 것이 중요한가)는 하나님의 목소리에 순종함이다. 그리고 마찬가지로 순종은 그 이상적 세계의 실천(어떻게 어떤 것이 작용하는가)이다. 따라서 하나님의 그 이상적인 세계에 거하려는 사람은 사무엘상 15장 페리코페에서 제안하는 그 세계의 교훈, 우선순위, 실천을 수용해야 한다.

이 세계는 하나님을, 그리고 어떻게 그분이 당신 피조물과 관계하는지를 말하므로, 이 투사한 세계는 '신학'이라고 옳게 불릴 수 있다. 그렇다면 각 페리코페가 투사하는 이 이상적 세계의 부분은 그 페리코페 신학이다. 따라서 **페리코페 신학은 특정 페리코페가 가리키는 구체적 신학이며, 당신 백성과 관계를 맺고 계신 하나님을 묘사하는 본문 앞에 펼치는 완전한 정경적 세계의 한 부분을 나타낸다.** 페리코페 신학은 본문에서 적용으로 나아가는 과정에서 중요한 중재 역할을 한다. 페리코페 신학에 따르는 삶은 그의 이상적 세계에 살도록 하시는 하나님의 은혜로우신 초청을 받아들임이다. 그렇게 함으로써 하나님의 백성은 그 이상적 세계의 교훈, 우선순위, 실천―하나님의 뜻, 하나님의 요구―에 자기를 맞춘다.

요약하면, 각 설교는 그 특정 페리코페가 하나님 그리고 하나님께서 인간과 맺는 관계에 관해 무엇을 확증하고 있는지(**본문 앞에 펼치는 세계의 교훈, 우선순위, 실천**) 설명하면서 그 페리코페 신학을 말해야 한다. 이 '신학적 해석'은 신학 렌즈로 이루는 석의이다. 본문 큐레이터이자 증인인 설교자는 본질적으로 페리코페 신학의 단서가 되는 본문의 그런 요소들을 가려내서(예를 들면, 사무엘상 15장에서 반복해서 나타나는 '목소리'), 이들 단서를 페리코페의 신학적 취지로 종합한다. 페리코페가 그 신학에서 확증하는 바는 적용을 끌어내려는 후속 이동의 근거가 된다. 데이비드 버트릭(David Buttrick)가 한 말이 옳다. "설교자가 신학에 의존하지 않고 얼마간 석의의 마술이나 설교적 상

---

8 물론 그 내러티브는 불순종은 축복받지 못한다는 서술―사울의 왕권 상실―로 이어지는 이 본문의 부정적인 이미지였다(삼상 15:26~28).

상의 도약으로 본문에서부터 설교로 나아갈 수 있다는 이상한 생각은 분명히 터무니없는 일이다." 그는 본문 취지를 파악하는 데 '신학 **논리**(theo-*logic*)'를 요구한다.9 이러한 중요한 중재(페리코페 신학)를 밝히지 않는 성경적 해석은 사실상 불완전하다. 이러한 실체를 분별하지 않고서는 유효한 적용에 결코 이를 수 없기 때문이다.

지난 십 년 동안 비교적 새로운 분야로서 '신학적 성경 해석'은 이 해석학 작업에 관한 여러 다양한 접근과 함께 상당히 불분명한 채로 남아 있다. 그러나 이 책은 신학적 해석에 관한 독특한 전략을 채택한다. 성경학자의 책상이나 학문적 신학자의 연사용 탁자보다 설교자의 강단 관점에서 이루는 해석이다. 구체적으로, 여기서 제안하는 '**신학적 해석학**'에서 '신학'은 성경신학이나 조직신학이 아니라, **페리코페 신학**이다.

페리코페 신학이 조직신학이나 성경신학(일반적으로 정의하는 면에서)과 다른 점은 아래와 같다. 조직신학은 한 본문에서부터 연역적으로 결론을 찾아내 그것을 다른 본문들의 연역적 결론과 통합하여 그것들 모두를 다양한 신학적 범주로 분류한다. D. A. 카슨(D. A. Carson)은 조직신학을 "성경 전체와 부분들의 … 연결을 보여주면서 그것들을 힘들여 마무르려는 신학 분야"로 정의한다.10 연결해 서로 관련을 짓는 이런 작업 때문에 조직신학은 페리코페 신학이 하는 것보다 더 일반적 수준에서 작용한다. 하지만 페리코페 신학은 더 귀납적으로 유추하며 한 페리코페의 항목들에만 제한한다. 그것은 **그 페리코페**에서 제안하는, 하나님과 그가 피조물과 가지시는 관계에 관한 일들을 다

---

9 David G. Buttrick, "Interpretation and Preaching," *Interpretation* 35 (1981): 57.

10 D. A. Carson, "Unity and Diversity in the New Testament: The Possibility of Systematic Theology," in *Hermeneutics, Authority, and Canon*, ed. D. A. Carson and John D. Woodbridge (Grand Rapids: Baker, 1995), 69~70. 또한 Charles C. Ryrie, *Basic Theology: A Popular Systematic Guide to Understanding Biblical Truth* (Chicago: Moody, 1999), 15의 정의를 보라. "조직신학은 성경적 계시의 자료를 전체로 연결해 조직적으로 하나님께서 자신을 계시하시는 전체 그림을 보여준다."

루며, 따라서 그것은 그 페리코페에서 하나님의 뜻—하나님의 백성이 하나님의 이상적 세계에 거주하려고 지켜야 할 일—을 표현한다.

성경신학 작업도 페리코페 신학이 하는 것보다 더 일반적인 경향이 있다. 역사 연표를 강조하면서 정경 전체에서 폭넓은 신학적 주제들을 전개하기 때문이다. 시드니 그레이다누스(Sidney Greidanus)에 따르면 "성경신학은 … 주제들을 구약에서 신약까지 종적으로 추적하도록 돕는다."11 따라서 설교자는 그러한 여러 페리코페, 특별히 인접하는 것들을 발견하고 동일한 일반적인 성경신학 주제를 계속 다루며, 어쩌면 매주 같은 설교를 할 테다. 본문을 정경의 더 넓은 역사적 맥락에서 보는 것(성경신학)은 어떻게 특정 페리코페가 하나님의 이상적 세계의 한 부분을 투사하면서 청중에게 특정한 요구를 말하는지 살핌과는 다르다. "성경신학은 성경적 계시의 큰 그림 또는 개관을 추구하는 일을 포함한다."12 하지만 정경의 큰 그림들은 페리코페의 작은 축소형을 놓치는 경향이 있다. 그리고 매주 삶을 변화시키는 설교에서 중요한 것은 이러한 축소형(예., 각 페리코페 신학)이다.13

그리하여 한편으로, 조직신학과 성경신학을 각 설교의 기초로 여기기에, 연속하는 페리코페의 신학적 취지를 구분하고 유지하기가 더 어려워진다. 이런 종류의 신학이 그렇게 하듯이, 연속적 페리코페 설

---

11 Sidney Greidanus, *Preaching Christ from the Old Testament: A Contemporary Hermeneutical Method* (Grand Rapids: Eerdmans, 1999), 267. 또한 Edmund Clowney, *Preaching and Biblical Theology* (Nutley, NJ: P&R, 1977), 15~16을 보라. "성경신학은 점진적 계시의 특성과 내용을 진술한다."

12 Graeme Goldsworthy, *Preaching the Whole Bible as Christian Scripture: The Application of Biblical Theology to Expository Preaching* (Grand Rapids: Eerdmans, 2000), 22.

13 물론 이것은 특정 페리코페가 위치하는 더 큰 맥락을 무시하려는 뜻이 아니다. 그 페리코페의 문맥은 분명히 그 구체적 신학을 해석하는 일을 통제한다. 하지만 설교에서 요구하는 삶의 변화를 위해 적용해야 할 바는 그러한 구체적 신학이다.

교는 페리코페와 그 세부 사항의 복잡함이 가진 구체성에서 어느 정도 떨어져 있는 일반성 수준에서 작용하면서 종종 비슷한 목표와 적용을 가진다. 다른 한편으로 페리코페 신학이 서술한 구체성을 고려하면, 페리코페 연속 설교는 그런 어려움에 방해받지 않으며, 매주 성경신학과 조직신학의 넓은 주제의 반복이 일으키는 지루함 없이 각 페리코페의 특정 신학적 취지를 분명히 전달한다.

요약하면, 필자 생각으로는, 설교 과업에 이중적 측면이 있다. 페리코페 신학을 강해하는 일(곧, 본문에서 페리코페 신학으로 이동), 그리고 어떻게 페리코페 신학이 실제 삶에 적용되는지 발견하는 일(곧, 페리코페 신학에서 적용으로 이동)이다(도식 5.3을 보라).14

〈도식 5.3〉
페리코페 신학

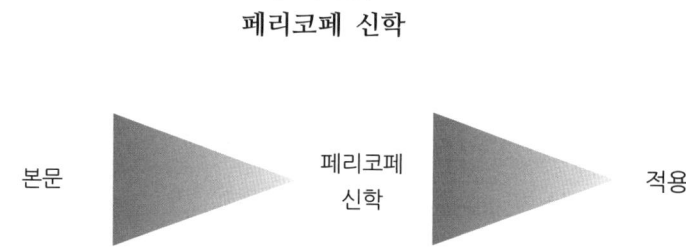

따라서 페리코페 신학은 그러한 성경 특정 본문의 한 부분이 청중의 상황과 관련되게 돕고, 그리하여 회중을 정경에 맞추고 하나님의 백성이 하나님의 말씀을 따르게 한다. 페리코페마다, 하나님의 공동체는 점진적으로 정경이 투사하는, 하나님의 이상적 세계에 거주하면서 점차로 하나님의 뜻으로 간다. 윌리엄 윌리몬(William Willimon)은 이를 잘 표현한다. "설교에서 우리는 조금씩, 매 주일, 실재에 새롭고 다른 방법으로는 얻을 수 없는 묘사를 향하여 사람을 움직인다. … 기독교 설교는 단순히 있는 그대로 세계를 능숙하게 묘사하는 일이 아니라, 되어야 할 세계의 일부가 되도록 요구하며 초청하는 일이다."15

---

14 둘째 이동(move)에 관해서는 「6. 설교는 적용을 위한 것이다」를 보라.

페리코페의 신학적 기능—언약 갱신(Covenant Renewal)

페리코페를 연속으로 설교하고 그 신학 강해하면, 그 결과로 일어나는 삶의 변화는 단계적으로 하나님 나라(그분 이상적 세계)의 교훈, 우선순위, 실천에 일치하는 삶으로 나타낸다. 이는 앞 장들에서 논의한 느헤미야 7:73b~8:12에서 언약 갱신 이야기로 설명할 수 있다. 언약 갱신은 하나님의 미래 모든 공동체가 자기들을 하나님의 말씀에 나타난 그들 주권자의 뜻에 일치하는 방식을 보여주는 모범(prototype)으로 여길 수 있다.

하나님의 백성이 하나님께서 사셔서 해방하신 존재라는 전형적 개념은, 하나님께서 당신 백성을 위해 하시는 모든 구원 사역, 특별히 예수 그리스도로 이루신 구속 사역을 나타낸다.16 따라서 모든 시대에 하나님의 구속받은 자들은 그분 왕국의 시민이 되며, 하나님에 의한 그들 해방은 그들을 새로운 왕의 백성이 되게 한다.17 구속자와 구속받은 자 사이에 이러한 특별한 관계는 하나님 백성의 연합된 삶에서 지속적으로 신중하게 관심을 기울여 그러한 양자 결연을 유지할 것을 요구한다. 언약 갱신—하나님과 사람 사이 관계의 재확인—은 하나님의 백성이 하나님 아래에서 그들 특별한 상태와 그것으로 하나님에 대한 그들 의무에 집중하는 완전한 경우를 제공한다.18 공동체는 그것이 가진 특

---

15 William H. Willimon, *Conversations with Barth on Preaching* (Nashville: Abingdon, 2006), 115.

16 모세와 미리암의 바다의 노래(출 15:1~21)는 분명히 이스라엘을 야웨께서 사시고 구속하신 존재로 나타냈다(출 15:16). 이러한 주제는 또한 신약 고린도전서 6:20; 7:23; 디도서 2:14; 베드로전서 1:18~19; 요한계시록 5:9 등에서도 반영한다.

17 레위기 25:55; 이사야 43:1과 신약에서 로마서 6:17~23; 고린도전서 7:22; 골로새서 4:7 등을 보라.

18 '언약 갱신'이라는 용어를 사용하지만, 이는 성경에 있는 특정 언약을 말하지 않는다. 그것은 단순히 공적 공동체 상황에서 전파되는 하나님 말씀에 반응하여 하나님의 백성이 그들 주권자의 뜻에 따름을 묘사하는 데 쉬

권적 위치 상태와 의무를 자기에게 상기시킴으로써 언약 갱신에서 자신을 주권자의 뜻에 맞춘다. 참으로, 가신과 군주 사이 관계를 보존하려는 그러한 단체 행위는 이스라엘 이웃들의 환경에서 상당히 표준이었다.[19] 같은 방식으로, 그들 기초 본문인 토라를 정기적으로 자주 읽음은 이스라엘이 야웨와 맺은 언약 관계를 보존하는 데 중요한 역할을 했다. 그들은 야웨께 궁극적인 충성을 빚지고 있었다. 야웨께 충성을 맹세하면서 이스라엘은 자기를 하나님께서 계시하신 뜻에 따라야 하는 의무 아래 두었다. 따라서 역사적으로 성경 읽기는 항상 이러한 언약 갱신의 원리와 얽혀 있었다. 그것은 특별히 기원전 5세기 중반 에스라의 율법 선포에서 예증한다.[20]

느헤미야 7:73b~8:12에서 율법 낭독은 포로 생활 이후에 이스라엘 공동체 삶에서 분수령 사건이었으며, 에스라-느헤미야 연합 체제의 절정이었다. 이야기의 더 큰 본문(느 6:1~12:47)에서 언약 갱신은 교차 대구 구조의 중심이다.

6:1~7:4	A 성벽 완성
7:5~73a	B 조상 전래의 거주자 목록
7:73b~10:39	C 언약 갱신
11:1~12:26	B′ 예루살렘에 다시 사람을 살게 함
12:27~47	A′ 성벽 헌정

운 본보기 역할을 한다.

[19] Robert H. Pfeiffer, *One Hundred New Selected Nuzi Texts,* trans. E. A. Speiser (New Haven: American Schools of Oriental Research, 1936), 103; Gary Beckman, *Hittite Diplomatic Texts* (Atlanta: Scholars Press, 1996), 42, 47, 76, 86도 보라.

[20] 신명기 31:10~13은 모세 아래에서 비슷한 계약을 보고한다.

거룩한 도성을 회복한 더 큰 사업(A와 A′ —그 구조; B와 B′ —그 백성)에 언약 갱신(C)을 끼워 넣어, 수십 년 동안 포로 생활 후 이스라엘 자녀를 재구성하고 하나님 앞에서 그들 위치를 회복하는 중요한 사건으로 삼았다.21 이 언약 갱신에서 특별히 설교자와 관련이 있는 점은, 느헤미야 8:7~8에서 레위인 활동이다(「4. 설교는 소통을 위한 것이다」에서 논의함). 그들 임무는 공동체가 하나님께서 그들에게 요구하시는 바를 이해하도록 돕는 일이었다. 이것은 오늘날 설교자 임무이다. 회중의 이해는 성경을 그들 삶에 적용함을 포함했다(느 8:9~12, 16~18). 그리고 이러한 반응은 언약 갱신에 핵심이다. 교회의 맥락에서 성경 본문 강해는 회중을 하나님과 그의 뜻에 다시 맞추고 그들을 하나님과 바른 관계로 회복하게 하는 적용에서 절정에 이른다.

그에 상응하는, 매주 교회의 설교 과업에서 추구하는 것 또한 하나님의 뜻에의 일치이다. 따라서 성경 본문의 페리코페는 성경 전체 본문이 투사하는 더 큰 정경 세계의 한 부분을 묘사함으로써 이러한 중요한 기능을 하면서 언약 갱신을 위한 문학적 도구가 된다. 개인은 이 페리코페 신학—투사한 세계의 구분이 말하는 교훈, 우선순위, 실천—에 자신을 맞추도록 명령을 받는다. 따라서 청중은 본문이 투사하는 세계의 한 부분에서 하나님께서 요구하시는 바를 따르면서 그곳에 거주하도록 요청받는다. 곧, 행동하는, 언약 갱신이다. 한 설교마다, 페리코페마다, 이러한 거주가 발생할 때마다, 삶의 더 많은 면이 하나님의 뜻과 일치한다. 따라서 단계적으로 하나님의 이상적 세계가 도래한다. 그의 교훈이 삶을 규정하고, 그의 우선순위가 삶에서 뛰어나며, 그의 실행이 삶에서 작동하는 세계이다. 이렇게 하나님의 뜻에 맞추는 일을 촉진하는 것이 설교자의 의무이다. 하나님의 공동체를 위해 본문을 해석하고 적용하는 엄숙한 임무를 위해 임명된 사람, 하나님의 백성이 본문에서 적용으로 나아가게 하는 일을

---

21 Abraham Kuruvilla, *Text to Praxis: Hermeneutics and Homiletics in Dialogue*, Library of New Testament Studies 393 (London: T&T Clark, 2009), 151~55를 보라.

맡은 보호자이다. "하나님 앞과 … 그리스도 예수 앞에서 … 엄히 명령하니, '너는 말씀을 전파하라'"(딤후 4:1~2).

언약 갱신 그리고 하나님의 뜻에 일치가 설교 모범이라는 개념에 비추어, 우리는 하나님의 요구(그리고 설교)를 단순히 변덕스러운 하나님께서 당신 백성에게 짐 지우시는 행동 수칙들을 장황하게 이야기하는 것이라고 여겨서는 안 된다. 전혀 그렇지 않다! 순종하라는 강한 어조가 있어도, 실제로 그것을 강요하는 일은 없다. 대신 그 뜻에 순응하라는 하나님의 부르심은 당신의 이상적 세계에 거주하며, 하나님의 임재에서 그 온전한 복을 누리라는 은혜로운 초청이다. 우리 상상력을 사로잡고 하나님의 이상적 세계를 향한 애착을 자극하는 일을 하나님께서 제안하신다. "우리 행동은 우리가 세상을 **상상하는** 방식에서부터 발전"하기 때문이다.22 이 선한 삶의 비전은 진술과 요점보다 우리 존재의 모든 면에서 "우리가 번성하고 잘 사는 것이 무엇과 같은지 보여주는 그림"으로 우리를 사로잡는다. 이것은 설교자가 하나님의 말씀에서부터 페리코페 신학의 양식으로 투사하는 비전이다.23 이것은 **본문 앞에 펼치는 세계**—하나님의 이상적 세계, 성경이 그리고 설교가 묘사하는 하나님 왕국의 희미한 모습—의 비전이다. 그리고 신실한 설교로, 이러한 세계가 단계적으로 정체를 드러낼 때, 페리코페마다 하나님의 공동체가 이 이상적 세계에 거주할 때, 신실한 적용을 통해,

> 이 선한 삶의 매혹적 그림이 그리는 인간 변영의 미덕과 측면들이 우리 … 존재의 섬유질(곧, 우리 마음)에 스며들며, 그리하여 우리 결정, 행위, 습관을 통제하고 형성하기 시작한다. … 그것에 의해 끌리고 그것을 향하여 옮겨지면서 우리는 이 선한 삶의 비전에 살

---

22 James K. A. Smith, *Imagining the Kingdom: How Worship Works*, Cultural Liturgies 2 (Grand Rapids: Baker Academic, 2013), 31~32.

23 James K. A. Smith, *Desiring the Kingdom: Worship, Worldview, and Cultural Formation*, Cultural Liturgies 1 (Grand Rapids: Baker Academic, 2009), 53.

기 시작하며, 우리가 선한 삶으로 그리는 그 세계에 거하는 시민처럼 보이기 시작한다. 우리는 그것을 이곳에서 지금 구현하려고 노력하면서 마음에 그리는 그러한 세계의 작은 소우주가 된다.24

이 신적 세계와 왕국이 무엇처럼 보이는지, 그리고 공동체가 어떻게 그 안에 거주해야 하는지 묘사함은 예배 맥락에서 하나님 백성의 지도자가 설교하는 성경적인 정경이다. 페리코페마다, 그 세계의 신학적 그림이 드러난다. 이것은 하나님께서 가지실 세계이며, 우리는 하나님께서 우리가 되게 하실, 하나님의 그런 종류 백성이다.

신학적 석의 대 전통적 석의(Theological vs. Traditional Exegesis)

이러한 언약 갱신 개념과 페리코페 신학 개념은 설교자가 특별한 종류의 석의를 하라고 한다. 곧, (페리코페 신학에 관한) **신학적** 석의이다. 하지만 '옛' 설교학에서 수 세기 동안 가르치고 한 일은 본문에 대한 무차별적 발굴, 무엇이든 파낼 수 있는 것, 그것이 흙이든, 나무든, 뼈든, 돌이든, 질그릇 조각이든, 무엇이든지 석의적으로 뒤집고 조사하는 것이었다.25 '옛' 설교를 구성한 이 전통적 석의 작업은 단어 연구, 문장 도식화, 언어 분석, 역사 조사, 지리 조사 등으로 본문을 나누고 자르는 일을 포함한다.26 많은 정보를 파내지만, 불행하게도 어느 것도 설교자가 그 특정 본문으로 삶을 변화시키는 설교를 만드는 일에는 그렇게 유용하지 않다.

필요한 것은 본문 취지, 곧 저자가 말하는 내용으로 하려는 **실행**을 파악하는 일이며, 투사한 세계, 곧 페리코페 신학을 이해하는 일이다. 따라서 필자는 본문에 특권을 주는 **신학적** 석의를 제안한다.

---

24 Smith, *Desiring the Kingdom*, 54.

25 '들어가는 말'에서는 이를 '발굴 해석학'이라고 했다.

26 물론 이 모든 일이 필요한 곳이 있다. 하지만 만일 그것들이 설교자가 페리코페의 신학—저자가 하려는 **실행**—을 분별하도록 돕지 못한다면 이 모든 수고는 소용이 없다.

그 신학의 단서를 찾는 일이며, 임의로 발굴이 아니라 특별히 페리코페 신학의 금덩어리를 찾는, 방향 잡힌 방법이다. 모든 본문에는 저자의 의제(agendas, 행동강령)를 말하는 문학적이며 양식적인 흔적이 있는데, 그것은 저자가 하려는 **실행**을 가리키는 증거, 페리코페 신학의 발견으로 이어지는 길잡이이다. 하지만 신학적 석의로 본문에 특권을 주는 일만이 그 소중한 광석을 발견한다.

거룩한 본문이든 일반 세속 본문이든 모든 본문, 그리고 특별히 오랜 시간에 걸쳐 태도에 영향을 끼치려고 의도한 본문(곧, 고전)은 저자의 의제가 중심을 이루는 창작물이다. 정경적 고전인 성경도 다르지 않다. 그 인간 저자도 의제를 가지고 썼으며, 그들 문학 작품은 그러한 의제―그 본문들의 신학―를 전달하려 했다.27

예를 들어, 내러티브를 생각해 보자. 그것은 누구에게, 언제, 어디서, 무엇이 일어났는지 말하는 단순한 신문 잡지 기사가 아니다. 오히려 그것은 신중하게 구성한 페리코페 신학에 관한 신학적 보고서이다. 이들 본문의 **주요** 목표가 정보를 나누기보다 삶을 변화하게 하는 일이기 때문이다. 이 목적을 달성하려고, 본문의 모든 부분은 저자의 신학적 목표를 진전하게 하는 담론을 만들려고 정확히 짜고 엮는다. 시간과 관련해서만도, 그것들이 가진 자유를 생각해 보자. 그리고 나는 마가복음의 예로 이것을 설명하겠다. 마가가 시간으로 '게임을 하는' 방식은 이렇다. 미래 장면으로 건너뛰기(예, 예수님의 고난에 관한 예언, 8:31~32; 9:31~32; 10:33~34), 회상(예, 침례[세례] 요한의 죽음을 회고, 6:14~29), 요약(예, 예수님께서 광야에서 사십 일 동안 머무신 것을 줄임, 1:13), 생략(예, 십자가 다음 날에 관한 침묵, 16:1), 휴지(예, 마가가 자신의 주석을 써넣기 위해 이야기 시계를 정지시킨 것, 7:3~4)가 있다. 시간 속박은 서술자(narrator)가 행사하는 문학적 자유에 크게 영향받는다. 곧, 모든 것이 자기 의제를 성취하려고 의도적으로 이루어진다. 마가가 자기 글 전체를 예수님과 당신 제자들의 갈릴리에서부터 예루

---

27 앞에서 말했듯이, 이러한 논의의 목적상 나는 인간 저자의 의제와 신적 저자의 의제를 구분하지 않겠다.

살렘까지 한 차례 직선 여행으로 짠 구조를 보라. 그것은 분명히 저자가 의도해서 만든 구조인데, 요한복음은 같은 인물들이 적어도 세 번이나, 예루살렘으로 가는 구조로 말한다. 참고로 모든 선량한 유대인이 일 년에 한 번은 다녀온다. 보다시피 마가는 자신이 이야기하는 내용으로 무엇인가 **실행하고** 있다. 그의 신학적 의제는 제자도 안내서를 만드는 일이다. 갈릴리에서 예루살렘까지 … 죽으려고 예수님과 함께 가는 것이 무엇을 의미하는지 말하고자 한다. 그가 제자도의 편도 여행을 만듦으로 그의 본문은 그의 의제에 이바지한다. 그리하여 각 페리코페가 그 세계의 한 부분—페리코페 신학—을 투사하면서 하나의 세계관을 묘사한다. 모든 저자는 자기 목표를 성취하려고 이와 동일한 자유를 행사한다. 너무 그렇게 하므로, "도덕적인 목적을 띠지 **않고서** 내러티브로 쓰기"는 불가능하다. 성경 내러티브도 하나님을 영화롭게 하려고 삶을 변화하게 할 목적으로 고안되어 "기본적으로 목적상 이념적이다['신학적이다'로 읽힘]."28

초상화와 캐리커처 차이라는 유비로 이것을 설명할 수 있다. 둘 다 동일 인물을 나타내지만, 초상화 화가는 앉아 있는 사람의 얼굴 위에 있는 모든 것을 캔버스 위 형상으로 옮기려고 하지만, 캐리커처 화가는 매부리코, 동그란 눈, 꽃양배추 귀, 숱이 많은 머리형, 이 사이가 벌어진 웃음의 '특징을 뽑는다.' 마찬가지로 본문—내러티브라 하자—은 초상화보다 캐리커처에 가깝다. 모든 것을 말할 필요가 없다. 모든 것이 시간적으로 상세하게 순서 바르게 앞으로 나아갈 필요가 없다. 의제가 이끄는 이야기 전개는 저자의 의제를 진전시키는 측면만을 강조한다.29 성경 저자의 이러한 강조를 발견하는 것은

---

28 Hayden White, "The Value of Narrativity in the Representation of Reality," in *On Narrative*, ed. W. J. T. Mitchell (Chicago: University of Chicago Press, 1981), 23. 이것은 저자가 사실을 잘못 전함을 의미하지 않는다. 오히려 그것은 모든 내러티브가 의제 지향적으로 사건을 다시 이야기한다는 것을 인정하는 것이다. 영감된 것이든 아니든 이것은 모든 이야기하기의 특징이다.

29 성경에서 이것은 내러티브뿐 아니라 모든 장르에서도 사실이다. 모든 본문이 저자의 의제를 진전시키려고, 세계를 투사하려고, 신학을 묘사하려고 기록된다.

중요하다. 그것은 저자가 하려는 **실행**에 관한 단서이기 때문이다. 그것은 페리코페 신학을 발전시키는 데 이바지하며, 이어서 페리코페 신학은 유효한 적용을 파악하게 돕는다. 따라서 설교 목적을 위해 저자가 자기 말로 하려는 **실행**—페리코페 신학—을 발견하려고 우리는 모든 중요한 신학적 단서를 찾도록 본문 자체에 주의를 집중해야 한다. 어떻게 사무엘상 15장의 사무엘, 사울, 아말렉 사람들의 이야기에서 '목소리'가 페리코페 신학을 밝히는 데 중요한 역할을 하는지 기억하라. 그러한 단서는 본문을 주의 깊게 읽어야만 발견할 수 있다. 이것이 신학적 석의이다.30

불행히, '옛' 설교학은 본문에 주의를 기울이고 자세히 읽기를 옹호하기보다, 본문이 묘사하는 사건 자체만을 보고자 한다. 사무엘상 15장 내러티브에서 저자가 말하는 내용으로 하려는 **실행**은 본문 **뒤에서** 일어났던 것들을 그릇된 열정으로 번역한 사람들에 의해 상당히 희석되었다. 사무엘상 15:1에서 해석자들은, 실제로 일어났던 일은 야웨의 말씀이 사무엘에게 이르렀다는 것이었다고 결정했다. 그리하여 그들은 여분의 '목소리'를 감춰버렸다(히브리 본문은 "야웨의 말씀의 **음성**"으로 서술함을 기억하라). 마찬가지로 15:14에서 히브리어 '목소리'는 영어로 '양의 소리'와 '소의 소리'로 번역해 버렸다. 어쨌든 소와 양은 목소리가 없지 않은가? 그것들은 매에 하고 울고 음매 하고 울며, 그것은 실제로 일어났던 일—본문 **뒤**에 있는 사건—이었다. 하지만 본문 자체보다 본문 **뒤**에 있는 사건에 집중함으로써 페리코페 신학은 완전히 부정했다! 참으로 설교 목적을 이루려면, 번역자는

---

30 다시 한번, 필자는 이 책의 '숙고하기(reflection)' 부분에서 그러한 읽기를 예증하려고 시도했다. 마가복음에서 선택한 본문의 그림들의 큐레이션이다. 성경의 모든 책이 모든 본문을 이런 방식으로 구성하는 것에 관해서는 것은 Abraham Kuruvilla, *Mark: A Theological Commentary for Preachers* (Eugene, OR: Cascade, 2012); Abraham Kuruvilla, *Genesis: A Theological Commentary for Preachers* (Eugene, OR: Resource Publications, 2014); Abraham Kuruvilla, *Ephesians: A Theological Commentary for Preachers* (Eugene, OR: Cascade, 2015)를 보라.

5. 설교는 신학적인 것이다   **161**

본문에 특권을 주어야 한다. 그렇게 함으로써만 본문 **앞에** 투사하는 것—페리코페 신학—을 발견할 수 있다.

요약하면, 특권은 본문에 줘야 한다. 본문만이 영감으로 기록됐기 때문이다. 본문 뒤에 있는 사건은 영감으로 되지 않았으며, 따라서 특별히 "교훈과 책망과 바르게 함과 의로 교육하기에 유익하지" 않다(딤후 3:16). 삶의 변화라는 목표를 위해 주의를 기울여야 할 대상은 사건이 아니라, 성령께서 그 사건에 관해 말씀하시는 **이야기**(account)이다. 본문이 특권을 얻어야 한다. 달리 말하면, 본문은 (그것 뒤에 어떤 사건을 파악하려고) 독자가 **통해서** 보는 투명 유리 창문이 아니다('옛' 설교학에서 전통적 석의). 오히려 내러티브는 독자가 그것 **자체**를 보는 스테인드글라스 창문이다('새로운' 설교학에서 신학적 석의).[31] 유리, 색소, 납, 구리, 그리고 색유리를 만드는 데 들어가는 다른 모든 것은 특정 이야기를 말하려고 적절한 효과를 내도록 신중하게 계획된다. 본문으로 된 것이든 아니든 내러티브도 마찬가지이다. 따라서 설교자는 본문에 주의를 기울여야 한다. 단순히 이야기되는 것뿐 아니라, 어떻게 그것이 이야기되며 왜 그런지 살펴야 한다. 저자의 의제, 본문의 취지, 페리코페 신학을 분별하기 위함이다.[32]

요약

화용론(pragmatics) 분야가 설명하듯이, 저자는 본문으로 어떤 일을 **실행한다**. 성경도 다르지 않다. 설교 본문인 한 페리코페는 저자가 **하려는 실행**의 도구이다. 각 페리코페는 하나님의 이상적 세계의 한

---

[31] 스테인드글라스 은유는 Sidney Greidanus, *The Modern Preacher and the Ancient Text: Interpreting and Preaching Biblical Literature* (Grand Rapids: Eerdmans, 1989), 196에서 빌렸다.

[32] 물론 본문 뒤 사건들의 연대기적 구성과 조화가 필요한 곳이 있다. 그러나 이 책에서 우리가 관심을 두는 설교의 초점은 본문 **뒤의** 사건보다 영감으로 된 본문과 그것이 투사하는 그것 **앞에 펼치는** 세계—페리코페 신학—이어야 한다. 그렇게 할 때만 설교 목표인 유효한 적용에 이를 수 있다.

부분을 투사하며, 모든 성경 페리코페의 모든 부분이 모여서 **본문 앞에 펼치는 세계**에 관한 초월적 비전을 만든다. 하나님의 이상적 세계는 그분 교훈이 삶을 통제하고, 그분 우선순위가 삶에서 지배력을 가지며, 그분 실천이 삶을 작동시키는 세계이다. 따라서 페리코페마다, 주마다 하나님의 백성이 그 세계의 교훈과 우선순위와 실천을 따를 때, 그들은 점진적으로 점점 더 하나님의 이상적인 세계에 거주하고, 자기를 하나님의 요구에 맞추며, 언약 갱신이 일어난다. 하나님께서 당신 백성과 가지는 관계를 통제하는, 이 투사된 세계의 각 부분이 바로 페리코페 신학이다. 신학적 석의를 통해 페리코페 신학을 분별하는 일은 설교에 참으로 중요하다. 페리코페 신학을 통해서만 유효한 적용—하나님의 세계에 살기—에 이를 수 있기 때문이다. 따라서 성경은 하나님의 백성이 하나님의 이상적 세계에서 그분 임재로 그분 축복을 누리며 살게 하시는 은혜로우신 하나님의 초청이다. 참으로 원대한 특권이다. **설교는 신학적인 것이다!**

숙고하기(Reflection)

마가복음 11:1~25—그리스도의 왕 되심[33]

> "호산나!
> 찬송하리로다 주의 이름으로 오시는 이여!
> 찬송하리로다 오는 우리 조상 다윗의 나라여!
> 가장 높은 곳에서 호산나!" (막 11:9~10)

마가복음의 제3막(11:1~16:8)은 11:1~25의 페리코페로 시작한다. 여기서 예수님은 죽으시려고 … 예루살렘으로 들어가신다. 주의 깊게 살피면, 그분이 도성과 성전 경내로 들어가심은 자주 언급된다. 실제로 11:1~13:1의 더 큰 부분에서 그런 움직임이 세 번 있으며(A, A′, A″), 그것은 두 차례 무화과나무 저주 이야기로 나뉜다(B, B′). 중심 부분은 성전 정화의 장면이다(A).

---

[33] 이 본문에 관한 더 자세한 내용은 Kuruvilla, *Mark*, 241~53을 보라.

A	예루살렘 입성 I: '예루살렘에', '성전에', '들어가사'(11:11); '나가시니라'(11:11)	11:1~11
	B 무화과나무를 저주하심	11:12~14
A'	예루살렘 입성 II: '예루살렘에', '들어 가니라', '성전에'(11:15); '나가더라'(11:19)	11:15~19
	B' 무화과나무가 마름	11:20~25
A''	예루살렘 입성 III: '예루살렘에', '들어 가니라', '성전에서'(11:27); '나가실 때'(13:1)	11:27~13:1

이 모든 예루살렘 입성(그리고 나가심)은 무엇을 의미하는가? 정확하게 무슨 일이 일어나고 있으며, 마가는 자신이 말하는 내용으로 하려는 **실행**은 무엇인가?

예수님은 방금 '다윗의 자손'으로 불렸으며(10:47~48), 이제 그분은 다른 사람들처럼 걷지 않으시고 나귀를 타고 예루살렘으로 들어가신다. 상징적으로 당신이 메시아임을 나타내시는 듯하다. 나귀를 요청하시는 과정에서(11:2~4), 예수님은 당신 목적을 이루시려고 동물을 요구하는 왕의 특권을 행사하셨을 가능성이 있다. 이러한 왕권의 요소가 은밀하게 이 내러티브에 드리워있다. 왕이 이르셨다! 실제로 이 이야기를 살펴보면, 승리한 로마 황제가 수도로 개선하는 행사의 모든 요소가 반복한다.[34] 이 이야기는 주인공의 인정된 지위(마가복음 8~10장에서 예수님의 세 차례 고난 예언, 그리고 나귀와 길에 놓인 옷이 상징하는 권위, 11:7~8), 공식적이며 의례적인 입성(예수님의 나귀와 군중이 사용한 잎이 많은 나뭇가지, 11:1~11), 하나님을 부르며 환호함(예수님에

---

[34] David R. Catchpole, "The 'Triumphal' Entry," in *Jesus and the Politics of His Day*, ed. Ernst Bammel and C. F. D. Moule (Cambridge: Cambridge University Press, 1984), 321. 또한 Paul Brooks Duff, "The March of the Divine Warrior and the Advent of the GrecoRoman King: Mark's Account of Jesus' Entry into Jerusalem," *Journal of Biblical Literature* 111 (1992): 59~64를 보라.

대한 군중의 탄성, 11:9~10), 성전에 들어감으로써 절정에 이른 도성 입성(예수님의 성전 입성, 11:11), 성전에서 예배 행위(예수님의 성전 정화, 11:15~18)를 포함한다. 예수님은 분명히 당신 '도성'과 당신 '왕궁'으로 들어가는 왕으로 묘사된다. 그리스-로마 배경과 스가랴 14장에서 우리는 예수님께서 예루살렘으로 들어가셔서 그곳에 자신의 거처를 정하시고 통치하시는 가운데 새로운 축복의 시대를 여시리라고 기대했을 테다. 그러나 이 입성은 갑작스럽고 어처구니없는 결말로 끝난다. 단지 한 구절이면 족하다(막 11:11). 예수님은 성전으로 들어가시고 이어서 성전과 도성을 떠나신다. 그분의 예루살렘 입성 II(11:15)과 예루살렘 입성 III(11:27, 앞의 내용을 보라)도 동일하게 빈약하다. 누구도 도성이나 왕의 궁전에서 나와서 그에게 주의를 기울이지 않는다. 다른 말로 하면 이 입성은 아이러니의 핵심이다. 적절하게 환영을 받기보다 예수님은 철저히 무시된다. 왕이 배척받는다![35]

요약하면, 예수님의 예루살렘과 성전 입성에서는 주목할 만한 **아무것도 일어나지 않았다!** 당신 수도와 당신 왕국에 입성하는 왕에게 이것은 최악 모욕 그 자체였다. 옛날에 어떤 도시가 그곳에 들어오는 고관과 군대 승리자에게 통례적 환영식을 하지 않았다면, 심각한 결과를 초래했을 것이다. "복음서 저자 자신은 … 조심스럽게 이 '거리극장'의 안무를 담당하고," 독자에게 **우리는** 왕이신 예수님을 어떻게 대우할 것인지를 스스로 묻도록 자극했을 테다.[36] 제자들 자신은 이 왕에게 반응할 것인가? 우리는 예수님을 적절하게 영접할 것인가?

---

[35] 예수님이 누구신지 깨달았던 것으로 보이는 유일한 사람들은 마가복음 11:1의 '그들'이었다. 그들은 10:46의 갈릴리 출신의 '허다한 무리'로 보이며, 예수님과 제자들과 동행하여 예루살렘으로 왔던 순례자 무리였다. 그들의 열정적인 환호는 시편 118:25~26에 근거한다. 이 구절은 원래 고대의 승리한 이스라엘 왕에게 드려졌던 시였을 가능성이 크다. 하지만 이러한 인정은 예루살렘 군중이 아닌 갈릴리에서 온 무리에게서 온다. 예루살렘 군중은 분명히 이 왕에게 관심을 덜 가질 수 없었을 것이다. 하지만 그 큰 도시에서 누구 한 사람 예수님께 관심을 가지려 하는 이가 없었다.

[36] Duff, "March of the Divine Warrior," 55~56.

5. 설교는 신학적인 것이다   **165**

성전이 있는 산이 바다에 던져질 수 있음을 언급하심(11:23)뿐 아니라 무화과나무를 저주한 이야기(11:12~14, 20~25)와 성전 정화(11:15~19)는 하나님이신 왕을 깨닫지 못하는 자들에게 있을 심판의 위협을 암시한다.

이 장 앞부분에서의 논의, 곧 성경의 정경에서 투사된 비전으로서 하나님의 이상적 세계—그분 나라—에 관한 설명에 비추어, 왕에게 적합한 영접의 중요성이 더욱 강조된다. 하나님의 대리 통치자(공동 통치자)를 인정하고 존중하는 일은 무엇보다 그 섭정의 영역인 그 왕의 왕국 비전을 깨닫는 것을 포함하며, 그것은 성경 정경이 던지는 비전이다. 그리고 성경의 각 페리코페와 함께 그 왕국에 관한 그러한 비전의 한 부분이 페리코페 신학에서 두드러진다. 설교자는 기본적으로 페리코페마다 하나님 왕국의 이런 부분들을 회중에게 나타내 보일 의무가 있다. 설교마다, 하나님의 통치와 그분 왕국의 장엄한 복됨은 그들 상상력을 부추기며, 하나님의 백성은 본문 페리코페 신학에 따라 변화된다. 한 주 한 주 그들은 점점 더 하나님의 이상적 세계에 '거주'하며, 언젠가 그 왕국—왕이신 그리스도가 주권자 되시며 신자들은 그의 복된 신하가 되는—이 온전히 이를 때까지 그 일은 계속된다!

❏ 하나님의 자녀로서 우리 자신은 그분 왕국, 곧 하나님의 이상적 세계에 관한 성경의 묘사에 주의를 기울이는가? 이것은 하나님이신 왕, 예수 그리스도를 바르게 영접하는 일의 한 부분이다. 물론 그 왕국에 주의를 기울임은 그 왕국에 거주함으로 이어져야 한다. 곧, 우리는 그 영역의 교훈, 우선순위, 실천으로 살아간다.

❏ 우리가 개발해야 할 훈련은 (본문을 **통해** 보지 않고) 본문 **자체**를 봄으로써 페리코페 신학에 주의를 기울이는 훈련이다. 그것은 설교자로서 우리 의무의 필수 부분이다. 우리가 하나님, 그의 말씀, 그분 백성을 향해 이행해야 하는 의무이다. 그렇게

하겠다고, 본문과 그 신학을 신중하게 연구하는 일에 시간과 에너지와 자원을 드리겠다고 약속하자.
- 우리 설교 임무의 한 중요한 부분은 또한 하나님의 백성이 이러한 신학적 해석학, 곧 이러한 방식으로 성경을 읽고 하나님의 이상적 세계를 보게 이해하도록 돕는 일이다. 그렇게 할 때만 그들은 설교의 근원적인 목표와 원리를 온전히 이해할 수 있기 때문이다. 이것은 아마도 강단에서 떨어진 장소에서 일 년에 한두 번씩, 한두 번의 강의나 공부 시간을 가짐으로써, 예를 들어 주일학교 학급이나 소그룹 공부를 통해, 가장 잘할 수 있다.
- 그리고 기도하기를 잊지 말자. "주님 나라가 임하옵소서!"

설교는 신학적인 것이다!

설교는 적용을 위한 것이다 6
Preaching Is Applicational

> 제가 깨닫게 하소서.
> 제가 주님 법을 준행하며 전심으로 지키겠습니다.
> 시편 119:34

성경적 설교란, 교회 지도자가 예배하려고 모인 그리스도인 모임에서 성경 페리코페(pericope)에서 신학적 석의로 분별한 핵심 취지와 **그것을 그 특정한 그리스도인 공동체에게 적용한** 내용으로 소통해서, 그들이 그리스도의 형상을 닮아 변화함으로 하나님을 영광스럽게 하는 일인데, 이 모든 과정은 성령의 능력으로 한다.

1976년 6월 27일, 텔아비브에서 파리로 오던 에어프랑스 139편이 이스라엘에 반대하는 팔레스타인-독일 연합 테러리스트들에게 납치됐다. 비행기는 방향을 바꾸어 리비아의 벵가지를 거쳐 우간다의 엔테베(Entebbe)로 향했으며, 거기서 납치범들은 이디 아민(Idi Amin) 대통령의 친-팔레스타인 세력에게 도움을 받았다. 납치범들은 이스라엘인이 아닌 포로를 풀어줬으며 비행기 요원을 석방하겠다고 제안했지만, (한 명의 프랑스 수녀를 포함해) 에어 프랑스 항공편의 유대인 기장과 승무원은 이스라엘인 포로와 결속해 떠나지 않겠다며 거절했다. 그리고 테러리스트들은 4일 안에 이스라엘과 다른 곳의 50여 명의 팔레스타인 죄수를 석방하지 않으면 포로를 죽이겠다고 협박했다.

일주일 후, 결국 105명의 포로 중 세 명을 제외한 모두를 해방하는 놀랄만한 90분의 습격이 시작됐는데, 이때 이스라엘군은 은밀하게 엔테베에 착륙했고, 습격팀은 포로들이 억류된 터미널로 들어갔다. 그들은 확성기를 사용해 히브리어와 영어로 외쳤다. "앉은 채로 있으시오! 앉은 채로 있으시오! 우리는 이스라엘 병사입니다!" 아마도 그것은 모든 이스라엘 사람에게 익숙한 군사 훈련이었을 것이다. 하지만 군말 없이 모든 인질은 즉각적으로 바닥에 엎드렸다. 장 자크 미무니(Jean-Jacques Mimouni) 한 사람만 예외였다. 실제로 그는 소란이 시작되었을 때 일어섰다. 계획대로 습격팀은 서 있는 모든 사람에게 발포했으며, 미무니는 일곱 명의 납치범과 함께 죽었다.[1]

미무니가 이스라엘 특공대가 하는 말을 듣고 이해한 것만으로는 충분하지 않았다. 그들 말이 그에게 유익했으려면 그것을 적용해야 했기 때문이다. 불행하게도 그는 그렇게 하지 않았다. 성경에서 하나님께서 말씀하시는 것도 그렇다. 참으로 성경은 더욱 그렇다. 이 책의 말은 사람의 말이 아니라, 영속적이며 중대한 구속력 있는, 하나님의 말씀으로서 하나님과 사람 사이 관계에 큰 영향을 미치며, 그 결과는 영원하기 때문이다. 16세기 영국 성경학자(그리고 순교자) 윌리엄 틴데일(William Tyndale)은 성경을 적용해야 할 필요성을 감동적으로 선언한다.

---

[1] 공습팀은 인질들과 함께 퇴각하다가 우간다 군인의 공격을 받았으며, 이스라엘 지휘관 요나탄 네탄야후(이스라엘 리쿠드 당 정치인 벤자민 네탄야후의 형)가 전사했다. 그는 특공대 대원의 유일한 전사자였다. 그를 기념하여 원래 암호명이 썬더볼트였던 이 작전명은 그것이 끝난 후에 요나탄 작전으로 바뀌었다. 이스라엘과 우간다 병력 사이의 교전으로 다른 인질 두 명이 죽었다.

사람이 귀하고 비싼 보석을 가졌더라도 그 가치를 모르거나 그것을 사용할 줄 모르면, 그는 조금도 경제적으로 나아지지 않는다. 마찬가지로 우리가 성경을 읽고 그것을 말하기를 멈추지 않더라도, 그 용도를 모르면, 왜 성경을 줬으며 성경에서 무엇을 찾아야 하는지 모른다면, 우리는 성경에서 아무 유익을 얻을 수 없다. 따라서 성경을 읽고 말하는 것만으로는 충분하지 않다. 우리는 또한 밤낮으로 끈기 있게 하나님께 구해야 한다. 왜 성경을 주셨는지 깨닫고 우리 각자가 자기 상처에 성경이 제시하는 처방을 적용할 수 있게 해주시기를 기도해야 한다. 그렇게 하지 않으면, 우리는 끊임없이 쓴 껍질을 갉작거리지만, 맛있는 속 부분에는 이르지 못하는, 헛된 말로 헛된 논쟁을 벌이며 떠들어대는 자로 남는다.[2]

성경은 단지 그 신학적 취지를 끌어내는 데 설명만 돼서는 안 되며, 청중이 그것에서 유익을 얻게 설교에 적용해야 한다. 그러므로 하나님의 말씀에 있는 하나님의 뜻을 하나님의 백성에게 해설하는 일인 설교는 적용적이어야 한다.

적용 필요성(The Demand of Application)

청중의 상황과 환경에 본문(text)을 적용하는 일은 설교가 목표하는 바이다. 성경은 그것을 자기들 성경으로 인정하는 사람들이 적용해야 하는 본문이다. 그리고 그 적용으로 하나님의 공동체는 하나님의 뜻에다 더 자기를 맞춘다. 이것은 모든 시대 모든 곳에서 하나님의 백성에게 사실이다. 따라서 계속해 성경이, 그 메시지가 이어지는 세대에서 연관성(relevance)이 있음을 스스로 단언함은 놀라운 일이 아니

---

[2] William Tyndale, "A Prologue by William Tyndale Shewing the Use of the Scripture, Which He Wrote before the Five Books of Moses," in *The Works of the English Reformers: William Tyndale and John Frith*, 3 vols., ed. Thomas Russell (London: Ebenezer Palmer, 1831), 1:6 (틴데일의 고어체의 표현은 현대식으로 개정됨).

다. 성경은 "무엇이든지 전에 기록된 바는 **우리** 교훈을 위하여 기록된 것"임을 확증한다(롬 15:4).3 설교에 성경 페리코페들 활용은 적용과 삶의 변화라는 이 목표를 성취하려 함이다. 그것들은 하나님의 백성이 하나님의 뜻에 맞추어가는 독특하고도 중요한 도구로서 신학적으로 중요한 역할을 한다. 성경 페리코페는 언약 갱신의 도구이다(「5. 설교는 신학적인 것이다」에서 논의함).

하지만 정확하게 어떻게 "우리 교훈"(롬 15:4)이 이 역사적인 두꺼운 책에서부터 이뤄지는지는 설교자에게 계속해서 버거운 짐이다. 고대 본문과 현대 청중의 간격을 연결하는 일은 계속해서 부담되는 도전이다. 샌드라 슈나이더스(Sandra Schneiders)는 어떻게 이 둘이 만나는지는 참으로 '어려운 문제'라고 고백한다. 시간, 공간, 문화, 언어, 가치, 태도 등이 그것들을 나누기 때문이다.4 스탠리 포터(Stanley Porter)는 고대 본문에서 현대 청중으로 이러한 이동이 "상상할 수 있는 가장 힘든 지적인 임무의 하나"—성경이 설명되어야 할 때마다 설교자가 직면하는 임무—라는 점에 동의한다. 계속해서 그는 말한다. "이 일이 참으로 쉽다고 말하는 사람이 있다면 그는 아마도 거짓말을 하고 있거나 그러한 임무에 매우 서툰 사람일 것이다. 혹은 그 일에 경험이 많아 그것이 지적이며 영적인 임무임을 잊어버린 사람일 것이다."5 어려운 일이어도, 설교라는 모험의 이런 측면의 중요한 특성을 부인할 수 없다. 하나님의 백성이 하나님의 뜻을 따라야 한다면 본문에서 적용으로 이동은 설교자가 수행해야 할 의무이다. 따라서 성경의 **그때**에서부터 청중의 **지금**으로 운행을 이끄는 일이

---

3 신명기 4:10; 6:6~25; 29:14~15; 열왕기하 22~23장; 느헤미야 7:73b~8:18; 마태복음 28:19~20; 고린도전서 10:6, 11; 디모데후서 3:16~17도 보라.

4 Sandra M. Schneiders, "The Paschal Imagination: Objectivity and Subjectivity in New Testament Interpretation," *Theological Studies* 46 (1982): 65.

5 Stanley E. Porter, "Hermeneutics, Biblical Interpretation, and Theology: Hunch, Holy Spirit, or Hard Work?," in I. Howard Marshall, *Beyond the Bible: Moving from Scripture to Theology* (Grand Rapids: Baker Academic, 2004), 121.

설교자에게 부과된 임무이다. 이전 시대에 쓰인 글이 커다란 간격을 넘어 옮겨져서 이후 시대에 적용되어야 한다. 설교자의 이러한 운명, 곧 특정 성경 페리코페를 그들 청중에게 적용하는 일은 쉽지 않다. 매주 이들 대담무쌍한 설교자들은 고대 본문과 현대 청중의 간격을 이어야 한다.6

설교는 하나님의 말씀이 말하는 신학적 취지를 설명하는 일이며, 또한 그 메시지가 실제로 필요한, 실제 삶을 사는 실제 사람들에게 그것을 적용하는 일이다. "하나님의 계시된 진리가 성경에서부터 오늘날 남성과 여성의 삶으로 흘러 들어가게 하려고" 권위를 가진 본문은 관련된 실천으로 이어져야 한다. 곧, 본문은 적용되어야 한다.7 다른 말로 하면, 성경 본문은 신중하게 연구하고 특권을 줘서, 하나님의 백성 가운데 경건함을 진전시키도록 설교해야 하며, 그리하여 교회가 하나님의 영광을 위하여 "거룩하고 흠이 없게"(엡 1:4; 5:27) 그리스도의 형상을 본받게 해야 한다.8 말씀을 적용하려는 그러한 관심은 오래전부터 유대인과 그리스도인 공동체 모두에서 지배적이었다. 필론(Philo)이 증언하듯이, 적용을 위한 강해 설교는 회당 예배에서 고정적으로 행해졌다.

> 일곱째 날[안식일]에 모든 도시에 백성 앞에, 지혜와 자기 통제와 용기와 의와 다른 미덕을 가르치는 셀 수 없이 많은 학교가 열려 있었

---

6 James D. Smart, *The Strange Silence of the Bible in the Church: A Study in Hermeneutics* (London: SCM, 1970), 33~34에서는 이것을 '위험한 길'이라 했다. 나는 이러한 간격을 연결하는 문제를 설교의 모험 맥락에 위치시키지만, "어떻게 우리는 고대 본문에서 현대 청중으로 나아가는가?" 혹은 "나는 어떻게 이 본문을 적용하는가?"라는 질문은 예배나 성경 공부 그룹이나 주일학교 학급, 심지어 개인 성경 읽기에서 수행하는, 적용에서 절정에 이르도록 의도된 모든 성경 강해에 관한 질문이다.

7 John R. W. Stott, *Between Two Worlds: The Art of Preaching in the Twentieth Century* (Grand Rapids: Eerdmans, 1982), 138.

8 그리스도 형상으로 변화에 관한 개념은 「7. 설교는 변화를 위한 것이다」를, 설교의 궁극적 목적이 하나님의 영광이라는 사상은 「8. 설교는 하나님의 영광을 위한 것이다」를 보라.

다. … 몇몇 경험이 있는 사람이 선하고 유익한 것을 [회중에게] 가르쳤으며, 그로 인해 그들 삶 전체는 정직함에 헌신할 수 있었다.9

적용을 중시하는 유대인 성향은 교회에서도 이어졌다. 2세기 초 순교자 유스티누스(Justin Martyr)는 로마에서 예배를 묘사하면서 복음서를 읽은 후 "지도자가 말로 가르치고 이러한 선한 일을 모방하라고 권면했다."라고 말했다.10 후에 기독교 변증가 테르툴리아누스(Tertullian)는 "우리는 모여서 우리 거룩한 글을 읽고, … 하나님의 교훈을 가르침으로써 **선한 습관을 확증한다.**"라고 썼다.11 아우구스티누스(Augustine)는 성경 강해자의 목적이 "(회중이) 이해와 즐거움과 **순종으로** 듣게 하는 일"이라고 선언했다.12 따라서 교회 역사에 걸쳐 성경 적용은 해석의 완성으로 생각했다. 하지만 설교에서 다루어지는 특정 본문으로부터 얼마나 정확하게 가치 있는 적용을 끌어낼 수 있는지는 명확하게 설명되지 않았다. 설교자가 회중의 영적 지도자이자 안내자이므로(「2. 설교는 목회적인 것이다」를 보라), 그런 사람으로서 설교자는 양 떼에 그 본문의 구체적 적용을 제공해야 한다. 참으로, 적용을 제공하는 일은 다른 모든 종류의 기독교 강연과 설교를 구분한다. 13세기까지 거슬러 올라가는, 설교에 대한 가장 오래된 교과서에서 쇼밤의 토마스(Thomas of Chobham)는 이렇게 단언했다.

설교는 믿음과 도덕에 관한 지식을 위해 하나님의 말씀을 선언하는 일이다. … 다른 것들은 강연과 논쟁을 위해 유보하라.13

---

9 *On the Special Laws* 2.15.62.

10 *First Apology* 67.

11 *Apology* 39 (*ANF* 3:46).

12 *On Christian Doctrine* 4.26.56. 그리고 그는 배움의 과정이 행위로 이어지지 않으면, 청중에게 진리를 설득하는 일이나 말로 그들을 즐겁게 하는 것이 헛되다고 공공연히 비난하였다(*On Christian Doctrine* 4.13.29).

13 Thomas of Chobham, *Summa de arte praedicandi* ("Essence of the Art of Preaching"), Corpus Christianorum: Continuatio Mediaevalis 82, ed.

하나님의 영광을 위하여 삶을 변화하게 하려는 자극은 설교가 유일무이한 기독교 의사소통 형태이게 한다. 말할 필요도 없이 설교는 적용을 제안해야 하며 또한 듣는 이는 성경에서 배운 바를 실제로 자기에게 적용해야 한다. 야고보서 1:22~25는 적용의 중요성을 강조한다. "너희는 말씀을 행하는 자가 되고 듣기만 하여 자신을 속이는 자가 되지 말라." "실천하는 이 사람은 그 행하는 일로 복을 받기" 때문이다. 오직 개인적 적용으로, 본문은 궁극적으로 그 의미를 성취한다. 따라서 가다머(Hans-Georg Gadamer)는 적용이 해석 과정에 필수 부분이라고 주장한다. 본문이 의도한 목적을 성취하려면 해석은 적절하게 적용을 포함해야만 한다.14 따라서 성경 페리코페는 지식을 전하는 것(informing) 이상이다. 또한 변화하게 한다(transforming). 그것이 가진 신학적인 취지(페리코페 신학)를 적용함은 하나님의 백성을 하나님의 뜻에다 일치시키며, 그들이 **본문 앞에 펼치는 세계**의 교훈, 우선순위, 실천을 채택함으로써 그 세계에 살게 하기 때문이다. 다른 말로 하면 적용은, 페리코페 신학을 실행함이다.

적용의 구체화(The Specification of Application)

따라서 적용은 설교에 없어서는 안 될 요소이다. 참으로, 적용은 설교의 종착점이다. 적용이 없이는 설교는 미완성이다. 적용이 없이는 설교의 밭은 묵히는 땅이며, 말씀 전파는 열매가 없는 채로 남고, 설교는 결과가 없다. 따라서 페리코페 신학을 설명하는 것만으로는 충분하지 않다. 각 설교에서 그 신학이 어떻게 실제 삶과 만나는지,

---

Franco Morenzoni (Turnhout, Belgium: Brepols, 1988), 14 (8~9, 16~17행; 필자의 번역).

14 Hans-Georg Gadamer, *Truth and Method*, 2nd rev. ed., trans. Joel Weinsheimer and Donald G. Marshall (London: Continuum, 2004), 307을 보라. 또한 Paul Ricoeur: "Interpretation actualizes the meaning of the text for the present reader" (*Hermeneutics and the Human Sciences: Essays on Language, Action and Interpretation*, ed. and trans. John B. Thompson [Cambridge: Cambridge University Press, 1981], 85, 159)를 보라.

어떻게 정확하게 페리코페 신학이 적용될 수 있는지, 어떻게 하나님의 백성이 그 특정 본문에 구체적으로 반응할 수 있는지 제시함도 설교자 의무이다. 따라서 앞에서 말했듯이, 설교 과정은 두 가지 측면을 가진다. 페리코페 신학을 강해하는 것(**신학으로 이동**, 곧 본문으로부터 페리코페 신학으로)과 어떻게 그 신학이 실제 삶에서 적용될 수 있는지 보여주는 것(**적용으로 이동**, 곧 페리코페 신학에서 적용으로)이다 (도식 6.1을 보라).

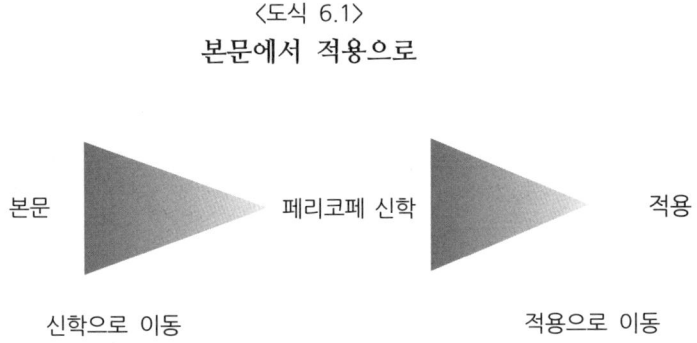

〈도식 6.1〉
본문에서 적용으로

이것이 설교 핵심에 있다. 곧, 성경 본문에서 하나님께서 요구하시는 바가 하나님 공동체의 구체적 환경과 관련되게 하고, 그 공동체가 하나님을 영광스럽게 하려고 하나님의 뜻을 따르게 하며, 그리하여 언약 갱신이 일어나게 한다.15 그렇게 페리코페 신학을 신자의 특정 상황에 적용함으로써 타락한 세상의 가치는 점차로 허물어지고,

---

15 다시 한번, '하나님의 요구'는, 실제로 하나님께서 인간을 은혜로 초청하시고 우리가 하나님의 새로운 세계에서 하나님의 뜻을 따라 살 가능성을 제공한다. 필자가 자주 '요구(demand)'라는 단어를 사용함은 단순히 그것이 우리가 거절할 수 있는 초청이지만, 그러한 은혜로운 초청을 거부한다면 심각한 결과를 가져온다는 점을 필자 자신에게 상기하게 하려 함이다. 사람이 하나님의 초청을 어떻게 생각하든 그것이 가진 규범적이고 표준적인 특성을 잊어서는 안 된다. 따라서 그것은 하나님의 **요구**이다.

하나님의 이상적 세계의 교훈, 우선순위, 실천이 점점 더 공동체의 삶에 세워진다. 이것은 "주님 나라가 임하옵시며"를 인정함이 의미하는 바의 한 부분이다.

설교의 두 번째 단계인 '신학에서 적용으로'에서, 본문의 취지는 청중의 상황과 환경에 놓인다. 이것은 성경 본문이 시간과 장소를 초월해서 가치를 유지하며 각 세대의 독자와 지속해 연관되는 방식이다. 사무엘상 15장의 구체적인 특색—선지자, 왕, 목소리, 적, 실패—은 힘과 파토스와 잠재력을 가진 그 페리코페 신학을 전했다(이솝 우화의 구체적인 요소—개, 뼈, 다리, 비친 모습, 잃어버림—가 그랬듯이). 이제 적용에서, 페리코페 신학을 청중이 절실하게 깨닫는 과정에서 고려해야 함은, 본문의 요소가 아닌 청중의 구체적 요소—그들 환경, 태도, 성향, 영적 성숙—이다. 우리가 단순히 사무엘상 15장 전체 에피소드를 기원전 11세기에 선지자 사무엘과 사울 왕 사이에 일어났던 어떤 것으로 본다면, 그 내러티브에 등장하는 '목소리'는 들리지 않고, 오늘 우리와는 아무런 관련이 없다. 그보다도, 사무엘상 15장은 영속적이며 중대한 구속력 있는 성경 정경의 필수 부분이므로, 우리는 이 특정 페리코페가 고대 이스라엘 선지자와 통치자 사이 거래를 초월하는 어떤 것을 다루고 있을 뿐 아니라 지금 이곳에서 삶을 위한 지침을 우리에게 주는 것처럼 그것을 듣는다. 따라서 설교자의 첫째 임무가 페리코페 신학을 청중에게 전달하기라면, 설교자의 의사소통 둘째 임무는 그 신학을 그들 삶에 적용하는 구체적인 방식을 그들에게 제공하기이다. 영성 개발(변화)은 적용을 제공할 때 일어난다.

하지만 설교자가 사무엘상 15장의 이 내러티브를 설교할 때 단순히 청중에게 "세상의 음성보다 하나님의 음성을 들으라!"라고만 권고하면 그리 도움이 되지 않는다. 페리코페 신학을 정확하게 나타내기는 하지만, 이것은 특정 행동을 할 책임을 전적으로 청중에게 지우는 관념적 명령일 뿐이다. 그들은 이것이 구체적으로 그들 삶에서 무엇을 의미하는지 스스로 파악하도록 방치된다. 그러한 일반화는 하나님의 백성 편에서 보여야 하는 구체적 반응을 위한 특이성을 제공하지 못한다. 내 청중(그리고 나 자신)은 사무엘상 15장 설교를 들은 후 월요일에 이 페리코페 신학을 어떻게 실천할까? 하나님의 음성을 좀 더 열심히 듣고 세상의 음성을 차단하려면, 우리는 구체적으로 무엇을 할 수 있는가? 청중은 페리코페 신학을 실행에 옮기는 일에 도움이 필요하다. 이것이 설교자를 세우는 이유다. 그는 하나님과 동행하며 하나님을 아는 사람, 하나님의 말씀을 자세히 들여다보고 공부하는 사람, 양 떼를 사랑하고 그들을 위해 기도하는 사람, 그들 영적 성장과 성숙을 추구하는 사람이다. 그리하여, 적용으로 청중을 돕고, 삶에서 그들 안내자와 그들 영적 여정의 인도자가 됨은 하나님의 길과 사람의 길에서 지혜롭고 분별하는 마음을 가진 이러한 개인에게 달렸다.

설교자는 본문에서 페리코페 신학으로 이동뿐 아니라 신학에서 회중의 삶 환경으로, 곧 페리코페 신학을 실제 사람의 실제 삶으로 적용하는 이동으로 나아가야 한다. 목사들이 회중에게 "하나님의 목소리를 듣고 세상의 목소리를 듣지 말라"와 같은 구체적이지 않은 추상 개념 밖에 제공할 것이 없다면 그들은 단지 거의 적용되지 않을 종교적 진부함만 공급하고 있을 뿐이다. 그것은 결혼생활에 문제가 있는 커플에게 "서로 사랑하라!"라고 충고하는 결혼 상담자와 같을 것이다. 그러한 일반적 원칙은 도움이 되지 않는다. 물론 그러한 진리를 확정하는 것이 상담자의 의무이기는 하지만, 그들은 또한 어떻게 "서로 사랑하라!"가 그렇게 어려운 결혼생활이라는 구체적 환경에서 구체적으로 실천될 수 있는지 보여주는 다음 단계로 나아가야 한다. 설교도 마찬가지이다. 영적인 지도자, 부모와 같은 인물, 장로, 제자 삼는 이, 목자와 목사인 설교자는 자신이 설교한 본문이 가진 신학적 취지에 근거한 **구체적** 적용으로 양 떼를 안내할 의무가 있다. 구체성은 적용의 본질이다. 설교를 통해 삶의 변화를 추구한다면 구체적인 적용은 절대로 필요하다.

비즈니스 작가인 칩 히스(Chip Heath)와 댄 히스(Dan Heath)는 말한다. "[삶과 태도에서] 모든 성공적 변화는 모호한 목표에서 구체적인 태도로 전환을 요구한다. 요약하면, 전환을 일으키려면 **결정적 이동을**

대본에 쓸 필요가 있다."16 이렇게 "중요한 이동을 대본에 쓰는 일"은 설교자의 임무이다. 그것은 신학에서 적용으로 이동이다. 칼 바르트는 이것을 신학을 "신문에서 쓰는 언어"로, 청중의 자국어와 고유어로, 그들 시대와 삶의 상투적인 말로, 특정 관습과 태도로 "번역하는 것"이라고 말했다.17 설교에서 그러한 유효하고 구체적인 적용으로 번역이 일어나지 않으면, 하나님의 백성을 하나님께서 요구하시는 것에 맞추려는 목표는 성취되지 않는다. 따라서 설교의 이러한 2차 단계—페리코페 신학에서 적용으로 이동—는 참으로 하나님의 말씀을 전파함으로써 육성해야 할, 교회의 믿음과 행함을 위해 중요한 이동이다.

이 모든 것은 설교자가 청중을 잘 알고 있어야 함을 의미한다. 어떻게 아무것도 모르는 사람들에게 꼭 맞는 적용을 말할 수 있는가? 소크라테스는 말한다.

> 사람을 설득하는 일이 연설의 기능이므로, 연설가[또는 웅변가]가 될 사람은 사람마다 차이를 알아야 한다.18

16세기에 발행한 영어로 된, 설교에 관한 첫째 책에서 청교도 윌리엄 퍼킨스(William Perkins)는 적용이 "장소, 시간, 사람의 환경이 요구하는 대로 적절하게 되도록" 하라고 요구했다.19 그것은 설교가 **목자의 일**(목회적)이어야 하는 또 다른 중요한 이유이다. 목사-설교자는 양 떼에 책임이 있으며 그들을 돌볼 뿐만 아니라 그들 영적 상태와

---

16 Chip Heath and Dan Heath, *Switch: How to Change Things When Change Is Hard* (New York: Broadway, 2010), 53~54.

17 Karl Barth, *Dogmatics in Outline* (London: SCM, 1966), 32~33.

18 Plato, *Phaedrus* 271. 예수님도 이 원리를 따르셨다. "예수께서 이러한 많은 비유로 그들이 알아들을 수 있는 대로 말씀을 가르치셨다"(막 4:33).

19 William Perkins, *The Arte of Prophecying; or, A Treatise concerning the Sacred and Onely True Manner and Methode of Preaching*, trans. Thomas Tuke (London: Felix Kyngston, 1607), 99 (옛 표현을 현대 표현으로 바꿈).

성장을 예민하게 알고 있는 사람이기 때문이다. 하나님의 백성에 대한 부담이 있으며 그들의 특별한 상황에 민감한 그런 사람은 청중에게 적합하며 청중이 하나님과 동행하는 곳에 적합한 적용을 만들어 낼 수 있는 자격을 갖춘 자이다.

신학에서 적용으로 이동 작업은 설교자가 설교를 듣는 하나님 백성의 특정 공동체에 대한 의무와 책임뿐 아니라 해석의 새로운 상황에 주의를 기울이라고 한다. 어떤 면에서 설교자는 방금 그가 머물렀던 곳이 안내하는 대로 과거를 주시하며 뒤로 걷는 사람과 같다. 곧, 그는 성경의 페리코페에 초점을 맞추며 그 신학에 좌우된다. 하지만 그는 또한 과거에서 **눈을 돌려** 미래로 향한다. 곧, 그는 구체적인 적용을 통해 페리코페 신학을 청중의 삶으로 번역하면서 청중에게 다가간다.20 따라서 설교는 본문에 충실할 뿐 아니라, 또한 적용에서 청중과 연관성을 맺으며 그들에게 충실해야 한다. 16세기 라틴 교부인 그레고리 대제(Gregory the Great)는 이렇게 말했다.

> 모두에게 하나의 동일한 권면을 말함은 적합하지 않다. 품성의 같은 특성으로 그들을 다 포용할[통일할] 수 없기 때문이다. … 따라서 각 개인의 필요에 맞도록 교사의 가르침을 청중의 성격에 맞추어야 한다.21

청중에게 의미 있는 유효한 적용에 다다름이 설교 목표이다.22 사무

---

20 필자는 키스 존스턴(Keith Johnstone)이 "즉흥 연주자는 뒤로 걷는 사람과 같아야 한다"라고 한 말에서 이 은유를 차용한다(Keith Johnstone, *Impro: Improvisation and the Theatre* [London: Methuen, 1981], 116). 그런 의미에서 설교자도 불변의 본문에서 새로운 적용을 만들어내면서 즉흥 연주를 한다. Abraham Kuruvilla, *Text to Praxis: Hermeneutics and Homiletics in Dialogue*, Library of New Testament Studies 393 (London: T&T Clark, 2009), 176~80을 보라.

21 *The Pastoral Rule*, prologue to part 3, in St. Gregory the Great, Pastoral Care, trans. Henry Davis, Ancient Christian Writers 11 (Westminster, MD: Newman, 1950), 89.

왕상 15장으로 되돌아가서, 분명한 적용은 앞에서 말했듯이 "세상의 목소리보다 하나님의 목소리를 들으라!"라는 다소 추상적인 명령이다. 분명히 그러한 추상적 개념을 제공하는 일은 설교자에게는 편하다. 그와 같은 권고를 찾아내기에는 그리 큰 노력이 필요하지 않다. 하지만 그것은 청중에게 순종을 몹시 어렵게 한다. **나는 어떻게 이것을 해야 하는가? 어디서 시작하는가? 세상이 아닌 하나님의 음성을 들으려면 나는 무엇을 해야 하는가?** 그런 것들이 궁금한 채로 남아있다. 구체성이 적용의 본질이라면 설교자는 삶을 변화시키는 구체적 방법을 제공해야 한다. 창의적이며 구체적이며 흥미를 돋우는 방법 말이다. 그것은 청중이 삶을 설교 페리코페 신학에다 일치시키는 평생의 여정을 시작하게 한다는 개념이다. 따라서 설교자의 의무는 청중을 움직이는 것, 그들이 첫발을 내딛게 하고 그것이 습관이 되며, 기질이 되고, 그들 인격의 일부가 되기를 희망하는 것이다. 적용은 영성 계발이 시작하고 계속하게 하는 일이다. 말할 필요도 없이, 창의적이고 구체적이며 흥미를 돋우는 적용을 발견하는 일은 힘든 작업이다. 어떤 학자의 말처럼 "적용으로 나아가는 일은 … 상대적으로 단순하지" 않다.23 그렇다! 매주 창의적이고 구체적이며 흥미를 돋우는 적용을 찾아내는 일은 설교자가 가진 모든 목회적인 민감성, 분별, 지혜를 요구한다. 그것은 평생 그리스도인으로서 성숙해 가는 과정에서 계발된다. 막대한 시간과 에너지의 투자는 말할 것도 없다. 힌트를 말하자면, 종종 나는

---

22 의미 있는 적용은 다른 종류 적용일 수 있다. 고전 수사학은 화자가 추구하는 청중 반응의 세 가지 방향(「4. 설교는 소통을 위한 것이다」에서 언급한 대로 세 종류의 수사)을 알고 있다. 그것은 사건의 **법정적**(forensic) 평가(생각의 변화), 행동의 **심의적**(deliberative) 결심(행동의 변화), 특정 신념이나 가치에 대한 **의식적**(epideictic) 칭찬(감정의 변화)이다. Quintilian, *Institutes of Oratory* 3.7~9; Anaximenes, *Rhetoric to Alexander* 1421b; Aristotle, *Rhetoric* 1.3.1을 보라. 이러한 수사학적 목적의 세 가지 형태와 평행으로 설교의 적용 또한 하나 이상의 이런 다양한 목표를 가질 수 있다. 그것은 생각의 변화(인식적 반응), 행동의 변화(의지적 반응), 감정의 변화(감정적 반응)이다.

23 Allen P. Ross, *Creation and Blessing: A Guide to the Study and Exposition of Genesis* (Grand Rapids: Baker, 1997), 47.

특정 적용을 찾는 일에 진전이 없을 때 자신에게 먼저 "내가 설교하는 이 페리코페 신학에 반응하여 **나 자신은** 구체적으로 무엇을 할 수 있는가? 이 본문이 요구하는 바의 결과로써 구체적으로 나 자신의 삶은 어떻게 변화해야 하는가?"라고 묻는 것이 큰 도움임을 발견한다. 결국, 설교자 자신의 삶은 그들이 설교하는 설교의 영향을 받아야 한다. 그리고 상당히 자주 이러한 자기 점검을 통해 내가 발견하는 적용은 내 청중에게 상당히 적합하다.24

적용의 다양성(Multiplicity of Applications)

사무엘상 15장 설교에서, 아마도 설교자는 이 경우를 교회적으로 성경 읽기나 성경 암기 프로그램같이 하나님의 음성을 듣는 일에 좀 더 열심을 내려고 사용할 테다. 설교자는 미디어와 인터넷을 좀 더 절제하도록 권장함으로써 세상 목소리가 더 조금 들리도록 격려할 수도 있다. 하나님의 음성을 듣지 **않은** 것에 회개가 적절한 반응일 수도 있다. 기타 등등 우리의 창의적 지성이 생각할 수 있는 무엇이든 페리코페 신학과 일치하는 구체적이며 흥미로운 적용이 가능하다.

다양한 적용이 가능하다는 이러한 생각은 종교적 문헌과 관계되며, 또한 법적 문헌 해석에서도 비슷하게 적용된다. 설교자와 법리학자는 그들 정경적 본문(한 경우는 성경, 다른 경우는 헌법)을 그들 특정 경청자에게 적용하려고 하기 때문이다. 두 분야 모두 이들 전문직 종사자의 임무는 개념적으로 평행을 이룬다. 교회에서 같이 법정에서도 그렇다. 원래 글의 상황과 환경과 거리가 있을 뿐 아니라 다르기도 한 상황과 환경에서, 합당한 적용이 권위 있는 본문에서 이뤄져야 한다. 참으로, 법적 문헌은 본문에서부터 '신학'으로, 또 적용으로 나아가는 예로 가득하다. 예를 들어, 미국 헌법은 국회가 "육군을 창설하고 지원

---

24 참으로, 나는 설교를 준비할 때마다 그렇게 하는 습관이 생겼다. 내가 내 청중에게 하라고 요청할 것을 먼저는 나 자신에게 요구한다. 설교자의 삶이 양 떼에게 모범이 되는 것의 중요함은 「2. 설교는 목회적인 것이다」, 「9. 설교는 영적인 것이다」를 보라.

하도록", "해병을 구비하고 유지하도록", "정부에 관한 규정과 육군과 해군의 법규를 만들도록" 권한을 준다(조항 I, ¶8, 12, 13절). 당연히, 1789년에 제정된 이 칙령은 공군 지원을 언급하지 않는다. 하지만 군대의 이 분과에 관해 아무런 명시적 언급이 없어도 미국 정부는 공군을 창설하고 지원하며, 물품을 공급하고 유지하며, 관리하고 통제한다. 그렇다면 아마도 그 18세기 말의 문서에서 '육군'과 '해군'이라는 용어는 연방정부가 이상적으로 **모든** 방식의 국가 방위 사업을 통제하는 **본문 앞에 펼치는 세계**를 투사했을 것이다. 헌법의 명령이 말하는 화용론적('신학적') 취지는 생각할 수 있는 모든 군사적 세력이 미국 국회에 의해 설립되고 유지될 가치가 있음을 나타냈다. 그러한 '신학'은 필연적으로 공군을, 그리고 잠재적으로 우주 군대나, 아마도 미래에 로봇 군대까지도 유효한 적용으로 포함한다. 그것들 모두 **본문 앞에 펼치는 세계**, 조항 I, ¶8의 '페리코페 신학'과 어울리고 일치한다.

본문에서 신학을 거쳐 미래의 수많은 가능성 있는 적용으로 나아가는 이런 이동의 근거는 분명하다. 어떤 정경도, 그것이 미국 헌법이든 그리스도인의 성경이든 모든 시대 모든 장소의 모든 사람을 위한 모든 가능한 적용을 명시적으로 표현해야 하는 짐을 지도록 기대할 수 없다. 그러한 임무를 생각하는 것조차도 불가능하다는 것이 즉각적으로 분명하다. 따라서 이러한 법정과 교회의 정경은 **본질적으로/내재적으로** 다양한 적용을 품고 있다. 다시 말해, 성경의 페리코페 신학은 무한한 방식으로 적용될 수 있다. 필자는 사무엘상 15장 설교에서 회중에게 성경 읽기 프로그램을 말할 수 있다. 다른 설교자는 소그룹에서 책임 있는 인터넷 사용을 적용으로 선택할 수 있다. 또 다른 설교자는 회중을 회개 기도로 안내할 수 있다. 참으로 가능성은 끝이 없다. 본문은 "이론적으로 무한한 수의 실현[적용]을 허용하는 이상적 의미의 풍성함을" 지니며 "그 적용들 각각은 다소 독창적이며 서로 다르다."[25] 그러한 가능성 있는 적용의 다양성에 관한 개념은 성경의 본질적인 특성이다. 이것은 기록된 하나님의 말씀이 시간의 경계를 초월

---

25 Schneiders, "Paschal Imagination," 64.

하고 특정 세대 독자의 필요 너머로 갈 수 있게 한다. 그리하여 성경은 미래에 그 유용성이 보장되고 모든 곳에서 항상 모든 하나님의 자녀에게 영속적이고 중요하며 구속력 있는 책이 된다.

의의(significance)에 관한 한 마디

사무엘상 15장의 신학적 취지는 하나님의 백성이 계속해서 항상 하나님의 말씀에 귀를 기울이고 세상의 소리에 미혹되지 않는 **본문 앞에 펼치는** 이상적인 세계를 묘사한다. 만일 필자 설교를 듣는 회중이 전반적으로 인터넷 음란물(미혹하는 세상의 '소리')에 중독되어 하나님께 불순종하기 쉽다면(아마 나는 이러한 악에 붙잡혀 있는 젊은이들 무리에 관해 말하고 있을 수 있다) 나는 한 가지 적용으로서 목사의 권위로 그들에게 인터넷 필터링 소프트웨어 프로그램을 설치하거나, 그들이 신뢰하는 한 친구에게 언제든지 그들의 웹 브라우저 기록 폴더를 검사할 수 있도록 허락하라고 권면할 수 있다. 물론 "인터넷 필터를 설치하라!", "책임 동료에게 당신의 브라우저 기록 폴더를 검사하도록 허용하라!" 등은 사무엘상 15장의 신학적인 취지에서 직접 떠오르는 명령은 아니다. 그 페리코페 신학에서 유추할 수 있는 유일한 직접적 적용은 "하나님의 음성을 듣고 세상의 소리를 듣지 말라!"라는 추상적 명령이다. 하지만 필터나 책임 동료와 관련된 내 조언은 분명 분별력 있으며, 주의를 기울인다면 내 청중이 하나님의 목소리를 듣는 직접적 적용을 성취하도록 도울 수 있다. 필터링 소프트웨어를 설치하는 일이나 다른 이들에게 책임을 지우는 일은 하나님의 백성이 하나님의 이상적 세계에 온전히 거하는 방향으로 나아가도록 돕고 그들이 그 세계의 명령과 우선순위와 관습에 따라 살도록 돕는 적용들이다. 말하자면 나의 구체적 제안은 사람이 "하나님의 음성을 듣고 세상의 목소리를 듣지 않도록" 도울 가능성이 있다. 본문에서 직접 명령하지 않지만, 이러한 선제적 타격(필터 설치나 서로 책임을 지는 것)은 사무엘상 15장이 묘사하는 대로 세상 유혹에 넘어가지 않고 하나님께 복종하는, 그런 세계에다 우리 자신을 맞추게 한다. 본문과 그 신학에서 직접 일어나지 않지만, 본문이 요구하는 방향으로 나아가게 하는 그러한 적용은 '의의(significance)'라 불린다.26 엄격한 의미에서 그것은 본문의 취지에서 직접 일어나는 '유효한 적용'은 아니지만, 어쨌든 적합한 적용인 것은 우리가 본문이 요구하는 상태(이 경우 하나님의 음성에 순종하는 상태)에 도달하게 돕기 때문이다. 따라서 의의는 설교자가 가진 설교의 화살을 담는 화살통에 속하는 것이 맞으며, 적용을 고안할 때 설교자는 의의의 유용성을 항상 생각해야 한다. 다시 한번 설교자가 설교의 대상이 되는 양 떼를 아는 것이 얼마나 중요한지가 분명해진다. 따라서 설교는 목회와 분리될 수 없다. 이것은 「2. 설교는 목회적인 것이다」에서 이미 말했다.

종합하면, 설교의 둘째 단계인 '신학에서 적용으로 이동'은 설교자가 하는 일에 절정이다. 오직 의미 있으며 구체적인 적용을 만듦으로 하나님 말씀의 취지는 듣는 자에게 영향을 미치고 그들에게 삶과 경건을 위한 방향을 제시할 수 있다. 따라서 적용을 제공해야 하는 설교자의 이러한 의무는 하나님의 백성 공동체에 중대한 영향을 미치는 것의 하나이다.

관계는 의무를 앞선다(Relationship Precedes Responsibility)

혼동하지 않도록 나는 청중이 본문이 말하는 하나님의 뜻을 따르

---

26 E. D. Hirsch, "Meaning and Significance Reinterpreted," *Critical Inquiry* 11 (1984): 207, 210. 또한 Hirsch, *The Aims of Interpretation* (Chicago: University of Chicago Press, 1976), 80을 보라. 사무엘상 15장의 '의의'에 관해 또 다른 아이디어를 소개한다. 오랫동안 나는 컴퓨터에 애플리케이션을 시작하는 소프트웨어를 사용했다. 나는 내가 순서대로 H와 I와 A를 입력할 때("내가 여기 있나이다[Here I Am!]"를 나타냄, 사무엘상 3:4를 암시) 이 시작 프로그램이 성경 소프트웨어를 열도록 프로그램을 해두었다. 물론 사무엘상 15장은 시작 프로그램에 대해 아무것도 말하지 않지만, 이러한 행위는 내가 전자 성경을 열 때마다 하나님의 음성에 좀 더 주의를 기울이도록 도왔다. 따라서 이것은 '의의'이며, 적용으로서 청중에게 유익하게 제공될 수 있다(적어도 과학 기술적 성향이 조금이라도 있는 이들에게는).

도록 호소하는 설교가 칭의(justification) 지향적이지 않다고 분명하게 말한다. 곧, 그러한 순종은 구원을 위한 공적을 쌓지 않는다. 그것은 성화(sanctification) 지향적인 것으로서 **이미** 하나님과 관계에 있는 사람을 위한 것이다. 그리고 성경에서 하나님과 관계는 항상 의무가 뒤따른다.[27] 다시 말해서, 사람이 하나님과 관계에 들어올 때 하나님께서는 항상 사람이 어떻게 살아야 하는지를 요구하신다. 그의 이상적 세계인 그의 나라 규범과 우선순위와 관습에 따라 사는 방식이다. 이것은 성경 역사에 걸쳐 사실이었으며, 구약에서도 그랬다. 참으로 그러한 주제는 모세오경 전체에서 울려 퍼지고 있다. 하나님께서는 한 백성을 택하셨으며, **이어서** 그들이 하나님의 명령에 순종할 것을 요구하셨다. 십계명(의무)에 앞서 관계 선언이 있었음에 주목하라. "나는 너를 애굽 땅, 종 되었던 집에서 인도하여 낸 네 하나님 여호와이다"(출 20:2). 이어서 십계명의 "하라"와 "하지 말라"가 있다. 관계는 항상 의무를 앞선다. 하나님께서 이스라엘의 하나님이 되시는 것—모세 율법이 주어지기 전에 시작된 관계—은 그들이 거룩한 백성이 되어야 하는, 이어지는 의무와 밀접한 관련이 있다. 야훼는 그의 백성을 자신에게로 따로 세우시고 그의 소유로 삼으셨으며, **따라서** 그들은 그가 거룩하신 것처럼 거룩해야 했다.[28]

> "너희는 나에게 거룩할지어다. 이는 나 여호와가 거룩하고 내가 또 너희를 나의 소유로 삼으려고 너희를 만민 중에서 구별했다." (레 20:26)

순종, 또는 하나님께 순종하려는 마음까지도 하나님과 그 백성의 관계를 확립하기 위한 기준이 아니었다. 하나님과 사람의 관계 시작은

---

[27] 이 문제에 관한 더 많은 논의는 Abraham Kuruvilla, *Privilege the Text! A Theological Hermeneutic for Preaching* (Chicago: Moody, 2012), 151~209를 보라.

[28] 또한 레위기 19:2~3에서 "너희는 거룩하라 이는 나 여호와 너희 하나님이 거룩함이니라. … 나는 너희의 하나님 여호와이니라."라고 한 것과 이 장(그리고 레위기) 전체에서 "나는 여호와이니라"라는 표현이 반복함을 보라 (19:3, 4, 10, 12, 14, 16, 18, 25, 28, 29, 30, 31, 32, 34, 36, 37 등).

전적으로 인간 편에서 오직 믿음으로 이해한(그리고 언제나 그러한), 하나님의 일방적 사랑과 은혜 활동이었다.29 따라서 언제나 하나님의 계획은 이미 그의 자녀인 자들의 태도를 그분 요구로 지도(direct)하심이었다.30 관계는 항상 의무—하나님의 백성이 그가 요구하시는 것을 따르고 하나님께서 거룩하신 것처럼 거룩해야 하는 의무—를 앞선다. 다른 말로 하면 순종은 그분이 앞서 행하신 은혜에 대한 하나님 백성의 반응이다. 관계는 의무를 **앞선다**. "먼저 하나님께서는 이스라엘을 애굽에서 구속하시고, **이어서** 율법을 주셨는데, 따라서 율법에 순종은 하나님의 은혜에 반응이지, 행위로 의를 얻으려는 시도가 아니다."31 따라서 신약이 주저 없이 지적하듯이 하나님과 사랑 관계는 그의 계명을 지키는 결과를 가져와야 한다(요 14:21; 요일 2:3~5; 3:21~24; 5:3). 성경의 각 페리코페 역할은 하나님의 그러한 계명(하나님의 요구)이 무엇인지 상세하게 설명하여 하나님의 자녀가 그것을 지키고 그들의 아버지께서 거룩하시듯 거룩하게 되는 것이다. 따라서 페리코페 신학은 거룩함을 향한 본문의 방향을 제공하며, 설교의 두 번째 단계에서 설교자의 임무는 하나님의 백성이 이러한 신학을 그들의 삶의 구체적인 환경에 적용하도록 돕는 것이다. 그리하여 그들은 순종으로 하나님과 가지는 관계를 나타내어야 하는 자신들의 의무를 이행한다. 그리고 이러한 순종으로, 그의 백성이 그의 거룩하심을 드러내고 세상에서 그를 대표하는 가운데 하나님께서 영화롭게 되신다.32

여기서 말하는 바는 하나님의 요구에 순종함이 칭의 수단이 **아니**라는 점이다. 그것은 전적 은혜로, 오직 그리스도 안에서 오직 믿음

---

29 예를 들어 신명기 4:37; 7:7~9; 10:15를 보라.

30 하지만 시간이 지나면서 성화를 위한 지침으로 하나님께서 의도하셨던 것이 구원을 위한 수단으로 오해되었다. 그것은 바울이 그토록 자주 통렬히 비난한 율법주의로서 자신을 영화롭게 하는, 육신이 이끄는, 공적을 쌓으려는 노력이며, 은혜를 거절하고, 믿음을 무시하며 율법(하나님의 요구)에 순종하려는 노력이다.

31 Thomas R. Schreiner, *Paul, Apostle of God's Glory in Christ: A Pauline Theology* (Downers Grove, IL: InterVarsity, 2001), 117~18.

32 「8. 설교는 하나님의 영광을 위한 것이다」를 보라.

을 통해 말미암는다(엡 2:8~9). 하나님의 뜻에 순종하는 것은 실제적인 성화—이미 하나님의 자녀가 되었으며 예수 그리스도를 자신의 유일한 하나님과 구주로 믿는 자들이 거룩함으로 자라감—를 구성하는 한 부분이다. 자기 백성과의 관계가 시작되면, 하나님께서는 그들이 그가 요구하시는 것을 따라 살아야 하는 의무를 성취할 것을 의도하신다. 참으로 이러한 순종 또한 믿음이라는 매개체에 의해 수행된다. 사람은 스스로 온전히 하나님께 순종할 수 없기 때문이다. 따라서 신자는 순종을 위하여 성령을 통해 하나님께서 은혜로 주시는 능력을 믿음으로 받도록 요청받는다. 성령께서는 이제 그들 가운데 계시며, 그들이 육신을 극복하고 하나님의 '의의 요구'(하나님의 요구)를 따르도록 힘을 주신다. 참으로 이것이 구속을 위해 하나님이 개입하신 목적이었다.

> 육신을 따르지 않고 그 영을 따라 행하는 우리에게 율법의 요구가 이루어지게 하려 하심이다. … 무릇 하나님의 영으로 인도함을 받는 사람은 곧 하나님의 아들이다. (롬 8:4, 14)

거룩함을 위한 이러한 능력 주심은 또한 아들의 사역 일부이다. 성령을 보내신 분은 아들이시기 때문이다(요 14:16; 15:26; 16:7). 성령을 통한 하나님의 이러한 능력은 신자 안에서 역사하며 순종하며 하나님을 기쁘시게 하는 삶이 가능하게 한다(엡 2:10; 3:16; 빌 4:13; 골 1:9~11; 벧후 1:3). 다른 말로 하면, 신자가 하나님의 요구에 순종하게 하는 것은 성령에 의한, 예수 그리스도를 통한, 하나님의 은혜이다. 구약도 이 사실을 확증한다.

> 또 내 영을 너희 속에 두어 너희로 내 율례를 행하게 하겠으니, 너희는 내 규례를 지켜 행하라. (겔 36:27)

순종으로 얻는 구원-공적은 없지만, 어쨌든 하나님께 순종은 헤아릴 수 없는 가치가 있다.[33] 성경의 적용은 유익이 **있다**. 우리가 살펴본

---

33 하나님의 뜻에 따라 사는 것이 가져오는 유익에 관해 Kuruvilla,

6. 설교는 적용을 위한 것이다   187

대로 그 백성의 순종이 그들 가운데 역사하는 하나님 자신의 은혜 결과인데도 하나님께서는 그의 자녀가 순종하는 것을 기뻐하시며, 그의 즐거움이 가져오는 유익이 있다. 참으로 골로새서 1:10은 "주께 합당하게 행하여 범사에 [그를] 기쁘시게 하고 모든 선한 일에 열매를 맺도록" 신자에게 권고한다. 예수님은 친히 순종의 중요함을 선포하셨다. 하나님의 복(여기서는 하나님의 사랑)을 경험하는 것은 하나님과 동행하는 그러한 삶의 결과이다.

> 내가 아버지의 계명을 지켜 그분 사랑 안에 있듯이, 너희도 내 계명을 지키면 내 사랑 안에 있다. (요 15:10).34

성경은 하나님과 동행하는 사람이 복이 있다고 분명히 말한다. 이것은 영생의 복만 의미하지 않는다(잠 3:1~11). 하나님의 사랑을 경험함처럼, 하나님의 평화를 경험함도 마찬가지이다. 평안의 약속(롬 8:6; 고후 13:11; 갈 6:16; 빌 4:6~7)은 하나님의 자녀가 특정 종류의 태도를 받아들일 때 이뤄진다. 참으로 하나님께서 명령하신 합당한 모든 태도에서 오는 모든 긍정적 결과는 결국 하나님의 은혜로우신 복이다.35 그 외에도 순종에는 영원한 상급(그리고 불순종으로 인한 상실)이 있다.36 여기서 말하는 것은, 신자에게 적용은 큰 가치가 있다

Privilege the Text!, 252~58을 보라.

34 또한 요한일서 2:5; 4:12를 보라. 물론 하나님과 상호 사랑은 여전히 순종을 위한 중요한 동기이다(요 14:15, 21; 요일 5:2~3; 요이 6).

35 다른 한편으로 하나님의 요구에 불순종하는 하나님의 자녀에게는 결과도 있다(구원을 잃어버리는 것은 아니지만, 롬 8:1). 복에 대한 이러한 부정적인 대응물, 곧 하나님과의 동행에서 실패할 때 하나님께서 자기 자녀를 징계하시고 벌하시는 것 또한 성경에 약속되어 있다. 구약에서는 신명기 1:31~36; 4:23~28; 5:11; 6:14~15; 7:9~10; 8:19~20; 11:16~17, 26~32; 27:12~26; 28:15~68; 30:17~18 등을, 신약에서는 고린도전서 5:1~13; 갈라디아서 6:7; 디모데전서 6:9~10; 디도서 3:9; 히브리서 12:5~11(잠 3:11~12의 인용, 또한 잠 15:5를 보라), 15~17; 13:17; 베드로전서 4:17~19; 요한계시록 2:5; 3:19 등을 보라.

36 성경은 다가오는 상급을 위한 신자의 심판을 분명히 말하고 있다(마

는 사실이다. 그러한 순종이 하나님을 영화롭게 한다는 것은 말할 필요도 없다.

> 평강의 하나님께서 모든 선한 일에 너희를 온전하게 하셔서 당신 뜻을 행하게 하시고, 그 앞에 즐거운 것을 예수 그리스도로 말미암아 우리 가운데서 이루시기를 바란다. 영광이 그에게 세세무궁토록 있기를 바란다. 아멘! (히 13:20~21)

요약

하나님 백성이 성경을 적용해야 함은 성경 자체에서 확인하는 명령이다. 이것은 설교 과정에서 둘째 부분으로서 신학에서 적용으로 이동이다. 본문 취지를 파악하면(곧, 첫째 이동, 본문에서 페리코페 신학으로 이동) 설교자 의무는 적용의 구체화에서 이어지고(곧, 둘째 이동, 페리코페 신학에서 적용으로 이동), 하나님의 백성이 **본문 앞에 펼치는 하나님의 이상적인 세계**의 가르침, 우선순위, 실천에 자신을 맞추게 한다. 따라서 적용은 설교에 없어서는 안 될 요소이며, 그러한 삶의 변화는 설교 목표이다. 설교자 임무에서 이러한 측면은 설교자에게 회중에 대한 정통한 지식을 요구한다. 그들 영적인 상태와 그들의 성장을 알아야 페리코페의 신학이 적용을 통해 청중의 삶과 연관되게 맞춤으로 만들어지며, 그리하여 하나님의 백성은 하나님의 요구 안에 거하며 하나님께서 거룩하신 것처럼 거룩하게 될 수 있다.

관계는 의무를 요구한다. 하나님께서 당신 백성에게 그분 뜻을 요구하심은 하나님께서 이미 그들과 관계가 있기 때문이다. 그것은 하나님의 이상적 세계의 교훈과 우선순위와 실천에 거함으로써 그 세계에서 살도록 하시는 은혜로운 초청이다. 그러한 순종을 위한 능력은 내재하시는 성령의 사역이다. 율법주의(legalism)—순종을 위해 자신의 능력을 의지함으로써 하나님 앞에서 공적을 얻고 자신을 높이려는 노력—와 달

6:1~4; 롬 14:10~12; 고전 3:13; 4:5; 9:24; 고후 5:10; 골 3:22~25); 딤후 2:5; 약 5:7~11; 요일 2:28).

리 순종은 궁극적으로 하나님께서 은혜로 그의 성령을 통해 그의 자녀에게 능력을 주시는 일이다. 그리고 하나님의 백성이 하나님을 기쁘시게 하는 삶을 살 때, 하나님께서 영광을 얻으시고 그들은 복을 받는다. 설교는 진정으로 커다란 결과를 낳는다. **설교는 적용을 위한 것이다!**

숙고하기(Reflection)

마가복음 4:1~34—열매 맺음[37]

> 또 이르시되 "너희가 무엇을 듣는가 스스로 삼가라. … 있는 자는 받을 것이요 없는 자는 그 있는 것까지도 빼앗길 것이기 때문이다. … 땅이 스스로 열매를 맺되" (막 4:24~25, 28)

이 페리코페는 근본적으로 두 부분으로 이뤄졌다. 마가복음 4:1~25는 씨앗/땅의 비유(그리고 등잔과 헤아림에 관한 말들)이며, 4:26~34는 씨 뿌리는 자 비유와 겨자씨 비유이다. 이 페리코페는 전체적으로 하나님 말씀에 반응하여 제자의 삶에서 열매를 맺기 위해 무엇이 필요한가 하는 질문을 다룬다. 대답은 열매 맺는 일은 인간적 요소와 신적 요소를 가진다는 것이다.

인간적 요소(The Human Element)

첫 번째 부분에서 예수님은 성공적이지 못한 세 가지 씨앗(땅)과 성공적인 세 가지 씨앗(땅)을 묘사하신다(4:3~9). 실패는 (하나님의) 말씀의 씨를 뿌리는 자가 반드시 겪는 현저한 경험은 아니지만, 다양한 반응은 마음을 불편하게 한다. 제자들이 예수님께 설명을 요청했을 때 예수님은 보지 못하는 눈과 듣지 못하는 귀를 가진 외부인은(4:12) 자신들이 듣는 것이 가진, 삶을 변화시키는 의의를 깨닫지 못한다고 설명하신다. 그리고 진리를 받아들이고 적용하지 못하는 이

---

[37] 이 페리코페에 관한 더 자세한 것은 Abraham Kuruvilla, *Mark: A Theological Commentary for Preachers* (Eugene, OR: Cascade, 2012), 75~91을 보라.

러한 실패는 열매 맺지 못함에서 정점에 이르는 인간의 의도적 책임
(혹은 무책임함)이 행하는 기능이다.38 따라서 예수님은 여기서 제자들
에게 그의 가르침에 귀와 눈을 열 것—'말씀을 들을 것'(4:16, 18,
20), '기쁨으로 그것을 받을 것'(4:16), '그것을 듣고 받을 것'(4:20)—
을 권고하신다.39 말씀을 받아들이는 것이 제자들에게 요구되며, 그
러한 수용성은 계속 열매 맺는 데 필수적인 **인간적 요소**이다. 물론
이것은 단순히 인식하는 것 이상이며, 헌신과 순종을 포함한다. 곧,
적용은 말씀을 들은 것에 바른 반응이며, 그러한 사람은 열매를 맺
는다. 그리고 그러한 열매 맺음은 규범적 제자도를 나타낸다(마
3:8~10[눅 3:8~9]; 7:16~20[눅 6:43~44]; 12:33; 요 15:1~17; 롬 7:4~5;
갈 5:22~23; 엡 5:9; 빌 1:11, 22; 골 1:10; 약 3:17~18).

왜 일부만 말씀에 긍정적으로 반응하는가는 여기서 마가의 특별한
관심사가 아니다. 그의 관심은 독자가 반응하도록 조처하는 데 있다.
이것이 인간적 의무라는 요인이며 인간적 요소, 곧 삶에서 열매 맺
으므로 이어지는 하나님 말씀의 적용이다. 그리하여 하나님의 나라
(막 4:11, 26, 30)는 군사 전략이나 정복이 아니라 하나님의 말씀을
적용하고 그리하여 열매를 맺음으로써 하나님의 통치에 참여하는, 예
수님의 제자들에 의해 세워지고 있다.

신적 요소(The Divine Element)

첫째 부분은 둘째 부분(4:26~34)으로 이어지며, 이 부분은 마지막
일련의 비유로 하나님의 주권적 사역을 묘사한다. 제자의 성장과 열
매 맺는 삶에서 **신적 요소**이다. 씨를 뿌리나 그것이 어떻게 자라는지

---

38 이는 눈을 열리게 하시거나 마음을 강퍅하게 하시는 하나님의 주권적인 역할
을 최소화하지 않는다. 페리코페의 이 부분에서 마가의 초점은 인간의 의무에 있다.

39 참으로, 4:1~34에서 '듣다'라는 동사는 13번 나타난다(4:3, 9[두 번],
12[두 번], 15, 16, 18, 20, 23[두 번], 24, 33). 그리고 '말씀'이라는 단어는 9
번 나타난다(4:14, 15[두 번], 16, 17, 18, 19, 20, 33).

알지 못하는 사람 비유에서 하나님의 사역은, 그러한 성장이 드러나지 않을 뿐 아니라 씨 뿌리는 자가 어떻게 씨가 "나서 자라는지"(4:27) 알지 못함에서 암시된다. 참으로 땅은 '스스로'(αὐτόματος [아우토마토스], 4:28) 열매 맺는다. 이것은 앞부분(4:1~25)에서 강조된, 듣는 자가 하나님의 말씀을 적용해야 하는 의무와 대조된다. 거기서는 인간적 요소의 가능성이 강조되었지만, 여기서는 열매 맺음이 '스스로' 일어난다. 최초의 파종과 최후의 추수를 제외하고 씨 뿌리는 자는 기다리는 것밖에 아무것도 하지 않는다(그리고 밤낮 자고 깬다![4:27]). 여기서 열매를 맺는 것은, 불가사의하며 주권적인 하나님의 사역이며(전 11:4~6과 고전 3:6을 보라), 성장에서의 신적 요소를 강조한다. 실제로 이러한 하나님의 사역은 겨자 식물의 풍성한 번영에서 묘사하는 대로 믿을 수 없는 성장을 낳는다(막 4:30~32). 다른 말로 하면 그리스도인은 하나님의 말씀을 적용함에 따라 거대한 프로그램에 참여하는데, 그것은 미래에 하나님의 나라가 완성될 때 놀라운 결과를 가져올 프로젝트다. 전체에 대한 그러한 고조된 의식은 제자들이 신실하게 하나님의 말씀을 받아들이고 그것을 부지런히 적용하도록 자극해야 한다.

따라서 제자는 하나님의 말씀을 적용하는 일을 계속하지만(인간적 요소), 하나님의 자녀는 열매를 맺는 일에 있어서 이해할 수 없는 하나님의 사역이 있음을 잊어서는 안 된다(신적 요소). 인간의 의무와 하나님의 주권 사이에, 그리고 행위와 믿음 사이 균형을 이뤄야 한다. 하나님의 일하심을 신뢰하지만, 제자는 하나님의 말씀을 적용하는 일에 힘쓰며, 마가복음 4:14~19에서 말하는 방해—사탄, 환란과 박해, 세상의 염려와 재물의 유혹과 욕심—가 하나님의 말씀에 민감성을 파괴하도록 허용해서는 안 된다.

❑ 제자가 열매를 맺지 못하게 하는 매개체와 환경을 생각해야 한다. 사탄의 속임수(4:4, 15), 환란으로 변절(4:5~6, 16~17), 세상의 일에 관심을 둠, 그것이 가져오는 고통과 즐거움(4:7, 18~19)이다. 이러한 것들이 우리 삶에 작용하여 우리가 설교하

는 성경 말씀을 온전히 적용하는 것을 막지 않는가? 그것들이 우리 회중의 삶에서 적용과 열매 맺음을 방해하지 않는가?
- ❏ 우리가 목회자로서 개인적으로나 대중적으로 기도할 때 성령을 통한 능력이 우리를 도와 성경 진리를 적용하게 해주시길 하나님께 간구하는가? 개인 기도에서, 우리는 회중 가운데 특별히 이 페리코페에서 언급한 방해물들로 힘들어하는 사람들을 위해 기도해야 한다.
- ❏ 하나님 나라의 완성이라는 더 큰 계획에 비추어볼 때 성경을 적용해야 할 제자의 책임은 크다. 적용은 변덕스러운 하나님의 별난 환상이 아니다. 우리는 얼마나 자주 이러한 광대한 하나님의 계획을 생각하는가? 놀랍게도 그것은 신자들을 불러 그와 함께 일하도록 하시는 하나님의 계획이다. 얼마나 자주 우리는 회중에게 그것을 말하는가?
- ❏ 그 페리코페는 기본적으로 하나님의 말씀을 받고 적용하는 것을 다루지만, 여기서 하나님의 말씀을 선포하는 사람들에 대한 격려가 암시돼 있다. 예수님께서 그의 설교에 다양한 반응을 경험하셨다면 우리도 그럴 것이다. 긍정적인 반응과 부정적인 반응을 모두 예상해야 하며, 아마도 후자가 더 많을 것이다. 하지만 우리는 적용에서의 인간적 요소에도 불구하고 열매 맺는 것이 궁극적으로 신뢰할 만한 하나님의 안전한 손에 있음을 기억하면 좋을 것이다. 용기를 내라!

설교는 적용을 위한 것이다!

설교는 변화를 위한 것이다
Preaching Is Conformational
7

청년이 무엇으로 자기 행실을 깨끗하게 할 수 있을까요,
주님 말씀만을 지킬 따름입니다.

시편 119:9

성경적 설교란, 교회 지도자가 예배하려고 모인 그리스도인 모임에서 성경 페리코페(pericope)에서 신학적 석의로 분별한 핵심 취지와 그것을 그 특정한 그리스도인 공동체에게 적용한 내용으로 소통해서, **그들이 그리스도의 형상을 닮아 변화함으로** 하나님을 영광스럽게 하는 일인데, 이 모든 과정은 성령의 능력으로 한다.

여러 해 전, 월간 『애틀랜틱(*Atlantic Monthly*)』 기자 데이비드 허이두(David Hajdu)는 뉴욕시 그린위치 빌리지(Greenwich Village)에 있는 유명한 재즈 바 빌리지 뱅가드(Village Vanguard)로 걸어 들어갔다.[1]

---

[1] David Hajdu, "Wynton's Blues," *Atlantic Monthly*, March 2003, 43~44.

무대에서는 소규모 재즈밴드가 연주하고 있었고, 트럼펫 연주자는 이탈리안 컷 회색 정장, 짙은 청색 셔츠, 부드러운 청색 타이 차림이었다. 저 사람은 … ? 아니 그럴 리가 없는데… 그래 맞아, 윈턴 마살리스(Wynton Marsalis)!

그 거장은 넷째 곡을 솔로로 연주했다. 무반주 발라드, 「전 당신께 거의 가망이 없나 봐요(I Don't Stand a Ghost of a Chance with You)」라는 몹시 우울한 곡이었다. 그는 중얼거리고 한숨 쉬듯이 그 곡을 연주했다. 때로 거의 트럼펫이 그런 말을 하는 것처럼 들렸다. 그의 연주는 창의적 표현으로 가슴을 쥐어짜는 듯했다. 절정에 이르러 마살리스는 표제가 담긴 마지막 부분을 연주하면서 각각 이어지는 음표가 조금 더 공중에 머물게 했다. 가장 극적인 순간, 갑자기 어떤 사람의 휴대전화 소리가 울리며 공허한 전자 신호음의 재빠른 단조로운 멜로디를 쏟아내기 시작했다. 그 순간 공연 전체는 흐트러졌다.

마살리스는 멈췄고, 그의 눈썹은 아치를 그렸다. 웅성대는 소리가 커지면서 그 휴대전화 주인은 현관 쪽으로 도망쳤다. 마이크 앞에서 여전히 꼼짝하지 않고 마살리스는 그 바보 같은 휴대전화 멜로디를 완전하게 똑같이 연주했다. 이어서 그는 그것을 즉흥 변주곡으로 반복하기 시작했으며 능란하게 여러 박자와 변조로 연주했다. 이렇게 얼마 동안 연주가 진행되었고, 청중은 마살리스에게 집중하는 가운데 그가 만들어내고 있는 걸작을 열중하여 듣고 있었다. 마침내 그 거장은 여러 번 음조를 바꾸었던 그 변주곡을 풀어서 발라드 빠르기로 속도를 줄였고 … 정확하게 그가 무례하게 방해를 받았던 곳으로 돌아왔다. "전 … 당신께 … 거의 … 가망이 … 없나 봐요." 대단한 갈채가 이어졌다. 그때 허이두의 친구 한 명이 들어와 자리에 앉아 그에게로 몸을 기울이며 물었다. "내가 놓친 게 뭐지?"

우리는 성령께서 우리 삶을 취하셔서 그것을 걸작으로 만드시도록 하지 않으면 모든 것을 놓친다. 참으로, 이것이 설교가 의미하는 모든 것이다. 사람의 역할은 하나님께서 자기 백성을 걸작으로(대단치 않은 것에서 대단한 것으로) 만드시는 그분 목적과 능력을 행하시도록 돕는 일이다.

> 하나님이 미리 아신 자들을 또한 그 아들의 형상을 본받게 하려고 미리 정하셨다. (롬 8:29)

그리고 그것은 하나님의 궁극적 의도이다. 그의 자녀가 예수 그리스도의 형상을 본받게 하는 일이다. 모든 신자는 하나님의 계획에서 이 방향을 향한다. 설교는 기록된 말씀을 강해해서 신자가 성육신하신 말씀의 형상을 본받게 하는 하나님의 계획을 촉진하게 하기에, **설교는 변화를 위한 것이다**. 그리하여 기독론은 성경과 교회가 교차하게 하는 중요한 역할을 하며, 그것은 인간에 대한 하나님의 더 넓은 목표의 핵심이다.

하지만 어떻게 기독론과 설교는 교차하는가? 영적 성장과 성숙이 그리스도와 관련이 있다는 생각은 모든 그리스도인이 직관적으로 받아들인다. 성경 강해가 그러한 영적 성장과 성숙으로 이어져야 함도 분명하다. 하지만 성경 페리코페를 그리스도와 연결하려고 그것을 얼마나 정확하게 전해야 하는지는 논쟁의 여지가 있다. 예를 들어, 해석자는 강해에서 그리스도를 조화시키려고 구약성서 본문에 어떤 종류의 해석학적 처리를 해야 하는가? 이러한 문제에 대한 수많은 접근(우화적, 예표론적, 구속사적, 언약의 성취 등)은 성경에서 그리스도를 찾는 이러한 작업을 상당히 힘들게 한다. 필자는 그리스도를 모든 페리코페의 설교와 연결하는 독특한 방식을 제안한다. 그것은 **그리스도 형상 닮기**(*christiconic*) 해석, 곧 주어진 페리코페의 특정 신학적 취지를 침해하지 않고 성경 전체에 일관성 있게 적용할 수 있는 해석학이다.

투사된 세계와 그리스도의 형상(Projected World and Christ's Image)

「5. 설교는 신학적인 것이다」에서, 우리는 각 페리코페가 정경적, **본문 앞에 펼치는 세계**의 한 부분을 투사하는지를 살폈다. 그러한 각각 세계는 하나님의 요구를 간직한다. 어떻게 하나님께서 당신의 이상적 세계가 작동하게 하시는지, 어떻게 그가 당신 백성이 (그 교훈, 우선순위, 실천을 따라) 그 이상적 세계에서 살기 바라시는지를 말하는 것으로서, 이것을 본문의 신학—**페리코페 신학**—이라 불렀다. 따라서 설교 목표는 페리코페마다, 주마다, 설교마다 하나님의 백성을 성경에 나타난 하나님의 뜻에 일치하게 하며 언약 갱신을 이루는 일이다. 다른 말로 하면, 설교는 하나님께서 당신 백성이 당신의 이상적 세계에서 그것이 요구하는 바를 지키면서 그와 함께 살도록 부르시는 자비로운 초청이다.

오직 한 사람, 주 예수 그리스도께서 죄가 없으신 상태로 하나님의 모든 요구를 온전히 만족시키셨기에(고후 5:21; 히 4:15; 7:26), 우리는 이분이, 그리고 이분만이 완전하게 **본문 앞에 펼치는 세계**에 거하시며 그 모든 교훈, 우선순위, 실천에 따라 사셨다고 말할 수 있다.2 예수 그리스도만이 온전히 모든 하나님의 요구를 만족시키셨으며 포괄적으로 성경의 모든 페리코페 신학을 지키셨다. 다른 말로 하면, 성경의 각 페리코페는 실제로 그리스도의 특성을 묘사하고 있다. 모든 세계의 부분은 그리스도 형상의 일면으로서 그분께서 하셨듯이 성경 페리코페에서 하나님의 특정 요구를 완전히 성취함이 무엇을 의미하는지 우리에게 보여준다. 따라서 온전히 그리스도처럼 됨은 성경의 모든 페리코페에 있는 하나님의 뜻을 성취함을 의미한다. 성경 전체, 그것을 구성하는 모든 페리코페의 집합체는 예수 그리스도, 완전한 사람이신 성육신하신 하나님에 의해 예증되는 완전한 인간이 어떤 모습인지 묘사한다. 그분만이 하나님의 세계에 완벽하게

---

2 예수 그리스도의 완전무결(impeccability)은 성경에서 확증한 교리이다. 사탄은 그리스도께서 죄를 짓도록 유혹하는 일에 실패했으며(마 4:1~11), 예수님께서는 자신이 항상 아버지께서 기뻐하시는 일을 하신다고 주장하셨다 (요 8:29; 15:10). "너희 중에 누가 나를 죄로 책잡겠느냐?"라는 그리스도의 도전에 누구도 반박하지 못했다(요 8:46). 빌라도도 그에게 죄가 없다고 판단했다(요 18:38). 마가복음 1:24; 누가복음 4:34; 요한복음 6:69; 사도행전 2:27; 3:14; 13:35는 그리스도를 '거룩한 자'로 언급한다. 또한 로마서 8:3; 베드로전서 1:19; 2:22; 요한일서 2:1; 3:5를 보라.

7. 설교는 변화를 위한 것이다   197

거하시며, 그분만이 하나님의 요구를 만족시키신다. 페리코레 세계가 그리는 부분이 그리스도 형상의 일면을 나타낸다면, 통합된 **본문 앞에 펼치는 세계**(곧, 각 페리코페가 투사하는 세계의 조각들을 모두 합친 것, 또는 달리 표현하면 성경의 모든 페리코페 신학의 종합)는 완전한 그리스도 형상의 완성이다(도식 7.1을 보라). 따라서 기록된 하나님의 말씀은 성육신하신 하나님의 말씀을 묘사한다.

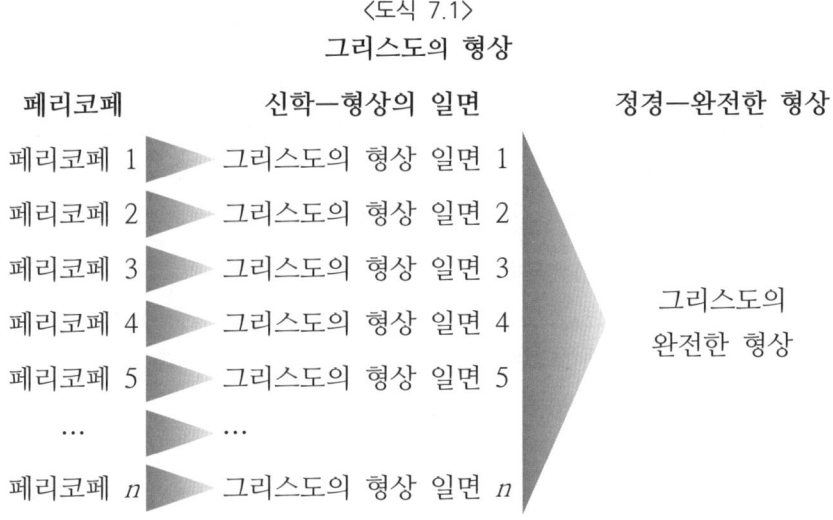

〈도식 7.1〉
그리스도의 형상

하나님의 자녀가 점진적으로 그리스도를 닮아감(Christlike)은 각 페리코페에 나타나는 그리스도의 형상에 그들 자신을 일치하면서 한 페리코페 한 페리코페, 한 설교 한 설교에서 하나님의 요구를 만족하게 함으로 이뤄진다. 따라서 설교는 변화를 위한 것이다. 성경의 요구를 강해함으로써 설교는 하나님의 자녀가 하나님의 아들 형상을 본받도록 촉진하기 때문이다. 2세기 교부 알렉산드리아의 클레멘스는 이렇게 선언하였다.

그[그리스도]는 흠이 없는 형상이다. 그렇다면 우리는 할 수 있는 한 영적으로 그분을 닮으려고 … 할 수 있는 한 죄 없이 되려고 노력해야 한다.3

결국, 자기 자녀에 대한 하나님의 궁극적인 목표는 그들이 그분 아들, 사람이 되신 예수 그리스도처럼 됨이다. "그 아들의 형상(εἰκών[에이콘])을 본받게 하려고"(롬 8:29; 또한 고후 3:18; 엡 3:19; 4:13~16; 골 1:28을 보라). 필론(Philo)은 이러한 기독론적 진리의 혜택을 받지 못했어도 인간 존재의 '바른 목표'는 "하나님을 닮음에 이르는 것"이라고 바르게 선포했다.4 이것은 사람이 예수 그리스도를 하나님과 구주로 신뢰하는 회심으로 시작하며, 실천을 통해 성화하면서 계속 그리스도를 본받고, 마지막 날에 그리스도의 형상으로 변화되어 (영화롭게 되어) 절정에 이르는 과정이다(빌 3:21; 요일 3:2 등).

그리스도의 형상을 본받는 이러한 일에서 하나님의 목표는 사람에게 이마고 데이(*imago Dei*), 곧 하나님의 형상을 회복하시는 것이다. 그러한 형상은 창조 시 인간의 형상이었으나, 타락으로 손상됐다(창 1:26~27; 9:6; 마 22:20과 병행구절들; 고전 11:7; 약 3:9). 하지만 하나님의 계획에서 언젠가 인간은 다시 한번 하나님의 형상을 온전히 본받아 "그의 거룩하심에 참여할" 테다(히 12:10).5 필립 휴즈(Philip Hughes)는 칭의에서 믿음으로 말미암아 은혜로 하나님의 형상이 값없이 신자에게로 **전가**(impute)되며, 성화에서 성령의 역사로 그 형상이 점점 더 그들에게 **분여**(impart)된다고 말한다.6 따라서 실제적인

---

3 *Christ the Educator*, 1.2, trans. Simon P. Wood, The Fathers of the Church 23 (Washington, DC: Catholic University of America Press, 1954), 5.

4 *Creation of the World*, 144.

5 실제로 그리스도의 형상을 본받는 것은 타락 이전의 상황을 초월하는 위대한 결과이다. 그리스도처럼 되면서 영화롭게 된 인간은 죄가 있기 이전의 동산에서 아담과 하와와 달리 영원히 죄의 존재와 죄를 지을 가능성에서 벗어날 것이기 때문이다.

성화, 곧 그리스도의 형상이 신자에게 전달되는 것과 관련하여 신약은 주저 없이 예수님을 모범으로 가리킨다(마 9:9; 10:38; 11:29; 20:26~28; 요 13:15; 롬 15:1~3, 7; 살전 1:6; 엡 5:2; 빌 2:5; 벧전 2:21~3:7; 요일 2:6; 3:16 등).7 칼뱅은 이에 동의한다. "우리는 그리스도를 통해 하나님의 은총을 입었으며, 그리스도는 우리에게 모범이 되신다. 사람은 그의 형상을 나타내어야 한다. 주님은 우리의 삶이 그리스도를 대표하는 조건으로 우리를 그의 자녀로 삼으신다."8

설교를 위한 그리스도 형상적 해석학(A Christiconic Hermeneutic for Preaching)

필자는 성경이 페리코페마다 그리스도 닮기에 관한 신학적 묘사를 제시함으로써 하나님의 백성이 그분 형상을 본받게 하면서, 사람 안에서 하나님의 형상을 회복하게 하는 이러한 영광스러운, 하나님의 목적을 이루려고 계획됐다고 말하고 싶다. 이런 의미에서 기독교 정경의 초점은 완전한 사람이며 하나님의 최고 형상인 주 예수 그리스

---

6 Philip Edgcumbe Hughes, *Paul's Second Epistle to the Corinthians*, New International Commentary on the New Testament (Grand Rapids: Eerdmans, 1962), 120. 휴즈의 두운법을 연장함으로, 영화(glorification)에서 마침내 예수 그리스도의 형상이 "영원히 하나님의 영광으로 온전히 뚜렷하게" 그리스도인에게 **새겨진다**(impress)고 덧붙일 수 있다(Hughes, *Paul's Second Epistle to the Corinthians*, 120). 이 마지막 과정은 지금 시작했지만, 우리가 그리스도를 직접 대면하여 볼 때 완성된다. 신자가 변화되는 과정의 이 모든 측면은 하나님의 은혜로 이뤄진다. 하나님 형상의 전가(칭의)는 은혜로 이뤄지며, 하나님 형상의 분여(성화)도 은혜로 이뤄진다. (「6. 설교는 적용을 위한 것이다」에서 살폈듯이) 하나님의 능력이 그러한 성화를 가능하게 하기 때문이다. 그리고 물론 하나님 형상의 새겨짐(영화) 또한 하나님 은혜의 활동이다. 다른 모든 것이 하나님의 주도하심과 능력에 의해 성취되었다면 사람은 이 영화를 받을 만하기 위해 무엇을 했는가?

7 이것은 예수 그리스도만이 모범이라는 뜻은 아니다. 다른 것들 가운데 그가 인류의 모범이 되실 수 있는 것은 그분이 성육신하신 하나님이시며 구주이시기 때문이다.

8 *Institutes of the Christian Religion*, 3.6.3, trans. Henry Beveridge (Edinburgh: Calvin Translation Society, 1845), 2:255.

도 그분이시다(골 1:15; 고후 4:4; 히 1:3). 따라서 설교를 목적으로 성경을 해석하는 모든 일은 정경에 의해 묘사되는 그리스도의 형상이라는 이러한 기초와 일치해야 한다. 성경 페리코페마다 사람이 본받아야 하는, 정경에서 그리스도의 **형상**(εἰκών[에이콘], 롬 8:29)의 한 측면을 묘사하므로, 필자는 설교를 위한 이 해석 모델에 **그리스도 형상 닮기 해석**이라는 이름을 붙인다('그리스도'와 '형상'에서 가져옴). 이러한 방식으로 성경 페리코페를 해석하기, 곧 하나님의 백성이 그리스도와 같은 모습으로 나아가게 하는 하나님의 요구를 분별하기는 그리스도 형상 닮기 해석에서 본질이다. 칼뱅이 말하듯이 "하나님의 모든 자녀는 그를 본받도록 운명 지어졌다."9

점진적으로 그리스도의 형상을 본받는 과정은 성경 페리코페라는 본문 매개, 성경 설교자라는 인간 매개, 성경 저자라는 신적 매개를 통해 일어나는 한 페리코페 한 페리코페, 한 설교 한 설교, 그리스도를 닮는 점진적인 과정이다.10 꿀을 너무 먹으면 결국 토한다고 경고하는, 곧, 방임과 그 해로운 결과를 피하고 절제를 요구하는 잠언 25:16과 같은 구절도 그리스도의 일면을 묘사한다. 따라서 그리스도를 닮기가 의미하는 바의 일부는 욕심을 피하고 절제를 추구하는 삶을 사는 것을 포함한다. 그러한 삶은 그리스도를 닮는 일에 한 걸음 더 가까이 가는 것이다. 그리스도를 닮는 일이 의미하는 것의 또 다른 일면은 전적으로 하나님의 음성을 듣고 모든 세상의 목소리를 멀리하는 것이다(삼상 15). 연이어 페리코페마다.

여기서 많은 것을 다루었으므로, 요점 반복이 적절하겠다. 각 페리코페는 하나님의 이상적 세계의 일면을 묘사하면서 하나님의 요구를 묘사한다(페리코페 신학). 완전한 사람이신 예수 그리스도만이 성경 전체에 있는, 하나님 모든 요구를 종합적으로 만족시키셨다. 따라서 그는 완전한 인간의 모형이며, 성경의 각 페리코페는 잠재적으로 그리스

---

9 *Institutes* 3.8.1 (2:274).

10 설교 사역 전체에서 성령의 역할은 설교를 위한 비전에서 나타난다. 「9. 설교는 영적인 것이다」를 보라.

도의 형상의 일면을 묘사한다. 페리코페마다 그리스도를 닮으라고 명령하기에, 설교는 신자가 점점 더, 한 주 한 주, 한 설교 한 설교 그리스도를 닮도록 자라가게 하는 일을 촉진한다. 이것이 디모데후서 3:16~17에서 모든 사람을 성숙하도록, 곧 그리스도를 닮도록 만드는 일에 "모든 성경이 유익하다"라고 선포하는 이유이다. "그리스도의 장성한 분량이 충만한 데"까지 성숙하게 하는 일이다(엡 4:13). 그리하여 신자는 점차로 "신성한 성품에 참여하는 자"가 되며(벧후 1:4), 이 일은 영광의 날에 절정에 이르는 특권이다. 그러나 이 땅 삶에서도 우리가 페리코페마다 점차로 하나님의 뜻에 맞추어갈 때, 우리는 점점 더 그리스도의 형상을 본받는다. 이것이 설교 목적이다. 하나님께서 설교자를 사용하셔서 신자가 하나님의 아들 형상으로 변화하는 이 기념비적 사건에서 중대한 역할을 하게 하시는 것은 참으로 놀랍다!

"우리가 그를 전파하여 각 사람을 권하고 모든 지혜로 각 사람을 가르침은 각 사람을 그리스도 안에서 완전한 자로 세우려 함이다." (골 1:28)[11]

그래서 필자는 설교를 매주 가상적으로 병원에 가서 진찰을 받는 것과 비교한다. 당신이 이번 주 피부과 의사인 필자를 방문한다고 생각해 보라. 나는 당신에게 당신의 건조한 피부를 해결하는 방법을 말할 것이다. 다음 주 당신이 다시 오면, 당신에게 햇볕을 조심하는 방법을 조언할 수 있다. 또 일주일 후에는 피부에 있는 점을 두고 충고할 수 있다. 그 후 머리카락을 관리하는 비결을 알려줄 것이다. 그리고 당신 손톱, 등등. 당신이 내 제안을 따를 때 당신 피부 상태는 한 주 한 주 개선되며, 당신은 완벽한 피부를 가지는 길로 잘 가는 것이다! 이런 식으로 여러 주 후, 당신은 한 심장전문의를 방문하기로 할 것이다. 첫 번째 주에 그 의사는 혈압을 조절하는 모든 것에 관해 당신에게 말할 것이다. 한 주 후 운동 계획을 유지하는 방법. 이어서 식사와 콜레스테롤 합성저해제로 콜레스테롤을 조절하는

---

[11] 이것은 설교자가 매주 회중에게 적용할 수 있는 적절한 분량의, 그리스도를 닮는 일의 일면을 묘사하는 성경 본문의 한 부분―페리코페―을 택하게 한다.

방법. 기타 등등, 한 주 한 주, 당신이 완벽한 심장혈관 상태를 얻을 때까지. 이어서 당신은 내분비 의사를 방문하고, 몇 주 후 위장병 전문의, 콩팥병 전문의. … 요약하면, 천천히 꾸준하게 당신 건강은 완전해진다.

설교도 그렇다. 한 주 한 주, 한 페리코페 한 페리코페, 한 설교 한 설교, 이들 페리코페에서 하나님의 요구, 교훈, 우선순위, 그것들이 말하는 세계의 부분에서 실행(곧, 페리코페 신학)에다 우리 자신을 맞출 때 우리는 천천히 꾸준하게, 하나님의 요구를 온전히 지키신 분이시며 **본문 앞에 펼치는 세계**에 완전히 거하시는 분이신 그리스도의 형상으로 빚어진다.12 따라서 그리스도 형상적 해석학에서 성경에 묘사된 그리스도의 형상은 복음서나 신약의 나머지 부분으로도 그 모든 것을 말할 수 없다. 오히려 우리는 성경 전체를 통해 그리스도처럼 되는 것이 무엇을 의미하는지 배운다.13 나는 이것이 성경의 주된 기능이며, 따라서 설교의 주된 목적임을 인정한다.

요약하면, 각 페리코페(그리하여 설교) 역할은 그리스도를 본받기의 일면을 보여주는 일이다. 사람은 각 페리코페에서 하나님께서 요구하시는 바를 실천하는 정도에 따라 완전한 사람이신 예수 그리스도처럼 점차로 된다. 당신 백성에 대한 하나님의 목적이 성취됨은 우리가 각 페리코페에서 말하는, 하나님의 뜻에 복종하면서 자기를 이러한 형상과 완전히 맞추고 "그분 아들의 형상(εἰκών[에이콘])을 본받음"에 있다(롬 8:29). 이것이 그리스도 형상 닮기 해석학의 핵심이다.

---

12 병원 방문이 의사가 제대로 의학적 조언을 하고 환자가 부지런히 그 조언을 따름을 전제로 하듯이, 설교 성공은 설교자의 신실한 노력과 청중의 성실한 적용을 전제로 한다.

13 이러한 그리스도 형상 닮기 해석학에서 성경의 각 페리코페는 완전한 **사람**이신 그리스도 형상의 일면을 묘사한다. 그것은 그리스도의 신성을 부인하지 않지만, 우리는 하나님의 백성이 흉내 내도록 요청받는 일이 그분 **인성**임을 기억해야 한다. 사람이 본받는 것은 그분 완전한 **인성**의 형상이며, 이는 신자가 언젠가 지닐 형상이다(롬 8:29; 갈 4:19; 빌 3:21; 살후 2:14; 요일 3:2).

그리스도 형상 닮기 해석 대 그리스도 중심 해석

그리스도 형상 닮기 해석은 그리스도 중심 해석과 매우 다르다. 이 두 접근 사이에 주요 차이는 후자가 모든 구절, 구약 페리코페에서 **명시적으로** 그리스도를 찾지만, 그리스도 형상 닮기 읽기는 하나님의 정경적 목적에 맞추어(롬 8:29) 모든 페리코페에서 그리스도를 본받기—그리스도의 형상—에 관한 **암시적** 묘사를 발견한다.14 그리고 좀 더 자세히 조사할 때, 그리스도 중심적 해석을 지지하는 것으로 제시되는 일반적 성경 구절인 누가복음 24:27, 44; 고린도전서 1:22~23; 2:2; 고린도후서 4:5는 이러한 해석의 방법을 지지하지 않음을 알 수 있다.

실제로 누가복음 24:27, 44는 예수님께서 엠마오에서 제자들에게 하신 교훈이 성경의 모든 본문이 당신을 나타냄을 보여주려는 의도가 아니었다고 구체적으로 말한다. 오히려 예수님은 단지 당신을 가리키지 **않는** 본문들을 논하셨다. 한 가지 유비로 설명하겠다. 얼마 전 나는 내가 일하는 기관의 2013~14년 카탈로그가 여섯 곳에서 나를 달라스신학대학원 교수회의 한 구성원으로 언급하는 것을 발견했다. 두 곳은 내 사진을 싣기도 했다. 이제 내가 어떻게 그 카탈로그가 나에 관해 말하고 있는지("모든 [카탈로그]에 쓴 바 자기에 관한 것") 설명하면서 학생들에게 그 여섯 곳과 내 사진을 가리키더라도, 나는 결코 2013~14년 달라스신학대학원 카탈로그 전체가 아브라함 쿠루빌라에 대해서만 말하고 있음을 뜻하지 않는다! 대신 나는 단지 그 카탈로그에서 **실제로** 당신의 진정한 친구(yours truly, 편지의 맺음말로서 '나'를

---

14 그러한 암시적 기독론적 접근은 그리스도 중심 해석 옹호론자가 일반적으로 하듯이 신약 본문에 대한 직접적인 자료를 반드시 찾지 않고서도 구약 페리코페에서 저자가 그들이 말하는 것을 통해 **실행하는** 것을 존중한다. 예를 들어, Abraham Kuruvilla, *Genesis: A Theological Commentary for Preachers* (Eugene, OR: Resource, 2014)에서 설교를 위한 창세기 페리코페의 해석을 보라. 다른 곳에서 필자는 구속사적 접근을 따르는 그리스도 중심적 해석이 부적절한 이유를 설명했다(Abraham Kuruvilla, *Privilege the Text! A Theological Hermeneutic for Preaching* [Chicago: Moody, 2013], 238~58).

가리킴, 역자 주)에 관해 말하는 곳들을 지적하고 있을 뿐이다. 마찬가지로 예수님은 성경의 **모든** 본문에서 자신을 발견하시는 것이 아니라, 성경의 모든 주요 부분에서 **단지 자신에 관한 본문들을** 발견하신다. 그리고 동일하게 놀라운 것은 예수님과 함께한 엠마오 두 제자가 예수님에 대해 불현듯 깨닫도록 했던 것이 하나님의 아들 자신에 의해 전달된, 구약에서부터 그리스도 중심적 강의가 아니었다는 사실이다. 그들의 눈을 뜨게 한 것은 함께한 식사, 아마도 그가 떡을 떼시며 "이것은 내 몸이니"(="내가 바로 그 메시아이다," 눅 24:30~31)라고 말씀하시며 자신을 밝히신 바로 그 순간이었을 것이다.15

그리스도 중심 설교 옹호론자는 또한 바울이 "십자가에 못 박히신 그리스도"만을 전하였음을 가리킨다(고전 1:22~23; 2:2; 고후 4:5).16 사실 바울은 자기 **모든** 설교에서 그리스도를 전파하지는 않는다. 적어도 아레오바고 설교에서 예수님이나 십자가는 언급하지 않는다(행 17:22~31).17 또한 더 면밀한 조사를 통해 우리는 고린도서의 증거 본문들이 모두 바울의 **복음** 사역 맥락에 확고하게 자리 잡고 있음을 발견한다(특별히 고전 1:21; 2:1; 고후 4:3~4를 보라). 우리는 자연스럽

---

15 공관복음의 다른 곳에서 예수님은 정확히 그렇게 당신이 메시아이심을 선포하시며 제자들과 떡을 떼셨다(마 26:26; 막 14:22; 눅 22:19). 어쨌든 성경이 "나를 증언한다"(요 5:39)라고 하신 예수님의 단언은 분명히 모든 페리코페, 단락, 구절, 문장, 말(심지어 일점일획)이 명시적으로 자신을 말한다는 뜻이 아니다. 결국, 구약에서 메시아에 관한 구체적 약속과 암시는 성경 전체와 비교하여 많은 분량이 아니다. 기껏해야 창세기 3:15; 12:3; 민수기 21:9; 신명기 18:15(요 5:46에서 예수님께서 "그[모세]가 나에 관해 기록했다."라고 선언하신 것처럼); 그리고 아마도 시편 2; 16; 22; 이사야 53과 같은 다른 여러 제한된 본문일 것이다.

16 실제로 이것은 그리스도 중심 설교보다 그리스도의 구속 사역을 자세히 말하는 '십자가 중심' 설교를 낳았다. 주님 삶의 다른 양상들은 상대적으로 불분명한 가운데 퇴색된 것으로 보인다.

17 물론 우리는 사도행전 17장에서 그의 설교 전부를 기록하고 있다고 분명히 말할 수 없지만, 그 취지는 분명히 언급되며, 그 이야기에서 바울이 그리스도나 십자가를 언급했다는 말은 없다. 그리고 이 이야기는 **복음** 전파의 이야기이다!

게 바울이 복음 메시지에서 "십자가에 못 박히신 그리스도"만을 전파하는 것을 기대할 것이다. 주 예수 그리스도의 구속 사역을 말함이 설교자의 근본적인 일이며, 필자 자신도 자주 그렇게 한다고 덧붙여 말하고 싶다. 하지만 이것은 모든 페리코페가 설교자들을 그러한 해석학적 의무 아래에 둔다고 이해하기 때문이 아니다.[18] 오히려 그것은 실용적인 의무 때문이며, 우리가 회중 모두 신자임을 확신할 수 없기 때문이다. 다른 말로 하면, 모든 페리코페가 모든 설교에서 구속 역사를 개관하고 그것이 가져오는 영광스러운 혜택을 말하도록 강요하는 해석학적인 명령을 말하지 않는다(물론 특정 페리코페 신학이 실제로 그것을 요구하지 않는 한). 다른 한편으로, 각 페리코페가 요구하는 해석학적 의무는 삶의 특정 영역에서 경건하도록 그것이 제시하는 지침이다. 곧, 하나님의 요구를 만족시키고 좀 더 그리스도를 본받는 방법을 제시한다.

요약하면, 기록된 말씀에 묘사된 성육신하신 말씀이신 주 예수 그리스도는 궁극적인 계시로서 사람이 본받아야 할 형상을 나타낸다. 그분 삶은 하나님의 백성이 따르도록 요청받는 기준이다. 따라서 이런 의미에서 그리스도를 전함이 설교의 바른 목적이다. 정경 전체 취지는 예수 그리스도의 절대적인 형상―그리스도를 본받는 것이 의미하는 것―이며, 당신 백성이 아들의 형상을 본받게 함이 하나님의 뜻이다(롬 8:29). 성경에서 예수 그리스도에 관한 그러한 생각이 각 페리코페의 초점을 성육신하신 하나님이시며 완전한 사람이신 그리스도의 형상에 맞추는 가운데, 적용을 위한 성경 해석을 감독하며 설교학에서 해석학적인 과정을 안내하는 중요한 구실을 한다. 따라서 그것은 그리스도 형상 닮기 해석이다.[19]

---

[18] 「3. 설교는 교회에서 이뤄지는 것이다」에서 강조했듯이 결국 설교―이 책에서 생각하듯이, 적어도 본문을 근거로 하는 설교―는 이미 하나님의 가족인 믿는 이를 대상으로 한다.

[19] 회중이 하나님의 백성이 아들의 형상을 본받는, 하나님의 이러한 더 큰 목표를 안다면, 설교자는 매 설교에서 이러한 개념을 자세히 이야기해야 하며, 예를 들어 사무엘상 15장을 설교할 때 그리스도를 본받음이 뜻하는

모방 그리고 추종(Imitation and Following)

어떤 의미에서 이렇게 한 주 한 주, 한 설교 한 설교, 페리코페마다에서 하나님의 요구에 맞춤은 점점 더 그리스도의 모습으로 나아가는 움직임으로서 그리스도를 모방하는 일이다. 바울은 자주 '모방' 개념을 사용한다. 그리스도/하나님을 모방하는 것(엡 5:1; 빌 2:4~11; 롬 15:1~3, 5), 자신과 그리스도를 모방하는 것(살전 1:6; 고후 10:32~11:1), 자신을 모방하는 것(고전 4:16; 11:1; 갈 4:12; 빌 3:17; 4:9; 살전 1:6; 살후 3:7, 9), 또한 다른 교회와 신자들을 모방하는 것(살전 1:6, 7; 2:14; 살후 3:7~9)을 말한다. 신약성서의 다른 곳에서, 하나님을 모방하는 것은 마태복음 5:44~48; 누가복음 6:36; 요한복음 17:11, 21; 골로새서 3:13; 베드로전서 1:15에 있다.[20] 신약성서의 이 권고들은 구약에서 '야웨를 따르는' 개념에 뿌리를 두었을 가능성이 있다(신 14:24; 32:11~12; 신 1:36; 수 14:8~9, 14; 삼상 12:14; 왕상 11:6; 14:8; 왕하 23:3; 또한 집회서 46:10을 보라). 아마도 그리스

것은 하나님의 음성에 주의하고 세상의 음성을 차단하는 것이라는 부분만 말하면 된다. 그것이 설교 대부분에서 필요한 전부이다. 필자는 설교 시간 대부분을 본문에서 페리코페 신학을 끌어내고, 그것을 입증하고, 하나님의 백성 삶에 구체적으로 적용하는 데 사용한다. 아마도 장년 성경 공부, 소그룹 모임, 주일학교 학급, 또는 그러한 목적을 위한 일회성의 교훈적인 설교를 통해서도 주기적으로 그리스도 형상적 개념을 설명해도 좋다. 나로서는 들으려고 하는 모든 사람에게 일대일 대화에서 그것에 대해 끊임없이 말하는 편이다.

[20] 또한 요한일서 2:6; 3:16을 보라. 옛날부터 다양한 종교적 전통에서 신을 모방하는 일은 성취할 수 있는 가치 있는 목표로 여겼다. *Theaetetus* 25.176a~b에서 플라톤(Plato)은 사람이 이 세상의 악에서 탈피하여 신들의 장소에 이를 것을 촉구한다. "탈피하는 것은 하나님처럼 되는 것이며, [그]와 같이 되는 것은 의롭고 거룩하고 지혜롭게 되는 것이다." 필론(Philo)은 이 말에 동의하는 가운데 그것을 *On Flight and Finding* 12.63에서 인용한다. 다른 곳에서 이 1세기 유대 철학자는 "인간이 영원하신 하나님을 모방하는 것보다 더 큰 선"이 없으며(*On the Special Laws* 4.73), "가능한 한" 하나님을 모방해야 한다고 말한다(*On the Virtues* 31.168).

도를 모방하라고 요청하기보다, 구약에서 이러한 강조를 생각하면서 복음서의 명령은 상당히 자주 그를 **따르라**고 한다(마 8:22; 9:9; 10:38; 19:21 등에서처럼). 제자들이 모방하든 추종이든 두 경우 모두 그들 본보기는 완전한 사람이신 예수 그리스도이시다.

> 보이는 사람을 따르지 말고 하나님을 따라야 했다. 하지만 그분을 볼 수 없었다. 따라서 사람이 볼 수 있고 바르게 따를 수 있는 이를 사람에게 제시하기 위해 하나님께서 인간이 되셨다.21

하나님의 자녀는 예수 그리스도를 모방/추종하도록 부름을 받았기에, 설교자는 페리코페 신학—그것이 묘사하는 그리스도를 닮는 일의 일면—을 분별하고, 그것을 전 세계, 모든 시대, 모든 문화에 사는 신자의 다양한 상황에 적용하여 그들이 완전한 사람이시며 주 하나님이신 분을 모방하고 따르게 하도록 부름을 받는다. 다른 말로 하면, 페리코페 신학은 그리스도가 **어떤** 모습인지 우리에게 말해주나, 설교에서 적용은 우리 자신의 특별한 상황에서 **어떻게** 우리가 좀 더 그와 같을 수 있는지 말해준다.

설교는 삼위일체적이다(Preaching Is Trinitarian)

그리스도 형상 닮기 설교는 개념과 기능에서 삼위일체적이다. 설교 과정을 형성하는 세 가지 실체—본문, 페리코페 신학, 적용—각각은 삼위일체의 인격과 연결되며 설교라는 노력 전체가 삼위일체적이 되게 한다(도식 7.2를 보라). 성령의 영감으로 기록한 본문(벧후 1:21)은 아들이신 예수 그리스도를 묘사하며, 사람은 그분 형상을 본받는다(롬 8:29). 그러한 본받음에서 하나님 아버지의 뜻이 이루어지며,

---

21 Augustine, "Sermon 371: On the Lord's Nativity," in *The Works of Saint Augustine, Part 3: Sermons* 341~400, trans. Edmund Hill, ed. John E. Rotelle (New York: Augustinian Heritage Institute, 1995), 10:312. 아우구스티누스의 말은 후에 Aquinas, *Summa theologica* 3.1.2에서 인용했다.

그의 나라가 임한다(마 6:10).

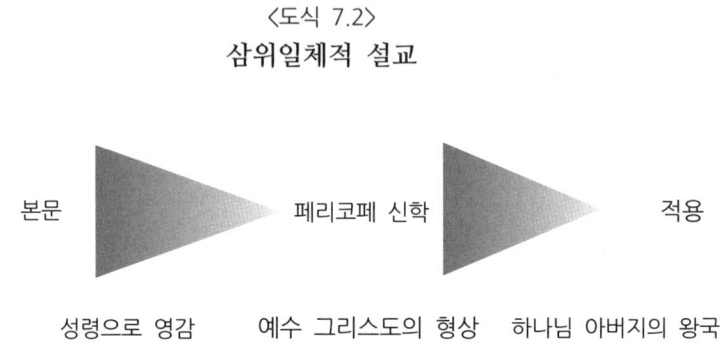

<도식 7.2>
삼위일체적 설교

본문 　 페리코페 신학 　 적용

성령으로 영감 　 예수 그리스도의 형상 　 하나님 아버지의 왕국

다른 말로 하면, 성경에서 성령 하나님의 일은 하나님의 요구를 성취하시는 성자 하나님의 완전한 삶을 계시하며, 그리하여 신자들이 그러한 삶을 모방하고 따를 때(적용할 때) 하나님께 복종하는 이들이 그분 뜻에 맞추는 가운데 하나님 아버지의 왕국이 세워진다.22 따라서 설교는 지식을 나르는 정보가 아니라, 삶을 변화하게 하는 일이며, 성경을 도구로 그리고 설교자를 대리인으로 하여 성령의 능력으로 하나님의 자녀가 그리스도의 형상을 본받도록 한다. 한 주 한 주, 한 설교 한 설교, 한 페리코페 한 페리코페, 습관이 변화되고, 기질이 창조되며, 덕성이 길러지며, 그리스도의 형상이 형성되고, 사람이 온전하고도 완전하게 하나님께서 의도하셨던 대로 된다. "사람은 그리스도처럼 되는 만큼 하나님의 형상이 된다. 그리스도에 대한 복종을 통해서만 그 형상이 온전히 실현되며, 이것이 사람이… 온전히 사람이 되며, 온전히 하나님의 형상이 될 수 있는 방식이다."23

---

22 물론 이 왕국이 온전히 영광스럽게 도래함은 재림 때 이뤄진다.

23 D. J. A. Clines, "The Image of God in Man," *Tyndale Bulletin* 19 (1968): 103.

부기—그리스도의 사역

실제적이며 지속적인 성화, 그리스도의 형상과 맞추는 일, 성경을 적용하고 그리스도의 모습으로 더 가까이 나아가야 하는 하나님의 백성 의무에 관한 이러한 모든 논의는 혼자서 자기 신학적인 도구로 자기를 들어 올리는, 일종의 혼자서 하는 일이라고 여겨서는 안 된다. 전혀 그렇지 않다! 듣는 이의 인간적인 의무—하나님의 뜻을 따름—라는 중요한 요소에도 불구하고, 이 땅에서 삶(그리고 그다음에 일어나는 궁극적인 변화)에서 그리스도의 형상으로 점점 변화하는 일은 전적으로 하나님의 은혜 문제이다.24

그리스도 안에서 인간에게 주어지는 은혜가 없다면, 하나님의 요구(이전 세대에서 율법을 포함하는)는 그 자체로는 인간을 의롭게 하려는 데 아무런 일도 할 수 없으며, 죄를 씻어 버리기 위해 속죄할 수 없고, 하나님과의 화해를 가져오는 용서하는 은혜를 발휘할 수 없으며, 그것 자체의 요구에 복종하도록 힘을 줄 수도 없다. 하지만 그리스도를 통해 모든 것이 새롭게 되었다. 죄인은 의롭다고 함을 받았으며, 죄의 값은 지급됐고, 용서되었으며, 예수 그리스도를 유일하신 하나님과 구주로 믿는 자들에게 하나님과의 화해가 이루어졌다. 하나님의 요구에 불순종하는 것에 대한 영원한 형벌은 더는 없다. 예수님께서 죄의 값을 지급하셨기 때문이다(롬 8:1). 또한 신자의 성화를 위해 효과적인 것은 그의 속죄만이 아니라 구속하신 사람들을 위한 아버지 앞에서 그분의 지속적 사역인 간구(롬 8:34; 히 7:25)와 변호(히 9:24; 요일 2:1)도 포함한다.

---

24 6장에서 '관계는 의무를 앞선다' 부분을 보라.

하지만 그리스도 후(post-Christ)의 이러한 새로운 창조는 성경의 각 페리코페에서 하나님의 요구를 무효로 하지 않는다. 성화는 지속하는 과정이며, 이 과정에서 신자의 복종이 중요하다. **하나님과 관계는 하나님에 대한 의무를 요구한다.**25 그리고 여기서 우리는 우리 성화에 결정적인, 그리스도 사역의 또 다른 요소를 만난다. 그것은 그리스도께서 성령을 보내신 일이다(요 14:16; 15:26; 16:7). 성령의 내주로 새로운 삶이 시작했으며, 신자는 성경 전체에서 요구하는 하나님의 뜻을 성취하는 힘을 얻는다(롬 8:4, 12~16).26 참으로, 로마서 8:4에서 분명히 보여주듯이, 그리스도의 사역이 이뤄짐은 하나님의 뜻('의의 요구')이 "육신을 따르지 않고 그 영을 따라 행하는" 하나님의 자녀, 성령께서 내주하시며 성령의 능력을 받는 그분 자녀에 의해 성취되게 하려 함이다. 하나님의 요구에 순종할 수 있도록 능력을 주시는 분이 성령이시라는 사실은 또한 구약에 의해 확정된다(신 30:6; 렘 31:31~34; 겔 36:26~28; 37:1~28 등). 물론 예수님 또한 "나를 떠나서는 너희가 아무것도 할 수 없다."라고 선언하신다(요 15:5).27

이 모든 것을 말하더라도, 하나님의 자녀는 자기가 가진 자원으로 스스로 의롭게 하면서, 순종을 시도해서는 안 된다. 그것은 율법주의이며 은혜가 결여한, 전적으로 헛된 일이기 때문이다. 대신 그리스도의 역사와 성령을 믿음으로 채워지는 의존을 통해 육신은 패배하고 하나님의 뜻에 순종은 이뤄진다.28 요약하면, 그리스도인

---

25 「6. 설교는 적용을 위한 것이다」를 보라. 또한 Kuruvilla, *Privilege the Text!*, 189~95를 보라.

26 하나님의 뜻에 순종은 신약성서에서, 특별히 요한의 글에서 일관된 가르침이다. 요한복음 14:15, 21; 15:10, 12; 요한일서 2:3~4; 3:22~24; 4:21; 5:2~3; 요한이서 6을 보라.

27 또한 고린도전서 4:7; 고후 3:5; 4:7; 8:1, 7(하나님의 은혜는 마케도니아 사람들의 은혜 사역이 된다); 12:9~10; 갈라디아서 6:3; 데살로니가전서 5:24; 히브리서 13:21; 베드로전서 4:10~11을 보라. 모두가 하나님 자녀의 사역에서 그들 사역과 함께 일하시는 하나님의 사역을 입증한다.

의 성화와 관련된 모든 것에서 그리스도는 직접적으로 또는 간접적으로, 시작부터 끝까지, 시작하시며 유지하시는 대리인이시다. 그리고 언젠가 우리가 얼굴을 맞대고 그분을 볼 때 그리스도 안에서 하나님의 형상을 지닌 자로서 "우리는 그와 같을 것이다"(요일 3:2). 종말에 하늘에서 천사들이 "죽임을 당하신 어린 양은 능력과 부와 지혜와 힘과 존귀와 영광과 찬송을 받으시기에 합당하도다."라고 외치며, "하늘 위에, 땅 위에, 땅 아래, 바다 위에, 또 그 가운데 모든 피조물이"이 굉장한 환호를 되풀이함은 그리 놀랍지 않다(계 5:12~13).

요약

우리는 성경의 정경이 하나님의 이상적 세계를 투사하고, 그 교훈, 우선순위, 실천을 통해—신자가 자기를 성경의 각 페리코페에서 하나님의 요구(페리코페 신학)에 일치시킴으로써—신자가 그 세계에 거주하도록 초청함을 살폈다. 온전히 완전하게 자기를 하나님의 요구에 맞춘 이는 오직 한 분, 주 예수 그리스도이심이 분명하다. 그분은 하나님의 이상적 세계에 포괄적으로 거주하는 유일한 분이시다. 따라서 각 페리코페는 그리스도 모습의 일면을 묘사하며, 성경 모든 페리코페에서 이러한 일면 모두를 종합하면 성경에서 그리스도의 완전한 형상을 알 수 있다. 하나님의 백성은 성령의 능력으로 그러한 아들의 형상을 본받는다. 한 페리코페 한 페리코페, 한 설교 한 설교 그렇게 할 때, 그들은 그리스도의 형상으로 빚어진다. 이것은 당신 자녀에 대한 하나님의 궁극적 목표이다. 그들이 그분 아들, 주 예수 그

---

28 이러한 믿음으로 채워진 순종—'믿음의 순종'(롬 1:5)—개념에 관해서 「8. 설교는 하나님의 영광을 위한 것이다」를 보라.

리스도의 형상(εἰκών[아이콘])을 본받게 하는 일이다(롬 8:29). 이러한 방식으로, 이러한 그리스도 형상 닮기 해석학으로 설교할 때 성령의 영감으로 된, 예수 그리스도를 묘사하는 본문은 하나님의 백성에게 삶이 되며, 아버지의 뜻은 성취되고, 그의 나라는 임할 것이다! **설교는 변화를 위한 것이다!**

숙고하기(Reflection)

마가복음 14:51~52; 15:46; 16:5—위대한 교환[29]

> 한 청년이 [자기] 벗은 몸에 베 홑이불을 두르고 예수를 따라가다가 무리에게 잡히자, 베 홑이불을 버리고 벗은 몸으로 도망쳤다. (막 14:51~52)

예수님께서 붙잡히신 이야기 바로 뒤에서 발견되는 벗은 몸으로 도망하는 이야기(막 14:51~52)는 신약 전체에서 가장 이해하기 힘든 내러티브의 하나이다. 학자들은 이 이야기가 이상하고, 색다르고, 혼란스럽고, 불가해하고, 별나다고 묘사한다. 그리고 이것이 없어도(마태와 누가는 자기들 복음서에 그렇게 하는 것이 분명하다, 마 26:56~57; 눅 22:54) 마가복음 14:50은 14:53으로 이음매 없이 매끄럽게 이어진다. 그러나 이 두 절로 된 삽화는 마가 복음서에 확고하게 고정되어 있으며, 따라서 우리는 마가가 그것을 의도적으로 포함했다고 가정해야 한다. 이 이상한 '청년'은 누구이며, (좀 더 중요한 질문으로서) 마가는 그에 관해 말하는 바로 무엇을 **실행하고** 있었는가?

학자 대부분은 캔버스의 모서리에 자신을 그리는 화가처럼 마가가 자기 복음서의 이곳에 자기 카메오를 포함한다고 믿고 있다. 이 인물을 저자로 여기는 견해의 역사는 13세기 한 콥트 사본의 각주에서 이 청년을 복음서 저자 마가로 여김에서 시작했다. 하지만 2세기 히에라폴리스 감독 파피아스(Papias)는 예수님께서 이 땅에 계셨을 때

---

[29] 더 자세한 내용은 Abraham Kuruvilla, "The Naked Runaway and the Enrobed Reporter," *Journal of the Evangelical Theological Society* 54 (2011): 527~45를 보라.

"마가는 주님에 관해 듣지도 못했고 그를 따르지도 않았다"라고 말했다.30 다른 사람들은 그 알몸의 도망자가 나사로(베 홑이불은 그의 최근 무덤에서 거주한 흔적), 아리마대 사람 요셉(그를 겉옷을 버리며 도망쳤던 또 다른 요셉과 연결), 야고보(아마도 예수님께서 붙잡히실 때 자신이 베 겉옷을 버린 것에 대한 속죄로서, 사는 동안 내내 베 겉옷을 입었다고 생각되는), 혹은 죽음, 장사됨, 부활에서 예수님 자신에 대한 최적화된 묘사였다고 추측하였다. 마태와 누가가 이 불행한 이야기를 생략했다는 사실은 어떤 학자들에게 그것이 어떤 분명한 신학적인 의미가 없으며 그것이 마가의 전체 이야기의 목적과 무관하다는 충분한 증거가 될 수도 있다.

그러한 가설과 평가는 암암리에 마가가 서투른 작가였음을 나타내지만, 그런 결론은 완전히 부적절하다. 마가는 변덕스러운 편집을 알지 못한다. 그의 글은 성령의 도우심을 받은, 복잡한 신학적인 사고의 결과이다. 실제로 이야기꾼들이 늘 그런 것처럼 이 미니드라마를 통해 그 복음서의 다른 모든 장면과 마찬가지로 마가는 의도와 목적을 가지고 어떤 것을 **실행하고** 있었다. 마가는 이 특별한 이야기를 서술함으로 목표한 바가 있었다. 그 목표는 무엇이었는가?

우리가 다루는 짧은 삽화와 도망하는 제자들의 사건은 뚜렷하게 평행을 이룬다. 유다의 배반과 예수님의 체포(막 14:43~49)에 이어 모든 제자가 그를 버리고 '도망쳤다'(14:50). 그다음에 곧바로 '예수님을 따랐으며' 붙잡혔을 때 자기 옷을 버리고 또한 '도망쳤던' 이 청년의 이야기가 뒤따른다. 이 청년이 예수님을 '따랐던' 자로 묘사는 중요하다. 따르는 일은 예수님께서 제자들에게 하라고 하신 것이었으며, 따르는 것은 그들이 해왔던 일이었다(1:18; 2:14, 15; 6:1; 8:34; 10:21, 28, 52). 따라서 '따라가는 것'은 하나의 문학적 단서이다. 마가는 그 청년을 제자로 분류한다. 제자들이 따랐으며, 청년이 따랐

---

30 2~3세기 로마 기독교 역사가 유세비우스가 인용한 대로, *Ecclesiastical History* 3.39.15 (*NPNF*[2] 1:172).

다. 제자들이 도망갔으며, 청년이 도망갔다. 그리고 여기서 알몸으로 도망하는 그림에서 따르는 자들은 '도망자'가 됐다. 마가의 내러티브에서 이 무명 동조자의 수치스러운 도망은 예수님 제자들의 완전한 실패를 강조하는 역할을 한다. 한때 예수님의 제자들은 그를 따르기 위해 모든 것을 버렸다. 하지만 지금 이 청년의 몸에 속옷조차 남지 않은 것에서 독자는 제자들이 예수님에게서 멀어지려고 모든 것을 버렸음을 본다. 마가는 이러한 알몸으로 도망을, 주님과 연합이 가져오는 해로운 결과를 피하려고 도망친 제자 무리에게 예수님이 전적으로 버림받으신 것을 상징으로 묘사한다.

하지만 어떻게 해서 14:51~52에 이 작은 장면을 포함하는가? 이 이야기로 추가되는 유일한 실재적인 사실은 그 청년이 제대로 작동하지 않는 불행한 의상을 하고 있었다는 것이다. 두 번 언급되는 그의 벌거벗음은 제자들이 예수님을 버린 일의 수치스러움을 가리킨다. 따르도록 부름을 받았던 자들이 실패했으며, 그 일은 수치스럽게 일어났다. 그들은 예수님에게 충성 대신 수치를 택했다! 감람산에서, 겟세마네로 오시는 길에 예수님은 제자들에게 그들이 '모두' 도망친다고 경고하셨다(14:27). 베드로는 '모두' 도망쳐도 자기는 그렇게 하지 않겠다고 항변했으며(14:29), 나머지 제자들도(그들 '모두') 맹렬하게 자기들 배반 가능성을 부인했다(14:31). 하지만 지금 그들은 '모두' 도망쳤다(14:50, 52). 벌거벗은 실패, 수치이다!

그리고 우리 가운데 예수님을 따르면서 제자도에 실패하지 않는 사람은 누구인가? 이래저래, 이런저런 정도로, 이런저런 때에 우리 모두 죄에 빠졌으며, 신실하지 못했고, 용기가 시들었으며, 헌신에서 뒤로 물러갔다. 그리고 우리는 제자도 실천에서 넘어지기를 계속했다. 우리에게 소망이 있는가?

14:51~52의 불가해한 이야기에서 흥미로운 점은 마가복음 전체에서 '베 홑이불'을 가리키는 헬라어 단어가 쓰인 경우가 한 차례 더 있다는 사실이다. 그것은 예수님의 장사에 사용된 수의를 말한다

(15:46). 거기서 알몸 도망자의 이야기에서처럼 '베 홑이불'을 가리키는 단어가 두 번 사용된다. 전적으로 수치스러운 상황에서 제자/따르는 자가 자기가 입고 있던 '베 홑이불'이 벗겨졌으며(14:51~52), 동일하게 불명예스러운 암살에 뒤이어 '베 홑이불'이 예수님을 덮는 수의가 된다. 앞 옷은 수치를 나타내었으나, 그것은 예수님을 장사지내는 역할을 한다. 다른 말로 하면, 예수님은 청년에게서 수치의 옷을 '가지신다.' 물론 그것은 그 옷이 동일한 베 홑이불이라고 주장하는 것은 아니다. 마가는 그 옷을 문학적 장치로 사용한다.[31]

예수님의 부활 소식에서 이 장치의 목적은 분명해진다(16:1~8). 또 다른 '우연'은 그곳이 마가복음에서 '청년'이라는 단어가 사용되는 유일한 다른 한 곳이라는 사실이다. 그것은 흰옷을 입은, 천사와도 같은 보고자를 묘사한다(16:5). 다른 복음서 저자들이 '천사'라고 부르는 존재(참으로 눅 24:23과 요 20:12에 따르면 이러한 종류의 존재가 한 명 이상이었다)에게 마가가 독특하게 '청년'이라는 호칭을 사용하는 유일한 이유는 '청년'이라는 용어로 그 두 사건을 연결하며, 따라서 벌거벗은 도망자와 옷을 입은 보고자를 연결하려 함이 분명하다(막 14:51~52와 16:5).[32]

하지만 마가복음 16장에서 이 '청년'은 '베 홑이불'을 입고 있지 않다. 그는 흰옷을 입고 있다(16:5). 또 다른 '우연'은 마가복음에서 '흰'이라는 단어가 사용되는 유일한 다른 경우가 9:3이며, 거기서 예수님의 변화된 옷이 그렇게 묘사된다. 아하! 그래서 그곳에서 마가복음 16장의 '청년'이 그의 흰옷을 가져온 것이다. 예수님은 그 '청년'에게 자신의 영광스러운 옷을 '기증'하신다.

---

[31] 우연히 두 이야기에서 '베 홑이불'이 두 번씩 나타나는 것처럼(막 14:51~52와 15:46에서), '벗음' 또한 14:51~52에서 두 번 나타난다. 우리는 또한 예수님께서 두 차례 벌거벗겨졌다는 것을 기억한다(15:17, 20). 그에게 자색 옷을 입혔을 때와 다시 원래의 옷을 입혔을 때이다(15:17, 20).

[32] '입다'라는 동사는 마가복음 14:51~52와 16:5의 또 다른 연결이다. 이 단어는 마가복음 전체에서 이 두 곳에만 있다.

그렇다면 그 옷은 교환된 것으로 보인다(물론 문학적인 의미로). 그 청년이 입었던 '베 홑이불'은 그에게서 벗겨져 그를 알몸이 되게 했다가(14:51~52), 이제 무덤에서 예수님의 몸을 덮는다(15:46). 그 대신 예수님께서 변화됐을 때 입으셨던 '흰' 옷은 이제 빈 무덤에서 부활을 알리는 청년을 덮고 있다(16:5). 다른 말로 하면, 마가복음 14장에서 도망자의 수치스러운 옷은 마가복음 15장에서 예수님의 수치스러운 옷이 되며, 마가복음 9장에서의 예수님의 영광스러운 옷은 마가복음 16장에서 보고자의 영광스러운 옷이 된다. '청년'의 수치스러운 옷이 예수님을 장사 지냈으며, 예수님의 영광스러운 옷이 '청년'을 회복시킨다. 그렇게 미묘하지 않은 이 문학적 기술은 실패한 제자의 회복을 가리킨다. 벌거벗은 수치스러운 자에게 옷이 입혀지며, 그것도 그 주인의 영광스러운 옷으로 입혀지지만, 그 주인은 수치의 옷을 입으며 그의 실패한 추종자의 옷을 입는다.

이러한 교환된 옷에 관한 예술적 묘사는 암시된 약속을 말한다. 하나님께서 제자도에 실패한 제자들에게 희망을 주신다는 것이다. 그렇다. 넘어지고, 실패하고, 서툴고, 주저해도 예수님을 따르는 우리 모두에게 희망이 있다. 우리의 수치스러운 실패는 예수님의 영광스러운 광채로 바뀌므로, 우리에게는 참으로 희망이 있다. 우리 주님께서 우리를 위해 하신 일 때문이다. 놀라운 은혜다!

참으로, 우리가 미래에 그리스도의 형상으로 온전히 변화되는 개념을 생각할 때도 우리는 그리스도께서 우리를 위해 이미 행하신 일을 깨달을 때 겸손해진다. 거저 얻는 온전하고 최종적인 용서이다. 그는 우리를 그의 소유가 되게 하셨으며, 하나님께서는 우리를 자녀로 받아들이시고 그분 아들의 영광과 의의 옷으로 감싸셨다. 이제 이러한 하나님과 관계에 있는 자로서 우리의 의무는 그리스도의 형상을 삶에서 실현하는 것이며, 우리 생각, 말, 행동에서 성령의 능력을 힘입어 그분 형상을 본받는 일이다.

7. 설교는 변화를 위한 것이다   217

- 마가복음 14:51~52는 우리가 삶에서 그리스도를 닮는 방향으로 나아가는 힘을 얻는 것이 오직 그리스도께서 이미 우리에게 이루신 일 때문임을 상기하게 한다. 얼마나 자주 우리는 청중에게 율법주의와 달리, 하나님의 요구를 따라야 하는 그리스도인의 의무가 하나님께서 주시는 능력으로 되는 일임을 분명히 하는가?
- 설교 준비와 전달을 위한 모든 전략, 그리고 본문의 자세한 내용의 홍수 가운데 우리와 우리 청중 모두 이 모든 것이 어디로 가고 있는지, 설교와 영성 함양에서 하나님의 목표가 무엇인지 상기해야 한다. 로마서 8:29를 이해해야 한다. 하나님께서 자기 백성이 그의 아들 예수 그리스도의 형상을 본받게 하시려는 것이다.
- 그리스도의 형상을 본받게 하시는 하나님의 보증된 프로그램 일부가 되는 것은 참으로 큰 특권이다! 우리 안에 "착한 일을 시작하신 이가" 그의 아들이 드러나시는 날에 "그것을 온전히 이루실" 것이다(빌 1:6). 우리를 그분 아들의 형상으로 영화롭게 하려고(요일 3:2) 매일 우리를 빚으시는 그분 은혜를 인해 하나님께 감사하기를 잊지 말자. 회중이 하나님께서 우리 안에서 행하시는 이 위대한 일에 감사의 마음을 개발하도록 우리는 그들을 이끌고 있는가?
- 설교가 변화를 위한 것이라는 사실은 또한 하나님의 말씀을 전파하는 청지기 직분의 위대함을 우리 설교자들에게 상기하게 한다. 우리는 상상할 수 있는 것보다, 스스로 떠맡을 수 있는 것보다 훨씬 더 큰 어떤 일에 관여하고 있다. 그것은 하나님의 백성이 하나님의 형상(*imago Dei*)을 본받는 일이다. 참으로 놀라운 특권이며, 참으로 겸손케 하는 일이다! 맡겨진 일을 우리가 신실하게 수행하도록 하나님께서 힘주시기를 바라며, 하나님께서 우리를 그의 대리인으로 부르시고, 성령의 능력으로 사

람들을 그리스도의 형상으로 빚으실 때, 우리가 우리 지도력에 맡겨진 삶들을 주의 깊게 다룰 수 있기를 원한다.

설교는 변화를 위한 것이다!

설교는 하나님의 영광을 위한 것이다 8
Preaching Is Doxological

주님을 경외하게 하는 주님 말씀을
주님 종에게 세우십시오.

시편 119:38

성경적 설교란, 교회 지도자가 예배하려고 모인 그리스도인 모임에서 성경 페리코페(pericope)에서 신학적 석의로 분별한 핵심 취지와 그것을 그 특정한 그리스도인 공동체에게 적용한 내용으로 소통해서, 그들이 그리스도의 형상을 닮아 변화함으로 **하나님을 영광스럽게 하는** 일인데, 이 모든 과정은 성령의 능력으로 한다.

오래된 이야기가 있다. 출처가 의심스럽긴 한데, 올리버 웬델 홈스(Oliver Wendell Holmes)에 관한 이야기이다. 그는 지난 세기 초 전설적 미국 대법관으로서, 잘 잊기로 유명한 인물이었다. 워싱턴 DC에서 출발한 열차에서 홈즈는 미결의 소송 건을 연구하고 있었으며, 차장은 그에게로 와서 표를 요구했다. 이 유명한 재판관은 불안하게 호주머니를 전부 뒤졌지만, 소용이 없었다.

당혹감이 점점 커지자, 차장이 가로막고 나섰다. "홈즈 법관님, 걱정하지 마십시오. 우리는 당신이 누구이신지 압니다. 워싱턴으로 돌아가셔서 편할 때 표를 보내주십시오."

홈즈는 눈을 아래로 내리고 슬프게 자기 머리를 흔들었다. "감사합니다, 선량하신 양반. 하지만 당신은 뭐가 문제인지 모르시는 듯합니다. 문제는 내가 열차 운임을 낼 것인가가 아닙니다. 문제는 내가 어디로 가고 있는가는 것입니다."

참으로, 그것은 설교자가 스스로 물으면 참 좋은 질문이다. 우리는 어디로 가고 있는가? 여기서 우리는 무엇을 위해 존재하는가? 우리가 종사하는 설교 일의 궁극적인 목표는 무엇인가?

만물의 목적인 하나님의 영광(The Doxological End of All Things)

물론, 궁극적 목표를 묻는 말에 대답은 그리스도인에게 비밀이 아니다. 삶의 모든 것, 참으로 창조된 모든 것이 하나님을 찬미한다. 그들 존재 목적은 하나님의 영광이다.

> 이는 만물이 주님에게서 나오고 주님으로 말미암고 주님에게로 돌아간다. 그분에게 영광이 세세에 있기를 바랍니다. 아멘 (롬 11:36)

그리고 조나단 에드워드(Jonathan Edwards)는 선포했다. "성경에서 피조물의 궁극적 목적으로 언급한 모든 것은 하나님의 영광이라는 이 한 표현에 있다."[1] 인류가 맡은 모든 일은 하나님을 영화롭게 하려고 이뤄진다. "그런즉 여러분은 먹든지 마시든지 무엇을 하든지 다 하나님을 영광스럽게 하려고 하세요"(고전 10:31). 그리고 이러한 찬미 초점은 설교에서도 유지해야 한다.

---

[1] Jonathan Edwards, "The End for Which God Created the World," in John Piper, *God's Passion for His Glory: Living the Vision of Jonathan Edwards* (Wheaton: Crossway, 1998), 242 (예264).

만일 누가 말하려면 하나님의 말씀을 하듯이 하고 … 이는 모든 일에 예
수 그리스도로 말미암아 하나님께서 영광을 받으시게 하려 함이니, 그분
에게 영광과 권능이 세세에 무궁하도록 있다. 아멘. (벧전 4:11)

'영광'(כָּבוֹד[카보드])은 정확하게 무엇을 말하는가? 연관된 단어 כָּבֵד[카베드]는 '무겁다'는 뜻이며(삼상 4:18; 사 32:2; 그것은 또한 몸에서 가장 무거운 장기로 생각한 간을 가리킨다[출 29:13][2]). 동사로서 그것은 '무겁게 하다'를 뜻한다(애 3:7). 나아가 상징적으로 그것은 '무거운'' 눈(창 48:10), 마음(출 9:7), 재물(창 31:1)을 나타냈다. 곧, 어떤 것이나 어떤 사람의 실질적 특성과 중요한 특색이다. 그리하여 신학적으로 כָּבֹד[카보드]는 하나님의 크심과 중요성, 그분 광채와 탁월하심, 곧 그분 영광을 가리킨다(출 24:16~17; 시 19:1). "성경이 주님과 관련하여 '영광'이나 '영광스러운'이라는 단어를 사용할 때 그것은 기본적으로 이곳과 다른 모든 우주에서 그가 가장 중요하고 탁월하신 분이심을 말한다. 그리고 성경이 '주의 영광'을 말할 때 그것은 일반적으로 하나님의 탁월하심의 모든 증거를 말한다."[3] 그분 창조, 행위, 특성과 속성이 포함된다.

17세기 웨스트민스터 회의(Westminster Assembly)에서 만든 「소교리 문답(Shorter Catechism)」의 첫 번째 질문과 그 대답은 하나님의 영광과 신성의 탁월함 관점에서 인간의 궁극적 목적을 말한다.

질문: 사람의 주된 목적은 무엇인가?

대답: 사람의 주된 목적은 하나님을 영화롭게 하며 그분을 영원히 기뻐하는 것이다.[4]

---

[2] 사실은 피부가 가장 무겁다.

[3] Allen P. Ross, *Recalling the Hope of Glory: Biblical Worship from the Garden to the New Creation* (Grand Rapids: Kregel, 2006), 47.

[4] The Westminster Shorter Catechism (1646~47), 1.

청교도 토마스 왓슨(Thomas Watson, 약 1620~86)은 「웨스트민스터 소교리문답」을 해설하면서 이중적 '영광'을 발견했다. 첫째, 삼위일체의 본질인 **내재적** 영광이 있다. "태양에 빛이 있듯이" 하나님은 "영광의 하나님"이시다(행 7:2). "하나님의 영광은 그분 존재의 본질적인 부분이어서 그것이 없이 그는 하나님이실 수 없다. 하나님의 삶 자체는 그의 영광 안에 있다. 그의 영광은 추가될 수 없다. 그것은 무한하기 때문이다." 이 영광을 감할 수도 없다. 하나님께서는 그것을 다른 누구와도 나누지 않으시기 때문이다(사 42:8). 둘째, **부여되는** 영광이 있다. "그것은 그의 피조물이 그에게 돌리기 위해 힘쓰는 것이다"(대상 16:29; 고전 6:20). "우리가 하나님께 드리는 영광은 우리가 세상에서 그의 이름을 높이고 다른 이들 앞에서 그분을 찬미하는 것 외에 다른 아무것도 아니다." 왓슨은 이렇게 하나님께 영광을 드리는 것을 "하늘의 면류관에 대해 우리가 지급하는, 해마다 드리는 임차료"로 본다.5

스코틀랜드 칼뱅주의자 토마스 보스턴(Thomas Boston, 1676~1732) 또한 「소교리문답」을 논하면서 영화롭게 하는 일은 영화롭게 **만들거나** 영화롭다고 **선언하는** 일이라고 말했다. 전자는 전적으로 하나님의 사역이므로—인간은 그분을 영화롭게 만들 수 없으므로(욥 35:7; 행 17:25), 그는 본질적으로 영화로우시다—인간이 하나님을 영화롭게 하는 것은 하나님이 영광스러우시다는 그들의 선언을 나타내는 것이 분명하다(왓슨이 말하는 **부여되는** 영광). 하나님께서 만드신 "생명이 없고 이성이 없는 피조물"도 그분을 영화롭게 할 수 있지만(시 19:1; 롬 1:20), 인간만이 생각하면서 의도적으로 그렇게 할 수 있다. 말로(시 50:23), 삶으로(마 5:16) "그를 높게 생각하고 다른 모든 사람과 사물 위에 그를 높임으로써(시 73:25)" 하나님을 영화롭게 한다.6

---

5 Thomas Watson, *A Body of Practical Divinity, Consisting of above One Hundred Seventy Six Sermons on the Lesser Catechism* (London: Thomas Parkhurst, 1692), 1(고어체 표현은 현대화함).

6 Thomas Boston, "Of Man's Chief End and Happiness," in *An Illustration of the Doctrines of the Christian Religion, with Respect to Faith and Practice* (London: William Baynes, 1812), 1:2~3.

그리고 모든 삶에서처럼 설교도 마찬가지이다. 설교 또한 하나님의 영광을 위한 것이다. **모든** 것이 그 방향을 향하고 있기 때문이다. 설교를 통해, 그리고 설교가 성취하려고 하는 모든 것에 의해 영광이 하나님께 **돌려져야** 한다. 그분이 영화로우시다고 **선포**되어야 한다. 따라서 설교는 "찬미의 연설"이다.7

설교와 하나님의 영광(Preaching and the Glory of God)

설교는 보스턴이 정의하는 세 가지 영역에서 하나님을 영화롭게 하는 **행위**(act)이다. 그것은 설교자의 생각, 설교자의 말, 설교자의 삶 등 세 가지 영역이다. 하지만 (설교자가 하나님을 영화롭게 하려는 사람이 되는) 설교의 행위—지역 교회에서 예배 환경에서 진행하고(「3. 설교는 교회에서 이뤄지는 것이다」를 보라), 하나님의 백성이라는 회중을 향하는—만이 찬미가 아니다. (청중이 하나님을 영화롭게 하려고 듣는 자들이 되는) 설교 **목표** 또한 찬미이다. 곧, 설교는 또한 설교단의 반대쪽, 청중 관점에서 하나님을 영광스럽게 하려 함이다. 청중은 예의 맥락에서 설교를 통해 하나님의 장엄하심과 탁월하심을 인정하며(생각에서 영광을 돌림), 설교에 반응에서 예배함으로 하나님을 높이며(말로 영광을 돌림),8 본문으로부터 전파된 하나님의 요구를 성

---

7 Michael Pasquarello, *Christian Preaching: A Trinitarian Theology of Proclamation* (Grand Rapids: Baker Academic, 2006), 57. 「7. 설교는 변화를 위한 것이다」에서 살폈듯이, 설교 자체는 개념 그리고 기능상 삼위일체적이다. 이 행위는 아들의 형상을 묘사하는 성령의 말씀에 기초하며, 하나님의 자녀는 그 아들의 형상을 본받고, 그리하여 아버지의 뜻이 이루어지고, 그분 왕국이 임한다. 이러한 방식에서 또한 삼위일체의 높아지심으로 설교는 본질적으로 하나님을 영화롭게 하는 일이다. 우리는 또한, 그리스도 형상 닮기 성경 해석으로 설교 그 자체가 한 페리코페 한 페리코페 하나님의 아들 예수 그리스도—신약이 증언하는 대로 하나님 **영광**의 최종 계시이신(요 1:14, 18; 히 1:3; 고후 4:4, 6)—의 속성을 선포하는 일이라고 말해야 한다(「7. 설교는 변화를 위한 것이다」를 보라). 따라서 이러한 그리스도 형상 닮기 해석에서 또한 설교는 삼위일체의 둘째 위격이신 분을 높임으로써 하나님을 영화롭게 하는 목적을 성취한다.

령의 능력으로 실천한다(삶으로 영광을 돌림). 설교자 자신이 생각과 말과 행동으로 하나님을 영화롭게 하는 것—영화롭게 하는 **행위**로서의 설교—은 「9. 설교는 영적인 것이다」에서 더 살피겠다. 여기서 우리는 청중이 하나님을 영화롭게 하는 것—설교 **목표**로서 영화롭게 함—에 초점을 맞춘다.

설교 목표—생각과 말로 하나님을 영화롭게 함(Glorification in Thought and with Tongue)

설교는 성경을 하나님의 말씀, 곧 당신 자녀에게 주시는 아버지의 메시지로 해석하며, 이 말씀을 믿음과 교회 관례의 기초로 지지한다. 하나님의 말씀이 전파되며, 페리코페에서 하나님께서 요구하시는 바가 설명되고, 그것이 나타내는 그리스도 형상(*Christicon*)이 묘사될 때, 성경을 지으신 성령께서는 신실한 그리스도인 가운데 활동하신다. 생각이 조명되고 헌신으로 강화되며, 마음(감정)이 움직이며, 의지가 확고해진다. 그리고 예배에서, 생각으로, 말로 목소리들이 모아져 커진다.

이 책 앞에서 만났던, 에스라-느헤미야가 성경을 읽고 해석했던 이야기로 돌아가자. 이 구절은 설교가 가진 찬미 역할을 포함하여 설교의 여러 측면을 숙고하는 일에서 유용한 본보기 역할을 한다. 느헤미야 7:73b~8:12에 묘사된 기원전 5세기 언약 갱신의 중요한 사건에서 그 일의 여러 측면은 성경을 설교하는 일로 하나님께서 영화롭게 되심을 가리킨다. 두드러지게 잘 보이는 위치(백성 '위'의 연단 위)로부터 예전(liturgy)의 축복을 말하는 토라 낭독자 위치, 레위인의 하나님을 향한 찬양 외에도 두루마리가 펼쳐지고 읽혔을 때 백성의 반응—일어서서 손을 들고 '아멘'으로 답했으며, 절하고 엎드리며, 계속해서 고백하고 예배했던— 등 모든 것이 예전적 설교의 사건을 생각과 말로 하나님을 영화롭게 하는 일로 만들었다.

---

8 물론 '말로' 하나님을 영화롭게 하는 이러한 경건한 행위는 목소리만이 아니라 온몸을 포함한다.

그때 학사 에스라가 특별히 지은 나무 강단[문자적으로 '망루']에 서고 … 에스라가 모든 백성 위에 서서 그들 앞에서 책을 펴니 책을 펼칠 때 모든 백성이 일어섰다. 에스라가 위대하신 하나님 여호와를 송축하니, 모든 백성이 손을 들고 "아멘 아멘"이라고 응답하고 몸을 굽혀 얼굴을 땅에 대고 여호와께 경배했다. (느 8:4~6)

이날에 낮 사분의 일에는 그 제자리에 서서 그들 하나님 여호와의 율법책을 낭독하고, 낮 사분의 일에는 죄를 자복하며 … 레위 사람 예수아와 갓미엘과 바니와 하삽느야와 세레뱌와 호디야와 스바냐와 브다히야는 이르기를, "너희 무리는 마땅히 일어나 영원부터 영원까지 계신 너희 하나님 여호와를 송축하라. 주여, 주의 영화로운 이름을 송축함은 주님 이름이 존귀하여 모든 송축이나 찬양에서 뛰어나기 때문입니다. 오직 주님은 여호와이십니다. 하늘과 하늘들의 하늘과 일월 성신과 땅과 땅 위의 만물과 바다와 그 가운데 모든 것을 지으시고 다 보존하시니 모든 천군이 주님을 경배합니다." (느 9:3, 5~6)

이어서 9:6~38에서 야웨의 위대한 행위를 말하는 더욱 자세한 이야기가 뒤따르며, 자주 그것은 그분 속성—의, 은혜, 자비, 화내기를 더디 하심, 사랑, 선, 언약에 신실하심, 정의(9:8, 17, 25, 28, 29, 32, 33, 35)— 언급으로 중단됐다. 이어서 이 장은 백성이 야웨를 섬기겠다고 결심함으로 끝맺는다. 그들은 그것을 기록하고 서명했으며, 공동체 지도자들이 봉인했다(9:38). 그리하여 이것은 앞 장들에서 말한 대로 현대 설교에 모범이다. 생각(하나님 백성의 예배 태도와 자세, 그리고 순종을 약속)과 말(하나님께서 하신 일과 그의 속성을 찬양함)로 하나님을 영화롭게 하는 일을 동반하는 성경 강해이다.9

---

9 이것은 계속해서 이 책에서 설교가 교회를 위한 사역이라고 말함이 옳고 적절하다고 한 주장을 강화한다. 설교해야 하는 곳은 하나님의 백성이 모인 예배 환경이다. 하나님께서 생각과 말에서 영광을 받으시는 일은 그러한 사건으로 이루어지기 때문이다. 찬양이 하나님을 영화롭게 함은 시편 22:23의 평행 구절에서 분명히 드러난다. "여호와를 두려워하는 너희여, 그분을 **찬송**하라. 야곱의 모든 자손이여, 그분께 **영광**을 돌려라!" 또한 이사야 42:8, 12; 에베소서 1:6, 12, 14; 빌립보서 1:11을 보라.

따라서 설교 목표는 하나님을 높이는 일이다. 생각과 말로 직접 하나님을 영화롭게 한다. 하나님의 말씀이 해설될 때 하나님의 백성은 마음과 목소리로 예배함으로써 반응한다. 하지만 설교는 또한 간접적으로도 하나님을 영화롭게 한다. 설교의 궁극적인 목표는 하나님의 백성이 하나님의 뜻에다 자기들을 맞춤으로 삶을 변화하게 하기 때문이다. 삶을 통해 하나님을 영화롭게 한다.

설교 목표—삶으로 하나님을 영화롭게 함(Glorification by Life)

앞에서 살폈듯이, 하나님의 백성이 예배드리는 맥락에서 진행되는 설교는 하나님을 생각과 말로 직접 영화롭게 하기를 가깝고도 즉각적인 목표로 삼는다. 하지만 좀 더 멀리 설교는 하나님의 영광을 초래한다. 그것의 최종적이며 장기적인 목표가 아들의 '형상'(εἰκών[에이콘])을 통해 하나님의 자녀가 하나님의 뜻을 따르게 하는 일이기 때문이다. 하나님의 자녀가 경험하는 그리스도 형상적 변화이다. 따라서 설교는 삶으로 하나님을 영화롭게 한다.

설교는 성경을 통해 삶이 그리스도의 형상으로 변화하도록 촉진하는 사역이다. 삶의 변화로 하나님께 영광을 돌리려고 하나님의 말씀은 인간의 이러한 행위를 설득한다. 왜 하나님께서 당신 영광을 위하여 설교라는 인간적인 매개를 사용하게 허락하셨는지 알 수 없다. 하지만 이것은 알 수 있다. "하나님께서 인간을 아름답게 하신 많은 훌륭한 재능 가운데 가장 현저한 것 하나는 사람의 입과 혀를 거룩하게 하셔서 그를 섬기게 하시고 그들 가운데 그분 자신의 음성이 들리게 만드셨다는 것이다."[10] 참으로 설교자가 하나님을 영화롭게 하는 일에 참여하는 것은 뛰어난 특권이다! 바울은 성경이 정확하게 해설될 때 바로 그 하나님의 음성이 설교자를 통해 들린다는 것을 깨달았다. 그는 데살로니가 사람들에게 박수를 보냈다.

---

[10] Calvin, *Institutes of the Christian Religion,* 4.1.5, trans. Henry Beveridge (Edinburgh: Calvin Translation Society, 1845), 3:15~16.

> 이러므로 우리도 하나님께 끊임없이 감사함은 너희가 우리에게 들은 바 하나님의 말씀을 받을 때 사람의 말로 받지 아니하고 하나님의 말씀으로 받음이니 진실로 그렇다. (살전 2:13)

이런 의미에서 "하나님의 말씀을 전파함은 하나님께서 말씀하시는 바를 전하는 일이다"(「2차 헬베시아[Helvetic] 신조」[1562]). 물론 설교는, 그 자료인 본문에 충실한 정도에 따라 그렇다. 그리고 그러한 충실한 설교로 한 페리코페 한 페리코페, 한 설교 한 설교, 한 주 한 주 개인적이며 공동체적인 그리스도인 삶의 다양한 요소가 점차적이며 단계적으로 하나님의 영광을 위하여 하나님의 뜻에 맞추어져 간다. 삶으로 하나님께 영광 돌리는 일이다.

「5. 설교는 신학적인 것이다」에서 말했듯이, 설교에는 두 가지 이동(move)이 있다. 첫째는 본문에서 페리코페 신학으로 이동인데, 성경 구절에서 의미를 끌어낸다. 둘째는 페리코페 신학에서 적용으로 이동인데, 이는 교회 생활에 중요하다. 변화한 삶으로 하나님께서 영광을 받으심은 그러한 적용과 그 적용으로 그리스도 형상으로 변화하기 때문이다. 그리고 이것은 설교라는 매개를 통해 일어난다. 성경의 각 페리코페에서 하나님의 요구가 청중에게 적용되고 한 설교 한 설교, 성령의 능력에 의해 단계적으로 그들이 그리스도의 형상으로 빚어질 때이다.11 이러한 삶의 변화는 하나님을 영화롭게 한다. 변화된 거룩한 삶은 하나님과 그의 거룩하심을 나타내기 때문이다.

> 너희가 순종하는 자식처럼 전에 알지 못할 때 따르던 너희 사욕을 본받지 말고, 오직 너희를 부르신 거룩한 이처럼 너희도 모든 행실에 거룩한 사람이 돼라. 기록되었으되, "내가 거룩하니 너희도 거룩할지어다."라고 하셨다. (벧전 1:14~16)

---

11 앞에서 언급했듯이 '하나님의 요구'는 실제로 그들이 그의 이상적인 세계의 교훈과 우선순위와 실천을 따르면서 그 세계에 살며 하나님께서 그러하신 것처럼 거룩한 자가 되도록 하나님께서 당신 백성을 은혜롭게 초청하심이다.

시편 29:2의 평행 구는 하나님의 영광을 사람의 거룩함과 밀접하게 연결한다. 하나님께 영광을 돌리려고 사람은 자기가 거룩해야 하며 거룩한 예배자이어야 한다.

> 여호와께 그분 이름에 합당한 영광을 돌리며
> 거룩한 옷을 입고 여호와께 예배하라. (시 29:2)

다른 말로 하면 사람의 거룩함은 어쩔 수 없이 하나님의 영광과 연결되어 있다.

이것이 설교 사역에서 핵심이다. 하나님의 말씀에서부터 삶을 위한 하나님의 지침을 하나님의 백성에게 전하는 일, 하나님의 능력으로 **하나님의 영광을 위하여** 하나님 아들의 형상을 본받도록 그들을 하나님의 뜻에 일치시키는 일이다. 따라서 설교는 하나님께서 정하시고 성령께서 가능케 하시는, 성경에 기초한 인간의 행위로서, 하나님의 백성이 예수 그리스도의 형상을 본받아 삶으로 하나님을 영화롭게 하도록 촉진하는 행위이다. 설교의 매개를 통해 신자는 새로운 삶의 방식을 채택하고, 자기를 하나님의 이상적인 세계의 교훈, 우선순위, 실천에 맞춘다. 곧, 그들은 하나님의 요구를 따른다. 그리고 하나님의 백성이 이렇게 자발적으로 하나님의 뜻을 받아들이고, 변화한 삶에서 그것을 나타냄으로 하나님을 영화롭게 한다. 그분 뜻이 이루어지고 그분 나라가 임하기 때문이다. 사람이 하나님의 요구에 자기를 맞출 때, 하나님의 속성과 특성은 교회를 통해 온 우주에 분명해진다(엡 3:10). 에베소서 3:21에서 밝히듯이, 이것은 하나님에 대한 찬미 목적이다.

> 교회 안에서와 그리스도 예수 안에서 영광이 대대로 영원무궁하기를 바란다. 아멘. (엡 3:10)

인간의 거룩함과 하나님의 영광(Human Holiness and Divine Glory)

앞 장들에서 살펴보았듯이, 설교는 하나님의 백성에게 그들을 구속하시고 그들을 하나님과 관계를 맺도록 불러들이신 주권자를 향한 의무를 상기하게 하는 수단이다. 언약 갱신으로 초청이다. 따라서 하나님과 관계는 항상 하나님께서 거룩하신 것처럼 거룩하라는 하나님의 요구를 따라야 하는, 하나님 백성의 의무를 앞선다. "율법은 구원의 수단이 아니라, 하나님께서 이미 구속하신 이들에게 은혜의 선물로 주어졌다."12 다른 말로 하면, 복종은 사람을 하나님과 관계로 인도하기 이전 은혜에 하나님 백성이 한 반응이다. 관계는 의무를 **앞선다**.13 그 모든 것의 궁극적 목적은 하나님의 영광이다. 그리고 변함없이 그분 계획은 그분 요구로 **이미** 그분 자녀인 사람들의 행동을 인도하여 그들이 그분의 거룩하심을 나타내고 그분을 영화롭게 하는 일이었다.

하나님께서 이 목적을 이루시려고 당신 백성을 택하신다. 그들이 그에게 합당한 특정 방식으로 살며, 그의 속성을 나타내고, 그의 거룩하심을 반영하는 것이다. 에베소서 1장에서 말하는 대로 하나님께서는 "창세 이전"에 신자들을 택하셔서 그들이 "그의 앞에서 거룩하고 흠이 없게" 하셨다. 즉흥적으로 하신 것이 아니라, "사랑 안에서" 의도적으로 하신 선택이다(엡 1:4). 물론 하나님의 택하심이 오직 하나님의 사랑에 의한 것이며 인간의 의지나 행동에 의한 것이 아니라는 사실은, 택하심을 받은 자들의 "거룩하고 흠이 없어야"할 의무를 배제하지 않는다. 그것은 지금 하나님과 그의 백성 사이에 확립된 관계의 목적과 결과이다.14 그들은 "거룩하고 흠이 **없도록**," 하나님

---

12 Christopher J. H. Wright, *Old Testament Ethics for the People of God* (Downers Grove: InterVarsity, 2004), 316. 처음부터 하나님께서는 당신 백성이 그의 요구를 따르도록 그들을 부르셨다. 토라는 그러한 많은 명령을 포함하며, 그것들 대부분은 하나님의 거룩하신 성품에 기초한다. 레위기 19:2~3; 20:26 등.

13 이러한 생각에 대한 논의는 「6. 설교는 적용을 위한 것이다」를 보라. 또한 Abraham Kuruvilla, *Privilege the Text! A Theological Hermeneutic for Preaching* (Chicago: Moody, 2013), 151~209를 보라. 이 장에서 나는 같은 문제를 다루지만, 그것을 설교가 가진 송영의 특성과 연결한다.

14 순종은 하나님과 사람의 이 관계를 세우는 기준이 아니었다. 그것은 전적으로 하나님 편에서 일방적인 은혜 행위였으며, 사람 편에서 행위가 아

당신의 거룩하심에 상응하는 방식으로 살도록 선택되었다. 따라서 거룩함으로의 순종—하나님의 요구를 따르는 것—은 하나님의 자녀가 그들의 아버지와 이미 가지고 있는 사랑의 관계를 반영하는 일이다. 신약에서 분명히 가르치고 있듯이, 참으로 그러한 순종은 하나님의 자녀가 하나님을 향하여 가지는 상호 사랑의 증거이다.

> "내 계명을 지키는 사람이라야 나를 사랑하는 사람이니, 나를 사랑하는 사람은 내 아버지께 사랑을 받는다. 나도 그를 사랑하여 그에게 나를 나타내겠다." (요 14:21)

> 하나님을 사랑함은 이것이니, 우리가 그분 계명들을 지키는 일이다. (요일 5:3)

그러나 이 장에서 우리 관심의 핵심 요소는 하나님께서 사람이 거룩하도록 택하신 일의 최종 목적이다. "그분 은혜의 영광을 찬송하게 하려 함"이다(엡 1:6). 다시 말해, 그것은 "거룩하고 흠이 없는" 신자의 삶이 하나님을 영화롭게 한다는 것이다.15 따라서 "영광은 하나님께서 나를 통해 드러나시는 방식이며, 거룩함은 내가 하나님처럼 보이는 방식이다."16 하나님께서는 신자의 삶을 통해, 그들이 어떻게 하나님의 거룩하심을 닮는가에 의해 영화롭게 되신다. 이것이 바울이

니라, 오직 믿음으로 이해한 것이었다. 이러한 관계가 세워지면 불순종도 그것을 중단시키지 못했다. 성경 자체가 회복을 제공했기 때문이다. 하나님의 완전한 기준에 미치지 못하는 것을 속죄할 수 있었다. 이 모든 것이 하나님 자신이 출애굽기 34:6~7에서 확증하셨던 당신 성품의 표현이었다. "여호와라, 여호와라, 자비롭고 은혜롭고 노하기를 더디 하시고 인자와 진실이 많은 하나님이라, 인자를 천대까지 베풀며 악과 과실과 죄를 용서하리라." 따라서 죄와 죄인을 용서하시는 가운데서도 하나님은 영광을 얻으신다.

15 다른 한편으로 죄는 "하나님의 영광에 이르지 못하며"(롬 3:23), 죄인은 악의 삶을 삶으로써 "그를 하나님으로 영화롭게 하지 않는" 사람들이다(1:21). 그리고 바울은 고린도전서 6:18~20에서 부도덕으로 자신을 더럽히는 것은 "너희 몸으로 하나님께 영광을 돌리지" 않는 방식으로 사는 것이라고 확증한다.

16 2014년 6월 29일에 Ramesh P. Richard와 대화에서.

빌립보 사람들이 "진실하여 허물없이 그리스도의 날까지 이르고, 예수 그리스도로 말미암아 의의 열매가 가득하여 하나님의 영광과 찬송이 되기를" 기도하는 이유이다(빌 1:10~11). 하나님께 영광을 돌려드리는 일은 당신 백성의 거룩함, 곧 '의의 열매'이다. 곧, 삶으로 하나님을 영화롭게 한다. 이것은 또한 베드로전서 2:9가 확증하는 바이다. 신자들은 "거룩한 나라"이며, 이는 하나님의 "뛰어나심을 선포하게 **하려**"(하나님을 영화롭게 하려) **하심**이다.

그것은 이전 세대인 구약에서도 사실이었다. 하나님과 그분 백성 이스라엘의 관계를 확정함은 하나님의 사랑에 의한 선택이었지, 이스라엘의 순종이나 순종하려는 마음이 아니었다(신 4:37; 7:7~9; 10:15 등). 참으로 모세의 율법 자체는 이집트에서부터 구속 **후에**, 하나님께서 그들과 관계를 확정하신 **후에** 이스라엘에 주어졌다. 관계로 택정함은 항상 거룩함으로 초청 이전에 있었다. 앞에서 말했듯이, 우리는 이것을 십계명에서도 본다. 그것은 관계에 관한 선언으로 시작한다. "나는 너를 애굽 땅, 종 되었던 집에서 인도하여 낸 네 하나님 여호와니라"(출 20:2). 그리고 이러한 관계의 선언 **후에** 의무 목록이 뒤따른다. 레위기 18:1~5에서도 그들의 주권자는 야웨, 이스라엘의 언약의 하나님**이시기에** 이스라엘은 특정 방식으로 살아야 할 의무가 있다고 말한다. "나는 여호와 너희의 하나님이니라. 너희는 너희가 거주하던 애굽 땅의 풍속을 따르지 말며 … 나는 너희의 하나님 여호와이니라. 너희는 내 규례와 법도를 지키라. 사람이 이를 행하면 그로 말미암아 살리라. 나는 여호와이니라." 이러한 종류의 성경 예는 아주 많다.

하나님의 뜻에 대한 그러한 순종의 의무는 그의 행위와 그의 속성을 높임으로써 그들과 관계를 맺고 계신 하나님을 영화롭게 한다. 따라서 그러한 순종의 궁극적인 결과는 하나님의 영광이다. 당신 백성의 거룩한 삶을 통해 거룩하신 하나님이 드러나시기 때문이다.

"이같이 너희 빛이 사람 앞에 비치게 하여 그들이 너희 착한 행실을 보고서 하늘에 계신 너희 아버지께 영광을 돌리게 하라." (마 5:16)

설교로 촉진된, 신자의 순종으로 하나님의 백성이 그들의 거룩하신 하나님의 속성을 나타내고 세상에서 그분을 대표할 때 하나님께서 영화롭게 되신다.

너희가 이방인 중에서 선한 행실을 함으로, 너희가 악행을 저지른다고 비방하는 사람들이 너희 선한 일을 보고 그분께서 오시는 날에 하나님께 영광을 돌리게 하려 한다. (벧전 2:12)

따라서 관계는 의무에 앞서며 또한 그것을 **요구**한다. 하나님께서 하나님을 영화롭게 하는 방식으로 살아야 할 의무를 그분께서 관계를 맺으신 당신 백성에게 부과하시기 때문이다. 참으로, 이것이 하나님께서 당신 백성을 택하시고 지명하신 이유이다.

그리고 언젠가 영원한 미래에 이러한 당신 백성과 하나님의 관계는 완전해질 것이다. "보라 하나님의 장막이 사람들과 함께 있으매, 하나님이 그들과 함께 계시리니, 그들은 하나님의 백성이 되고, 하나님은 친히 그들과 함께 계실 것이다"(계 21:3). 그때 완전한 순종, 하나님의 요구에 온전히 맞추기, **본문 앞에 펼치는 세계**에 온전히 거주하기, 그리스도의 형상을 온전히 본받음이 이뤄진다. 그 종말 시대에 그분 아들의 형상을 지닌, 하나님의 백성이 그분 위대하심과 거룩하심과 영광을 증언하는 가운데서도 하나님께서 영화롭게 되신다. 피조물과 삶의 모든 요소가 그분 영광을 온전히 나타낼 것이다(계 21:11, 23, 24, 26).

따라서 설교는 각 페리코페에서 하나님의 요구를 설명하여 하나님의 백성이 그것에 맞추게 하면서 삶으로 하나님을 영화롭게 하는 일을 촉진함에서 중요한 역할을 한다. 종합하면, 관계는 의무를 앞서고 그것을 요구하며, 이 의무를 충실히 이행함(곧, 삶의 변화)은 하나님을 영화롭게 하는 일이다. 개인적이며 공동체적인 그리스도인 삶의 다양한 측면이 한 페리코페 한 페리코페, 한 설교 한 설교 단계적으로 하나님의 영광을 위하여 하나님의 뜻과 일치하는 방향으로 나아가는 일은 설교로 이루어진다. 설교는 하나님의 영광을 위한 것이다.

부기—'믿음으로 순종'

「7. 설교는 변화를 위한 것이다」에서 말했듯이, 하나님을 영화롭게 하는 순종—거룩함이라는 하나님의 기준에 맞추는 것—은 단순히 자신의 빈약한 자원을 활용하여 힘들게 수고함으로써 성취할 수 있는 어떤 것이 아니다. 오히려 성경에서 요구하는 순종은 '믿음의 순종'이며, 하나님의 영광을 위하여 **믿음으로 수행하는**, 하나님의 요구에 대한 순종이다. 그것은 바울의 사명이었으며, 그를 뒤따르는 모든 설교자의 사명이다.

> 그로 말미암아 우리가 은혜 그리고 사도 직분을 받아 그분 이름을 위하여 모든 이방인 중에서 **믿어 순종하게** 하나니. (롬 1:5)

따라서 '**믿음**의 순종'에서 '**믿음**'은 순종을 서술한다. 곧, '신실한 순종'(또는 '믿음이 가득 찬' 순종)이다. 하나님께 모든 순종의 행위는 믿음으로 시작하고, 믿음이 그 특징이며, 믿음으로 실천한다.

어떻게 순종은 신실한가? 그리고 신실하지 못한 순종은 어떤 모습인가? 궁극적으로 믿음은 하나님을 전적으로 의존하는 것이며, 예수 그리스도의 날에 신자들 안에서 그분 구원의 사역을 완성하시려고 우리 안에 '선한 일을 시작하신 분'으로서 그분 능력에 전적 신뢰이다(빌 1:6). 다른 말로 하면, 칭의뿐 아니라 성화와 영화를 위해 은혜(하나님으로부터 우리에게 향하는)가 필수적이듯이, 이러한 믿음(우리에게서 하나님께로 향하는)은 우리의 칭의뿐 아니라 성화와 영화를 위해 하나님을 의지하는 것을 포함한다.[17] 물론 여

---

[17] 성화에서 하나님에게서 오는 은혜에 관해서는 고린도전서 15:10; 고린도

기서 우리의 초점은 '믿음의 고백'에 있다. 그것은 신자의 성화에서 현재 지속하는 땅에서 국면으로 하나님께 영광이 되게 하는, '믿음이 충만한' 순종으로 거룩해지는 삶이다.[18] 우리 스스로 순종할 수 없으며, 우리가 순종하려는 노력이 헛되기에, 당신 백성이 하나님의 뜻에 따르게 하는, 하나님의 능력을 믿어야 한다. 실제로, 죄를 심판하신(롬 8:3~4) 주님의 속죄 사역 목적은 그분 요구(그분의 '의로우신 요구', 8:4)가 성령께서 거하시며 성령의 능력을 입은 그의 백성으로 이뤄지게 하려 함이다(8:4, 12~16).[19]

다른 한편으로, 사람이 쉽게 하나님의 기준을 성취할 수 있다고 하는 잘못된 생각에 자신의 능력으로 자신의 영광을 위하여 하나님의 요구를 만족시키려는 잘못된 노력은 율법주의의 기초가 된다. 그것은 믿음이 **없는** '순종'이다. 하나님의 요구를 오해, 하나님의 도우심 없이 인간의 힘으로, 그리고 자신을 높이려는 목적으로 하나님의 기준을 만족시킬 수 있다는 생각은 하나님께서 극히 미워하신다. 아우구스티누스는 그것을 예리하게 표현한다.

따라서 자기 영에 인도되며 자기 덕행을 믿고 단지 율법의 도움을 더하나, 은혜의 도움을 구하지 않는 자마다 하나님의 자녀가 아니다.[20]

후서 12:9; 에베소서 4:7; 디도서 2:11~12를 보라. 영화를 위한 하나님에게서 오는 은혜에 관해서는 고린도전서 1:4~9; 에베소서 2:6~7; 베드로전서 1:10, 13을 보라. 칭의 일에서처럼 하나님 은혜의 이 모든 확장은 상호적으로 인간이 믿음으로 하나님의 이런 선물을 받아들이기를 요구한다. 에베소서 2:8~9에서는 하나님의 은혜가 사람의 믿음이라는 도구로 작동한다고 말한다.

[18] 다시 한번 강조하는데, 그리스도 안에서 신자의 **위치적**(positional) 성화가 아니라, 그들 **실제적**(practical) 성화 국면이다. "너희가 열매를 많이 맺으면 내 아버지께서 영광을 받으신다"(요 15:8). 곧, 하나님께서는 신자가 이 땅 삶에서 열매를 맺는 지속적 과정으로 영화롭게 되신다.

[19] 순종하고 육신에 승리하는 능력을 주심이 곧 하나님의 능력 주심이라는 사실은 또한 구약에서 확증된다. 신명기 30:6; 예레미야 31:31~34; 에스겔 36:26~28; 37:1~28 등(에스겔 37은 「9. 설교는 영적인 것이다」에서 검토하겠다). 또한 에베소서 3:16; 빌립보서 4:13; 골로새서 1:9~11을 보라.

그보다 성령께서 가능케 하시는 하나님의 법에의 순종은 하나님의 요구에 하나님 자녀의 믿음 충만한 반응이다. 그들은 자신이 그것을 만족시킬 수 없음을 깨닫고 믿음으로 그것을 가능케 하는 성령의 능력으로 나아온다. 따라서 믿음의 순종은 '믿음이 충만한(faith-full)' 순종이다.

이 모든 것은 신자들이 하나님의 요구를 이루고 하나님께 영광을 돌리는 일이 예수 그리스도를 통한 하나님의 은혜와 성령을 통한 그분 능력임을 선언한다. '우리' 행위가 실제로 **하나님의** 행위라는 말은 놀랍지 않다. 결국, 믿음으로 순종을 가능케 하는 것은 우리 안에 역사하는 하나님의 능력이다. 신약성서의 여러 구절이 이것을 증언한다. "우리는 그분께서 만드셨는데, 그리스도 예수 안에서 **선한 일**을 하라고 지으심을 받았으니, 이 일은 **하나님이 전에 예비하사** 우리로 그 가운데서 행하게 하려 하심이니라"(엡 2:10). "너희 안에서 **착한 일을 시작하신 이가** 그리스도 예수의 날까지 이루실 줄을 우리는 확신하노라"(빌 1:6). 그리고 "너희 안에서 **행하시는 이는 하나님이시니** 자기의 기쁘신 뜻을 위하여 너희에게 소원을 두고 행하게 하시나니"(빌 2:13). 또한 예수님께서는 "나를 떠나서는 너희가 아무것도 할 수 없다."라고 선언하신다(요 15:5).[21]

신자 안에서 역사하시는 성령을 통해 그리스도 안에서 하나님의 능력이 없이는 성화에, 그리스도처럼 되는 데, 하나님을 영화롭게 하려는 데 아무것도 이룰 수가 없다. 따라서 히브리서 저자는 하나님께서 모든 것을 우리 안에서 **행하시는** 가운데, 그의 자녀가 그의 뜻을 **행하도록** 필요를 공급하시는 분이시며, 그것이 하나님께서 영광을 받으시는 방식이라고 말할 수 있다. "양들의

---

[20] *Grace and Free Will* 24.12 (*NPNF*[1] 5:453).

[21] 고린도전서 4:7; 고린도후서 3:5; 4:7; 8:1(8:7과 함께); 12:9~10; 갈라디아서 6:3; 에베소서 4:7; 데살로니가전서 5:24; 베드로전서 4:10~11도 보라.

큰 목자이신 우리 주 예수를 … 죽은 자 가운데서 이끌어내신 평강의 하나님이 모든 선한 일에 너희를 온전하게 하사 당신 뜻을 행하게 하시고 그 앞에 즐거운 것을 예수 그리스도로 말미암아 우리 가운데서 이루시기를 바란다. 영광이 그분께 세세무궁토록 있기를 바란다. 아멘!"(히 13:20~21).

요약하면, 하나님을 영화롭게 하는 일은 하나님 백성의 믿음으로 순종이다. 처음부터 끝까지 그것은 하나님과 그의 놀라운 은혜가 하는 일이다. 따라서 그리스도인의 삶 전체는 하나님의 은혜 작용이며, 그것은 믿음에 의해 받아들여지고, 모두가 하나님께 영광을 돌리려고 고안됐다. 아버지께서 사람을 당신 백성으로 택하신 것(칭의), 그들이 거룩하도록 성령의 능력을 입는 것(성화), 그리고 언젠가 그들이 최종적으로 예수 그리스도의 형상 가운데 온전히 거룩한 모습으로 변화되는 것(영화) 모두 포함된다. 하나님께서 영광을 얻으시도록 하나님께서 은혜로 이 모든 것을 공급하시며, 하나님의 자녀는 믿음으로 그것을 받아들인다.

그리고 이것이 설교 목표이다. 본문을 강해함으로 하나님의 뜻이 알려지며, 성령의 능력에 의해 하나님의 백성이 한 페리코페 한 페리코페, 한 설교 한 설교 자기를 하나님의 그러한 요구에 맞추는 일이다. 이것이 삶으로 하나님을 영화롭게 하는, 믿음으로 순종이다. 이러한 이유로 설교는 중요하다. 설교자로 부름을 받음은 참으로 놀라운 일이다. 그들 노력의 종착점은 송영이기 때문이다. 실제로, 바울 사역의 목표와 그의 자랑이었던 것은 이러한 믿음의 순종이다. 로마서 15:18에서 바울은 자신의 사역 열매를 되돌아본다. 그것은 "이방인들을 [믿음으로] 순종하게 한 것"이다.22 이어서 그는 "내가 그리스도의 복음을 편만하게 전하였노

---

22 로마서 15:13은 이것이 **믿음의** 순종임을 분명히 한다. 그것은 하나님께서 계속해서 이방인 신자들에게 "믿음을 행사함에서 모든 기쁨과 평강을" 충만하게 하시기를 구하는 바울의 열망을 기록한다. 이것은 실제적인 성화에서 지속하는 믿음이다. 따라서 15:18에서 '이방인의 순종'은 1:5에서 언

라."라고 자랑스럽게 말한다(15:19). 광범위하고도 일생에 걸친 과업이 성공적으로 수행되었다. 요컨대 '믿음으로 순종'은 바울이 그리스도로 모든 곳에서 수행한 모든 과업의 광대하고도 중요한 목표를 요약하는 표현이다.23 이것은 설교자의 장기적인 목표와 포부이어야 한다. 그리스도와 성령의 능력으로 신자들의 믿음의 순종을 성취하여 삶을 통해 하나님께서 영광을 받으시도록 하는 일이다.

> 내 복음과 예수 그리스도를 전파함에 따라 여러분이 **믿음으로 순종하게 하실** 분께—유일하신 지혜자 하나님께, 예수 그리스도를 통해 **영광**이 영원하기를 바란다! 아멘. (롬 16:25~27)

하나님께서는 당신 백성의 신실한 순종으로 영화롭게 되신다. 그리고 이것이 설교 목표이면, 설교는 하나님의 영광을 위한 것일 수밖에 없다!

요약

하나님을 영화롭게 하는 일이 설교의 궁극적인 목표이다. 각 본문에 포함된 그리스도의 형상이 예배하려고 모인 하나님 백성의 모임에서 나타나고 그들이 마음과 목소리로 반응하면서, 생각과 말을 통해 하나님께서 영화롭게 되신다. 신자가 성령의 능력으로 변화되고 점진적으로 그리스도의 형상을 본받으면서, 삶을 통해 하나님께서 설교에

급된 "모든 이방인 중에서 믿어 순종하게 함"과 같다. Kuruvilla, *Privilege the Text!*, 195~204를 보라.

23 Don B. Garlington, *Faith, Obedience and Perseverance*, Wissenschaftliche Untersuchungen zum Neuen Testament 79 (Tübingen: Mohr Siebeck, 1994), 11.

서 영화롭게 되신다. 그러한 삶의 변화는 하나님을 영화롭게 한다. 그것은 하나님의 백성이 하나님의 뜻을 따르게 하며 하나님의 거룩하심을 드러내기 때문이다. 하나님께서 사랑으로 당신 백성을 당신과 관계로 이끄셨기에 그들에게 순종의 의무를 주신다. 이것은 아버지에 대한 상호 사랑의 표지이다. 이것은 신자의 믿음의 순종(혹은 믿음 안에서 이해되고, 믿음이 그 특성이 되며, 믿음을 통해 실천되는 '믿음으로 가득한' 순종)이며, 성화를 위해 그가 은혜로 능력 주심에 하나님을 전적으로 의지하는 것으로만 성취된다. 그의 백성이 점점 더 그의 아들을 닮아가면서, 그러한 믿음이 하나님을 기쁘시게 하며, 그러한 믿음으로부터 나오는 순종이 하나님을 영화롭게 한다. 그리고 그것이 설교자의 목표와 일생의 열정이어야 한다. 청중이 믿음으로 순종은, 성령의 능력으로 실행되고 그리하여 그들이 그분 아들의 형상을 본받아 하나님을 영화롭게 한다. **설교는 하나님의 영광을 위한 것이다!**

숙고하기(Reflection)

마가복음 8:27~9:8—고난 그리고 영광[24]

> 누구든지 나를 따라오려면 자기를 부인하고 자기 십자가를 지고 따라야 한다! 누구든지 자기 목숨을 구원하고자 하면 잃겠고, 누구든지 나와 복음을 위하여 자기 목숨을 잃으면 구원된다. … 누구든지 이 음란하고 죄 많은 세대에서 나와 내 말을 부끄러워하면 인자도 아버지의 영광으로 거룩한 천사들과 함께 올 때 그 사람을 부끄러워하겠다. (막 8:34~35, 38)

마가복음에서 이 시점까지, 예수님이 누구신지에 관한 암시는 아주 많았다(1:1, 24, 34; 4:41; 6:3, 14~16). 제자들은 예수님의 가르침

---

[24] 이 페리코페에 관해 좀 더 자세한 내용은 Abraham Kuruvilla, *Mark: A Theological Commentary for Preachers* (Eugene, OR: Cascade, 2012), 171~87을 보라.

과 기적에 충격받았다(1:18, 20, 36~37; 2:14~15; 4:34, 41; 5:42; 6:7, 12~13, 51). 군중도 예수님의 말과 행동에 자주 놀랐다(1:22, 27; 2:12; 5:20, 42; 6:14~16; 7:37). 그리고 그들은 큰 무리를 이루어 그분 앞에 모였다(1:45; 2:2, 13; 3:7~8; 4:1; 6:54~56). 하지만 그들은 모두—군중 **그리고** 제자들— 예수님이 어떤 분이신지 몰랐다. 이 페리코페(막 8:27~9:8)에서 예수님은 자기 고난에 관한 세 차례 예언 중 첫째 예언을 말씀하신다. 그분 고난의 임무가 이제 분명해진다. 하지만 누구도 그것을 이해하지 못한 듯하다.

베드로는 예수님의 질문에 대답하며 예수님이 '그리스도'이심을 고백한다(8:29). 마가의 고난 이야기에서 '그리스도'는 왕으로 불린다(예를 들어, 예수님을 '그리스도, 이스라엘의 왕'으로 놀린 일처럼[15:32]). 마가가 예수님을 '그리스도'로 부름은 그에게 왕의 명칭을 부여함이며, 이것은 정확하게 베드로가 8:29에서 했다. 예수님의 제자들 편에서 이러한 일방적인 신원의 확인이 가진 문제는 왕권의 허식과 겉치레가 아니라, 다른 것에 대한 그들의 피할 수 없는 열의 부족이었다. 예수님의 고난 예언에서 묘사된 예수님 고난의 임무는 그들에게 전적으로 구미가 당기지 않는 일이었다. 일반적으로 왕은 권력에 굴복하지 않고, 당연히 권력을 휘두른다. 예수님의 첫째 고난 예언(8:31) 문맥에서 베드로가 '그리스도'라는 왕을 가리키는 명칭을 배타적으로 사용함은 예수님의 고난을 생각하지 못한 상태였으며, 따라서 예수님의 임무를 제대로 이해하지 못한 상태였다. 그렇다면 궁극적인 송영의 목적지인 하나님의 영광은 오직 고난의 길을 지나서 이른다고 할 수 있다. 이는 우리 모든 설교자가 기억해야 할 점이다. 설교라고 불리는, 하나님을 영화롭게 하는 일에 종사하는 우리에 주어진 경고는 "고난이 앞에 있다!"이다.

영광은 인자의 재림 때 드러난다(8:38). 하지만 고난 **이전에**, 곧 고난이 **없이는** 일어나지 않는다. 그리고 더 놀라운 점은 이러한 고난이 하나님의 계획 일부라는 점이다. 8:31에서 예수님의 죽음에 관한 불길한 예시는, 그 어떤 숙명적인 함축도 없는 것이 주목할 만하다. 그것은 당신 나라를 세우시는 하나님의 더 큰 목적을 성취하려는 **필연적인** 경로이다("인자가 고난을 받고 … **해야 할 것을**", 8:31). 따라서 예수님 임무의 이러한 필연적인 측면을 훼방하려는 베드로의 시도를 두고, 예수께서 기록된 것 중 가장 엄하게 책망하시는데, 이 일을 그리 놀랍지 않다(8:33).

베드로의 문제는 그가 이해하지 못함이 아니었는데, 어쨌든 예수님은 '드러내 놓고' 분명히 말씀하셨기 때문이다(8:32). 그의 문제는 고난이 자기 입맛에는 맞지 않다고 생각함이었다. 하나님의 생각보다 사람의(따라서 사탄의) 생각을 품었기에, 베드로는 하나님의 필연적인 뜻에 동의할 수 없다. 참으로 그는 고난에 반대했다(8:33). 그리고 그 제자는 감히 주님을 '꾸짖는다'(8:32). 이 동사는 다른 곳에서 귀신들을 침묵하게 하는 데 쓰인다(1:25; 3:12; 4:39; 8:33; 9:25). 따라서 베드로가 그 단어를 사용함은 아주 놀랍다. 그는 예수님께서 당신 고난과 죽음을 설명하심이 귀신의 영향이라고 생각했는가? 베드로가 꾸짖으며 한 말이 무엇인지는 자세히 서술하지 않는다. 하지만 8:32(베드로가 예수님을 한쪽으로 끌고 간 것—그는 왜 그렇게 해야 했는가?)와 8:38은 베드로가 실제로 예수님을 부끄러워했음을 암시한다. 8:38에서 예수님께서 "나와 내 **말**(λόγος[로고스])을 부끄러워"하는 자들을 비난하심을 보라. 8:32에서는 예수님이 그 '말(λόγος[로고스])'을 분명하게 말씀하셨다고 묘사하며, 그 말에 베드로는 예수님을 꾸짖는다. 그러한 언어적인 연결에 비추어 판단하면, 이러한 해석은 유효하다. 베드로는 그의 주와 그의 말을 부끄러워했다! 다른 말로 하면 그와 나머지 제자들은 예수님의 고난 후의 영광의 임무를 받아들이려고 하지 않았다. 실제로 그들은 그가 그러한 수치스러운 결말로 끝나는 이야기 듣기를 부끄러워했다.

따라서 베드로를 꾸짖으신 후 예수님은 모인 나머지 사람들에게 한 교훈을 가르치신다(그분은 자기 어둠침침한 선언에 군중을 포함하신다[8:34]). 예수님을 따르려는 모든 사람은 예수님의 모범을 따라 자기를 부인하고 십자가 고난을 받아들여야 한다고 말씀하신다. '내 뒤에'라는 표현 반복(8:33, 34)은 예수님과 관련하여 제자의 적절한 위치—따름의 자세(예수님 '뒤'는 또한 1:17~18, 20; 5:27에서도 언급된다)—를 강조한다. 8:34에서 '따르다'가 반복하는 것도 마찬가지이다. 예수님께서 요청하시는 바는 자기에게 (사물을) 부인하는 것이 아니라, 자기를 부인하는 일이다. 그리고 이러한 내적 자기-부인의 태도는 자기 십자가를 지는 외적 행위로 나타난다. 단순히 인내하며 어려움을 견디라는 것보다 죽음조차도 준비하라는 요청이다. 디트리히 본회퍼(Dietrich Bonhoeffer)의 표현처럼, "그리스도께서 사람을 부르실 때 그는 와서 죽으라고 명령하신다."[25] 다른 말로 하면, 하나님을 높이는 목표는 대가 지급으로 이뤄진다. 그분 아들을 따르는 자들이 지급하는 비싼 대가이다.

그리하여 이러한 영광스러운 도래를 미리보기로, 예수님의 세 제자는 그분 변화된 영광스러운 모습을 보는 영광을 누린다(9:2~3). 미래 영광에 관한 이러한 스냅사진은 짧고 일시적이기는 해도 고난과 죽음에 대한 중대한 예언(8:34~38)에 당황하는 제자들을 안심시키는 역할을 했다. 고난이 있어도, 언젠가 영광은 분명히 온다. 영광스러운 변화 장면은 미래에 반드시 일어날 일에 대한 전조였다. 그리고 예수님의 제자들은 하나님의 영광이 분명히 완성된다는 것을 알고 지금 이러한 미래의 스냅사진을 보면서 고난 가운데 인내할 힘과 용기를 얻어야 했다.

그러나 불행하게도 산 정상에서 제자들은 여전히 그것을 깨닫지 못하고 있다. 베드로는 8:31에서 예수님께서 방금 선언하신 고난 받는 임무를 자세히 말씀하신 일을 완전히 잊어버린 듯하다. 그는 하늘 존재들과 더불어 산꼭대기에서 더 수수하고 조용히 지내고자 자기-부인과 십자가를 짊어짐의 전체 계획을 버려버릴 용의가 있다(9:5). 그는 왕국이 이미 능력으로 이르렀고 고난은 성공적으로 회피했다고 생각하고 있음이 분명하다. 십자가를 피하려고 했던 베드로의

---

[25] Dietrich Bonhoeffer, *The Cost of Discipleship*, trans. R. H. Fuller, rev. Irmgard Booth (New York: Simon and Schuster, 1995), 89.

완성되지 못한 고백(8:29, 32)에 이어 이제 고난을 피하려는 베드로의 완성되지 못한 제안이 뒤따른다(9:5~6). 요약하면, 제자들은 예수님의 (그리고 그들 자신의) 고난을 받는 임무를 받아들이지 못한다.

그리하여 하나님께서는 9:7에서 개선책을 말씀하신다. "이는 내 사랑하는 아들이니, 너희는 그의 말을 들어라!" 제자들은 이 일을 그리 잘하지 않았다(4:3, 9, 23, 24; 7:14, 16; 8:18을 보라). 예수님은 여기서 '드러내 놓고' 제자들에게 말씀하셨으나(8:32), 그들은 주의를 기울이지 않고 있었다. 따라서 하나님의 이러한 권고는 적절했다. 그들은(그리고 모든 미래의 예수님의 제자들도) 예수님께, 그리고 고난받는 제자도에서 그를 따르라는 그의 부르심에 세심한 주의를 기울여야 한다. 다른 이들보다 좀 더 직접적으로 하나님께 영광을 돌리는 일에 종사하는 설교자들에게 이것은 강력한 교훈이다. 최고의 것이 오고 있다. 하지만 지금은 최악일 수 있다. 고난은 제자도에서 예수님을 따르는 일의 일부이다.

영광에 앞서 고난이 와야 한다. 영광에 이르는 지름길은 있을 수 없다. 영광에 이르는 길은 고난의 길이다. 변화산에서 영광이 반드시 온다는 확신이 주어졌다. 그것은 우리가 가지고 다녀야 할, 우리에게 희망을 주는 스냅사진이다. 그리고 그러한 희망을 통해 설교자를 포함한 그리스도의 제자들은 제자도 여행에서 앞으로 나아간다. 하나님께 영광을 돌리는 일은 고난을 포함하지만, 그 영광은 곧 이를 것이다!

- ❏ 우리가 하나님의 영광을 위해 일하면서 고난은 전체를 구성하는, 아니 필연적 제자도 여행의 일부이다. 특별히 지도자들과 설교자들로서 우리는 사탄의 표적 목록에서 맨 위에 있다. 제자로서 고난받는 것은 구주께서 우리를 위해 세워놓으신 패턴을 따르는 것임을 깨닫는 것은 이러한 필연성을 위해 준비하는 일에서 첫 번째 핵심적인 단계이다.

- ❏ 자기를 부인하고 십자가를 지는 것은 예수님께서 우리에게 하라고 하시는 중대한 일이다. 이것을 '실천'하는 한 가지 길은

그리스도인의 전통적 삶의 영적 훈련들 가운데 한 가지 이상을 시작하는 것이다. 달라스 윌라드(Dallas Willard)는 편의상 이것을 두 범주로 구분한다. 그것은 멀리하는 훈련(홀로 있기, 침묵, 금식, 검약, 금욕, 비밀 엄수, 희생을 포함하는)과 참가하는 훈련(공부, 예배, 기뻐하기, 봉사, 기도, 교제, 고백, 복종을 포함하는)이다.[26] 이러한 것들은 우리가 행할 수 있는 가치 있는 실천들로서 고난받는 제자도를 위한 길을 예비할 것이다.

❑ 고난을 통과하는 동안 바른 태도가 중요하다. 자기를 부인하고 십자가를 지는 것은 겸손을 의미한다. **나는 더 나은 것을 받을 자격이 없다.** 이것은 항상 지도자가 개발해야 할 강인한 성품 특성이다. 하지만 우리는 하나님께 자신을 내어놓고 위기의 때를 위해 그의 능력을 구하는 가운데 그러한 성품을 계발해야 한다.

❑ 하나님의 말씀을 설교하는 일에 종사하면서 하나님의 영광을 위해 우리 자신을 쏟는 것은 은혜로운 특권이다. **하나님께서는 그의 영광을 위한 도구로 나를 사용하셔야 하는 것은 아니었다.** 그렇다면 그러한 특권을 감사와 의무로 받아들이자. 참으로 목회 사역에서 모든 지도력의 역할은 특권이다. 우리가 감사를 구현하는 가운데 우리의 전염성 있는 감사 태도에 교회의 여러 사역팀에 속한 다른 사람들도 동참하길 바란다.

❑ 그리고 물론 우리는 다가오는 영광을 바라보아야 한다. 하늘과 모든 것이 완성되는 비전이 우리 앞에 있어, 우리가 계속해서 전진하고 이 짧은 고난의 날들 가운데 인내하게 하는 힘이기를 바란다.

설교는 하나님의 영광을 위한 것이다!

---

[26] Dallas Willard, *The Spirit of the Disciplines: Understanding How God Changes Lives* (San Francisco: Harper & Row, 1988), 158. 「9. 설교는 영적인 것이다」도 보라.

설교는 영적인 것이다 9
Preaching Is Spiritual

제가 전심으로 주님을 찾았으니,
주님 계명에서 떠나지 않게 하십시오.

시편 119:10

성경적 설교란, 교회 지도자가 예배하려고 모인 그리스도인 모임에서 성경 페리코페(pericope)에서 신학적 석의로 분별한 핵심 취지와 그것을 그 특정한 그리스도인 공동체에게 적용한 내용으로 소통해서, 그들이 그리스도의 형상을 닮아 변화함으로 하나님을 영광스럽게 하는 일인데, **이 모든 과정은 성령의 능력으로 한다.**

2013년 2월 10일, 카니발 크루즈 라인(Carnival Cruise Lines)이 운영하는 트라이엄프호(*Triumph*)는 엔진 룸 화재로 동력을 잃었다. 900피트 되는 배는 추진력을 완전히 잃었으며 유카탄 반도(Yucatán Peninsula) 해안에서 150마일 떨어진 멕시코만에서 표류했다.

비상 발전기가 어느 정도 전력을 공급했으며, 다른 카니발 배들은 이 궁지에 빠진 배에 탄 지치고 질린 4,200명의 승객과 선원에게 음식과 물을 전달하려고 도착했다. 화장실은 쓸 수가 없는 상태였으며, 수돗물이 나오지 않았고, 에어컨도 작동하지 않았다. 구토물과 쓰레기가 온 배에 넘쳤다. 그것은 한 뉴스 기자가 표현한 대로 "악취를 내는 악몽 같은 경험"이었다. 다른 기자는 그것에 "지옥에서 온 유람선"이라는 이름을 붙였다. 카니발 광고 문구는 "즐거움을 위한 모든 것, 모든 것을 위한 즐거움"이다. 그러나 이 여행은 그렇지 않았다. 전기가 없으면 즐거움도 없다.

나흘 후 2월 14일, 마침내 그 배는 앨라배마주 모빌(Mobile)에 정박했다. 어떤 승객은 상륙하며 땅에 입을 맞췄다. 감사하게도 아무도 목숨을 잃지 않았고 다친 사람도 없었다.

카니발 유람선 사장 게리 케이힐(Gerry Cahill)은 여러 번 사과문을 냈고, 승객에게 충분히 배상했으며, 거기에 더해 그들이 겪은 고된 시련에 한 사람당 500달러 외에도 교통비와 유람선을 탈 수 있는 신용 전표를 주겠다고 약속했다. 카니발이 입은 손해는 수억 달러에 이르렀다. 고장 난 배에서 내린 모든 승객은 모빌에 있는 호텔에 투숙하게 하거나 루이지애나주 뉴올리언스로 데려갔다. 거기서 버스가 그들을 다시 이 숙명적인 여행의 출발지였던 텍사스주 갤버스턴(Galveston)으로 이송했다. 비행기로 왔던 승객들은 전세기편으로 돌려보냈다. 말할 필요도 없이 이 사건은 세계에서 제일 큰 유람선 회사인 카니발 주식회사가 겪은 또 다른 대중 관련 재앙으로서 미국 모든 텔레비전 뉴스에 광범위하게(부정적인 의미에서) 다루어졌다. 이 회사는 코스타 콘코디아(Costa Concordia) 정기선이 2012년 이탈리아 해안에서 좌초하여 32명이 사망한 사건으로 이미 크게 타격을 입은 상태였다.

하지만 넉 달 후 카니발 트라이엄프는 갤버스턴에서 바다로 돌아왔다. 이번에는 새로운 비상 발전설비 능력을 제대로 갖췄다. 전기설비가 고장 나면, 파티도 끝나기 때문이다!

이 책에서 제시하는 설교의 비전이 "이 모든 과정을 성령의 능력으로"라는 말로 끝맺을 때, '모든 과정'은 신학적인 석의로 성경 페리코페의 취지를 발견하기와 그것을 특정 신자 모임에 적용하여 그들이 그리스도의 형상을 본받게 하는 모든 일을 포함한다. 설교의 모든 면은 하나님의 성령 능력을 힘입어야 한다. 이러한 영적인 능력 없이 모든 설교는 헛되며 실패로 끝나며 열매 맺지 못한다. 결국, 설교는 성령께서 쓰신 본문에 근거하며(벧후 1:20~21), 설교 목표는 하나님의 동일한 대리인으로 활성화하는 삶의 변화이다(롬 8:1~17; 갈 5:16). 따라서 그러한 일 전체에서 성령의 능력을 힘입지 않고는 설교는 표류하며 무능한 일이 되고 만다.

성령께서 신자가 순종하도록 힘주신다고 하는 문제는 앞의 장들에서 살폈으므로, 여기서는 간략하게 다시 다루겠다. 그것은 하나님의 백성이 거룩한 삶을 살도록 능력 주시는 일에서 성령의 사역을 이해하기 위한 본보기로서 에스겔 37장을 설명함으로써 가능하다. 하지만 설교 과정에서 성령 사역의 또 다른 중요한 측면이 있다. 그것은 설교자 자신의 삶에서 일어나는 일이다. 따라서 이 책의 마지막 장인 「9. 설교는 영적인 것이다」는 주로 설교의 이러한 본질적인 측면인 설교자의 영성에 초점을 맞춘다. 또한 에스겔 37장을 이러한 논의의 출발점으로 삼는다.

에스겔 37장이 사람을 변화시키는 성령의 능력을 가장 강력하게 말한다. 죽은 자의 회생을 말하는 순전한 드라마와 놀라운 묘사 때문이다. 우리가 살펴보겠지만, 삼위일체의 셋째 위격은 일반적으로 사람들에게 역사하실 뿐 아니라, 성령과 선지자 에스겔 자신 사이의 상호 작용에서 묘사된 대로 우리의 특별한 관심의 대상인 **하나님의 말씀을 전하는 인간 대리인**에게도 역사하신다.

하나님의 성령, 하나님의 백성, 하나님의 대변인
(God's Spirit, God's People, God's Spokesman)

기원전 6세기, 바벨론에 거주하던 유대인 포로는 에스겔이 한 예언을 들었다. 이스라엘 백성은 우상숭배와 사회적 범죄 행위의 죄를 지었으며 이제 그 대가를 치르고 있었다. 그것이 에스겔이 한 예언의 비참한 상황이었다. 그의 이름 에스겔은 '하나님께서 힘을 주신다' 또는 '하나님께서 [당신을] 강하게 하시기를 바란다'를 의미하기에 매우 적절하다. 하나님의 힘주심은 하나님의 백성과 하나님의 대변인이 분명히 필요한 어떤 것이었으며, 참으로 그것은 모든 시대에 하나님의 백성과 하나님의 설교자에게, 그들 삶과 사역이 하나님을 기쁘시게 하려는 데 필요하다. 어떻게 하나님의 효과적이며 충분한 능력이 그의 백성이 하나님의 요구를 만족시키며 그의 대변인이 하나님의 사역을 완수하는 것을 가능하게 하는가가 에스겔 37장의 취지이다. 이 본문은 모든 하나님의 백성이 변화되는 것과 모든 하나님의 대변인이 능력을 입는 것의 모범이다.

하나님의 영 그리고 하나님의 백성(God's Spirit and God's People)

에스겔서는 인간이 선천적으로 하나님을 기쁘시게 하고 그분 도덕성 기준에 근접하는 적절한 도덕적 선택을 하고 적절한 도덕적 행위를 할 수 있다는 주요 인류학적 패러다임에 도전한다.[1] 사람은 생활 방식에서 도덕적인 개선을 어느 정도 이룰 수 있지만, 하나님께서 사람이 도달하게 하셨을 이상적인 상태, 완전히 하나님의 뜻에 일치하며 완전히 그리스도의 형상을 본받는 그러한 일은 하나님의 능력이 없이 인간의 계획만으로 성취할 수 없다.

하나님의 개입과 도우심 없이 에스겔 당시 하나님의 백성이 이룬 모든 것은 재앙과 붕괴와 민족의 파멸이었다. 손상된 인간이 구상한

---

[1] Jacqueline E. Lapsley, *Can These Bones Live? The Problem of the Moral Self in the Book of Ezekiel*, Beihefte zur Zeitschrift für die alttestamentliche Wissenschaft 301 (Berlin: Walter de Gruyter, 2000), 6.

옛 계획으로는 어떤 선한 일도 이룰 수가 없다. 그들 상황은 절망적이었다. 그 결과는? 에스겔 37:11에서 이스라엘의 탄식을 말하는 세 가지 요소인 마른 뼈, 사라진 희망, 완전히 멸절된 백성(인상적으로 "보라"라는 말로 시작됨) 등은, 서로 유사한 개념으로서 이스라엘에 관한 인상을 표현한다. 그들이 죽은 자와 같이 하나님의 축복에서 끊겼다는 뜻이다.2 다른 말로 하면 하나님과 동행하지 않으며 그의 요구를 따라 살지 않는 모든 하나님의 백성이 그렇듯이, 그들은 하나님의 축복 영역 밖 백성이었다. 따라서 이스라엘 백성의 죄스러운 상태는 소망이 없었으며, 하나님의 요구를 충족하고 하나님을 기쁘시게 하는 능력은 그들에게 존재하지 않았고, 복은 상실했다.3

따라서 새로운 어떤 것이 필요했다. 선천적으로 죄스러운 인간의 능력 이상의 어떤 것, 그분 영이라는 하나님의 선물이 절대적으로 필요했다. 인간을 도우시는 은혜로운 하나님의 이러한 자주적 행동이 에스겔 37장의 교훈이다. 모든 곳에서 하나님의 모든 백성이 경험하는 경건함으로의 변화는 오직 성령의 주권적이며 능력 있는 사역으로만 이뤄진다. 이 장에서 열 번에 걸친 רוּחַ([루아흐], '숨/영/바람')의 반복(37:1, 5, 6, 8, 9[네 번], 10, 14)과 하나님을 가리키는 수많은 일인칭 대명사의 반복(37:5, 6, 12, 13, 14, 19, 21, 23, 28)은 도덕적 변화 과정에서 하나님의 역할을 관철한다. 하나님께서는 사람이 스스로 행할 수 없는 일을 하시려고 주도적으로 행하시며 능력을 주시고 "하게 하는" 이가 되신다. "또 내 영을 너희 속에 두어 너희로 내 율례를 행하게 하리니"(36:27).

---

2 흥미롭게 희망이 없다는 나쁜 소식에 탄식하는 이스라엘 사람들의 놀람을 표현하는 "보라"(겔 37:11)는, 뒤에서 야웨가 회복과 능력 주심의 좋은 소식을 선포하시는 "보라"와 균형을 이룬다(37:12). 야웨의 선언은 또한 (37:11에서 이스라엘의 외침과 같이) 열린 무덤, 일으킴을 받은 백성, 회복된 땅과 같이 삼중임에 주목하라.

3 하나님께서 순종하는 인간에게 복 주신다는 개념에 관한 더 자세한 내용은 Abraham Kuruvilla, *Privilege the Text! A Theological Hermeneutic for Preaching* (Chicago: Moody, 2013), 252~58을 보라.

37:1~14에서 하나님의 활동 결과는 이어지는 부분 37:15~28에서 묘사되는데, 이상적인 국가는 성령을 주심과 그분께서 가능케 하심으로 이뤄진다. 그것은 완전함—그분 백성 가운데 영원히 거하시는 하나님에 대한 그들 전적이고도 영원한 순종—을 보여주는 그림이다. 물론 하나님에 대한 그러한 온전한 충성의 완성은 마지막 때에 이루어진다. 그러나 이 현재 세대에 예수 그리스도의 속죄 사역으로 성령께서 하나님의 백성 안에 거하시며(롬 8:9; 고전 3:16; 6:19; 엡 2:21~22 등), 그 끝은 시작되었다! 따라서 **성령의 능력으로** 순종하며 자기를 하나님의 뜻에 일치하는 일은 이 부분적 성취의 시대도 포함하여 모든 때 신자의 의무이다.4 그들이 그렇게 하면 하나님의 요구는 충족되고 하나님의 이상적인 세계는 확립되며, 하나님의 이름이 영화롭게 된다. 이것은 변화된 하나님의 백성이 그들의 창조주와 풍성한 관계로 살아가는 비전에 절대로 모자라지 않는다.

하나님의 영 그리고 하나님의 대변인(God's Spirit and God's Spokesman)

하지만 에스겔 37장의 초점은 하나님의 능력으로 되살아나고 회복한 포로만이 아니다. 하나님께서 주도하시고 원인이 돼 일어난 일은 종종 하나님의 대변인인 에스겔 자신이 성령의 변화시키는 행위의 대상임을 묘사한다. 선지자와 포로들 사이 평행에 주목하라. 성령께서는 에스겔을 데리고 가셔서 그를 골짜기 가운데 '두시며'(37:1), 포로들에게 역사하셔서 그들을 고국 땅에 '두신다'(37:14). 책 앞부분에서 에스겔은(2:2; 3:24) 그에게 '임한' '영'에 의해 '[그의] 발로 서고', 이곳 에스겔 37장에서 뼈들은 그들에게 '임한' '영'에 의해 '그들의 발로 선다'(37:10). 따라서 에스겔은 성령께서 하나님의 백성을 변화시키시는 방식을 보여주는 원형이다. 에스겔 당시 하나님의 백성들 안에서 성령

---

4 인간에게 있는 이 윤리적 정체성, 로마서 6~8장이 말하는 '육신'은 이 일을 영화의 날까지 계속하는 지속적 싸움이 되게 한다. 그날에 하나님의 백성은 이 죄성 있으며 교정 불가능한 육신을 벗고 하나님께서 의도하셨던 대로 온전히 그분 아들 예수 그리스도의 형상과 같은 모습으로 완전해진다.

의 사역이 하나님께서 모든 시대 하나님의 백성에게 능력 주시는 방식을 보여주는 전형이라면, 에스겔 안에서 성령의 사역 또한 하나님께서 모든 시대의 그의 대변인들인 설교자들 안에서 역사하시는 방식을 보여주는 전형이 분명하다. 성령께서 우리 안에 뜻대로 행하시도록 하는 것은 설교와 목회에서 능력과 효과에 중요하다.

실제로 에스겔에게 하나님의 지배적 활동은 선지자가 이러한 마른 뼈들의 소생에 아주 적게 관여하게 했다. 에스겔 37장에서 에스겔은 명령받은 대로 예언하기는 했지만, 일어난 일을 보고 외친다. "보라!"(37:8). 그는 자신이 보는 것을 믿을 수가 없었다! 긴 대화가 계속되지만, 하나님과 **뼈**들의 대화뿐이다. 에스겔은 단지 엿듣는 사람, 한 사람의 수동적 선지자이다. 선지자의 업무 목록은 단지 보고 말하기이다(37:4, 7, 9, 10, 12).5 에스겔의 역할은 모든 곳에서 설교자 역할을 반영한다. 예언자와 설교자는 하나님의 성령의 능력 주심 없이 하나님 말씀을 효과적으로 대변할 수가 없다. 아무리 많은 면밀한 신학적 석의, 수사적 꾸밈, 창의적 예화, 번쩍이는 소품, 목회적 잔소리도 오직 성령께서 하실 수 있는 일—하나님의 영광을 위하여 삶을 변화시키고 그리스도의 형상을 본받게 하는 일—을 성취할 수 없다. 따라서 그가 설교자들 통해서 하시는 일의 공로는 하나님께로 돌아간다. 성경 말씀은 성령의 것이며, 변화를 위한 능력은 성령의 것이다. 따라서 찬양 또한 하나님을 향한다. 그가 영광을 얻으신다!

분명하게, 에스겔은 자기 예언을 성령의 능력에서 비롯했다고 돌린다(2:2; 3:24; 11:5). '자기 마음대로'(13:3) 예언한 사기꾼인 거짓 선지자와는 완전히 다른 예언의 근원이다(13:1~6). 따라서 에스겔은 설교자 모범이다. 성령의 능력을 덧입음은 하나님의 백성이 하나님의 요구에 따라 살 수 있게 하는 일에 필수이지만, 또한 그 임무에 임명된 하나님의 대변인이 바로 그 요구를 설교하는 일에도 필수이다. 이렇게 능력 있는 성령의 신적 사역이 없이는 모든 설교가 소용이 없다.

---

5 설교자가 증인이라는 대응적인 생각은 「4. 설교는 소통을 위한 것이다」에서 살폈다.

요약하면, 에스겔 37장은 하나님의 백성과 하나님의 대변인 모두(따라서 양 떼와 목자, 회중과 설교자 모두)에게 하나님의 목표인 삶의 변화와 하나님을 영화롭게 하는 일을 성취하려는 데 성령의 강력한 작용이 필요하다고 극적으로 단언한다. 어떻게 설교자는 성령의 능력이 그의 안에서, 그리고 그를 통해 역사하도록 자신을 위치시킬 수 있는가?

성령 그리고 설교자(The Spirit and the Preacher)

의심의 여지 없이 설교 사역을 성공하게 하시는 분은 하나님이시다(고전 3:6; 고후 3:5; 4:7). 따라서 설교에서 누구의 능력이 역사해야 하는지는 말할 필요도 없다. 에스겔 37장에서 묘사하는 대로, 성령의 능력이다. "나를 떠나서는 너희가 아무것도 할 수 없다"(요 15:5)라고 하신 예수님의 선언도 설교가 설교자 자기 힘으로 행하는 일이라는 생각을 버리게 한다. 설교 사역은(또는 그 점에 대해서는 다른 사역도 마찬가지로) 성령의 능력으로 할 수 있고 해야 한다. 「웨스트민스터 대요리문답」(1648), 155에서는 "하나님의 성령은 말씀을 읽는 것, 하지만 특별히 말씀을 설교하는 것이 죄인을 가르치고, 깨닫게 하고, 겸손하게 하는, 그들을 자신에게서 몰아내어 그리스도께로 이끄는, 그들을 그의 형상으로 변화시키는, 그들을 그의 뜻에 복종시키는 효과적인 수단이 되게 하신다."라고 단언한다. 그리고 칼뱅도 설교는 성령이 함께하지 않으시면 아무런 유익이 없다고 주장한다.6 따라서 설교의 영성은 설교자가 설교의 모든 면에서 성령의 역사를 의지하는 깊은 느낌을 포함한다. 설교의 동력이 성령의 능력이라면, 설교자는 자신의 능력 없음을 바르게 인식하고 설교의 준비부터 전달까지 모든 과정에서 의식적이며 의도적으로 계속해서 성령의 능력을 의지해야 하는 것은 당연하다. 바르트(Barth)가 선언하듯이 "그렇다면 우리 태도는 위로부터 통제받아야 한다. 나에게 있는 어떤 것이 아니라 하나님에게서 오는 모든 것, 독립적인 성취가 아니라 오직 하나님의

---

6 *Institutes* 4.14.17.

은혜와 그분 뜻에다 의존이다."7 이어서 그러한 의존적 생활 방식을 검토하면서 특별히 설교에서 설교자의 일, 성경에 헌신, 양 떼의 모범, 내적 삶을 위한 훈련―하나님의 대변인인 설교자 영성의 모든 핵심 요소―을 중점적으로 설명하겠다.

설교자의 일(The Preacher's Work)

주권적인 하나님께서 모든 것을 하시며 설교 사역에서 결과를 내시지만, 설교자의 부지런하며 신실한 설교의 일뿐 아니라 그가 하나님의 요구에 따라 사는 삶에서 인간적 의무가 분명히 있다. 에스겔의 이야기에서도 사람이 삶을 하나님의 방식으로 살아야 하는 의무를 강하게 말한다. 36:24~28에서 어떻게 야웨 당신 일을 가리키는 그의 1인칭 대명사가 당신 백성의 의무를 가리키는 2인칭 대명사와 번갈아 나타나는지 주목하라. 하나님의 주도권에 관한 단언들이 인간의 행동을 권고하는 명령들과 함께 있다.8

에스겔 36:24~25a	내가 '인도하여 내고', '모아', '데리고', '뿌려서'
에스겔 36:25b	너희는 '정결'할 것이며
에스겔 36:25c~27b	내가 '정결하게 할' 것이며, '두고', '주되', '제거하고', '줄 것이며', '두어', '행하게 하리니'
에스겔 36:27c~28b	너희가 '지켜 행할지라', '거주하면서', '내 백성이 되고'
에스겔 36:28c	나는 '너희 하나님이 되리라'

---

7 Karl Barth, *Homiletics* (Louisville: Westminster John Knox, 1991), 90.

8 Henry Van Dyke Parunak, "Structural Studies in Ezekiel" (PhD diss., Harvard University, 1978), 476.

참으로, 36:26에서 하나님은 "내가 새 영을 너희 속에 두고 새 마음을 너희에게 **주겠다**."라고 선언하시지만, 18:31에서는 "너희는 마음과 영을 새롭게 **하라**."라고 말씀하셨다. 따라서 그것은 둘 다 상황이다. 하나님의 특권과 인간의 의무 **둘 다** 긍정해야 한다. 하나님의 주권과 인간의 의무 모두 균형을 이루며 공존하도록 허용해야 한다. 같은 방식으로, 설교자 안에서 설교자를 통해 일하시는 분이 하나님이지만, 설교자는 삶을 살고 사역을 부지런하고 신실하게 수행할 의무가 있다.

> 우리가 그[그리스도]를 전파하여 각 사람을 권하고 모든 지혜로 각 사람을 가르침은, 각 사람을 그리스도 안에서 완전한 자로 세우려 함이니, 이 일을 하려고 나도 내 속에서 **능력으로 역사**하시는 분의 **역사**를 따라 **힘을 다하여 수고한다**. (골 1:28~29)

"힘을 다하여 수고하다"라는 표현이 가리키듯이, 설교자의 의무는 상당하다. 하지만 여기서도 하나님의 주권과 인간의 의무에 동일한 균형이 있다. 바울은 자신 안에 '**능력으로 역사하는**' 것이 하나님의 '**역사**'라고 인정하기 때문이다. 설교자는 열심히 일해야 하지만, 하나님의 성령이 일하시지 않으면 모든 힘든 일이 허사이다. 칼뱅은 설교에서 두 선생이 있다고 말한다. "따라서 하나님께서는 두 가지 가르치는 방식을 가지고 계신다. 첫째, 그는 사람의 말로 우리의 귀에 들리게 하신다. 둘째, 그는 성령을 통해 내적으로 우리에게 말씀하신다."[9] 하지만 하나님께서는 분명히 '사람의 입'을 사용**하신다**. 설교에서 신실하게 하나님의 역사를 의지하면서 힘든 일을 행할 필요가 있다. 하나님께서는 우리의 힘든 일 가운데 그것을 통해 역사하신다. "내 속에서 능력으로 역사하시는 이의 역사"이다(골 1:29).

---

[9] John Calvin, *Commentary on the Gospel According to John*, trans. William Pringle (Grand Rapids: Baker, 1999), 2:100~01.

설교자의 헌신(The Preacher's Devotion)

시편 119편을 참고해, 설교자가 성경에 헌신해야 함을 생각할 수 있다. 하나님의 말씀, 특별히 율법이 시편 119편의 중심이다. 여덟 가지 다른 용어가 율법을 가리킨다. '율법' 자체(תּוֹרָה[토라]), '계명', '판단/법령', '증거', '교훈', '법도', '말씀', '말씀/말'이 그것이다. 토라('율법')는 첫째로 쓰인 용어이며, 이 시편의 첫 구절에서 있고, 다른 용어와는 달리 항상 단수이며, 하나님 명령의 완전성과 통일성을 가리키며, 따라서 다른 모든 용어를 아우른다. 더 나아가 이 시편의 이합체 시(acrostic) 형식이 하나님이 명령이 포괄적임을 나타낸다. 이 시를 구성하는 22개의 부분은 22개의 히브리 철자를 대표하며, 각 부분에서 여덟 절은 그 부분을 대표하는 특별한 히브리 문자로 시작한다. 그리고 앞에서 말한 '율법'을 가리키는 여덟 단어가 시편 119편에서 사용된다. 이것은 다시 한번 전체 구조가 광범위함을 나타낸다. 하나님의 **모든** 요구가 포함되고 있다.10 또한 그것이 **하나님의** **명령**임이 분명하다. 이 시편에서 176구절 모두 야웨에게 말하거나 야웨를 언급한다.

시편 119편은 그분 말씀에 관한, 하나님에게서 오는 통찰력을 구하는 수많은 간구를 포함한다. 하나님의 교훈과 법령으로 가르침을 받으려고(119:12, 26, 33, 64, 68, 102, 108, 124, 135, 171), 하나님의 법에 눈을 뜨도록(119:18), 하나님의 계명이 숨겨지지 않도록(119:19), 하나님의 교훈, 법, 계명, 증거를 이해하도록(119:27, 34, 73, 125, 144, 169), 마음이 하나님의 증거에 관심을 기울이도록(119:36), 하나님의 말씀이 확증되도록(119:38) 기도하는 것이다. 다른 말로 하면, 하나님

---

10 Kent A. Reynolds, *Torah as Teacher: The Exemplary Torah Student in Psalm 119* (Leiden: Brill, 2010), 14, 105. 아마도 이것이 시편 119편이 이스라엘의 예배나 언약이나 모세에 관해 말하지 않는 이유일 테다. 그것들은 토라 개념을 특정 역사적 계시로 제한하기 때문이다. 그러나 이 시편에서 '토라'는 일반적으로 모든 시대와 모든 세대에서 모든 하나님의 요구를 포함한다.

의 말씀을 배우는 일은 적절한 행위가 행해질 때 자동으로 결과가 생기는 공식에 따라 행해지지 않는다는 것이다. 시편 기자와 같은 모범생은 하나님께서 그러한 지식과 그것에 이르는 방법을 주실 때만 성경에서, 성경의, 성경을 통한 지식을 얻는다. 설교자가 효과적으로 사역하려면, 성령의 역사가 절대적으로 필요하다. 설교를 위한 준비인 본문 연구도 마찬가지이다.

흥미롭게도 시편 기자는 독자에게 하나님의 요구에 순종하라고 권면하지 않는다. 실제로 시편 119편은 하나님의 요구가 구체적으로 백성에게 무엇을 하도록 요구하는지 말하지 않는다. 그 대신, 순종하는 자가 복을 받는다고 선포한 후(119:1~3), 기자는 단순히 토라에 헌신하는 태도의 모형을 말한다. 그는 하나님의 판단을 배운다(119:7). 그는 하나님의 말씀을 소중하게 생각한다(119:11). 그는 하나님의 교훈을 즐거워한다(119:16). 그는 하나님의 규례를 선포한다(119:13). 그는 하나님의 법도를 묵상한다(119:15). 그는 하나님의 판단을 자신 앞에 둔다(119:30). 그는 하나님의 증거에 매달린다(119:31). 그는 하나님의 법도를 사모한다(119:40). 그는 하나님의 말씀을 신뢰한다(119:42). 그는 하나님의 교훈을 바란다(119:53). 그는 하나님의 명령에 손을 든다(119:48). 그는 하나님의 규례를 기억한다(119:52). 그는 하나님의 명령을 믿는다(119:66). 그는 하나님의 법도와 율례를 구한다(119:94, 155). 그는 하나님의 판단을 두려워한다(119:120). 그는 하나님의 토라, 그의 명령, 그의 말씀, 그의 교훈, 그의 증거를 사랑한다(119:47, 48, 97, 113, 119, 127, 140, 159, 163, 167). '지키다'와 '순종하다'라는 동사가 이 시편에서 자주 반복되며(각각 21번과 10번), 시편 기자의 삶은 하나님의 요구에 대한 헌신(지키고 순종하는)의 패턴을 따른다. 이것은 또한 분명히 설교자가 따라야 하는 모범이다. 말씀에 대한 열정적인 헌신이다. 그리고 그러한 모범에 의해 시편 기자(그리고 성경에 헌신하는 설교자)는 암시적으로 시편을 읽는 독자(그리고 설교를 듣는 자들)에게 시편 기자 자신(그리고 설교자)이 그것을 대하듯이 그들 또한 토라를 대해야 한다고 설득한다. 그 결과는 복이다.

여호와의 증거들을 지키고,
전심으로 여호와를 구하는 자는 복이 있다. (시편 119:2)

시편 기자(그리고 설교자)의 성경에 헌신은 단순히 말뿐인 인정이 아닌 '마음'의 문제이다. 하나님의 증거와 하나님의 명령에 자기를 맞춤은 온 '마음'으로 하나님을 구하는 것과 동일하다(119:2, 10). 하나님의 말씀은 사람의 **마음**에 간직되며(119:11), 시편 기자는 하나님의 토라를 온 **마음**으로 지키기를 열망한다(119:34). 그는 자기 **마음**을 하나님의 증거와 교훈에 기울인다(119:36, 112). 그는 온 **마음**으로 하나님의 교훈을 지킨다(119:69). 그는 자기 **마음**이 하나님의 율례 안에서 흠이 없기를 구한다(119:80). 그의 **마음**은 하나님의 증거를 즐거워한다(119:161). 설교자 또한 하나님과 그의 말씀에 대한 **마음**에서부터 헌신으로 성경을 대한다. 우리의 연구는 단순히 성경에서, 설교를 통해 다른 이들을 섬기기 위한 귀중한 것을 발견하는 것이 아니다. 시편 기자가 하나님의 말씀을 받아들이고 그것에 순응하는 일에 자신을 깊이 관여시키듯이, 설교자도 '주님을 경외함'에 이르려고 그렇게 해야 한다. 그것은 완전하고도 친밀한(119:38, 63, 74, 79) 것으로서, 성경에의 모범적 헌신이 목표하는 바이다.

설교자의 본보기(The Preacher's Example)[11]

4세기에 밀라노(Milan) 주교 암브로시우스(Ambrose)는 다음 말로 권면한다.

> 그렇다면 다른 사람에게 조언하는 사람은 그런 사람이 되어야 한다. 그는 가르침에서, 성품 진실성에서, 진지함에서 자기를 모든 선한 일의 모범으로 제시해야 한다. 따라서 그의 말은 온전하고 책망할 일이 없으며, 그의 조언은 유익하고, 그의 삶은 고결하며, 그의 견해는 매력적이어야 한다.[12]

---

[11] 설교자의 모범적 성품에 관해서는 「2. 설교는 목회적인 것이다」를 보라.

하지만 암브로시우스가 추천하는 대로 설교자가 성령의 역사를 나타내야 함은 **전반적** 생활 방식에서만 존재하지 않는다. 그들은 또한 매주 매 설교에서 그들이 설교하는 바를 실천해야 한다. 설명한 각 페리코페에서 하나님께서 요구하시는 바는 설교자 삶에 먼저 적용해야 한다. 따라서 하나님의 일을 다루는 설교자에게는 본받을 만한 영적 삶을 살아야 하는 의무가 추가로 주어진다. 설교자는 자기가 다루는 모든 페리코페에서 하나님께서 요구하시는 바에 자기를 맞추도록 노력해야 한다. 그 구절에서 성령께서 그들에게도 말씀하시기 때문이다. 아마도 청중에게보다 더 직접 말씀하신다. 따라서 설교하는 사람은 하나님의 말씀에 영향받는 첫째 사람이어야 한다. 목자와 양 떼는 모두 같은 제자도 여행을 한다. 둘 다 하나님의 말씀이 필요하다. 둘 다 하나님의 영광을 위해 그분 요구에 자신을 맞추도록 하나님의 부르심을 받는다. 둘 다 경건한 삶을 위해 동일한 성경에서부터 그것을 유지하는 자양분과 또한 동일한 성령에게서 능력 주심을 발견한다.

따라서 영적 삶의 필수 요소는 설교한 페리코페의 요구를 설교자 자기 삶에 의도적으로 통합함이다. 실제로, 앞 장에서 제안했듯이 설교자가 본문에서 구체적 적용을 찾는다면, 먼저 자기에게 "이 본문이 요구하는 바의 결과로 어떻게 내 삶은 구체적으로 변화되어야 하는가?"라고 물음이 실제로 유익하다. 그리고 상당히 자주 자기가 도달한 바로 그 적용을 다른 이들에게 설교하여 그들도 열매 맺게 할 수 있다. 3세기 알렉산드리아의 교부였던 아타나시우스(Athanasius)는 이렇게 썼다.

> 당신 자신에게 비뚤어진 것을 다른 사람들에게서 바르게 할 수 없다.[13]

다른 말로 하면 "의사야, 너 자신을 고치라!"이다.[14] 자기가 설교하는

---

[12] *On the Duties of the Clergy* 2.17.86 (*NPNF*² 10:57).

[13] St. Athanasius, *On the Incarnation*, 3.14, trans. A Religious of CSMV, rev. ed. (Crestwood, NY: St. Vladimir's Seminary Press, 1993), 42.

바를 적용하는 영적 설교자의 삶은 회중의 나머지 사람에게 상당히 설득력이 있다. 4세기 한 기독교 보고서는 이 사실을 확증한다.

> 목사가 어떤 악에 관해서도 책망할 점이 없다면, 그는 자기 제자들에게 영향을 미치며, 그의 삶 방식 자체는 그들이 그의 행위를 본받게 한다.15

하지만 말씀에 헌신하지 않은 사역자, 영성에 무관심한 목사, 자신이 설교하는 바를 적용하려 하지 않는 설교자는 교구민에게 상처를 입히고, 제자들의 성장을 가로막으며, 교회의 활력을 위축시킬 수 있을 뿐이다. 의심의 여지 없이 그러한 비헌신적 삶이 가져오는 위험한 결과는 교회의 지도자로서 성경을 설교하는 자들이 더 큰 책임을 져야 하는 이유를 말해준다(약 3:1).

> 보통 사람의 잘못은, 말하자면 어둠에서 저지르기에 그것을 행하는 사람만 파멸시키지만, 눈에 띄는 위치에 있으며 많은 사람에게 알려진 사람의 잘못은 모두에게 공통적 상해를 입히며, 넘어진 사람이 선을 위한 자기 노력에 더 무관심하게 하고, 자기에게 주의를 기울이려는 사람을 절망으로 몰아간다. 그리고 이러한 일 외에도 하찮은 사람의 잘못은, 그것이 드러나더라도 언급할 가치가 있는 상해를 끼치지 않지만, 가장 높은 명예의 자리를 차지하는 사람은 우선 모두에게 쉽게 눈에 띄며, 가장 작은 일에 잘못을 범하더라도 그 하찮은 일은 다른 사람에게 크게 보인다. 모든 사람은 죄를 상해 크기가 아니라, 상해자 지위에 따라 그 크기를 재기 때문이다.

---

14 Jack B. Sowards and Harve Bennett Kirk, *Star Trek II: The Wrath of Khan* (Hollywood, CA: Paramount Pictures, 1982)에서 커크(Kirk) 선장이 맥코이 박사(Dr. McCoy)에게 한 말, http://www.imsdb.com/scripts/Star-Trek-II-The-Wrath-of-Khan.html. 물론 오래전에 예수님께서 그렇게 말씀하셨다(눅 4:23)!

15 *Apostolic Constitutions* 2.2.6 (*ANF* 7:398).

따라서 사제[목사]는 모든 면이 **철석같은 갑옷**으로, 일사불란한 진심으로, 자기 삶의 방식과 관련하여 끊임없는 경각심으로 보호되어야 한다. 드러난 간과한 얼룩을 발견한 어떤 사람이 치명적인 상처를 입지 않게 하려 함이다.16

크리소스토무스(Chrysostom)는 '철석같은 갑옷'을 추천한다. 고대 역사에서 '단단함'을 뜻하는 '철석같은'은 잘 알려진 가장 단단한 비합성 물질인 다이아몬드를 가리켰다.17 다른 말로 하면 설교자들은 뚫을 수 없는 갑옷으로 둘러싸여 그들의 삶이 더럽혀지지 않고 흠이 없는 상태로 빛날 수 있도록 한다는 것이다. 이 갑옷과 관련된 여러 실제적인 적용이 있을 수 있지만(아마도 가장 직접적으로는 에베소서 6:10~17의 하나님의 전신 갑주), 설교자가 끊임없이 임하는 이 전쟁에서 나는 또 다른 일련의 실제적인, '철석같은' 일을 제안하고 싶다. 그것은 영적인 훈련이다.

목사의 훈련(The Pastor's Disciplines)

영적 삶을 위한 훈련은 경험으로 보증이 된 활동인데, 그것은 그리스도인이 자기 체화된 자아를 더 큰 통제 아래에 둠으로 그들이 효과적으로 조화롭게 하나님의 질서와 협력하기 위한 목적으로 의도해서 하는 생각과 몸의 행위이다.18 그것은 목적—우리를 하나님의 요구로 향하게 하고 자신을 그러한 요구에 맞추는 일상의 과정 안으로 우리를 인도하는 것—을 이루는 수단이다. 곧, 이것들은 경건을

---

16 John Chrysostom, *On the Priesthood* 3.14 (*NPNF*[1] 9:52).

17 '철석같은(adamant)'과 '다이아몬드(diamond)'는 헬라어 같은 어근에서 비롯한다.

18 이 정의는 Dallas Willard, *The Spirit of the Disciplines: Understanding How God Changes Lives* (San Francisco: Harper & Row, 1988), 68, 156의 내용을 조금 수정했다. 영적 훈련에 관한 생각은 또한 앞 장 숙고하기 부분에서 간략하게 다뤘다.

위한 연습이다.

> 육체의 연단은 약간의 유익이 있으나 경건은 범사에 유익하니, 이생과 내생에 약속이 있다. (딤전 4:7~8)

오랫동안 여러 전통적 영적 훈련이 교회에서 실행됐다. 앞에서 말한 대로 달라스 윌라드(Dallas Willard)는 그것들을 두 범주로 나눈다. 절제 훈련(홀로 있기, 침묵, 금식, 검약, 금욕, 비밀 엄수, 희생을 포함하는)과 참여 훈련(공부, 예배, 기뻐하기, 봉사, 기도, 교제, 고백, 복종을 포함하는)이다.19 이들 가운데 설교자의 삶에(참으로 **모든** 그리스도인의 삶에) 반드시 있어야 할 하나가 있다. 기도이다. 그것과 함께 가는 몇 가지 연관된 절제의 훈련과 함께 이 참여 훈련을 간략하게 살피겠다.

본질상, 기도는 신자가 하나님과 나누는 대화로 하늘의 하나님, 곧 창조자와 친밀한 관계를 나타낸다. 따라서 삶의 모든 순간이 하나님과 교제인 기도이어야 한다. **습관적** 기도이어야 한다. 그런 의미에서 우리는 "쉬지 않고 기도"할 수 있다(살전 5:17).20 하지만 기도 훈련은 습관적이고 쉬지 않는 기도 외에도 특정 시간에 실제로 구체적으로 기도하는 행위를 포함한다. 나는 모든 설교자가 자주 충실하게 적극 실제 기도에 참여해야 한다고 생각한다.21 하지만 여기서 다루

---

19 Willard, *The Spirit of the Disciplines*, 158.

20 Simon Chan, *Spiritual Theology: A Systematic Study of the Christian Life* (Downers Grove, IL: InterVarsity, 1998), 126~27. '항상' 드리는 기도는 빌립보서 1:4; 골로새서 1:3; 4:12; 데살로니가후서 1:11을, '쉬지 않는' 기도는 로마서 1:9, 10; 데살로니가전서 5:17을 보라.

21 표면적으로 성령의 활동에서부터 멀리 떨어져 있는, 끝없이 이어지는 지루한 일로 보일 수 있는 설교 준비 과정에서도 기도는 필수적 일이다. 수세기 전에 크리소스토무스는 *Homilies on Matthew* 2:1~2 (*NPNF*[1] 10:34)에서 "지금 우리 앞에 있는 구절을 해석하는 데 이르려면 깨어서 많이 기도해야 한다."라고 인지했다. 우리는 책상에 수많은 자료를 쌓아놓을 수 있고 컴퓨터에 충분한 소프트웨어를 설치해 놓을 수 있지만, 설교자가 준비에서 전달까지 전체 설교 과정에서 기도로 성령의 역사에 의존하지 않는다면 그 모든 것은 소용이 없다.

려고 하는 것은 습관적 기도이다.

습관으로 기도는 하나님의 모든 자녀가 해야 하지만, 특별히 모든 회중의 삶을 천국 하나님께 맞추도록 부르심을 받은 목사와 설교자의 의무이다. 그리고 습관으로 기도는 보통의 것부터 특별한 것에 이르기까지 모든 것—햇빛, 폭풍, 축하, 비극, 오락, 직업, 축제, 기근, 고통, 즐거움—의 중심에 있는 하나님의 이 비전을 촉진한다. 모든 것이 거룩한 영역에 속한다. 세속적인 것은 없다. 하나님은 모든 것의 중심이기 때문이다. 목사의 중요한 역할은 이렇게 삶의 모든 것이 하나님과 연결되어 있음과 하나님께서 모든 것 위에 뛰어나신 분이심을 인식하도록 촉진하는 일이다. 사람이 자기의식, 그리고 자기가 중심이며 탁월하다는 잘못된 생각에 뿌리를 두면서 하나님의 '첫째 되심'이 잊는 경향이 있다. 따라서 하나님의 중심되심과 탁월성은 설교자들이 먼저 발전시켜야 하는 마음가짐이며, 나는 쉬지 않는 습관적인 기도가, 영적으로 되려는 사람들 가운데 이러한 중요한 결심을 발전시키는 중요한 방법이라고 말하고 싶다. 설교와 관련하여 기도는 목회의 중요한 사역이다.

사역에서 매일 해야 할 일들에 파묻혀 살기 쉽다. 심지어 설교 전략과 기술에 질식당하고, 문법과 주석에 파묻히고, 예화와 두운법의 수렁에 빠지며, 유인물과 개요의 덫에 걸리고, 눈부신 슬라이드 쇼와 동영상 자료에 현혹당하기가 쉽다. 이 모든 것이 유용함은 틀림없다. 그러나 이 모든 일 가운데 습관적으로 기도하는 태도를 계발해야 하며, 그것이 다른 모든 행위와 일에 영향을 미치게 해야 한다. 4세기 교부 카이사레아의 바실리우스(Basil of Caesarea)가 다음과 같이 가르친 것과 같다.

> 따라서 우리 일에서 우리는 기도하는 의무를 이룰 수 있다. 우리 임무를 성취하도록 우리 손에 힘을 주시고 지식을 습득하도록 우리 생각에 지혜를 주신 그분께, 모든 요소를 공급해 주심에 감사드리며, … 우리 손이 행하는 것이 그것이 목표하는바, 하나님을 기

쁘시게 하는 것을 향하도록 기도한다. 따라서 모든 행위에서 우리 노력이 성공하기를 하나님께 구하고, 일할 수 있도록 능력 주신 그분께 감사의 빚을 갚을 때, 그리고 앞에서 말한 대로 하나님을 기쁘시게 하는 목표를 계속해서 마음에 간직할 때 우리는 명상에 잠기는[기억해 내는] 마음을 얻는다. 그런 경우가 아니라면, 어떻게 "쉬지 말고 기도하라"라고 우리에게 명령하는 사도의 말과 다른 곳에서 "우리는 밤낮으로 수고하였다"라고 한 말 사이에 일관성이 존재할 수 있겠는가?[22]

이것은 "쉬지 말고 기도하라."라는, 하나님의 명령을 신중하게 받아들인다(살전 5:17). 이는 설교와 목회 사역에서 끊임없이 하나님의 임재를 의식하며 끊임없이 하나님과 인격적으로 교제하는 습관을 들이는 일이다. 하나님을 아는 일과 그분을 향하는 일을 쉬지 않는 비결이다.

2004년 말, 다소 특이한 여섯 주 동안, 우도 왜쳐(Udo Wächer)는 틀림없는 방향 감각을 가졌다. 독일 오스나브뤼크(Osnabrück)에 있는 대학교의 시스템 관리자로 일하던 그는 매일 아침 13개의 진동 패드—휴대전화가 진동하도록 만드는 것과 같은 종류의—로 안을 댄 베이지 색의 넓은 띠를 착용했다. 그 띠에는 또한 지구의 자장을 감지하는 전원장치와 감지기가 부착돼 있었다. 그 장치를 작동시키면 어떤 버저든 북쪽을 가리키는 것이 진동을 시작했다. 지속적으로.

왜쳐는 "처음에 그것은 약간 이상한 느낌이었습니다."라고 고백했다. 그는 어떤 목적지에 가려고 자기가 택해야 했던 우회도로를 더 잘 알아냈다. "마침내 저는 실제로 길들이 얼마만큼 구부러지는지 알았습니다." 실험을 계속하면서 왜쳐는 자기가 발견한 것을 떠올렸다.

---

[22] Basil of Caesarea, *The Long Road, in Ascetical Works*, trans. M. Monica Wagner, The Fathers of the Church 9 (New York: Fathers of the Church, 1950), 308. 바울은 "밤낮" 일했으며(살전 2:9; 살후 3:8) "밤낮" 기도했다(살전 3:10; 딤전 5:5; 딤후 1:3).

"갑자기 저는 제 인식이 바뀌었음을 깨달았습니다. 저는 머릿속에 일종의 도시 지도가 있습니다. 저는 집으로 가는 길을 찾을 수 있었습니다. 마침내 저는 완전히 새로운 장소에서도 길을 잃을 수 없다고 느꼈습니다." 참으로 왜쳐는 자기 꿈에서도 마치 그가 깨어있는 것처럼 자기 허리둘레를 돌아다니는 진동을 느끼기까지 했다. 그것은 항상 북쪽을 향했다.23

이것이 목사-설교자에게 필요하다. 하나님을 가리키는 '북쪽', 창조주이신 하늘의 아버지를 향하는 지속적 방향 감각이다. 이것은 하나님의 모든 자녀에게도 적용되지만, 양 떼를 위해 지속해 하나님을 향하는 방향 감각을 발전시키는 이러한 훈련—직장에서든 놀이에서든, 서재에서든 식품점에서든, 혼자 있을 때든 함께 있을 때든, 지속해 하나님을 알며 계속해서 그분과 교제하는 훈련—에 모범인 사람이 목자이다. 그리고 습관적 기도는 이러한 목적에 이바지한다. "훈련으로써 기도는 우리가 **쉬지 않고 기도**하기를 배우는 가운데 영적인 삶을 강화하는 일에서 가장 위대한 힘을 가진다. … 우리는 우리가 수행하는 모든 행위에서 하나님의 임재를 불러오도록 자신을 훈련할 수 있으며 … 우리 삶 전체는 하나님의 임재에 잠길 것이다. 새의 비행에서 날개가 새에게 '짐'이듯이, 지속적 기도는 다만 우리에게 그러한 종류의 짐일 수 있다."24 이러한 습관적 기도는 결코 짐이 아니겠지만, 이러한 태도/일을 개발하는 일은 연습해야 한다. 참으로, 하나님을 향하는 이러한 지속적인 방향성은 절제의 영적 훈련 가운데 공동으로 할 수 있는 몇 가지 것들—얼마 동안 소리/말, 친구, 음식, 성을 멀리하는 침묵, 고독, 금식, 금욕—과 함께 진행하는 실제 기도에 참여함으로써 습관이 된다. 설교자로서 우리가 적어도 일시적으로 이러한 몸의 본능적 욕구의 일부를 멀리하며 정기적인 실제 기도에 참여함으로써 습관적인 기도를 위해 우리 자신을 훈련하는 게 중요하다. 그러한 절제 훈련

---

23 Sunny Bains, "Mixed Feelings," Wired, March 2007, http://archive.wired.com /wired/archive/15.04/esp.html.

24 Willard, *Spirit of the Disciplines*, 185~86.

을 다음처럼 간략하게 설명할 수 있다.

    습관적 기도가 기질이 되고, 그것이 성품이 되게 하는 훈련을 위해, 실제 기도를 목적으로 하는 침묵과 고독이 필요하다. 그렇지 않으면 삶의 혼잡과 우여곡절에서 하나님의 임재는 의식적으로 인식되지 않는다.

    예수는 '자주' 물러가사 한적한 곳에서 기도하신다.[25] (눅 5:16)

    삼위일체의 둘째 위격이신 분이 기도하시려고 주기적으로 주의를 산만하게 하는 상황에서 떨어져 있으셔야 했다면, 그의 제자들도 그렇게 해야 한다. 다른 사람들이 우리에게 요구하는 것들, 그리고 끊이지 않는 윙윙거리며 와글거리는 소리, 우리의 삶에서 수많은 기구의 짹짹거리는 소리—우리와 다른 사람들이 계속해서 떠들어대는 목소리는 말할 것도 없고—의 횡포는 습관적으로 하나님께 관심하지 못하게 방해한다. 그리고 그러한 습관을 들이는 일은 혼자 있는 시간과 조용한 시간을 요구한다. 이러한 고독과 침묵을 발견하기 위해 우리는 일찍 일어나거나 늦게 잠들어야 할 수도 있다. 그리고 특별히 지속적인 사역(그리고 가족)의 압박에 포위된 사람들은 좀 더 연장된 고독의(홀로 있는) 기간이 도움이 될 수 있다. 주기적으로 '광야'에서 하루 이상 지내는 것은 큰 이익을 낳을 것이다.

    참으로, 이러한 지속적인 주의 산만을 길들이는 일은 다른 방법으로 적용될 수 있다. 우리의 바쁜 날에서 하나님께 초점을 맞추기 위해 의도적인 가로막음을 계획하는 것은 '좋은' 주의 산만이다! 나는 휴대전화에 낮에 두 차례 알람을 맞추어 놓음이 도움이 됨을 알았다. 내가 바쁜 삶에 에워싸이고 일정의 횡포에 얽매이더라도, 실제 기도에서 하나님께 한 단어나 문장을 말하거나 적어도 한 가지 생각이 그분을 향하게 하도록 상기하려는 목적이다. 최근에는 휴대전화가 정시와 30분에 울리게(공공장소에서는 진동으로) 해 놓기까지 했다. 단지 하

---

[25] '물러가다'로 번역하는 헬라어 미완료 동사가 가진 반복 의미는 '자주'라는 표현으로 전달된다. 또한 마태복음 14:23을 보라. 예수님께서 제자들을 고독으로 초청하시는 것은 마가복음 6:31을 보라.

나님께서 여기 계시다는 것을 상기시키기 위한 것 외에 다른 이유가 아니다. 기도의 습관적인 태도를 환기하려는 노력이다.

침묵과 고독뿐 아니라 금식과 금욕 또한 기도와 효과적으로 결합할 수 있는 매우 유용한 절제 훈련이다. 적어도 금욕은 우리 몸의 욕구와 갈망이 얼마나 강력하고 은밀한지 보여주며, 그러한 욕구가 자주 우리를 하나님을 향하는 방향성에서 벗어나서 더 육신적이게 한다는 사실을 생각하게 한다. 그렇다면 금식은 기도에 대한 더 많은 헌신을 위해 의도적으로 우리의 체화된 상태에 영양을 공급하려는 열망을 복종시키는 실제적이며 습관적인 일이다.26 같은 방식으로 금욕은 영혼에 영향을 미치는 것으로 보인다. 그것은 몸의 또 다른 강력한 충동인 성적 행위를 일시적으로 중단함으로, 기도에 더 깊이 임하려는 목적으로 바울이 특별히 그것을 추천하기 때문이다 (고전 7:5).27

이러한 절제 훈련(고독, 침묵, 금식, 금욕)을 통해 기도라는 일의 훈련은 습관적으로 실제 기도에서 부지런히 연습해야 한다. "기도에 헌신하라"(골 4:2). 이 모든 것은 하나님을 의지하는 깊은 느낌을 키운다. "나를 떠나서는 너희가 아무것도 할 수 없기" 때문이다(요 15:5).

요약(Summary)

설교의 준비에서 전달까지 모든 측면은 성령의 능력으로 수행해야 한다. 에스겔 37장은 성령께서 하나님 백성의 삶을 변화시키시는 것을 보여주시는 독특한 모범이다. 그리고 우리 목적에 맞게 그것은 또한 하나님의 대변인인 설교자의 역할과 그가 성령님과 가지는 상호

---

26 에스라 8:23; 느헤미야 1:4; 다니엘 9:3; 누가복음 2:37; 사도행전 13:3을 보라. 의학적으로 금지되지 않는다면, 금식이 설교자 삶의 지속적인 한 부분이 되기를 희망한다.

27 어떤 사람에게 이것은 삶의 한 방식으로 채택하는 훈련일 수 있다. 나는 이것을 **교회적** 독신이라고 부른다. 공동체에서 그리스도를 위해, 평생 독신이기를 선택함이다(마 19:12; 고전 7:7~8, 26).

작용을 묘사한다. 사람은 스스로 변화할 수 없으며, 그것은 오직 하나님의 능력으로 가능하다는 사실이 에스겔 37장에서 강조되고 있다. 참으로, 하나님께서 지명하신 설교자를 통해 역사하는 하나님의 능력이 삶의 변화를 성취한다. 설교에서 설교자가 맡은 일의 의무를 부지런히 수행하는 것은 분명히 필요하지만, 궁극적으로 모든 노력의 성공을 위해 우리가 의지해야 하는 이는 성경의 저자이시다. 그러한 의존은 말씀에 대한 설교자의 헌신에서 표현된다. 그것을 배우고 그것에 의해 사는 것이며, 그리하여 양 떼의 모범이 되는 것이다. 그 모든 것의 중심이신 하나님을 지속해 의지하는 것은 설교자가 기도의 영적인 훈련에 임하는 것으로 계발된다. 적절하게 침묵, 고독, 금식, 금욕의 일시적인 절제와 함께 실천되는 습관적인 기도이다. 하나님의 능력 없이 아무것도 있을 수 없다! **설교는 영적인 것이다!**

묵상(Reflection)

마가복음 9:14~29—하나님의 능력[28]

> 집에 들어가시매 제자들이 조용히 묻되, "우리는 어찌하여 능히 그 귀신을 쫓아내지 못하였나이까?" "기도 외에 다른 것으로는 이런 종류가 나갈 수 없느니라."라고 대답하셨다. (막 9:28~29)

마가복음의 이 사건(9:14~29)의 주제는 믿음이다. 예수님께서는 아이 안에서 파멸을 일으키는 귀신을 쫓아내지 못하는 제자들을 가리키시며 이 '믿지 않는/믿음이 없는' 세대의 믿음 없음을 한탄하신다(9:19). 이어서 예수님께서는 믿음이 있는 자('믿는 자', 9:23)에게 모든 것이 가능하다고 아이의 아버지에게 말씀하시며, 그 아버지는 즉각적으로 자신의 필요를 고백하고 예수님께 자기 믿음 없음('불신', 9:24)을 도와주실

---

[28] 이 페리코페에 관한 더 자세한 내용은 Abraham Kuruvilla, *Mark: A Theological Commentary for Preachers* (Eugene, OR: Cascade, 2012), 188~93을 보라.

기를 구한다. 예수님과 그 아버지 사이 믿음에 관한 이 대화(9:21~24)가 이 이야기의 중심 요소를 형성한다는 사실에 주목하라.

A	제자들이 귀신을 쫓아내지 못한 사실이 알려짐(9:14~18)
B	예수님과 소년('귀신', '경련')(9:19~20)
C	예수님과 아이의 아버지—믿음(9:21~24)
B'	예수님과 아이('귀신', '경련')(9:25~27)
A'	제자들이 귀신을 쫓아내지 못한 이유를 설명(9:28~29)

따라서 한편으로는 제자들이 있다. '믿지 않는 세대,' 믿음이 없어 귀신을 쫓는 일을 수행하지 못하는 자들이다(9:19). 그들은 바로 앞에서 비난할 만한 '세대'로 이름 붙여진 바리새인들보다 나은 것이 없다(8:12). 참으로, 9:19에서 예수님의 탄식은 그가 제자들이 그러한 귀신들림과 같은 더 어려운 문제도 다룰 수 있다고 **기대하셨음**을 가리킨다. 어쨌든 그들은 위임받아 그런 일을 하도록 능력을 받았었다(3:15; 6:7, 13). 하지만 이곳에서 제자들은 믿음이 없어 성공하지 못했다(9:19). 다른 한편으로, 병으로 괴로워하는 아이를 둔 필사적인 아버지가 있다. 그는 제자들과 상당히 다르다. "나의 믿음 없는 것을 도와주소서!"(9:24). 제자들과 달리 이 남자의 고백에는 신뢰할 수 있는 어떤 것이 있었다. 적어도 그는 충분한 믿음이 없다는 자신의 문제를 알고 있었다.

이 이야기는 **어떻게** 제자들이 그리스도의 제자가 된 덕분에 그들이 이미 받은 능력(3:15와 6:7에서 예수님은 그들에게 더러운 귀신을 통제하는 권세를 주셨다)을 사용해야 했는지 보여주려고 여기서 마가에 의해 다시 차례대로 얘기된다. 그 아이가 치료되고 난 후, 제자들이 왜 자신들이 귀신을 쫓아내는 일을 할 수 없었는지 물었을 때 예수님은 깨닫게 하는 대답을 주신다. "기도 외에 다른 것으로는 이런 종류가 나갈 수 없느니라"(9:29). 다른 말로 하면, 단지 어둠의 강력한 세력에 승리보다 삶과 사역의 모든 면에서 승리를 위해 그들은 하나님의 능력이 그들을 통해 역사하도록 하나님의 도우심을 의지해야 했다는 것이다. 특별히 설교자와 목사에게 이것은 우리가 명심해야 할 통렬한 교훈이다.

예수님께서 그들을 책망하셨듯이, 제자들은 자신들의 권세와 능력에 현혹되어 **하나님의 능력을 기도로 구하지 않고** 귀신을 쫓아내려고 했던 것으로 보인다. 그들의 문제는 하나님의 능력을 의지하지 않은 것이다. 그들은 자신들이 가진 것이 단지 위임된 권세이며 진정한 실질적인 권세는 예수님만의 것임을 깨달아야 했다. 따라서 그들은 자기들이 덧입은 능력을 행사할 때도 그분을 의지해야 했다. 아마도 앞서 자기들이 귀신을 내쫓는 일에 성공했기에(6:13) 예수님의 제자들은 자기들이 행한 이런 능력에 익숙해졌으며 이제 자기들이 스스로 그러한 일을 행할 수 있는 전문가라고 생각했을 테다. 그들은 앞서 그들이 행한 능력이 자율적인 것과 자동으로 주어지는 것이 아니라, 하나님의 위임하신 결과—임명된 권세—임을 잊어버렸다. 그리고 그러한 능력은 각각의 경우 기도로 믿음 안에서 계속해서 하나님의 근원에서부터 공급되어야 한다. 예수님의 제자들 사역에서 주제넘음과 자만심이 있을 곳은 없다. 여기서 그들이 당한 굴욕이 그들에게 겸손과 하나님에 대한 신실한 의존을 가르쳤을 것이라고 바랄 뿐이다. 그러한 겸손과 의존은 기도하는 자에게서 나타난다.

설교자도 마찬가지이다. 사역에서 자신감을 버리고 하나님을 의지해야 한다. 사역자는 특별한 주문(mantra)이나 조종하는 기술로서가 아니라, 믿음으로 겸손하게 하나님을 구하는 일로서 기도에 참여해야 한다. 하나님의 능력 안에서 설교자가 종사하도록 부름을 받은 임무를 수행하려고 그렇게 한다. 실제로 이 페리코페에서 기도하는 유일한 사람, 그리고 귀신이 쫓겨남으로써 기도 응답을 받은 유일한 사람은 아이의 아버지이다. "내가 믿나이다. 나의 믿음 없는 것을 도와주소서!"(9:24). 이것은 제자들이 가져야 했었던 태도, 기도를 통해 표현되는 신뢰하는 의존의 태도였다. 동시에 그 아버지의 외치는 '기도'는 예수님 안에 있는 하나님의 능력에 대한 확신과 자신의 능력 없음, 심지어 믿음을 유지하는 일에 확신의 결여를 고백한다. 요약하면, 설교—사실은 모든 종류의 사역—는 단순히 어떤 공식을 따르거나 누군가가 임명되었기 때문에 작동하는 능력이나 기술이 아니다. 하나님의 능력은 사람이 손짓하거나 불러서 나타나는 것이 아니다. 설교자는 지속해, 쉬지 않고, 습관적으로 계속해서 믿음으로 기도를 통해 하나님을 의지해야 한다.

- 우리는 설교를 준비하고 전달하면서 자기 능력으로 사역하기에 무능하고 부적합함을 심각하게 의식하고 있는가? 따라서 우리는 설교 일의 모든 단계에서 의식적으로 하나님의 능력을 의지하는가? 사역자 '명부'에 이름을 올리고, 설교하면서 편안함을 느끼며, 모든 것이 자동으로 잘 이루어진다고 생각하기 쉽다. 그렇지 않을 것이다!
- 하나님과 그분의 능력을 의지하는 이러한 일을 인정하고 나타내는 중대한 방식은 기도에 의한 것이다. 우리의 기도의 삶은 어떤 모습인가? 우리는 **실제** 기도—매일 정해진 시간, 정식으로 기도 목록과 씨름하며, 의도적으로 예배, 고백, 간구, 감사에서 하나님께 우리의 관심을 집중하는—에 참여할 만큼 충분히 훈련하는가?
- **습관적** 기도 훈련, 성경이 하나님의 자녀에게 요구하는 쉬지 않는 기도는 어떤가? 사역자로서 우리는 모든 것과 모든 사람과 모든 순간을 하나님께 집중해야 할 의무가 있으며, 습관적 기도의 태도는 하나님이 우선되시고 중심됨을 기억하는 열쇠이다. 아마도 우리는 하루 중 이따금 하나님을 향하도록 상기시키는 신호를 만들어 습관적으로 기도하는 태도를 기를 수 있다.
- 우리는 또한 습관적인 실제 기도에서 하나님에 대한 의존을 가르치고 설명할 의무가 있다. 아마도 연합된 몸이 예배할 수 있도록 그것을 돕는 팀에서 시작해 장로와 집사 같은 교회 지도자들을 포함해서 말이다.

설교는 영적인 것이다!

나가는 말 "… 빛이 비치어"

Conclusion "… Giveth Light"

"주님 말씀을 열면, 빛이 비치어."

시 119:130

다작 발명가 토마스 에디슨(Thomas Edison, 1847~1931)에 관한 오래된 이야기가 있다. 그의 오랜 동료 월터 S. 맬러리(Walter S. Mallory)가 처음으로 자세히 얘기했다. 물론 에디슨은 전구를 발명해 전기 설비 산업이 발달하게 길을 연 인물이다. 한번은 에디슨이 어떤 장치를 개발하려고 9,000번이 넘는 실험에 실패했다는 사실을 알고서 그를 동정했다. "엄청난 양의 일을 하고도 아무런 결과를 얻을 수 없어서 유감스럽지 않은가?"

에디슨은 맬러리에게 돌아서서 미소를 띠고 말했다. "결과? 여보게, 나는 많은 결과를 얻었다네! 나는 효과가 없는 수천 가지 일을 알았지."[1]

---

[1] Frank Lewis Dyer and Thomas Commerford Marin, *Edison: His Life and Inventions* (New York: Harper and Brothers, 1910), 2:615~16.

빛 만들기는 힘든 일이다! 시편 기자는 "주님 말씀을 열면, 빛이 비친다."라고 단언하지만(시 119:130), 이렇게 빛을 비춤은, 이 구절에서처럼 반드시 단순하거나 당연한 결과가 아니다. 분명히 빛을 비추는 대리인은 성령, 성경의 저자, 주권적으로 "마음의 눈을 여시는" "지혜와 계시의 영"이시다(엡 1:17~18; 또한 고전 2:10~16을 보라). 그러나 이 책 전체에서 우리가 살폈듯이, 인간의 의무 또한 성경의 빛을 사람의 마음에 비추는 이 과정에 포함된다. 이것은 설교가 맡은 역할이다. 말씀 사역에서 하나님과 사람 사역의 이중성에 주목하라.

> 우리가 그분을 전파하여 사람마다 권하고 모든 지혜로 사람마다 가르침은 사람마다 그리스도 안에서 완전한 사람으로 세우려 함이니, 이 일을 하려고 나도 내 속에서 능력으로 역사하시는 분의 역사를 따라 힘을 다하여 수고한다. (골 1:28~29)

설교자들이 수고하지만, '역사'하는 것은 하나님의 '역사'이다(이 단어들은 연결되어 있다―ἐνέργεια[에네르게이아]와 ἐνεργέω[에네르게오]. 하나님의 역사와 바울이 전력투구는 연합된 세력이다. 다른 곳에서 바울은 권면한다.

> 너는 진리의 말씀을 옳게 분별하며 부끄러울 데가 없는 일꾼(ἐργάτης[에르가테스])으로 인정받은 이로 자기를 하나님 앞에 드리기를 힘쓰라. (딤후 2:15)

다른 말로 하면, 하나님께서 일하셔도 설교자는 열심히 일할 의무가 있다. 그렇게 하지 않는 것은 하나님을 시험하는 일이라고 칼뱅은 말했다.

이 대화는 에디슨이 축전지를 연구하고 있었을 때 한 것이 분명하다. 또 다른 이야기에서 에디슨은 전구에 관한 자기 연구를 묘사한다. "나는 전등 빛에 관해 3,000가지 다른 이론들을 세웠으며, 그들 각각은 이치에 맞고 틀림없어 보였다고 말할 수 있다. 전혀 과장이 아니다. 하지만 두 가지 실험만이 내 이론이 옳음을 입증했다"(George Parsons Lathrop, "Talks with Edison," *Harper's New Monthly Magazine* 80 [1890]: 434).

그것은 내가 어떤 책도 읽지 않고 강단에 서는 것과 같을 것이며, 내가 말해야 바를 미리 읽고 연구하는 일을 거들떠보지 않고, 사람들을 교화하기 위해 어떻게 성경을 적용할지 생각하지 않고 이곳에 왔어도, 순진하게 자신에 관해 "하지만 내가 여기로 올 때 하나님께서 내가 말할 것을 충분히 주실 거야."라고 생각하는 것과 같을 것이다. 그러면 나는 어리석고 **뻔뻔한** 자로 드러나고, 하나님은 내 무모함에 나를 부끄럽게 하신다.[2]

설교는 힘든 일이 분명하다. 성경에서 저자의 의제(agenda)를 이해하고 그것을 하나님의 백성에게 의미 있게 제시하는 일은 각고의 노력을 요구하지만, 그것은 노력할 가치가 있다. 설교의 비전에 내포된 여러 이유 때문이다.

비전을 이루려는 수고(Laboring for the Vision)

성경적 설교란, 교회 지도자가 예배하려고 모인 그리스도인 모임에서 성경 페리코페(pericope)에서 신학적 석의로 분별한 핵심 취지와 그것을 그 특정한 그리스도인 공동체에게 적용한 내용으로 소통해서, 그들이 그리스도의 형상을 닮아 변화함으로 하나님을 영광스럽게 하는 일인데, 이 모든 과정은 성령의 능력으로 한다.

성경은 교회의 믿음과 실천에 권위와 근거이며, 성경을 설교하는 일은 그리스도의 몸인 지역 교회의 성장과 복지에 본질적 요소이다. 따라서 설교는 전적으로 이 근원의 본문인 성경에 초점을 맞춰야 한다. **설교는 성경적인 것이다.** 이것은 설교가 왜 엄숙한 임무인지 말

---

[2] *Sermons on Deuteronomy* 49, in *The Sermons of M. John Calvin upon the Fifth Book of Moses Called Deuteronomy*, trans. Arthur Golding (London: Henry Middleton, 1583), 292. 골딩(Golding)의 고어체 표현을 현대화했음.

한다. 인간에게 주시는 하나님의 말씀을 다루기 때문이다. 그리고 하나님의 공동체가 하나님의 음성을 설교로 듣는다. 따라서 성경적 설교는 설교자를 하나님의 백성에게 전해지는 하나님 말씀의 중개자로 두며, 그에게 존엄한 의무를 지운다.

설교는 그리스도의 몸 가운데 영성 계발의 기초를 형성한다. 강력한 방식으로 회중의 삶에 영향을 미치려고 애쓰면서 예배하려는 교회 모임에서 수행하는 설교는, 가장 눈에 띄는 공적 목회 사역이다. **설교는 교회에서 한다.** 연합하여 드리는 예배에서 하나님의 백성이 하나님을 만남은 교회 삶의 한 주 사이클에서 이 설교의 사건에서이다. 여기서 그들은 주의 만찬에서 그리스도와 만나며, 하나님의 말씀을 전하는 설교에서 그분께 듣는다(그리고 그분—그분 형상—을 본다). 그리고 그렇게 이 독특한 방식으로 그리스도께서는 진정으로 당신 백성과 함께하시며, 진정으로 그들은 그분 음성을 듣는다. 하나님이신 신랑께서 그가 사랑하시고 아내로 삼으시고 위해서 죽으신 인간 신부와 만나시는 일이다. 이 모든 일은 설교로 촉진된다.

영적으로 이러한 몸을 형성하는 일, 그 구성원들이 성경의 각 페리코페에서 하나님의 뜻에 순응하게 하는 일은 교회에서 인간 지도자의 중대한 임무이다. 이것은 사역자의 짐, 목사의 역할, 장로의 과업이다. 그것이 목회 사역에 자격이 있는 지도자들을 지명하고 안수하는 이유이다. 따라서 **설교는 목회적인 것이다.** 그러한 영적인 방향과 형성이 강단 밖에서도 일어나지만, 다른 모든 사역에서 설교가 회중의 영적 성장을 위해 가장 큰 영향을 끼침은 의심할 여지가 없다. 예배 맥락에서 수행하는 이 일이 지닌 공적인, 연합하는, 비전을 제시하는 특성 때문이다.

설교가 신자에게 미치는 이러한 형성적 영향력은 그 설교를 위해 선택된 특정 성경 본문의 취지를 나눔으로써 전달한다. 그러한 취지—저자의 의제, 저자가 본문에서 말하는 바로 저자가 하려는 **실행**—는 설교의 핵심 내용을 형성한다. 이것은 하나님의 백성이 하나님의 말씀에서 간파해야 하는 것이다. 그리고 이것이 하나님의 백성과 하나님의 말씀 사이에 설교자의 중재가 필요한 근본 이유이다. 하나님 말씀의 취지를 하나님의 백성에게 전하는 일이다. 따라서 **설교는 소통을 위한 것이며**, 이것은 설교자의 놀라운 특권이다!

페리코페의 취지는 그 구절의 신학이다. 성경 페리코페는 하나님의 이상적 세계를 투사하며, 그러한 세계가 어떠해야 하는지, 그분 이상적 세계에서 하나님의 뜻은 어떤 것인지 말한다. 곧, 그 교훈, 우선순위, 실천이다. 하나님의 대변인인 설교자가 전하는 각 설교는 하나님께서 당신 백성이 설교된 페리코페의 신학적 요구에 따름으로 이 이상적 세계에 살도록 부르시는 은혜로운 초청이다. **설교는 신학적인 것이다.** 따라서 설교는 사람이 하나님의 왕국에서 그분과 함께 살도록 하나님께서 부르시는 초청이다. 참으로 우리 설교자들은 하나님과 원대한 협력 관계를 누린다.

그렇게 특정 페리코페의 신학을 전달하면서 설교자는 또한 회중에게 의미 있는 적용을 제공함으로써 그들이 구체적으로 그 본문의 요구에 반응할 수 있게 한다. 결국, 설교의 궁극적 목표는 하나님의 요구에 따라 삶이 변하며, 그리하여 하나님의 백성이 온전히 그분의 이상적 세계에 거주하게 하는 일이다. 이런 일이 일어나려면 설교에 귀 기울이면서 한 페리코페 한 페리코페, 한 주 한 주 점점 더 많이 구체적으로 삶에 변화가 일어야 한다. 따라서 **설교는 적용을 위한 것이며** 하나님 통치의 도래를 진척한다.

성육신하신 하나님이시며 완전한 인간이신 예수 그리스도는 하나님의 요구를 모두 만족시키고 포괄적으로 흠 없이 하나님의 이상적 세계에 살았던 유일한 분이시다. 따라서 각 페리코페 신학—각 구절에서 하나님의 요구—은 사실상 그리스도 형상의 일면이다. 따라서 한 페리코페 한 페리코페, 한 설교 한 설교 설교에 영향을 받아 점점 더 많이 삶이 변화함은 실제로 단계적으로 점점 더 하나님의 백성이 그리스도의 형상을 닮아감이다. 이것은 모든 신자에 대한 하나님의 목표이며 **영광스러운 목표이다**(롬 8:29)! **설교는 변화를 위한 것이다.** 따라서 설교자에게 이보다 더 영광스러운 사역은 없다.

하나님의 백성이 하나님 아들의 형상을 본받을 때 인류를 위한, 그리고 참으로 우주를 위한 그분 목적이 실현되며, 하나님께서 영광을 받으신다. 하나님의 뜻이 이루어지고 그분 나라가 임할 때 그분 속성이 드러나며, 그분의 이상적 세계가 실체가 되고 그분의 영원한 목적이 성취되며, 모든 것이 하나님을 영화롭게 한다. 이 과정에서 설교는 중요한 역할을 감당한다. 하나님께서 이러한 활동을 통하여 그분의 목표를 성취하시기 때문이다. 하나님 자신의 거룩하심과 일치하는 결과적 삶의 변화는 하나님을 영화롭게 하는 중요한 수단이다. **설교는 하나님의 영광을 위한 것이다.**

말할 필요도 없이 설교의 모든 일은 성경의 저자이신 성령의 능력으로 수행해야 한다. 성령의 통제는 성령의 영감으로 된 말씀이 먼저 설교자 안에서 삶의 변화를 성취하며 설교자 자신의 삶에 나타난다. 요약하면, 설교의 사역은 성령께서 그리스도의 몸이 그리스도의 형상을 본받게 하시며, 그것을 "거룩하고 흠이 없는"(엡 1:4; 5:27) 그리스도의 신부로 만들면서 설교자와 교회 안에서 자기 목적을 성취하시는 성령 하나님의 행위이다. **설교는 영적인 것이다.**

설교를 위한 비전	설교는…
성경적 설교는	성경적인 것이다
교회 지도자가 하는	목회적인 것이다
예배하려고 모인 그리스도인 모임에서	교회에서 이뤄지는 것이다
성경의 한 페리코페 요점을 전달하기인데	소통을 위한 것이다
신학적 석의로 분별한	신학적인 것이다
신자의 특정한 공동체에 그것을 적용하여	적용을 위한 것이다
그들이 그리스도의 형상으로 변화되게	변화를 위한 것이다
하나님의 영광을 위해	하나님의 영광을 위한 것이다
이 모든 일은 성령의 능력으로 한다	영적인 것이다

이 일이 힘들다는 사실은 그리 놀랄 일이 아니다! 하지만 그분 영광을 위해 말씀이 전파돼 그분 자녀가 아들의 형상을 본받음은 하나님께서 임명하시고 하나님께서 힘을 주셔서 우리가 할 수 있는 일이다. 참으로, 이는 회중이 그들 목사가 행하기를 바라는 일이다. 그들이 영적으로 하나님께서 바라시는 모든 일 하도록 그들을 인도하는 일이다. 유진 피터슨(Eugene Peterson)은 교회가 이러한 임무를 목사에게 확장함을 상상한다.

> 우리는 우리 믿음이 날카롭고 정확하며 완전하도록 유지하는 일에 도움을 받아야 합니다. 우리는 자기를 신뢰할 수 없습니다. 우리 감정은 우리를 불신앙에 빠뜨립니다. 우리는 어렵고 위험한 믿음의 행위에 착수했음을 알고 있으며, 그것을 약하게 하고 파괴하려는 의도를 가진 강력한 영향력이 존재합니다. 우리는 당신이 우리를 도우시기를 바랍니다. 이 세상 삶에서 말씀과 의식(예전) 사역자인 우리 목사님이 되어주십시오. 우리 삶의 모든 다른 부분과 단계에서—우리 일과 놀이에서, 우리 자녀와 우리 부모와 함께, 탄생과 죽음에서, 축하와 슬픔에서, 밀려드는 햇빛 가운데 아침이 우리에게 열리는 날에, 그리고 온종일 이슬비가 내리는 다른 날에— 말씀과 의식으로 우리를 도우십시오. 이것이 믿음 생활에서 유일한 임무는 아니지만, 그것은 당신 임무입니다. 우리는 다른 중요하고 핵심적인 임무들을 행할 다른 사람을 찾습니다. 말씀과 의식, 이 일은 당신이 할 일입니다. … 이 망가진 세상에서 해야 할 다른 많은 일이 있으며, 우리는 그것들의 적어도 어떤 것을 하고 있을 수 있지만, 우리가 다루는 근본 실체들—하나님, 왕국, 복음—을 알지 못한다면 우리 삶은 무익한 환상으로 끝납니다. 당신 임무는 성령의 임재를 대표하며, 하나님의 우선순위를 강조하며, 성경이 말하는 명령과 약속과 초청을 말하는 가운데 기본적인 이야기를 계속해서 우리에게 말해주는 일입니다.[3]

---

[3] Eugene H. Peterson, *Working the Angles: The Shape of Pastoral Integrity*

얼마나 놀라운 임무인가! 설교자로 부르심을 받음보다 무엇이 더 중한 일이겠는가! 뉴잉글랜드 청교도 코튼 매더(Cotton Mather, 1663~1728)가 한 말이 옳았다.

> 기독교 사역자의 직책을 바르게 이해하면, 그것은 가장 명예스러우며 중요해서 세상 아무나 맡을 수 없으며, 하나님의 지혜와 선하심이 이 직책을 불완전하고도 죄가 있는 인간에게 맡기신 이유를 생각하면, 그것은 놀라운 일이며 아무리 생각해도 영원히 모를 일이다! … 그것은 천사가 자기 영광스러운 신분으로 바랄 수 있는 사역이다. 참으로, 하늘의 모든 천사가 천 년 동안 계속해서 맡고 있기를 선망할 직책이다. 그것은 너무도 중요하고 유용한 직책이기에, 사람이 하나님에 의해 그것을 맡고 평생 신실하고 성공적으로 그것을 수행하면, 그는 왕관마저도 경멸하는 눈으로 내려다보고, 땅에서 가장 빛나는 군주에게도 연민하며 눈물을 흘린다.4

중세 시대에 토마스 아퀴나스(Thomas Aquinas)도 같은 것을 느꼈다.

> 교회 모든 활동에서 가장 고상한 일은 설교 사역이다.5

이 임무가 영광스러워도, 그 짐이 무겁고 그 일이 고됨을 다시 한번 인정해야 한다. 참으로, 이천 년 전에 예수님은 설교의 위험을 경고하셨다.

위험한 '샌드위치'(A Dangerous "Sandwich")

> 사도들이 예수께 모였고, … 그분께서는 그들에게 "너희는 따로 한적한 곳에 가서 잠깐 쉬어라"라고 말씀하셨다. (막 6:30~31)

(Grand Rapids: Eerdmans, 1987), 24~25.

4 Cotton Mather, *Student and Preacher* (London: Hindmarsh, 1789), iii~v.

5 *Against Those Who Assail the Worship of God and Religion* 2.6.

이 페리코페, 곧 마가복음 6:7~32은 마가의 '샌드위치 기법'의 하나이다. 그는 이야기를 시작하고(막 6:7~13) 중간쯤 그것을 중단하며, 이어서 두 번째 이야기를 시작하여 마치고(6:14~29), 마지막으로 첫 번째 이야기로 돌아가서 그것을 마친다(6:30~32). 따라서 바깥 이야기의 두 쪽이 안쪽 이야기를 둘러싸고 있다.[6]

바깥 이야기(막 6:7~13, 30~32)는 앞서 마가복음 3장에서 열두 제자를 지명하신 일을 이루신 내용이다. 여기서 그들은 실제로 그들에게 맡겨진 임무를 수행하려고 떠난다. '부르다', '보내다', '전도하다', '권능' 등은 모두 마가복음 3장과 6장에 있다(3:13~15; 6:7, 12).[7] 이것은 공식적인, 권위 있는 위임이었다. 6:8~9의 복장 규정은 출애굽 세대의 복장이었다(출 12:11). 신발은 준비돼 있음을 상징하며, 지팡이는 권위와 하나님의 부르심의 표였다(출 4:2~3; 민 17:1~10 등).[8] 또한 신명기 8:4와 29:5는 광야에서 이스라엘이 방황하는 동안 이러한 옷차림이 지속했다고 말한다. 하나님께서는 넉넉히 공급하신다! 그리고 설교자에게 정확하게 그것이 필요하다. 하나님의 넉넉하신 공급이다.

제자들의 메시지(막 6:12)는 예수님께서 선포하시는 것(1:14~15)이 지속하는 것처럼 들리도록 의도한다. 예수님께서 하신 일—선포, 귀신을 내쫓는 것, 치유 등 세 가지 일—을 하는 가운데 제자들은 그들 주님의 사역 범위를 넓힌다. 참으로 그들은 그의 능력을 능가하는 것처럼 보인다. 그들은 '많은'(6:13) 병자를 고친다. 바로 앞 페리

---

[6] 이 페리코페에 관한 더 자세한 내용은 Abraham Kuruvilla, *Mark: A Theological Commentary for Preachers* (Eugene, OR: Cascade, 2012), 117~28을 보라.

[7] Προσκαλέω[프로스칼레오]('부르다')는 마가복음 3:13과 6:7에서만 직설법 현재형이다.

[8] 지팡이는 "반복해서, 위임받은 지도자들을 통한 하나님의 백성에 대한 하나님의 명시적 공급의 중재를 뜻한다"(Suzanne Watts Henderson, *Discipleship and Christology in the Gospel of Mark*, Society for New Testament Studies Monograph Series 135 [Cambridge: Cambridge University Press, 2006], 155).

코페에서 알 수 있듯이 예수님은 가까운 곳에서 다만 '소수'를 치유할 수 있으셨다(6:5).9 하지만 호기심을 끄는 것은 이 바깥 이야기의 처음 절반(6:7~13)에서 그들 사역 활동의 마지막 두 가지—귀신 내쫓는 것과 치유—결과만 주어짐이다. 그들은 많은 귀신을 내쫓고 많은 병자를 고쳤다(6:13). 성공이다! 하지만 그들이 전파한 일은 어떻게 되었나? 그들 사역의 결과는 무엇이었는가?10

> 제자들이 전파한다(6:12)—결과는?
> 제자들이 많은 귀신을 내쫓는다(6:13a)—그 결과, "그들은 쫓아내고 있었다."
> 제자들이 많은 이들에게 기름을 바른다(6:13b)—그 결과, "그들은 치료하고 있었다."

이때 바깥 이야기가 진행되는 과정에서 마가—이 영화/이야기의 감독—는 갑자기 "컷!"하고 소리치며, 장면이 변한다. 이제 안쪽 이야기가 플래시백(flashback, 회상 장면)으로 전개된다(6:14~29). 어떻게 헤롯의 명령으로 침례(세례)자 요한이 참수되었는지 이야기한다. 바깥 이야기에서 제자들과 안쪽 이야기에서 요한의 비교에 주목하라. 마가는 이 '샌드위치 기법'으로 뭔가를 **실행하고** 있다. 바깥 이야기와 안쪽 이야기에서 언급되는 잔치를 검토해야 한다.

---

9 물론 제자들의 권세는 대리자 권세였다. 그들이 한 일은 단순히 예수님의 독특한 방향과 하나님 활동의 연장이었다.

10 이미 제자들을 열렬히 환영하지 않는 것이 예상된다. 예수님은 사람들이 그들을 영접하거나 듣지 않으면 어떻게 할 것인지 그들에게 가르치신다. 그들은 떠나 "발아래 먼지를 떨어버려야" 한다(6:11). 그 외에도 앞에서 제자들을 '부르신' 각각의 경우 다툼 이야기와 예수님의 사역에 부정적 반응이 뒤따랐다. 1:16~20에 이어 1:21~28에서 귀신을 내쫓으심, 2:14에 이어 2:15~17에서 예수님을 반대, 3:7~19에 이어 3:20~35에서 예수님 비난, 그리고 여기서 6:7~13에 이어 6:14~32에서 침례(세례)자 요한의 처형이다. 다른 말로 하면, 여기서 제자들을 위임하고 보냄은 조짐이 좋지 않다.

사도들(바깥 이야기)	침례자 요한(안쪽 이야기)
자유로움	옥에 갇힘
도덕적 왕이 그들을 '보냄'(6:7)[a]	부도덕한 '왕'이 그를 데리러 '보냄'[b](6:17, 27)
회개를 전파(6:11, 12)	회개를 전파(1:4; [6:18])
제자들의 말을 '들음'(6:11)	요한에 관해 '들음'(6:14, 16, 20[두 번])
광야에 있음(6:32)	광야에 있음(1:3, 4)
'적당한 때'(6:31)	'적당한 날'(6:21)
[그들 사역의 결과?]	생명을 잃음(6:27)

[a]. 그리고 제자들은 '보냄을 받은 자', 곧 '사도'로 돌아온다. 이는 같은 헬라어 동사에서 유래했다(6:30). 예수님은 하나님께서 자신에게 하셨던 것을 그들에게 하고 계신다. '보내다'라는 단어는 9:37; 12:6에서 예수님 자신이 하나님에 의해 보내심을 받으신 것을 말할 때 사용된다.

[b]. 헤롯의 명칭 자체는 놀랍다. 아우구스투스 황제는 헤롯 안티파스를 명시적으로 왕으로 부르기를 거절했다. 그는 단순히 그의 아버지 헤롯의 왕국의 1/4을 다스렸던 분봉왕이었다. 마가는 한 '왕'을 다른 진정한 왕과 대조하려는 의도에서 그 이름을 사용한다.

그리고 이제 우리는 우회적으로 그리고 간접적으로 그들 사역 결과를 발견한다. 마가는 제자들과 그들 전파 사역에 어떤 일이 일어났는지 말하지 않고 예리하게 요한이 부도덕한 왕의 손에 죽은 섬뜩한 이야기를 들려준다. 제자들과 요한이 비슷한 일에 종사하고 있다면, 이 '샌드위치' 기법은 그들 운명도 연결되어 있음을 말한다. 따라서 이 안쪽 이야기는 예수님의 제자들에게 있는 위험을 나타내며, 그것은 이 페리코페의 기본 신학적 취지이다. 이 내러티브는 주님을 따르려는 '길에서' 모든 사람에게 경고한다. 하지만 특별히 전파하라고 보냄을 받은 사람들에게 경고한다. 그것은 위험한 일이다!

설교는 참으로 위험한 일이다. 요한은 전파했으며, 배척을 받고 죽임을 당했다. 예수님은 전파하셨고, 배척받으셨으며, 곧 죽임을 당할 예정이셨다. 제자들은 전파했으며, 그들에게 일어날 일이 이제 암시된다. 참으로 위험한 사업이다!

6:30~32에서 임무를 마친 제자들이 예수님께 돌아와 자기들 행위를 보고함으로, 바깥 이야기가 다시 시작해 끝난다. 이 이야기와 앞 마가복음 3장에서 위임에서 취지는 이중적이다. 예수님에 의해 보내심을 받는 것(3:14; 6:7), **그리고** 예수님과 함께 머물고 예수님께로 돌아가는 것이다(3:14; 6:30). 이것은 모순이 아니다. 예수님에 **의해** 보냄을 받으려면 예수님과 **함께** 있어야 한다. 우리는 보냄을 받더라도 예수님과 함께 머문다. "나를 떠나서는 너희가 아무것도 할 수 없다"(요 15:5). 그리하여 적절하게 이 페리코페는 예수님께서 방금 돌아온 (무서워하는?) 제자들에게 물러가서 쉬라고 명령하심으로써 (6:31) 다정한 순간으로 끝맺는다. 압박을 당하고 배척받을 때 힘든 임무에서 물러나라는 말이 아니다. 예수님 이후에 제자들과 말씀을 전파한 사람들이 그랬듯이 예수님에게서 힘을 얻고 계속해서 앞으로 나가야 한다. 바깥 이야기의 전반부에서 이미 가볍게 언급했듯이, 여기서 마가는 다시 한번 하나님의 공급하심이 충분함을 은밀하게 상기하게 한다. 그리하여 제자들과 마찬가지로 설교자들도 신실하게, 용감하게, 부지런히, 그리고 의식적으로 하나님의 풍성한 공급을 의지하며 계속해서 맡은 일을 수행해야 한다. 힘든 상황에서도, 일이 힘들고 수고스럽더라도 … 그리고 위험하더라도.

> 양들의 큰 목자이신 우리 주 예수님을 영원한 언약의 피로 죽은 자 가운데서 이끌어내신 평강의 하나님이 모든 선한 일에 여러분을 온전하게 하셔서 당신 뜻을 하게 하시고, 그 앞에 즐거운 것을 예수 그리스도로 말미암아 우리 가운데시 이루시기를 바란다. 영광이 그분께 세세무궁토록 있기를 바란다. 아멘! (히 13:20~21)

하나님께서 우리 설교를 축복하시고, 그분 영광을 위해 풍성하게 열매 맺게 하시기를 기도한다!

참고 자료

※ 밝힘. 3쇄(수정)에서는 한국어로 옮긴 주요 책을 '‖' 다음에 소개하고, 지은이가 최근에 쓴 몇몇 주요 자료도 덧붙였습니다.

Adams, John Quincy. *Lectures on Rhetoric and Oratory*. Cambridge, MA: Hilliard and Metcalf, 1810.

Aichele, George. *The Control of Biblical Meaning: Canon as Semiotic Mechanism*. Harrisburg, PA: Trinity, 2001.

Alan of Lille. *De arte praedicatoria*. Patrologia Latina 210, cols. 111~98. Edited by J.-P. Migne. Paris, 1855.

The Ante-Nicene Fathers. Edited by Alexander Roberts and James Donaldson. 10 vols. 1885~1887. Repr., Peabody, MA: Hendrickson, 1994.

Athanasius. *On the Incarnation*. Translated by A Religious of CSMV, rev. ed. Crestwood, NY: St. Vladimir's Seminary Press, 1993.

Attridge, Harold W. "Paraenesis in a Homily (λόγος παρακλήσεως): The Possible Location of, and Socialization in, the 'Epistle to the Hebrews.'" In *Paraenesis: Act and Form*. Semeia 50, edited by Leo G. Perdue and John G. Gammie, 211~26. Atlanta: Scholars Press, 1990.

Augustine. "Sermon 371: On the Lord's Nativity." In *The Works of Saint Augustine, vol. 10, Part III: Sermons 341~400*, translated by Edmund Hill, edited by John E. Rotelle, 312~15. New York: Augustinian Heritage Institute, 1995.

Bains, Sunny. "Mixed Feelings." *Wired*, March 2007. http://archive.wired.com/wired/archive/15.04/esp.html.

Barth, Karl. *Dogmatics in Outline*. London: SCM, 1966. ∥ 『(칼 바르트) 교의학 개요』. 신경수 옮김. 고양: 크리스챤다이제스트, 2001.

_____. *Homiletics*. Louisville: Westminster John Knox, 1991.

Baxter, Richard. *The Practical Works of The Rev. Richard Baxter*. 23 vols. London: James Duncan, 1830.

Beach, J. Mark. "The Real Presence of Christ in the Preaching of the Gospel: Luther and Calvin on the Nature of Preaching." *Mid-America Journal of Theology* 10 (1999): 77~134.

Beckman, Gary. *Hittite Diplomatic Texts*. Atlanta: Scholars Press, 1996.

Bonhoeffer, Dietrich. *The Cost of Discipleship*. Translated by R. H. Fuller. Revised by Irmgard Booth. New York: Simon and Schuster, 1995. ∥ 『현대인을 위한 제자도의 대가』. 최예자・백요한 옮김. 서울: 프리셉트, 2021.

Booth, Wayne C. *The Rhetoric of Rhetoric: The Quest for Effective Communication*. Malden, MA: Blackwell, 2004.

Boston, Thomas. "Of Man's Chief End and Happiness." In vol. 1 of *An Illustration of the Doctrines of the Christian Religion, with Respect to Faith and Practice*, 1~12. London: William Baynes, 1812.

Broadus, John A. "Author's Preface to the First Edition." In *A Treatise on the Preparation and Delivery of Sermons*, by John A. Broadus, edited by Edwin Charles Dargan, v~xi. New York: Harper and Brothers, 1926.

Brooks, Phillips. *Lectures on Preaching: Delivered before the Divinity School of Yale College in January and February 1877*. New York: E. P. Dutton, 1877. ∥ 『설교론 특강』. 서문강 옮김. 고양: 크리스챤다이제스트, 2001.

Buttrick, David G. "Interpretation and Preaching." *Interpretation* 35 (1981): 46~58.

_____. "Preaching the Christian Faith." *Liturgy* 2 (1983): 51~56.

_____. *Homiletic: Moves and Structures*. Philadelphia: Fortress, 1987.

_____. *A Captive Voice: The Liberation of Preaching*. Louisville: Westminster John Knox, 1994.

Calvin, John. *Commentary upon the Acts of the Apostles*, vol. 2. Translated by Henry Beveridge. Edinburgh: Calvin Translation Society, 1844.

_____. *Institutes of the Christian Religion*. Translated by Henry Beveridge. Edinburgh: Calvin Translation Society, 1845.

_____. *Theological Treatises*. Edited by J. K. S. Reid. Library of Christian Classics 22. Philadelphia: Westminster, 1954.

Carson, D. A. "Unity and Diversity in the New Testament: The Possibility of Systematic Theology." In *Hermeneutics, Authority, and Canon*, edited by D. A. Carson and John D. Woodbridge, 65~95. Grand Rapids: Baker, 1995.

Catchpole, David R. "The 'Triumphal' Entry." In *Jesus and the Politics of His Day*, edited by Ernst Bammel and C. F. D. Moule, 319~34. Cambridge: Cambridge University Press, 1984.

The Catechism of the Catholic Church. 2nd ed. New York: Doubleday, 2003.

Chan, Simon. *Spiritual Theology: A Systematic Study of the Christian Life*. Downers Grove, IL: InterVarsity, 1998.

Chemnitz, Martin. *Ministry of Word and Sacrament: An Enchiridion*. St. Louis: Concordia, 1981.

Cicero. *On Invention, Best Kind of Orator, Topics*. Translated by H. M. Hubbell. Loeb Classical Library 386. Cambridge: Harvard University Press, 1970.

Clement of Alexandria. *Christ the Educator*. Translated by Simon P. Wood. The Fathers of the Church 23. Washington, DC: Catholic University of America Press, 1954.

Clines, D. J. A. "The Image of God in Man." *Tyndale Bulletin* 19 (1968): 53~103.

Clowney, Edmund. *Preaching and Biblical Theology*. Nutley, NJ: P&R, 1977.

Coggan, Donald. *A New Day for Preaching: The Sacrament of the Word*. London: SPCK, 1996.

Collins, Adela Yarbro. *Mark: A Commentary*. Hermeneia. Minneapolis: Fortress, 2007.

Craddock, Fred B. *As One Without Authority*. 4th rev. ed. St. Louis: Chalice, 2001. ‖ 『권위 없는 자처럼—귀납적 설교의 이론과 실제』. 김운용 옮김. 서울: 예배와설교 아카데미, 2003.

_____. *Preaching*. Nashville: Abingdon, 1985. ‖ 『크래독의 설교 레슨—귀납적 설교의 위대한 멘토』. 이우제 옮김. 서울: 대서, 2007.

Craig, William Lane. "'Men Moved by the Holy Spirit Spoke from God' (2 Peter 1:21): A Middle Knowledge Perspective on Biblical Inspiration." In *Oxford Readings in Philosophical Theology*, vol. 2, *Providence, Scripture, and Resurrection*, edited by Michael Rea, 157~91. Oxford: Oxford University Press, 2009.

Crouzel, Henri. *Origen*. Translated by A. S. Worrall. Edinburgh: T&T Clark, 1989.

Cullman, Oscar. *The Early Church*. London: SCM, 1956.

Davis, John Jefferson. *Worship and the Reality of God: An Evangelical Theology of Real Presence*. Downers Grove, IL: InterVarsity, 2010.

Duff, Paul Brooks. "The March of the Divine Warrior and the Advent of the Greco-Roman King: Mark's Account of Jesus' Entry into Jerusalem." *Journal of Biblical Literature* 111 (1992): 55~71.

Dyer, Frank Lewis, and Thomas Commerford Marin. *Edison: His Life and Inventions*, vol. 2. New York: Harper and Brothers, 1910.

Edwards, Jonathan. *The End for Which God Created the World*. In *John Piper, God's Passion for His Glory: Living the Vision of Jonathan Edwards*, 125~251. Wheaton: Crossway, 1988.

Eslinger, Richard L. *A New Hearing: Living Options in Homiletical Method*. Nashville: Abingdon, 1987.

Feynman, Richard P. "Testimony of Lawrence B. Mulloy, Project Manager, Solid Rocket Boosters, Marshall Space Flight Center, NASA." In *Report to the President, by the Presidential Commission on the Space Shuttle Challenger Accident, June 6th, 1986, Washington, DC, Volume 4: February 11, 1986 Session*, 617~80. http://history.nasa .gov/rogersrep/genindex.htm.

Forde, Gerhard O. "The Ordained Ministry." In *Called and Ordained: Lutheran Perspectives on the Office of the Ministry*, edited by Todd Nichol and Mark Kolden, 117~36. Minneapolis: Fortress, 1990.

France, R. T. *The Gospel of Mark: A Commentary on the Greek Text*. New International Greek Testament Commentary. Grand Rapids: Eerdmans, 2002.

Gadamer, Hans-Georg. *Truth and Method*. 2nd rev. ed. Translated by Joel Weinsheimer and Donald G. Marshall. London: Continuum, 2004. ∥ 『진리와 방법 1』. 이길우·이선관·임호일 역. 서울: 문학동네, 2012. ∥ 『진리와 방법 2』. 임홍배 역. 서울: 문학동네, 2012.

Garlington, Don B. *Faith, Obedience and Perseverance*. Wissenschaftliche Untersuchungen zum Neuen Testament 79. Tübingen: Mohr Siebeck, 1994.

Goldsworthy, Graeme. *Gospel-Centred Hermeneutics: Biblical-Theological Foundations and Principles*. Nottingham, UK: Apollos, 2006.

_____. *Preaching the Whole Bible as Christian Scripture: The Application of Biblical Theology to Expository Preaching*. Grand Rapids: Eerdmans, 2000.

Gregory the Great. *Pastoral Care*. Translated by Henry Davis. Ancient Christian Writers 11. Westminster, MD: Newman, 1950.

Greenhaw, David M. "As One with Authority: Rehabilitating Concepts for Preaching." In *Intersections: Post-Critical Studies in Preaching*, edited by Richard L. Eslinger, 105~22. Grand Rapids: Eerdmans, 2004.

Greidanus, Sidney. *The Modern Preacher and the Ancient Text: Interpreting and Preaching Biblical Literature*. Grand Rapids: Eerdmans, 1989. ∥ 『성경 해석과 성경적 설교 (상), (중), (하)』. 김영

철 옮김. 서울: 여수룬, 1992~99.

_____. *Preaching Christ from the Old Testament: A Contemporary Hermeneutical Method.* Grand Rapids: Eerdmans, 1999.

Griffith Thomas, W. H. *The Principles of Theology: An Introduction to the Thirty-Nine Articles.* 6th rev. ed. London: Vine, 1978.

Guibert de Nogent. *A Book about the Way a Sermon Ought to Be Given.* In *Readings in Medieval Rhetoric,* edited by Joseph M. Miller, Michael H. Prosser, and Thomas W. Benson, 162~81. Bloomington: Indiana University Press, 1973.

Hajdu, David. "Wynton's Blues." *Atlantic Monthly,* March 2003, 43~58.

Heath, Chip, and Dan Heath. *Made to Stick: Why Some Ideas Survive and Others Die.* New York: Random House, 2007. ∥『스틱!』. 개정증보판. 안진환·박슬라 옮김. 서울: 웅진윙스, 2010.

_____. *Switch: How to Change Things When Change Is Hard.* New York: Broadway, 2010. ∥『스위치—손쉽게 극적인 변화를 이끌어내는 행동설계의 힘』. 안진환 옮김, 서울: 웅진씽크빅, 2010.

Henderson, Suzanne Watts. *Discipleship and Christology in the Gospel of Mark.* Society for New Testament Studies Monograph Series 135. Cambridge: Cambridge University Press, 2006.

Hilber, John W. "Theology of Worship in Exodus 24." *Journal of the Evangelical Theological Society* 39 (1996): 177~89.

Hirsch, E. D. *The Aims of Interpretation.* Chicago: University of Chicago Press, 1976.

_____. "Past Intentions and Present Meanings." *Essays in Criticism* 33 (1983): 79~98.

_____. "Meaning and Significance Reinterpreted." *Critical Inquiry* 11 (1984): 202~25.

Hogan, Lucy Lind, and Robert Reid. *Connecting with the Congregation: Rhetoric and the Art of Preaching.* Nashville: Abingdon, 1999.

Hogue, Michael S. *The Promise of Religious Naturalism*. Lanham, MD: Rowman and Littlefield, 2010.

Holmberg, Bengt. *Paul and Power: The Structure of Authority in the Primitive Church as Reflected in the Pauline Epistles*. Philadelphia: Fortress, 1978.

Hugh of St. Victor. "Noah's Ark." In *Selected Spiritual Writings*, by Hugh of St. Victor, 45~182. New York: Harper and Row, 1962.

Hughes, Philip Edgcumbe. *Paul's Second Epistle to the Corinthians*. New International Commentary on the New Testament. Grand Rapids: Eerdmans, 1962.

Johnson, Dennis E. *Him We Proclaim: Preaching Christ from All the Scriptures*. Phillipsburg, NJ: P&R, 2007.

Johnstone, Keith. *Impro: Improvisation and the Theatre*. London: Methuen, 1981.

Kaiser, Walter C. *Toward an Exegetical Theology: Biblical Exegesis for Teaching and Preaching*. Grand Rapids: Baker, 1998. ‖ 『(구문론적 분석) 새로운 주경신학 연구』. 김의원 옮김. 서울: 양서각, 1988.

Keir, Thomas H. *The Word in Worship: Preaching and Its Setting in Common Worship*. Oxford: Oxford University Press, 1962.

Kelly, J. N. D. *Golden Mouth: The Story of John Chrysostom—Ascetic, Preacher, Bishop*. London: Duckworth, 1995.

Klauck, Hans-Josef. "Lord's Supper." In vol. 4 of *The Anchor Bible Dictionary*, edited by D. N. Freedman, 366. New York: Doubleday, 1992.

Kodell, Jerome. *The Eucharist in the New Testament*. Collegeville, MN: Liturgical Press, 1991.

Kuruvilla, Abraham. "The Naked Runaway and the Enrobed Reporter." *Journal of the Evangelical Theological Society* 54 (2011): 527~45.

―――. *Ephesians: A Theological Commentary for Preachers*. Eugene, OR: Cascade, 2015.

_____. *Genesis: A Theological Commentary for Preachers*. Eugene, OR: Resource Publications, 2014.

_____. *Mark: A Theological Commentary for Preachers*. Eugene, OR: Cascade, 2012. ∥ 『마가복음』. 설교자를 위한 신학적 주석. 박광진 옮김. 서울: 디모데, 2022.

_____. *Privilege the Text! A Theological Hermeneutic for Preaching*. Chicago: Moody, 2013. ∥ 『본문의 특권!—설교를 위한 신학적 해석학』. 이승진 옮김. 서울: 기독교문서선교회, 2023.

_____. *Text to Praxis: Hermeneutics and Homiletics in Dialogue*. Library of New Testament Studies 393. London: T&T Clark, 2009.

_____. *Ephesians: A Theological Commentary for Preachers*. Eugene, OR: Cascade, 2015.

_____. *Judges: A Theological Commentary for Preachers*. Eugene, OR: Cascade, 2017.

_____. *A Manual for Preaching: The Journey from Text to Sermon*. Grand Rapids, Michigan: Baker Academic, 2019. ∥ 『설교의 길잡이—본문에서 설교까지 여정』. 김택수 옮김. 이천: 성서침례대학원대학교출판부, 2025.

_____. *1 and 2 Timothy, Titus: A Theological Commentary for Preachers*. Eugene, OR: Cascade: 2021.

_____. *Psalms: A Theological Commentary for Preachers*. Eugene, OR: Cascade: 2024.

_____. *From Glory to Glory: An Unnatural History of Sanctification*. London: Apollos, 2025.

Lapsley, Jacqueline E. *Can These Bones Live? The Problem of the Moral Self in the Book of Ezekiel*. Beihefte zur Zeitschrift für die alttestamentliche Wissenschaft 301. Berlin: Walter de Gruyter, 2000.

Lathrop, George Parsons. "Talks with Edison." *Harper's New Monthly Magazine* 80 (1890): 425~35.

Lathrop, Gordon. *Holy Things: A Liturgical Theology*. Minneapolis: Fortress, 1993.

Leithart, Peter J. "Synagogue or Temple? Models for the Christian Worship." *Westminster Theological Journal* 64 (2002): 119~33.

Lerner, Alan Jay, and Frederick Lowe. *My Fair Lady: A Musical Play in Two Acts Based on Pygmalion by Bernard Shaw*. New York: Coward-McCann, 1956.

Levin, Michael. "What Makes a Classic in Political Theory?" *Political Science Quarterly* 88 (1973): 462~76.

Locher, Gottfried. *Zwingli's Thought: New Perspectives*. Leiden: Brill, 1981.

Locke, Charles S. "Statement of Charles S. Locke, Chairman and Chief Executive Officer, Morton Thiokol, Inc., before the Science and Technology Committee, United States House of Representatives (June 17, 1986)." In *Investigation of the Challenger Accident (Volume 1, Part 2): Hearings before the Committee on Science and Technology, House of Representatives, Ninety-Ninth Congress, Second Session (June 10, 11, 12, 17, 18, 25, 1986)*, 329~34. Washington, DC: Committee on Science and Technology, 1986. http://www.gpo.gov/fdsys/pkg/GPO-CHRG-99hhrg64294-vol1/pdf/CHRG-101shrg1087-2.pdf.

Lohmann, Fred von. "Google Book Search Settlement: Updating the Numbers, Part 2." Electronic Frontier Foundation, February 23, 2010. https://www.eff.org/deeplinks/2010/02/google-book-search-settlement-updating-numbers-0.

Long, Thomas G. "The Distance We Have Traveled: Changing Trends in Preaching." In *A Reader on Preaching: Making Connections*, edited by David Day, Jeff Astley, and Leslie J. Francis, 11~16. Alderdshot, UK: Ashgate, 2005.

―――. "A New Focus for Teaching Preaching." In *Teaching Preaching as a Christian Practice: A New Approach to Homiletical Pedagogy*, edited by Thomas G. Long and Leonora Tubbs Tisdale, 3~17. Louisville: Westminster John Knox, 2008.

_____. "The Preacher and the Beast: From Apocalyptic Text to Sermon." In *Intersections: Post-Critical Studies in Preaching*, edited by Richard L. Eslinger, 1~22. Grand Rapids: Eerdmans, 2004.

_____. "The Use of Scripture in Contemporary Preaching." *Interpretation* 44 (1990): 341~52.

_____. *The Witness of Preaching*. 3rd ed. Louisville: Westminster John Knox, 2016. ║『증언 설교』. 이우제·황의무 옮김. 서울: 기독교문서선교회, 2019.

Lowry, Eugene L. *The Homiletical Plot: The Sermon as Narrative Art Form*. Rev. ed. Louisville: Westminster John Knox, 2001.

Luther, Martin. "Concerning the Ministry." In *Luther's Works, vol. 40, Church and Ministry II*, translated by Conrad Bergendoff, edited by Helmut Lehmann and Jaroslav Pelikan, 4~44. Philadelphia: Muhlenberg, 1958.

_____. "Concerning the Order of Public Worship (1523)." In *Luther's Works*, vol. 53, *Liturgy and Hymns*, translated by Paul Zeller Strodach, revised by Ulrich S. Leupold, 7~14. Philadelphia: Fortress, 1965.

_____. *D. Martin Luthers sämtliche Schriften*, vol. 3, *Predigten über das erste Buch Mosis und Auslegungen über die folgenden biblischen Bücher bis zu den Psalmen*. Translated by Johann Georg Walch. St. Louis: Concordia, 1880~1910.

_____. "Prefaces to the Old Testament." In *Luther's Works*, vol. 35, *Word and Sacrament I*, translated by Charles M. Jacobs, revised by E. Theodore Bachmann, 233~333. Philadelphia: Muhlenberg, 1960.

MacArthur, John F., Jr. "The Mandate of Biblical Inerrancy: Expository Preaching." *The Master's Seminary Journal* 1 (1990): 3~17.

Mather, Cotton. *Student and Preacher*. London: Hindmarsh, 1789.

Mayer, Wendy, and Pauline Allen. *John Chrysostom*. London: Routledge, 2000.

Melville, Herman. *Moby-Dick, or The White Whale*. Boston: The St. Botolph Society, 1890.

Merida, Tony. *Faithful Preaching: Declaring Scripture with Responsibility, Passion, and Authenticity*. Nashville: Broadman and Holman, 2009.

Moule, H. C. G. "Statement by Professor Moule." In *The Doctrine of Holy Communion and Its Expression in Ritual: Report of a Conference Held at Fulham Palace in October 1900*, edited by Henry Wace, 91. London: Longmans, Green, 1900.

Murphy, James J. *Rhetoric in the Middle Ages: A History of Rhetorical Theory from St. Augustine to the Renaissance*. Berkeley: University of California Press, 1974.

Neusner, Jacob. *The Comparative Hermeneutics of Rabbinic Judaism*. Vol. 1, *Introduction and the Hermeneutics of Berakhot and Seder Mo'ed*. Binghamton, NY: Academic Studies in the History of Judaism, 2000.

The Nicene and Post-Nicene Fathers. Series 1. Edited by Philip Schaff. 1886~1889. 14 vols. Repr., Peabody, MA: Hendrickson, 1994.

The Nicene and Post-Nicene Fathers. Series 2. Edited by Philip Schaff and Henry Wace. 1886~1889. 14 vols. Repr., Peabody, MA: Hendrickson, 1994.

Oden, Thomas C. *Pastoral Theology: Essentials of Ministry*. San Francisco: HarperSanFrancisco, 1983.

Old, Hughes Oliphant. *The Medieval Church*. Vol. 3 of *The Reading and Preaching of the Scriptures in the Worship of the Christian Church*. Grand Rapids: Eerdmans, 1998~2010.

_____. *Worship: Reformed according to Scripture*. Louisville: Westminster John Knox, 2002.

Parunak, Henry Van Dyke. "Structural Studies in Ezekiel." PhD diss., Harvard University, 1978.

Pasquarello, Michael. *Christian Preaching: A Trinitarian Theology of Proclamation*. Grand Rapids: Baker Academic, 2006.

Pelikan, Jaroslav. *Divine Rhetoric: The Sermon on the Mount as Message and as Model in Augustine, Chrysostom and Luther*. Crestwood, NY: St. Vladimir's Seminary Press, 2001.

Perkins, William. *The Arte of Prophecying; or, A Treatise concerning the Sacred and Onely True Manner and Methode of Preaching*. Translated by Thomas Tuke. London: Felix Kyngston, 1607.

Peterson, Eugene H. *Working the Angles: The Shape of Pastoral Integrity*. Grand Rapids: Eerdmans, 1987.

Pfeiffer, Robert H. *One Hundred New Selected Nuzi Texts*. Translated by E. A. Speiser. New Haven: American Schools of Oriental Research, 1936.

Porter, Stanley E. "Hermeneutics, Biblical Interpretation, and Theology: Hunch, Holy Spirit, or Hard Work?" In *Beyond the Bible: Moving from Scripture to Theology*, by I. Howard Marshall, 97~127. Grand Rapids: Baker Academic, 2004.

Ralston, Timothy J. "Class Notes for PM101: Spiritual Life." Dallas Theological Seminary, Spring 2006.

Reumann, John. "A History of Lectionaries: From the Synagogue at Nazareth to Post-Vatican II." *Interpretation* 31 (1977): 116~30.

Reynolds, Kent A. *Torah as Teacher: The Exemplary Torah Student in Psalm 119*. Leiden: Brill, 2010.

Richard, Ramesh. *Preparing Expository Sermons: A Seven-Step Method for Biblical Preaching*. Grand Rapids: Baker Books, 2001.

Ricoeur, Paul. *Hermeneutics and the Human Sciences: Essays on Language, Action and Interpretation*. Edited and translated by John B. Thompson. Cambridge: Cambridge University Press, 1981. ∥『해석학과 인문사회과학 —언어, 행동, 그리고 해석에 관한 논고』. 윤철호 옮김. 서울: 서광사, 2003.

_____. "Naming God." *Union Seminary Quarterly Review* 34 (1979): 215~27.

_____. "Philosophy and Religious Language." *Journal of Religion* 54 (1974): 71~85.

Ringgren, Helmer. *Sacrifice in the Bible*. World Christian Books 2.42. London: United Society for Christian Literature, 1962.

Robert of Basevorn. *The Form of Preaching*. In *Three Medieval Rhetorical Arts*, translated by Leopold Krul, edited by James J. Murphy, 114~215. Berkeley: University of California Press, 1971.

Robinson, Haddon W. *Biblical Preaching: The Development and Delivery of Expository Messages*. 3rd ed. Grand Rapids: Baker Academic, 2014.

Robinson, Haddon W., Scott Wenig, and Torrey Robinson. *Biblical Preaching: The Development and Delivery of Expository Messages*. 4th Edition. Grand Rapids: Baker Academic, 2025. ∥『해돈 로빈슨 강해설교(가제)』. 확장4판. 이천: 성서침례대학원대학교출판부, 2025(예정).

Rose, Lucy Atkinson. *Sharing the Word: Preaching in the Roundtable Church*. Louisville: Westminster John Knox, 1996.

Ross, Allen P. *Creation and Blessing: A Guide to the Study and Exposition of Genesis*. Grand Rapids: Baker, 1997.

_____. *Recalling the Hope of Glory: Biblical Worship from the Garden to the New Creation*. Grand Rapids: Kregel, 2006.

Rowling, J. K. *Harry Potter and the Deathly Hallows*. New York: Scholastic, 2007.

Ryrie, Charles C. *Basic Theology: A Popular Systematic Guide to Understanding Biblical Truth*. Chicago: Moody, 1999.

Schillebeeckx, Edward. *The Eucharist*. Translated by N. D. Smith. New York: Sheed and Ward, 1968.

Schneiders, Sandra M. "The Paschal Imagination: Objectivity and Subjectivity in New Testament Interpretation." *Theological Studies*

46 (1982): 52~68.

Schreiner, Thomas R. *Paul, Apostle of God's Glory in Christ: A Pauline Theology*. Downers Grove, IL: InterVarsity, 2001.

Smart, James D. *The Strange Silence of the Bible in the Church: A Study in Hermeneutics*. London: SCM, 1970.

Smith, James K. A. *Desiring the Kingdom: Worship, Worldview, and Cultural Formation*. Cultural Liturgies 1. Grand Rapids: Baker Academic, 2009. ∥ 『하나님 나라를 욕망하라—예배·세계관·문화적 형성』. 박세혁 옮김. 서울: 한국기독학생회출판부, 2016.

_____. *Imagining the Kingdom: How Worship Works*. Cultural Liturgies 2. Grand Rapids: Baker Academic, 2013.

Smyth, John. *The Works of John Smyth*. Vol. 1, edited by W. T. Whitley. Cambridge: Cambridge University Press, 1915.

Star Trek II: The Wrath of Khan. Written by Jack B. Sowards and Harve Bennett. Hollywood: Paramount Pictures, 1982. http://www.imsdb.com/scripts/Star-Trek-II-The-Wrath-of-Khan.html.

Stein, Robert H. *Mark*. Baker Exegetical Commentary on the New Testament. Grand Rapids: Baker Academic, 2008.

Stewart-Sykes, Alistair. *From Prophecy to Preaching: A Search for the Origins of the Christian Homily*. Supplement to Vigiliae christianae 59. Leiden: Brill, 2001.

Stott, John R. W. *Between Two Worlds: The Art of Preaching in the Twentieth Century*. Grand Rapids: Eerdmans, 1982. ∥ 『현대교회와 설교—성경적 강해설교와 현대인의 삶』. 정성구 옮김. 서울: 생명의 샘, 2010.

Taycher, Leonid. "Books of the World, Stand Up and Be Counted! All 129,864,880 of You." *Google Books Search* (blog), August 5, 2010. http://booksearch.blogspot.com/2010/08 /books-of-world-stand-up-and-be-counted.html.

Thomas of Chobham. *Summa de arte praedicandi*. Corpus Christianorum: Continuatio Mediaevalis 82, edited by Franco Morenzoni. Turnhout,

Belgium: Brepols, 1988.

Tyndale, William. "A Prologue by William Tyndale Shewing the Use of the Scripture, Which He Wrote before the Five Books of Moses." In *The Works of the English Reformers: William Tyndale and John Frith*, 3 vols., edited by Thomas Russell, 2:6~11. London: Ebenezer Palmer, 1831.

Van Dyk, Leanne. "The Reformed View." In *The Lord's Supper: Five Views*, edited by Gordon T. Smith, 66~82. Downers Grove, IL: InterVarsity, 2008.

Vawter, Bruce. *Biblical Inspiration*. Louisville: Westminster, 1972.

Volf, Miroslav. *After Our Likeness: The Church as the Image of the Trinity*. Grand Rapids: Eerdmans, 1998.

Warren, Timothy S. "The Theological Process in Sermon Preparation." *Bibliotheca sacra* 156 (1999): 336~56.

Watson, Thomas. *A Body of Practical Divinity, Consisting of above One Hundred Seventy Six Sermons on the Lesser Catechism*. London: Thomas Parkhurst, 1692.

White, Hayden. "The Value of Narrativity in the Representation of Reality." In *On Narrative*, edited by W. J. T. Mitchell, 1~23. Chicago: University of Chicago Press, 1981.

Willard, Dallas. *The Spirit of the Disciplines: Understanding How God Changes Lives*. San Francisco: Harper & Row, 1988.

Willimon, William H. *Conversations with Barth on Preaching*. Nashville: Abingdon, 2006.

Witherington, Ben. "Word as Sacrament." *Ben Witherington* (blog), November 9, 2007. http://benwitherington.blogspot.com/2007/11/word-as-sacrament.html.

Wolterstorff, Nicholas. *Divine Discourse: Philosophical Reflections on the Claim That God Speaks*. Cambridge: Cambridge University Press, 1995.

Wright, Christopher J. H. *Old Testament Ethics for the People of God.* Downers Grove, IL: InterVarsity, 2004.

Wycliffe, John. "On the Seven Deadly Sins." In *Select English Works of John Wyclif. Vol. 3, Miscellaneous Works*, edited by Thomas Arnold, 119~67. Oxford: Clarendon, 1871.

Yaguello, Marina. *Language through the Looking Glass: Exploring Language and Linguistics.* New York: Oxford University Press, 1998.

찾아보기

※ 엮은이 덧붙임.
- 올림말은 '주제'와 '사람 이름'으로 나뉬었으며, '사람 이름'은 로마자 알파벳 순으로 한다.
- 쪽수 범위는 흔글 상호 참조 기능에 따라 백 단위도 쓴다.

「2차 헬베시아 신조(Second Helvetic Confession)」 … 227

「39개 조항 신조(Thirty-Nine Articles of Religion)」(1563), 21

「웨스트민스터 대요리문답(Westminster Larger Catechism)」 … 252

「웨스트민스터 소교리문답(Westminster Shorter Catechism)」 … 221

『사도 전통(*Apostolic Tradition*)』 67

4중 의미(fourfold meaning) … 20

ㄱ

가족, 예수님의(family of Jesus) … 106~109

갑옷, 철석같은("Adamantine armor") … 260

개신교, 설교 이해(Protestantism, on preaching) … 30[각주30]

개인주의(personalism) … 25

개혁자, 로마 가톨릭을 논박 (Reformers, polemics against Roman Catholicism) … 118

거룩(holiness) 184~187, 236, 238

거룩함과 하나님의 영광(holiness and glory of God) … 228~232

겸손(humility) … 83, 242, 269

계몽주의(Enlightenment) … 119

고난(suffering) … 80

고독(solitude) … 242, 266, 267

고전(classics) … 36~37

과학적 절차, 합리적 설교에서 패러디한(scientific procedure, parodied in rational homiletics) 119

관계, 책임을 요구한다(relationship, demands responsibility) 183~185, 188, 210, 232

교부(Church Fathers) … 20

교제, 그리스도와(communion with Christ) … 102

교화 설교(edifying preaching) 88~89

교회, 그리스도와 교제(church, communion with Christ) … 102

교회, 설교 무대(church as setting for preaching) … 87

교훈(instruction) … 170

교훈(precepts) … 148~149, 188, 196, 228[각주11]

구속사 해석학(redemptive-historical hermeneutic) … 203[각주14]

구약성서에서 설교 ⋯ 89~90
권면(exhortation) ⋯ 115
권면, παρακλήσεως[파라클레세오스] 115
그리스도 닮기(Christlikeness) ⋯ 63, 77, 79, 198, 198~202, 205, 207, 212, 216, 275
그리스도 닮기(imitation of Christ) ⋯ 206~207
그리스도 임재, 설교와 주님 만찬에(presence of Christ, in sermon and Lord's Supper) 98~104
그리스도 중심 해석학(christocentric hermeneutic) ⋯ 203~204
그리스도 형상(image of Christ) ⋯ 63, 171, 195, 197, 200, 216, 224, 275
그리스도 형상 닮기 해석학 (christiconic hermeneutic) ⋯ 197, 198~205, 212, 223각주7, 226
그리스도인 삶(Christian life) ⋯ 88
금식(fasting) ⋯ 242, 266, 267
금욕(celibacy) ⋯ 242, 266, 267
기도(prayer) ⋯ 261~266, 267
기도 습관(habitual prayer) ⋯ 261~266, 267, 270
기도, 하나님 의지함(prayer, as dependence upon God) ⋯ 269~270
기도하기/실제 기도(actual prayer) ⋯ 261, 265~266, 270

기독론과 설교(Christology, and preaching) ⋯ 195~197
기억, 재현으로서(remembrance, as "re-presentation") ⋯ 100

ㄴ
내러티브/서사(narrative) ⋯ 128~129, 158~161
논박, 설교로(polemic, in preaching) ⋯ 119

ㄷ
대지, 설교에서(points, in a sermon) ⋯ 118~120, 125~128, 131~132
돌봄 비전(parenting, vision for) 30

ㄹ
레위인(Levites) ⋯ 72~113

ㅁ
마른 뼈, 회복(dry bones, revival of) 251
마음(heart) ⋯ 257
만족(contentment) ⋯ 144~145
말로 하나님을 영화롭게 하기 (tongue, glorification of God in) ⋯ 224, 226, 227, 237
말씀과 성례전(word and sacrament) ⋯ 94~98
명제(propositions) ⋯ 26~27, 118, 125~128, 131, 134
모세, 대리자 임명(Moses, appointment of surrogates) ⋯ 66
모임(assembly) ⋯ 89

모임(gather) ⋯ 29^{각주29}

목회 사역, 성서적인(pastoral ministry, as biblical) 57

물러남(distraction) ⋯ 265

미국 헌법(United States Constitution) ⋯ 181

민담(folktales) ⋯ 122

ㅂ

바디매오(Bartimaeus) ⋯ 135~138

바리새인, 전통에 관해(Pharisees, on tradition) ⋯ 53~55

바울, 구약성서 이해(Paul, on the Old Testament) ⋯ 41

바울, 그리스도의 십자가 죽음을 설교 (Paul, on preaching Christ crucified) ⋯ 204

바울, 디모데에게 설교 사명(Paul, commission to Timothy to preach) ⋯ 40

바울, 목회 품성에 관해(Paul, on pastoral character) ⋯ 77

바울, 복음 전도 사역(Paul, evangelistic ministry of) ⋯ 204

바울의 수사학(Paul, rhetoric of) 115

반응(response) ⋯ 124

반응, 감정 반응(emotion, response of) ⋯ 179^{각주22}

반응, 인지 반응(cognition, response of) ⋯ 179^{각주22}

반응, 의지 반응(volition, response of) ⋯ 179^{각주22}

베 홑이불/수의(linen cloth) 214~216

변증인 설교(preaching as apologetic) 18

변화 대 정보(transformation vs. information) ⋯ 128, 173

변화(transformation) ⋯ 27, 226, 228, 252

복음 전도 설교(evangelistic preaching) ⋯ 87~88

복음, 설교에서(gospel, in preaching) ⋯ 89^{각주5}

본문 뒤에 있는 사건(events behind the text) ⋯ 160, 162^{각주32}

본문 앞에 펼치는 세계("world in front of the text") ⋯ 51^{각주39}, 144, 148~149, 156, 162, 181, 188, 195, 232

본문 앞에 펼치는 세계, 그리스도의 완전한 형상으로서("world in front of the text" as plenary image of Christ) 197~198, 202

본문 연구(studying of text) ⋯ 56

본문 취지(thrust of the text) ⋯ 117, 122~124, 129, 134, 148, 157

본문과 현대 청중(text and modern audience) ⋯ 170

본문에 특권 주기(privileging of text) ⋯ 157, 161, 171

본문의 힘(power of text) ⋯ 131

불신앙(unbelief) ⋯ 267

빛(light) ⋯ 271

ㅅ

사이버 공간 유비, 하나님 임재 (cyberspace analogy [divine presence]) ··· 104^{각주40}

산 제사("living sacrifice") ··· 92

삶에서 하나님을 영화롭게 하기(life, glorification of God in) ··· 224, 226, 227, 237

삼위일체 설교(Trinitarian preaching) 207~208, 223^{각주7}

상호성, 말씀에(reciprocity, to the word) ··· 189~191

생각으로 하나님을 영화롭게 하기 (thought, glorification of God in) ··· 224, 226, 237

서기관(scribes) ··· 108

석의, 발굴로서(excavation, exegesis as) ··· 7, 157

석의, 신학적(exegesis, theological) ··· 150, 157~162

석의, 전통적(exegesis, traditional) ··· 157~160

석의와 설교 비전(exegesis and homiletical vision) ··· 23

선교적 설교(missionary preaching) 88

선별 읽기(*lectio selecta*) ··· 48

선택, 거룩함으로 초대(election, and call to holiness) ··· 230

선포(proclamation) ··· 88

선포하기(announcing) ··· 88

선한 일(good works) 187, 233~236

설교(sermon) ··· 115

설교 목표(goal of preaching) ··· 223, 226~229

설교 비전(vision for preaching) ··· 28~30

설교 준비(sermon preparation) 261

설교, 교회 역사에서(preaching in church history) ··· 17~22

설교, 교회에서(preaching as ecclesial) ··· 28, 85~105, 225^{각주9}, 274

설교, 교훈 도구("didactic devices," sermons as) ··· 125

설교, 구약성서에서 ··· 89~92

설교, 논증으로(preaching as argument) ··· 118, 128

설교, 논증으로서(argument, preaching as) ··· 118, 128

설교, 목회적(preaching as pastoral) ··· 28, 59~80, 177, 274

설교, 뱃머리(pulpit, as prow) ··· 61~63

설교, 변화하게 함(preaching as conformational) ··· 28, 193~212, 217, 275

설교, 성경적(preaching as biblical) ··· 28, 33~35, 47~57, 273

설교, 성례적(preaching as sacramental) ··· 94~98, 105

설교, 소통(preaching as communicational) ··· 28, 111~134, 274

설교, 신약성서에서 ⋯ 91~92

설교, 신학적(preaching as theological) ⋯ 28, 141~162, 228, 275

설교, 영적(preaching as spiritual) ⋯ 28, 247~267, 276

설교, 예전 역할(liturgical role of preaching) ⋯ 89, 105

설교, 위험한 사역(preaching as dangerous business) ⋯ 282

설교, 응답하는 말로서(preaching as answering speech) ⋯ 15

설교, 적용(preaching as applicational) ⋯ 28, 167~189, 275

설교, 하나님을 영화롭게 함(preaching as doxological) ⋯ 28, 224~237, 276

설교, 힘든 사역(preaching as hard work) ⋯ 272, 277

설교/강론(homily) ⋯ 115

설교자 본보기(preacher, example of) ⋯ 257~261

설교자 삶과 품성(preacher, life and character of) ⋯ 75~79

설교자 인격(personality, of the preacher) ⋯ 63

설교자 책무(preacher, responsibility of) ⋯ 73, 253~255, 258, 272

설교자 책임(accountability, of preacher) ⋯ 259

설교자, 성경에 헌신(preacher, devotion to Scripture) ⋯ 255~257, 259

설교자로 소명(preacher, calling of) 278

설교적 순종(homiletical obedience) 124

설교학, 새 설교학("new" homiletic) ⋯ 128~134, 161

설교학, 옛 설교학("old" homiletic) ⋯ 119~120, 125~128, 134, 146, 157~160

설득(persuasion) ⋯ 75

섬김이 제자(servants, disciples as) 81~83

성경, 교회 책(Bible, as church's book) ⋯ 87

성경, 구속력 있는(Bible, as binding) ⋯ 42~47

성경, 영속성 있는(Bible, as abiding) ⋯ 16~39

성경, 중요성(Bible, as weighty) 39~41

성경 낭독(reading of Scripture) ⋯ 91~92, 113, 224

성경 신학(biblical theology) 150~152

성경 영감(Bible, inspiration of) 43

성구집(lectionaries) ⋯ 47

성령, 내주(Holy Spirit, indwelling of) ⋯ 188

성령, 설교에서(Holy Spirit, in preaching) ⋯ 27, 252~256, 276~277

성령의 능력(Holy Spirit, power of) ⋯ 211, 247, 252, 266

성령의 은사(Holy Spirit, gift of) 249

성령의 조명(Holy Spirit, enlightenment of) ⋯ 139

성문(voiceprints) … 60
성서 해석(Bible, interpretation of) 117
성서, 본문성(Bible, textuality of) 134
성화(sanctification) … 27, 184~186, 198, 209~210, 233~236
성화, 실재적 및 위치적(sanctification, practical and positional) … 234
세상 소리(voice of the world) 182
속죄(atonement) … 229[각주14]
수사, 법정적/재판적(forensic rhetoric) … 115, 179[각주22]
수사, 심의적/정책적(deliberative rhetoric) … 115, 179[각주22]
수사, 축하-비난/의식적/전시적(epideictic rhetoric) 115, 179[각주22]
수사적 기만(rhetrickery) … 76
수사학(rhetoric) 20, 75, 115, 179[각주22]
수사학, 거룩한("sacred rhetoric") … 25, 116
수사 장치, 로고스(λόγος) … 75
수사 장치, 에토스(ἦθος) 75~77, 78
수사 장치, 파토스(πάθος) … 75
수치(shame) … 214
순종(obedience) … 52~55, 172, 185, 187, 210, 229~232
순종, 믿음으로(obedience of faith) … 232~238
순종, 믿음 충만함으로("faith-full" obedience). '순종, 믿음으로 (obedience of faith)'을 보라.

쉼(rest) … 282
스콜라주의(Scholasticism) 118[각주12]
스테인드유리창인 내러티브(stained-glass window, narrative as) … 161
시각장애인 치유, 마가복음에서(blind healings, in Mark) … 134~138
신약성서에서 설교 … 91~92
신적 담화(divine discourse) … 42~44, 51
신학 논리(theo-*logic*) … 150
신학, 전환하게 하는(theology, "translation" of) … 176
신학적 석의(theological exegesis) … 157~162
신학적 해석(theological interpretation, theological hermeneutic) … 150
실천(practices) … 148~149, 188, 196, 228[각주11]
심리학(psychology) … 25
십계명(Ten Commandments) … 55, 184, 231
십자가 중심 설교(crucicentric preaching) … 204[각주16]
십자가 짊어지기(cross-bearing) … 241~242
씨앗/땅 비유(seeds/soils, parable of) … 189~191

ㅇ
안수(ordination) … 65~75, 274

찾아보기 305

안수, 신적 인명(divine appointment, in ordination) ⋯ 68
안수, 인간적 확인(human affirmation, in ordination) ⋯ 68
언약 갱신(covenant renewal) ⋯ 153~157, 170, 229
언어 철학(language philosophy) ⋯ 28, 31, 121
에스겔(Ezekiel) ⋯ 247~252
에스라(Ezra) ⋯ 224
에스라, 율법 읽기(Ezra, reading of the law) ⋯ 17, 60, 65, 74
엔테베(Entebbe) ⋯ 167
연관성, 설교에서(relevance, in preaching) ⋯ 25
연관성, 적용(relevant application) ⋯ 179[각주22]
연금술, 설교 준비에서(alchemy, in sermon preparation) ⋯ 25~27
연사(orator) ⋯ 75
연설, 대답하는 말로서(speech, as answering speech) ⋯ 15
연속 읽기(*lectio continua*) 47~25, 56
열매 맺음(fruit-bearing) 189~191
영광(doxology) ⋯ 220~237
영광(glory) ⋯ 220~222
영광, 내재적(intrinsic glory) ⋯ 222
영광, 외재적(extrinsic glory) ⋯ 222
영광에 앞서(before glory) 239~243
영성(spirituality) ⋯ 77, 259

영성 형성(spiritual formation) ⋯ 77, 217, 274
영성 훈련(spiritual disciplines) ⋯ 242, 260~266
영적 발달, 그리스도인 삶에서 (spiritual development in) 128
영적 성숙(spiritual maturity) 195
영적 성장(spiritual growth) ⋯ 195
영화(glorification) ⋯ 233
예배 예전(worship liturgy) 97~98
예배(worship) ⋯ 29[각주29]
예수 그리스도, 고난(Jesus Christ, suffering of) ⋯ 80, 239~240
예수 그리스도, 기도하심(Jesus Christ, prayer of) ⋯ 265
예수 그리스도, 사역(Jesus Christ, work of) ⋯ 209~210
예수 그리스도, 선포 사역(Jesus Christ, proclamation by) ⋯ 279
예수 그리스도, 성경 어디에서나 (Jesus Christ, as everywhere in Scripture) ⋯ 21
예수 그리스도, 성경 읽기(Jesus Christ, reading of Scripture by) ⋯ 17
예수 그리스도, 완전한 인간(Jesus Christ, perfect humanity of) ⋯ 202~202[각주13]
예수 그리스도, 왕권(Jesus Christ, kingship of) ⋯ 162~165
옷 바꾸기(exchange of garments) ⋯ 214~216

옷, 하얀색(white garment) … 216
완전한 정경적 세계(plenary canonical world) … 147~148, 149
완전한 형상, 그리스도의(plenary image of Christ) … 197~198
우선순위(priorities) … 148~149, 188, 196, 228[각주11]
웅변술(eloquence) … 75
율법(law) … 255~256
율법주의(legalism) 188, 210, 217, 234
의미론(semantics) … 122, 123[각주21]
의사소통(communication) 111~134, 146, 274
의의(significances) … 183
이동, 설교에서("moves," in the sermon) … 131~133
이솝(Aesop) … 122, 144~145
이해/분별(discernment) … 135
인간 요소와 하나님 요소, 열매 맺기에서(human element and divine element, in fruit-bearing) 190

ㅈ
자기-부인(self-denial) … 240~242
장로(elder) … 64
저자 의도(authorial intention) … 160~162
적용(application) … 22, 118[각주10], 168, 275
적용 구체성(application, specificity of) … 176~180

적용 다양성(application, multiplicity of) … 180~182
적용, 교회 역사에서(application, in church history) … 172
적용, 성경에서 명령(application, mandate found in Scripture) 188
전통(tradition) … 53~55
절제 훈련(abstinence, disciplines of) … 242, 261, 264~266, 267
정경(canon) … 44~47
정보(information) … 37
제자도(discipleship) 137, 159, 190
제자들 실패(disciples, failure of) … 214~216
조명, 설교 청중을(illumination, to listeners of sermons) … 139
조직신학/체계신학(systematic theology) … 150~152
종교개혁 시기 설교(Reformation, preaching in) … 21
종교개혁(Reformation) … 44
주의 만찬(Lord's Supper) … 92, 94
주제 설교(topical preaching) … 50~25, 56
중세 시대에 설교(Middle Ages, preaching in) … 20~21
증류, 설교 준비에(distillation, in sermon preparation) … 25~27, 119, 125~127, 131~132, 134
증류식 접근("boiling down" approach) … 126~127

증인으로서 설교자(witness, preacher as) ··· 133~134

지도자, 교회에서(leaders in the church) ··· 10n29, 64

지문 인식(fingerprints) ··· 59

지식 문헌(literature of knowledge) 37

지혜(wisdom) ··· 75

ㅊ

참여 훈련(engagement, disciplines of) ··· 242, 261, 265, 267

책(books) ··· 35

책임, 그리고 관계(responsibility, and relationship) ··· 183~185, 188, 210, 232

챌린저호 (우주선) *Challenger* (space shuttle) ··· 33~34

청중(audience) ··· 170, 175~177

청중(listeners to preaching) ··· 139, 176~177

청지기직(stewardship) ··· 217

초대 교회에서 설교 ··· 17~19, 92

초대 교회에서 예전 설교(early church, ecclesial, preaching as) 85~105

초대 교회에서 적용(early church, on application) ··· 172

초상화 대 캐리커처(portrait vs. caricature) ··· 159

축복 상실(blessing, loss of) ··· 249

축복, 순종한 결과(blessing, for obedience) ··· 187

침례자 요한 죽음(John the Baptist, death of) ··· 280~281

침묵(silence) ··· 242, 266, 267

칭의(justification) ··· 184, 185, 198, 209, 233, 236

ㅋ

카니발 크루즈 라인(Carnival Cruise Lines) ··· 245

코이노니아(κοινωνία) ··· 101

큐레이터, 설교자(curator, preacher as) ··· 132~134

ㅌ

토라(Torah) ··· 255~256

특별 설교(*ad hoc* sermons). '주제 설교'를 보라.

틈새, 설교에서(*lacuna* in preaching) ··· 22~27

페리코페/문단(pericope) ··· 41[각주14], 49, 24n35, 143~143, 162, 275

페리코페 신학(pericopal theology) ··· 148~152, 157~160, 160, 162, 195

페리코페 신학(theology of the pericope) ··· 145[각주5], 174. See also pericopal theology

평신도 사역(lay ministry) ··· 70~72

ㅎ

하나님 경외(fear of God) ··· 257

하나님 뜻(will of God) ··· 169, 237

하나님 뜻에 순종(obedience to will of God) … 184~187
하나님 요구(divine demand) … 184~185, 200, 208~210, 224, 256
하나님 요구, 그리스도께서 이루심 (divine demand, fulfilled by Christ) … 195
하나님 요구, 설교 중심에(divine demand, at heart of preaching) 174
하나님 요구, 하나님께서 은혜로 초청(divine demand, as gracious invitation from God) 227 각주11
하나님 음성(divine voice) … 105
하나님 의지함(dependence upon God) … 269~270
하나님 임재(presence of God) 263
하나님 임재, 설교에서 … 97 각주21
하나님 주권(God, sovereignty of) 190
하나님 책임과 사람 책임(divine responsibility and human responsibility … 254
하나님 형상(image of God) 198, 217
하나님, 모든 것의 중심(God, at center of all things) … 262
하나님께 영광(God, glory of) … 220~237, 252, 276
하나님의 음성(voice of God) 101, 121
해석, 설교하려고(interpretation, for preaching) … 123
해석학, 발굴하는(hermeneutic of excavation) … 25, 157 각주25

헌금(offerings) … 92
화용론/화행론(pragmatics) … 121~125, 134, 144~147, 161
흠 없이(blameless) … 229
희생 제사인 예배(sacrifice, worship as) … 92~94

찾아보기

Adams, John Quincy 아담스, 존 퀸시 … 76

Alan of Lille 릴의 앨랜 … 20

Ambrose 암브로시우스 … 257

Amin, Idi 아민, 이디 … 167

Aristotle 아리스토텔레스 … 75, 115

Athanasius 아타나시우스 … 39, 258

Augustine 아우구스티누스 … 18~19, 43, 76, 82, 172, 234

Barth, Karl 바르트, 칼 … 63, 86, 105, 177, 252

Basil of Caesarea 카이사레아의 바실리우스 … 262~263

Baxter, Richard 백스터, 리처드 78

Bonhoeffer, Dietrich 본회퍼, 디트리히 … 241

Booth, Wayne 부스, 웨인 … 76

Boston, Thomas 보스턴, 토마스 … 222, 223

Broadus, John A. 브로더스 존 A. 119

Brooks, Phillips 브룩스, 필립스 63

Bullinger, Heinrich 불링거, 하인리히 … 99[각주27]

Buttrick, David 버트릭, 데이비드 … 23, 124, 131, 149

Calvin, John 칼뱅, 장 … 24, 66, 97, 99, 99[각주27], 100, 104, 199, 200, 252, 255, 272

Carson, D. A. 카슨, D. A. … 150

Chrysostom, John 크리소스토무스, 존 … 40, 67, 93, 101, 260, 261

Cicero 키케로 … 75

Clement of Alexandria 클레멘스 알렉산드리아 … 197

Clement of Rome, 20

Clowney, Edmund 클라우니, 에드먼드 … 151[각주11]

Coggan, Donald 코건, 도널드 … 99

Craddock, Fred, 8, 105, 125, 129, 131[각주41]

Cyril of Alexandria 알렉산드리아의 시릴 … 45[각주26]

Davis, John Jefferson 데이비스, 존 제퍼슨 … 100

Edison, Thomas 토마스, 에디슨 271

Edwards, Jonathan 에드워드, 조나단 … 220

Epiphanius 에피파니우스 … 40[각주12]

Feynman, Richard 파인만, 리처드 34

Forde, Gerhard 포르데, 게르하르트 70

Gadamer, Hans-Georg 가다머, 한스-게오르그 … 173

Gregory the Great 그레고리 대제 … 18[각주5], 78, 102, 178

Greidanus, Sidney 그레이다누스, 시드니 … 151, 161[각주31]

Guibert, Abbot 기베르 수도원장 20

Hajdu, David 허이두, 데이비드 … 193~194

Heath, Chip 히스, 칩 … 176

Heath, Dan 히스, 단 … 176

Hippolytus 히폴리투스 … 67

Hirsch, E. D. 허쉬, E. D. … 183[각주26]

Holmes, Oliver Wendell 홈스, 올리버 웬델 … 219

Hugh of St. Victor 성 빅토르 휴 35

Hughes, Philip 휴즈, 필립 … 198

Irenaeus 이레나이우스 … 18~19, 45

Johnstone, Keith 존스톤, 키스 … 178[각주20]

Justin Martyr 순교자 유스티누스 … 22n27, 62, 172

Kaiser, Walter C. 카이저, 발터 C. … 26[각주24]

Locke, Charles S. 로크, 찰스 S. 13~34

Long, Thomas G. 롱, 토마스 G. … 24, 72~73, 100[각주31], 123[각주22], 131, 133

Lowry, Eugene 로우리, 유진 … 129

Luther, Martin 루터, 마틴 … 21, 44, 48, 71~72

Mallory, Walter S. 월터 S. 맬러리 187

Marsalis, Wynton 마살리스, 윈턴 194

Mather, Cotton 매더, 코튼 … 278

Melville, Herman 멜빌, 헤르만 … 61

Mimouni, Jean-Jacques 미무니, 장-자크 … 168

Moule, H. C. G. 무울, H. C. G. 101

Oden, Thomas 오덴, 토마스 … 72

Old, Hughes Oliphant 올드, 휴즈 올리펀트 … 20~21, 98[각주25]

Origen 오리게네스 … 40, 43

Papias 파피아스 … 212

Perkins, William 퍼킨스, 윌리엄 177

Peterson, Eugene 피터슨, 유진 … 277

Philo 필론 … 65, 90, 171, 198

Plato 플라톤 … 206[각주20]

Porter, Stanley 포터, 스탠리 7, 170

Quintilian 퀸틸리아누스 … 75

Rabanus Maurus 라바누스 마우루스 … 18[각주5]

Richard, Ramesh 리처드, 라메쉬, 26[각주24], 27[각주27]

Ricoeur, Paul 리꾀르, 폴 … 40, 144, 173[각주14]

Robert de Basevorn 로베르토, 베이스본 출신 … 118

Robinson, Haddon W. 로빈슨, 해돈 W. … 26[각주24], 27

Rowling, J. K. 롤링, J. K. … 103

Ryrie, Charles C. 라이리, 찰스 C.
··· 150^{각주10}

Schillebeeckx, Edward 쉴레벡스,
에드워드 ··· 102^{각주37}

Schneider, Sandra 슈나이더, 샌드라 170

Smyth, John 스마이스, 존 ··· 69

Socrates 소크라테스 ··· 177

Tertullian 테르툴리아누스 ···
46^{각주29}, 172

Thomas Aquinas 토마스 아퀴나스
··· 44, 278

Thomas of Chobham 쇼밤의 토마스
··· 4, 172

Tyndale, William 틴데일, 윌리엄 168

Vawter, Bruce 보터, 브루스 ··· 43

Volf, Miroslav 볼프, 미로슬라브 71

Wachter, Udo 왜쳐, 우도 ··· 263

Warren, Timothy S. 워렌, 티머시 S.
··· 26^{각주24}

Watson, Thomas 왓슨, 토마스 222

Willard, Dallas 윌라드, 달라스 ···
243, 261

Willimon, William 윌리몬, 윌리엄 152

Witherington, Ben 위더링턴, 벤 94

Zwingli, Huldrych 츠빙글리, 울리히
··· 48, 99^{각주27}